CONFUCIUS SINARUM PHILOSOPHUS
SIVE SCIENTIA SINENSIS LATINE EXPOSITA

中国哲学家孔夫子

第四卷 中华帝国年表

［比］柏应理 等著

汪聂才 吴嘉豪 等译

中原出版传媒集团
中原传媒股份公司

大象出版社
·郑州·

图书在版编目(CIP)数据

中国哲学家孔夫子. 第四卷, 中华帝国年表 / 梅谦立
等主编；(比)柏应理等著；汪聂才等译. — 郑州：
大象出版社, 2021. 1
(国际汉学经典译丛)
ISBN 978-7-5711-0730-7

Ⅰ. ①中… Ⅱ. ①梅… ②柏… ③汪… Ⅲ. ①儒家
②中国历史-古代史-历史年表 Ⅳ. ①B222②K220. 8

中国版本图书馆 CIP 数据核字(2020)第 189894 号

中国哲学家孔夫子
ZHONGGUO ZHEXUEJIA KONGFUZI

第四卷　中华帝国年表
[比]柏应理　等著
汪聂才　吴嘉豪　等译

出 版 人	汪林中
策 划 人	张前进　李光洁
项目统筹	李光洁
责任编辑	董罂华
责任校对	牛志远　安德华　万冬辉　毛　路
装帧设计	王莉娟

出版发行　大象出版社(郑州市郑东新区祥盛街 27 号　邮政编码 450016)
　　　　　发行科 0371-63863551　总编室 0371-65597936
网　　址　www.daxiang.cn
印　　刷　洛阳和众印刷有限公司
经　　销　各地新华书店经销
开　　本　720 mm×1020 mm　1/16
印　　张　26.5
字　　数　387 千字
版　　次　2021 年 1 月第 1 版　2021 年 1 月第 1 次印刷
定　　价　980.00 元(全四卷)
若发现印、装质量问题，影响阅读，请与承印厂联系调换。
印厂地址　洛阳市高新区丰华路三号
邮政编码　471003　　　　电话　0379-64606268

广东省哲学社会科学"十三五"规划
2018年度地方历史文化项目（GD18DL13）阶段性成果
广州市哲学社科规划2020年度课题
（2020GZDD03）阶段性成果

梅谦立 张西平 主编

罗莹 汪聂才 副主编

［意］殷铎泽 ［奥］恩理格 ［比］柏应理 ［比］鲁日满 著

汪聂才 吴嘉豪 齐飞智 归伶昌 林逸云 赖丹丹 罗莹 译

梅谦立 审校

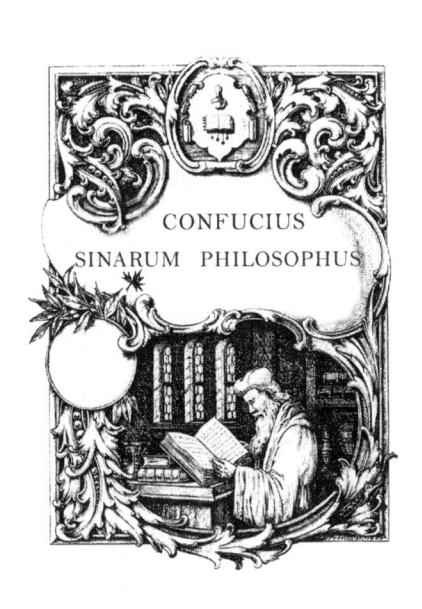

CONFUCIUS
SINARUM PHILOSOPHUS

CONFUCIUS
SINARUM
PHILOSOPHUS,
SIVE
SCIENTIA SINENSIS
LATINE EXPOSITA.

Studio & Opera { PROSPERI INTORCETTA, CHRISTIANI HERDTRICH, FRANCISCI ROUGEMONT, PHILIPPI COUPLET, } Patrum Societatis Jesu.

JUSSU

LUDOVICI MAGNI

Eximio Missionum Orientalium & Litterariæ Reipublicæ bono
E BIBLIOTHECA REGIA IN LUCEM PRODIT.
ADJECTA EST TABULA CHRONOLOGICA SINICÆ MONARCHIÆ
AB HUJUS EXORDIO AD HÆC USQUE TEMPORA.

PARISIIS,
Apud DANIELEM HORTHEMELS, viâ Jacobæâ,
sub Mæcenate.

M. DC. LXXXVII.
CUM PRIVILEGIO REGIS.

中华帝国年表前言

Ⅰ.中国纪年史该从哪里开始

几乎所有撰写中国编年史的作者都从帝国创建者伏羲开始,伏羲的统治始于公元前2952年①。其实,也有历史学家提到伏羲时代以前发生的事情,但多属虚构,不可信,也被中国的解释者和严肃的史学家所拒绝。至少,最权威的作者太史公明确表明,他不知道神农(即第二位创建者)时代以前发生的事情。② 在一部近150册庞大编年史的著作中,作者尽管也提到前伏羲时代的事情,却不十分认可它们的可信度。他不相信这样的事情,那些传说传到后人耳中,其证据却不外乎是关于那遥远时代的各种各样的流言而已。与此相反,他愿意相信权威的"经",因而所有作家都不应该怀疑历史从创建者伏羲开始。③ 这并非没有道理,因为从表面来看,那些被提到的伏羲以前的事情,大多数只是某种传说。诠释者提到,天在夜晚十一点钟到十二点钟之间(子时)产生,地在晚上一点钟到两点钟之间(丑时)产生;第一个男人在早上三点钟到四

---

① 柏应理使用的是卫匡国《中国上古史》的年份。 参见 Martino Martini, *Historiae decas prima*, Munich, 1658, p.11。

② 《史记》卷一二九《货殖列传第六十九》:"夫神农以前,吾不知已。"

③ 柏应理在下文提到一位把"不经"排斥在外的历史学家,即南轩(1553年进士)。 他写了《资治通鉴纲目前编》(1595),有25卷,118册,最后数字接近柏应理所说的150册。 不过,柏应理说南轩从尧舜开始写历史,而这里提到的这位历史学家是从伏羲开始。

点钟之间（寅时）产生，女人在午后三点钟到四点钟之间（申时）产生。① 他们也提到，第一个男人（他们称这第一个人为盘古，有人说他葬在南京省的扬州城内，也有人说是在北京省的河间城内）产生于贫瘠的泥土，他拥有关于各种事物的惊人的知识，并支配万物，但其起源不为人知。② 最后他们还提到曾经存在的三皇，第一是天皇，第二是地皇，第三是人皇，他们以及他们的兄弟相继延续超过了49000年。在三皇之后，又有35个王朝连续统治了几千年。③

尽管中国人（如我之前所言）把以上所有事情当作虚构的而拒绝，但作为热心考察每一件事情的欧洲人，我们不能把它们全盘否定。因为我坚信，几乎所有传说的事物都有其非传说的起源，我不知道，在以上传说之中是否像在浓密的黑暗中仍有一丝微弱的光亮在照耀一样仍存在某种古老的真理。但我确信，中国人从诺亚的子孙那里接受了关于创世之初万物创造的某些事情。例如初代的人类都很长寿。但是此后，这些事情就好像用双手传递那样传到子孙们那里，古老的真理容易日趋式微，或是由于谎言和传说的腐蚀而败坏。然而，因为他们指出了天地、男女是在特定时间中的创造物，所以他们已经足够明确地承认，宇宙并不是永恒存在的，这不同于众多

---

① 卫匡国有类似的说法，稍有差别，参见 Martino Martni, *Historiae decas prima*, Munich, 1658, p.4.《中国哲学家孔夫子》的《前言》详细地介绍了《易经》及其中的发生论。 与创造论不同，发生论提及了某种产生过程，没有创造者的参与。

② "盘古"名字第一次在《三五历记》（第三世纪）出现。 关于盘古之墓，也许是传教士自己在某处看到的，也许是从别人那里听说过，已不可考。

③ 《中国哲学家孔夫子》的《前言》提到《易经》有29600年的循环，不过，邵雍有："邵康节，以十二万九千六百年为一元，则元是十二万九千六百年之前又是一个大阖辟。 更以上亦复如此。"关于天皇、地皇、人皇，见〔唐〕司马贞《三皇本纪》："一说，三皇谓天皇、地皇、人皇为三皇。 既是开辟之初，君臣之始，《图纬》所载，不可全弃，故兼序之。 天地初立，有天皇氏，十二头。 澹泊无所施为，而俗自化。 木德王，岁起摄提。 兄弟十二人，立各一万八千岁。 地皇十一头，火德王，姓十一人，兴于熊耳、龙门等山，亦各万八千岁。 人皇九头，乘云车，驾六羽，出谷口。 兄弟九人，分掌九州，各立城邑，凡一百五十世，合四万五千六百年。"

哲学家,特别是亚里士多德的错误主张①。因此,可以轻易地推理出中国人知道有某个无上的神圣意志在起作用,一切在特定时间中的事物都是由它创造的。他们认为有些祖先有八千或一万年的寿命,而有些则超过一万年,由此可见,他们并非对初代人类的长寿一无所知。中国的诠释者们是用百而非千来计数,或者(如其他人所说)用月亮的月份——阴历而非太阳的年份——阳历来计算,所以不能说他们在所有事情上都过分偏离真实。② 再者,中国的第三个统治者名叫"黄帝",他在伏羲之后的256年开始统治,相传他曾命令写一部关于经脉和医术的书(他其实也是医术的祖师),在这本书中,他首先提出了这样一个问题:为什么远古时代的人类这么长寿,而与他同时代的人们的寿命却这么短?③ 最后,中国的古籍一致认为,在第二个王朝即商朝时期,曾有一位担任官职且享有智慧声誉的名人,人们认为他总共活了700年。他被称为"老彭",孔子也提到过他。④

关于世界性的大洪水,至今我在中国的典籍中仍找不到明确的记录,不过也有一些零星记载,尽管十分粗糙混乱,也许能在《性理大全书》中得到印证。⑤《性理大全书》是在明朝时期编写的书,当时根据明朝第三位皇帝朱棣(他在公元1402年开始执政)的命令,一些学者被召集起来,在他们的工作

---

① 亚里士多德认为天体和宇宙是永恒的,没有假设宇宙有某种开端。

② 按照《创世记》,有一些人活到969岁。柏应理承认了中国关于古人长寿的说法,但有所保留,他不承认"万岁"的说法,因为这会超出《圣经》的历史框架。

③ 参见《皇帝内经》:"余闻上古之人,春秋皆度百岁,而动作不衰;今时之人,年半百而动作皆衰者。时世异耶?"

④ 参见《论语·述而》:"述而不作,信而好古,窃比于我老彭。"在《中国哲学家孔夫子》的《论语》译文中,耶稣会士也提及"老彭"活到700岁。这里"老彭"指彭祖。〔宋〕乐史《太平寰宇记》卷一五"彭城县"条引《彭门记》云:"殷之贤臣彭祖,颛顼之玄孙,至殷末,寿七百六十七岁,今墓犹存,故邑号大彭焉。"

⑤ 《中国哲学家孔夫子》的《前言》提到了《性理大全书》,不过完全是负面评价,这里我们很惊讶地看到稍微正面的评价。也许殷铎泽与柏应理对这本书有一些不同的理解。

下,这部《性理大全书》得以编成。① 事实上,这本书里有很多事情是杜撰的,充满谎言和谬误——这一点也不奇怪,因为他们中不少人是古老真理的破坏者,而非诠释者。② 由于其中某些内容对我们有所助益,因而具有权威性,在这里我想提到的是有关宇宙和洪水的内容。他们认为,最初整个宇宙只是由水构成的(创造者把水放在天空之上),水通过持续的流动使得较稠密的物质逐渐沉到中心,最终形成大地。这些水进行更剧烈的来回翻滚,由此形成散布的群山。古人认为,这些山曾经被海水覆盖过,山上的海洋贝壳可以证明这一点——若非群山曾经深藏于海水中,这些随处可见的贝壳怎么会被带到山顶上呢?③

古人还推出了一个论点,我使用这个论点来证明世界大洪水造成了人类历史的中断,也许会得到他们的同意。他们说,在君王伏羲之前曾有过许多君王和王室家族,也有一些卓越人物,其中有的能分辨时令,有的会观察星象,也有的能推算历法,以及其他技艺的创造者。在起初的时代,人类在山林中尚未开化,过着茹毛饮血或诸如此类的群居生活,那些有远见卓识的卓越人物,征服了粗鲁的野蛮人,使得四处游走的原始人类逐渐被塑造成为开化的人。几乎所有历史作家都从伏羲和神农两位君王开始撰写历史,并认为这段历史是明确且毋庸置疑的,他们以与我上面提到的极其相似乃至几乎一样的词语来谈论这两位君王之前的时代。④ 也许正是出于同样的原因,

---

① 在《中国哲学家孔夫子》的《前言》中详细地介绍了在明永乐时期胡广及42位学者所编辑的《性理大全书》(1415)。

② 因其成书太速,不免庞杂冗蔓,《四库全书总目》讥其"割裂襞积以成文,非能于道学渊源真有鉴别"。

③ 关于大地和群山由水形成,该书曰:"天地始初,混沌未分时,想只有水火二者,水之滓脚便成地,今登高而望群山,皆为波浪之状,便是水泛如此,只不知因什么时凝了……"(《性理大全书》卷二六) 关于山上的贝壳,该书曰:"是谓鸿荒之世,尝见高山有螺蚌壳或生石中,此石即旧日之土螺蚌……"(《性理大全书》卷二六)

④ 这里的历史作家主要指司马迁。《史记》卷一二九《货殖列传第六十九》:"夫神农以前,吾不知已。"

当他们计算整个君主制的年代总和时,几乎没有算上伏羲以前的年代,因此他们可以毫不掩藏地宣称,要么否定这些年代的可信度,要么不完全否定其可信度,但那似乎是发生过某种民族性的毁灭造成整个人类的中断。这个中断只可能是世界性的大洪水。这是只有八个人见证的世界性大洪水[1],子孙后代很容易遗忘他们祖先所叙述的事情,或者不会相信叙述这些事情的人,以至于除了深深的黑暗就没有什么东西留下。[2]

另外,有一些中国人犯有这样的错误,即认为这些君王和王朝真实地存在过,而非人类在大洪水中灭绝。[3] 我们可以轻易地通过以下论证来消除这一错误,迫使他们要么承认存在过一场遍及全世界的大洪水,要么承认从那远古时代流传下来的事情纯属子虚乌有。事实上,从伏羲到我们现在写下这些文字的1683年,刚好过了4630年,在这期间已经有成千上万的人类在中国繁衍。[4] 那么在君王伏羲之前相当长的一段时期,即他们所断言的超过40000年的时间,必定有更多数量的人类在中国繁衍。如果从伏羲到现在这么短的时期(与之前的时期相比)就发明了如此多的技艺,然而在这样一段漫长又人数众多的时期却没有发明任何技艺,这怎么可能呢?除非我们承认中国的编年史从一开始就是假的,那么,创建者伏羲时代仍然是人类最野蛮的时期,同时这个时期的人类数量非常少。有人认为在中国的编年史中

---

[1] 按《创世记》记载,诺亚按照上帝的嘱托建造方舟,一家八口在大洪水中存活下来。

[2] 对柏应理而言,也许在伏羲(以及大洪水)之前,有一个种族居住在中国,不过,由于世界性的大洪水,没剩下任何东西。柏应理在《中国哲学家孔夫子》的《前言》中说明,伏羲是诺亚的后裔,从中东迁移到中国。

[3] 柏应理证明,在大洪水之后伏羲之前中国无人,因此盘古及其他人物并不存在。中国人不知道发生了世界性的大洪水,所以他们把最古老的知识归于盘古等人。参见维吉尔·毕诺著,耿升译,《中国对法国哲学思想形成的影响》,北京:商务印书馆,2013年,第243页。

[4] 1683年10月8日,柏应理到达了荷兰。参见 John E. Wills, "Some Dutch Sources on the Jesuit China Mission, 1662–1687", *Archivum Historicum Societatis Iesu*, Vol.54, 1985, p.274. 因此,柏应理是在荷兰写的这个序。另外,正如同年表的标题所示,年表中的皇帝列表止于1683年。

提到过全球大洪水,这一错误显然来自在这个帝国第五个皇帝尧(或从伏羲算起的第七个皇帝,他从公元前2357年开始统治)统治的第61年,第7个甲子的第41年,被提到发生过洪水灾害,洪水淹没大片的土地达9年之久。按通俗拉丁文本《圣经》计算,大洪水发生在诺亚将近600岁之时。对于欧洲人而言,尤其因为没有明确的编年史记载,很容易就陷入这样的错误之中。①

从伏羲开始的中国历史是具有价值和可信度的,这一点还可以通过其他几个方面得以证明。首先,今天在中国最为权威的典籍名为《易经》,它是用文字(如果认为是文字而不是线段的话)刻印的,后世一致认为这是伏羲所作。这64种线段的图形(其中每个由六条连续或间断的线段组成)被约1800年后的周文王以及在文王之后约600年的孔子所评论。还有中华民族第二位创建者神农的《本草经》。② 黄帝是君主制的第一个创建者和皇帝,他的著作涉及经脉和医术,另有三位享有盛名的大夫是这部著作的助手和作者,即雷公、岐伯和素问。③ 他们的著作被注释家所评注,直到当代仍被广泛阅读。另外,在孔子的《易经》注释中,以及在《礼记》中,均明确提到以上三位人物。④

其次有一些地名,即这些初代的帝国创建者出生的地点、建宫殿的地点、死后埋葬的地点,他们的主要大臣把这些地点的名字流传至后世。这些大臣也记录了帝国的创建者所发明的各种技艺和事物,尤其是在文字方面。

---

① 柏应理认为在尧时期的九年洪水发生于公元前2296年。 按照通俗拉丁文本《圣经》计算,大洪水发生于公元前2300年左右。 卫匡国认为中国记载了世界性的洪水(*Sinicae historiae decas prima*, p.3)。 卫匡国假定了中国古人经历过大洪水。 柏应理关于《创世记》有更字面上的理解。 虽然柏应理需要七十子《圣经》的历史框架来覆盖中国史,不过,为了推翻卫匡国的说法,他在这里特别谨慎,提到通俗拉丁文本《圣经》。

② 《本草经》只是托名神农所著,原作者不详,约成书于秦汉时期。

③ 这里谈及黄帝的著作,应该是指《黄帝内经》,在此之前,在《中国哲学家孔夫子》的《前言》中提及的黄帝所著《黄帝内经》,实际上也是后人托名。 一般认为,《黄帝内经》成书于春秋战国时期。 柏应理把"素问"理解为一个人。

④ 柏应理错误地认为,伏羲、神农、黄帝都是历史人物,因为这些著作被认为是他们写的。

按照他们的记录伏羲教导了文字雏形(在此之前不用字而用绳结记事),此后的君王们以各自不同的字形继续沿用这些文字,对这些文字进行模仿和完善,读者可以在《中国图说》①中看到它们。人们认为黄帝通过仓颉的工作使这些文字进一步完善,黄帝的出生地在今陕西省西安府长安县,那也是他被埋葬的地方,在那里有对他的纪念②,因此所有人都把文字的创立、规范与组合归功于他。伏羲被认为发明了音乐和乐器,而神农(即伏羲的第一位后继者)被认为是农耕的犁及其他器具的发明者,神农的后继者黄帝(即君主制的创立者)获得了美好的声誉,因为据说他是很多事物和技艺的发明者。在公元前中华帝国年表中我们会顺带提到这些事物和技艺。如果真的是后世的皇帝和智者们发明了我前面提到的这些东西,后世的人们其实不知道这些事物和技艺的发明者是谁,但出于虔诚的猜测,而非出于认识,即使创建者们没有发明这些被大多数人都归功于他们的东西,后人仍把这荣誉给予了他们。我承认,也许后人不知道发明者是谁,也许他们给予的荣誉没有根据,但是他们不会不知道,这荣誉不能给予不曾存在的人。对这个观点的强有力的论据主要在禹、汤、武王的系谱中找到,这在中国历史中得到了准确的编纂,我们把它附在公元前中华帝国年表中。历史上这三位君王是三个特别的王朝的创立者和领袖,并且,他们那经历了2457年和86个继承者的显赫后裔都来源于黄帝部落。

也许有人会争论说,前面提到的这三位帝国创建者——伏羲、神农和黄帝——根本就不存在,因此加给他们的事迹都是谎言和谣传。例如,伏羲的母亲华胥意外踩到巨人的脚印,在明亮的彩虹环绕下怀上了伏羲,因此伏羲有人头和蛇身。而神农则是牛首人身,神农在一天之内发现了12种有毒的草药,同时也发现每一种有毒草药的解药。在他考虑去开创农业时,天上降

---

① 参见[德]阿塔纳修斯·基歇尔著,张西平、杨慧玲、孟宪谟译,《中国图说》,大象出版社,2010年。

② 有一种传统说法,认为黄帝埋葬于今陕西省西安府附近的黄陵县。

下了小麦和稻谷,随后就被栽种在大地上。黄帝的母亲附宝在怀孕24个月后生下黄帝,由于黄帝无法战胜叛乱的81个兄弟,所以上天派下玄女在一场决战中将他们消灭殆尽,如此等等。① 然而,尽管应该将这些事情视为怪谈,但我还是不敢因此认定中国的远古时代是不可信的,并宣称这些人物没有存在过。事实上,谁能否定萨图努斯、亚努斯、巴克斯、罗慕路斯等曾经存在呢,哪怕很多不仅只是诗人的创作,甚至最严肃的历史作家也认同关于他们的事迹其实并未发生。

再次,有些中国人并未提及这些事情,或有些人把前面提到的帝国创建者——伏羲、神农和黄帝视为伪造的和余下真实的事情分开记述。作家南轩正确地说道,这些被提到的发生在尧舜之前的事情,其中相当部分都是"不经"——不权威的。它们在远古时代在象形文字中得到描绘而延续至后世。例如,第一个创立者伏羲具有谨慎和精明的人类特性,也许是因为其身体外形被描述为人头蛇身,因此人们将其与蛇进行比较。其后继者神农则由于在农业方面的辛勤,人们把他与套上轭的牛作比较。尽管这样显得中国远古时代的历史不可信和不权威,认为有理由可以删减掉两位初代创立者与民族的祖先——伏羲和神农,但是谁能够否认黄帝事实上真的存在过呢?既然黄帝的医书以及其他典籍都被后人承认是他所作,特别是,如前所述的黄帝的世系长久以来都得到如此精确可信的记载(在下面的前三个王朝的世系中可以看到这一点),那么谁会不放心从黄帝开始中国的君主制呢?②

---

① 指被黄帝打败的蚩尤兄弟81人。

② 尽管柏应理认为可以删掉伏羲、神农,不过在整个第一章里,他都谈及了伏羲与神农,以表明诺亚与中国古人之间的连续性。 为了写第一章,柏应理从卫匡国的《中国上古史》中抽取了很多信息,可以说,柏应理概括了《中国上古史》的第一章。 不过,卫匡国只是暗示了大洪水后可能发生了从中东到中国的移民,而柏应理更大胆地肯定这一点:在《中国哲学家孔夫子》的《前言》中,他表示伏羲是诺亚的孙子,是闪的儿子。 柏应理整理卫匡国的材料来证明,中国人归于他们的祖先的很多事件和发明其实在大洪水之前产生于中东,它们通过伏羲流传到中国。

Ⅱ.中国人使用怎样的时间规则、纪年数字和黄金数字

为了尽可能精确地编辑中国年表,接下来要提到以60年为周期的甲子纪年的方法,这是中华民族特有的规则。因此我们从黄帝或公元前2697年①开始这个年表,这种甲子纪年由黄帝始创。尽管历史学家们几乎一致认可尧之前六位皇帝②的所有统治年数,但这六位皇帝大多没有使用甲子纪年来计算,只有少数历史学家从第三位皇帝(即黄帝)开始——因为是黄帝完善了由伏羲发明的这种甲子纪年,他们开始使用这种方法纪年。无论如何,上述甲子纪年至少在尧帝以前就已经有人使用——这一点可以从以下事实得知:所有中国编年史的记载都一致地从第四十一年即甲辰年,而非从这一甲子的第一年开始记载尧帝执政的第一年。中国人怎么理解与使用这个以60年为周期的甲子纪年方法呢?这里需要简要说明一下。

要知道,所谓的甲子纪年无非是年数周期或由某种黄金数字也就是数字"60"组成,它由两个汉字或名词③来标示,过完一遍之后就整个从头再来一遍,如此循环往复地重新开始。其方法与希腊人纪年的方法无异,当第一个奥林匹克纪即4年之后,由此继续到另一个四年即第二个奥林匹克纪,希腊人再如此继续前进到第三个和第四个奥林匹克纪。有所不同的是,因为奥林匹克运动会4年就举行一次,必然使得各奥林匹克纪非常频繁。为了避免给出不清楚的、混淆的纪年方法,希腊人不仅要指出奥林匹克纪间的哪一年发生了什么事情,而且还要费心指出这是第几次奥林匹克运动会。中国人尽管也在总计算中指出是第几个甲子,但在记录历史过程时,他们丝毫不

---

① 卫匡国在《中国上古史》中计算了这个年份(第14页),然后何大化和柏应理都沿用他的计算结果。
② 按照传统,这六位皇帝是伏羲、神农、黄帝、少昊、颛顼及帝喾。
③ 前一个字代表天干,后一个字代表地支。如甲子、乙丑等。

用费心需要反复提醒读者这一点,至于当前甲子纪年中的准确年数也很容易得知,其名称已经足以指出,这是该甲子的第几年。虽然作家们一般都会在编年史的末尾附上所有甲子纪年的准确总数,但因为一个甲子足足包含了60年,在数值上与人的寿命相当,所以就不用多余的信息再重复提醒这是第几个甲子。不过,为了更加清楚,就像在其他作家那里读到的那样,我们也会在这个简短的年表中指出是第几个甲子。

如前所述,其中每一年的名称,都是汉字,这名称由两个字组成。每一年的名称分为两个部分:第一部分有12个汉字,由此区分出白天和黑夜的12个时辰——他们是这么计时的,而不像我们那样计24小时;第二部分则有10个汉字,我们称之为基础或基本的天干。他们这样使用这两部分:首先是第一个时辰与第一个天干联合,然后是第二个时辰与第二个天干结合,以此类推;十个天干数目用完后,就再次用第十一个时辰与第一个天干结合,第十二个时辰与第二个天干结合,第一个时辰又与第三个天干结合,如此等等。① 由于时辰汉字比天干汉字多两个,所以时辰与天干就这样结合直到在数字上达到60为止,然后就回到起始位置和最初的结合。为了使得读者更加清楚,我们这里附上一幅中国纪年表,或者更确切地说,是一幅与中国纪年表对应的欧洲表格,这幅纪年表中有重复出现6次的10个字母表示天干,以及重复出现5次的熟悉的12个数字表示时辰。

---

① 传教士将十二地支翻译成十二个时辰,它们确实也是相对应的。但中国的干支纪年应该是天干在前地支在后,这里理解成地支在前天干在后了。但是在后文的表中又是按照天干在前地支在后来排列的。

六十年甲子纪年表
——由 10 个字母和 12 个数字组成

A	B	C	D	E	F	G	H	I	K	
I	II	III	IV	V	VI	VII	VIII	IX	X	10
A	B	C	D	E	F	G	H	I	K	
XI	XII	I	II	III	IV	V	VI	VII	VIII	20
A	B	C	D	E	F	G	H	I	K	
IX	X	XI	XII	I	II	III	IV	V	VI	30
A	B	C	D	E	F	G	H	I	K	
VII	VIII	IX	X	XI	XII	I	II	III	IV	40
A	B	C	D	E	F	G	H	I	K	
V	VI	VII	VIII	IX	X	XI	XII	I	II	50
A	B	C	D	E	F	G	H	I	K	
III	IV	V	VI	VII	VIII	IX	X	XI	XII	60

我们这里所展示就是中国的黄金数字，被称为"六十甲子"，也就是 60 年循环的结构。这个循环、连续的数字川流不息，无论此期间历经什么世事变化甚至皇朝兴衰，它依然翻滚并将继续翻滚向前，可以说是生生不息。在整个帝国中，不只是年数是这样记载，还有月份、日期和小时都以类似的方式来标识。

因此，为了恰当而清晰地编辑这个年表，避免错误的风险，我们应该采用 60 年的甲子纪年作为规则。利用甲子纪年，历史学家就好像亲自引领读者来到某个皇帝的特定时期——皇帝怎么开始他的统治，他如何控制及管理他的统治时期。倘若作家们在计算某个皇帝的统治年数时出现分歧，那么用甲子纪年就会很快解决这个争议，而如果碰巧混入了某个时间的错误或印刷的疏漏，它也会像严格的检查员那样予以纠正和修改。以下是一些实例。

在中国有这样的习惯,在皇帝死去的那一年,哪怕皇帝是在该年的第一个月死去,那么这一整年都属于死去的皇帝,而继位者则只有从下一年的第一个月才开始其统治年数。与此相反,中国人一般都把整个诞生年都算进终年中,哪怕是在诞生年的最后一天出生。因此,我们说耶稣诞生于汉朝皇帝汉孝哀帝(谥号的意思是恭顺温厚的皇帝)统治的第六年,尽管这位皇帝是在这一年八月份去世的,即比救世主的诞生早五个月。救世主其实是诞生在其后继者的任上,即汉孝平帝——意思是恭顺和平的皇帝——的统治时期。这位恭顺和平的领袖在那一年的九月登基,万王之王以及真正的和平之王的生日在汉孝平帝即位的第三个月,准确地说对应的是欧洲的十二月份,是汉孝哀帝第六年的第十一个月,因为这一整年都属于已经逝世的皇帝。这就是为什么大多数历史学家虽然提到某些皇帝,他们在这一年间(他们前任去世的那一年)统治过数天或者数月,但却把这一年(前任去世的那一年)排除在现任皇帝们的纪年系列之外,因为他们开始统治的那一年不能算作是他们的。

另外,下面这种情况也并不少见,与上述习惯相反,有些皇帝自行决定把他们前任去世的那一年也归于自己,特别是当前一个王朝覆灭,新的胜利者的王朝开始其统治的时候,可能是为了给新的统治祈求福祉或其他原因,他们就会这么做。我们现在所处的时代显然就属于上面这种情况,开启鞑靼人君主制的顺治皇帝在位18年,但如果严格地依照前文提到的习惯的话,其实只有17年应该归于他——显然这个鞑靼人把他的前任大明朝的崇祯皇帝统治的最后一年也据为己有了,这位崇祯皇帝用上吊结束了其生命和统治。于是,崇祯皇帝算作统治17年,而顺治皇帝则是统治18年。其实,这个鞑靼人甚至没有完整地统治过18年,其中有两年是虚报的——之所以说不完整,是因为顺治在统治的第18年的某一天去世,根据古老的习惯这一整年都归属于他,哪怕顺治的儿子康熙就在这年紧随其父而继任。因此,如果在一个作家那里看到某个皇帝的统治开始于甲子某年,在另一个作家那里看到的却是另一年,读者不必感到困惑。比如归之于前任皇帝的年份,就不会归于继任皇帝,而这样或其他类似的谬误可以借助循环往复的甲子纪年予以纠正,要是忽略这一点,而盲目地计算年数,那么归于某位皇帝的年数就会有人多算,有人少算,极其容易偏离正确的年数计算。相反,要是遵守甲子纪年的准则,那么多算或少算的状况就可以很快而且轻松地得以消除或者修正。

如果有一些年数的中断,或者说在作家那里有什么其他分歧,那就真有出错的风险了。在前一个王朝尚未被灭亡的情况下(这一王朝的皇帝尽管已经很衰落或者被打败,但是依然残存着),胜利者就会违背惯例,把失败者的年数据为己有,这种情况也时有发生。于是,一些史家就把隋朝的第一个皇帝的统治时间计为24年,其实应该只给他16年——前一个王朝陈朝的最后一位皇帝直到隋朝的第九年才结束统治。一些作家不把这9年从失败王朝的年份中除掉,但是另一些作家又把这9年赋予胜利者,这样就很容易出错,除非在甲子纪年中指出这里有9[①]年重复了一次。

此外,历史学家们有时不仅会省略掉只统治过几天或几个月的皇帝,并且有时也会省略掉统治过若干年的皇帝。例如在尧帝之前,皇帝帝喾的儿子挚统治了八九年,但因为挚堕落地违背了祖先的惯例,所以诸王废除了他的统治,由尧取而代之。[②] 这种情况在别处也不少见。

在作家之间,特别是在那些追求事实与观点的要点或提纲挈领式的写作方法,而非着力于准确的计时方法的作家之间,有时会出现不少分歧。因此,如果一个欧洲人只参考某一位作家的年表,在年数计算上就有出错的风

---

① 原文有误,应为"7"。
② 在年表里,柏应理提到挚统治了8年时间,但他并没有把挚放在帝喾与尧之间的统治者名单上。

险;相反,如果多参考几位作家的年表,那么就能够轻易地协调众人的观点。

然而,这里还有另外一点值得指出,中国编年史的读者对此需要注意的是,汉朝及其以后的皇帝们选了一些汉字组成年号,这些年号大多由两个汉字组成,这不同于我们前面提到的以其独特的甲子纪年记录法记录。不只是某统治者开始统治的年份,并且后来的年数也根据皇帝的决定而重新获得新的名称及重新开始纪年,早前的年号及其年数则被舍弃。他们用这种方式重新开始统治,或是为了祈求新的福祉,或是为他们自身及其臣民寻求革新。这些年号如下:永光、永元、永初、永宁、永和、永兴、永淳、永乐,还有至德、武成、昌武、至道、至和、至治、太康、元德、天纪、天嘉、天兴、天赐、天统、天授,如此等等。有些皇帝在其当政期间改变了十次年号,有人一个年号用一年,有人用四年,有人用六七年,也有人以同一个年号作为其全部统治年数的名称。

因此,当历史学家记述某位皇帝的事迹时,在计算时间上是根据该皇帝所用的年号,同时从皇帝实际上开始统治的那一年起计算其统治年数,因此,要是没有意识到上述设定,读者就很容易在计算统治年数方面犹豫不决,也很容易出错(尽管甲子纪年的数字和过程并不混乱)。对此可以举例说明。我们说,基督诞生于汉哀帝元寿二年(元寿意为元始长寿),或者说是"元寿"这个年号开始使用的第二年。如果我们用不会出错的甲子纪年来计算的话,这个第二年其实是这位皇帝在位的第六年,但他为其统治选用了两个年号:第一个是"建平",意思是要建立和平,这年号用于其统治的前四年;另一个年号"元寿",即元始长寿的意思,是在其统治第五年改用的,从这年开始他的统治年数要从头开始计算,前四年则不能算在"元寿"这个年号之内。这个年号持续了两年,基督诞生于该年号的第二年,如果用六十甲子纪年的方法来计算,那就是在该皇帝的第六年后期,即他改用的这个年号的第二年。这种习惯从汉王朝第四个皇帝开始,即从公元前196年开始,一直沿用至今,从未中断。从上一个王朝明朝和现在的鞑靼中国王朝开始,所有皇帝的统治都只使用一个年号。

关于中国年表的纪元,或者说六十甲子纪年及其用法,就说到这里,现在让我们开始这个年表吧。①

---

① 这章几乎完全独立于卫匡国的《中国上古史》,表现了柏应理在处理中国年表时的良好技术。

目录[*]

中国最初的创建者 1

中华帝国年表（从公元前 2952 年到公元元年）................ 3
 第一个王朝　夏朝 10
 第二个王朝　商朝 15
 第三个王朝　周朝 22
 第四个王朝　秦朝 36
 第五个王朝　汉朝 38

附：
1. 上古六帝及第一个王朝夏朝世系图 45
2. 第二个王朝商朝世系图 48
3. 第三个王朝周朝世系图 51

---

[*] 为方便读者阅读，本目录内容为编者整理，非原文所有。

中华帝国年表（从公元元年到现在的1683年） 57
    公元后年表序言 59
        第六个王朝　蜀汉 83
        第七个王朝　晋朝 86
        第八个王朝　宋朝 92
        第九个王朝　齐朝 95
        第十个王朝　梁朝 97
        第十一个王朝　陈朝 100
        第十二个王朝　隋朝 102
        第十三个王朝　唐朝 105
        第十四个王朝　后梁 125
        第十五个王朝　后唐 125
        第十六个王朝　后晋 127
        第十七个王朝　后汉 128
        第十八个王朝　后周 128
        第十九个王朝　宋朝 130
        第二十个王朝　元朝 144
        第二十一个王朝　明朝 148
        第二十二个王朝　清朝 171
    附：
    1.中华帝国及其大事记 186
    2.中华帝国耶稣会士的教堂及住所汇总 195

附录：拉丁文原文 197
后记 398

中国最初的创建者

伏羲是中华民族的创建者,出生于陕西省,后迁居到河南省。他向天地的神灵献祭,为此豢养牲畜。出于对世间万事万物的思考,他创作了名为《易经》的书或图,意思是"变化之书"。1800年后的文王及其儿子周公,以及再过600年的孔子都曾致力于对它的编修。伏羲引领遥远东方的居民们从野蛮粗陋的生活逐渐走向文明。他以法律确立婚姻,规定只有不同姓氏的氏族才能通婚——这一法律今天依然有效。他想出了6个基本字母(以前用的是绳结),也发明了27弦和36弦的乐器。他希望龙成为民族的象征,后来第三个王朝的创建者武王规定五爪龙只能代表皇帝。据说伏羲统治了115年。

神农的生母名叫女登,神农是生性温和的人,他由于仁厚赢得了附近野蛮人的爱戴。他把居所从河南省迁移到山东省。他发明了耒耜,教导农民耕种田地。他曾在同一天服食12种有毒的草药,同样也发现了它们的解药,[①]他写了《本草经》。他创建商贸,设立市集,教导

[①] 按照卫匡国《中国上古史》中的记载,神农在同一天发现60种草药。

人民从海水中提取盐。据说,他在经过湖南地区时去世。传说他统治了140年,埋葬在荆城。

神农的后裔有7个继承者一共统治了380年,不过,他们是否管理各自的领土,这一点还不确定。有明确记载的是,在大概1700年后,第三个王朝周朝的创建者武王将焦国分封给了神农的后裔。另外也有记载说神农是黄帝的兄弟,他们的父亲是有熊的君主。[1]

---

[1] 按照传统的说法,有熊的首领少典是黄帝的父亲。不过黄帝跟神农之间没有亲缘关系。

中华帝国年表

(从公元前 2952 年到公元元年)

第一甲子,公元前 2697 年

1. 黄帝,又名轩辕氏,在位 100 年。

黄帝,即黄色的帝王,生母为附宝,帝国的建立者,12 岁始治,举于诸侯。建都于有熊。他以三次战争平定了出自神农部族的蚩尤的叛乱,自此被尊为天子。

起用大挠创制甲子纪年。

发明并创制了天文、算数、音乐、乐器,以及甲胄、弓矢、网、车、舟、纺织、陶艺以及度量衡。

创制十二律吕,对应一年十二个月。

立沮诵和仓颉(发明文字的人)为史官。

任命六位阁老[①],即最高的行政长官。

其后嫘祖教人养蚕、纺织、染色。

第二甲子,公元前 2637 年

黄帝在岐伯、素问、雷公的辅佐下以《易》的哲学思想统领全书,阐明了阴阳五运六气说和脏腑经络说。

---

① "阁老"一词最早出现在唐代,是对中书舍人中年资深久者及中书省、门下省属官的敬称。明代开始设立内阁制,阁老是明清之际人们对入阁成员的一种通俗之尊称。明清之际的阁老地位近于宰相,权力较大。传教士们对于明代以前的大臣或权臣统以阁老相称,显然是不准确的。由于各代权臣所任官职不一,我们不再一一注明。

太阳鸟①现于山巅,独角兽②现于林中,或兆示吉祥。

黄帝有25子,子孙绵延无数,黄帝以降2457年,三朝计有85帝皆源于黄帝。

2. 少昊,又名金天氏,在位84年。

第二甲子第40年,黄帝崩,葬于山东省。第41年,帝后嫘祖之子少昊继位,其宫殿及墓地皆在山东曲阜。

第三甲子,公元前2577年

在少昊统治时期,凤凰再次出现,少昊以凤凰为帝国标志。

这一时期是和平的。少昊用城墙聚集百姓,建造城市。

编制了新的音乐。用牛拉车。

依照不同的鸟的种类将文官分为九品,依照野兽的图案将武将分为六等,这一习俗一直保存到今天。

他的四个儿子跟随他出任官职。

九黎(共有九个部落)扰乱祭祀的秩序,以鬼怪邪灵惑乱百姓。此为迷信之源,帝国之危。

第四甲子,公元前2517年

3. 颛顼,又名高阳氏,在位78年。

第四甲子第4年,少昊崩,享年百岁。第5年黄帝之孙颛顼继位,其母为

---

① 即凤凰。

② 即麒麟。

蜀山氏之女景仆①。

颛顼建都北京省②。

虔诚的君主击败了九王③，去除了错误，恢复了古时的祭祀礼仪。

他决定地上的君王要用庄严的仪式向天上至高的帝王献祭。

他是历法之父，直至今天，每年历法都只在皇宫凭天子的权力颁布。

他确立最早的春天的第一个新月为一年之首，对应为水瓶座的第五个位置。这种时节秩序一直没变，只是增加一两个月，并且最终在第五个王朝汉朝的第五个皇帝孝武帝时恢复并遵循至今。

在同一天观察到五颗行星连接在了一起，并且日月同辉。

第五甲子，公元前 2457 年

4. 帝喾，又名高辛氏，在位 70 年。

第五甲子第 22 年，颛顼崩，享年 91 岁，葬于北京省④。其祭文今天尚存。第五甲子第 23 年，他的侄子、蛴极的儿子帝喾继位。

以亳为都城。

君王遵循上天，敬事鬼神，庄重慈爱，形貌与皇权相符。

他还仿效智者的衣着装饰。

这一时期是和平的。他的兄弟和儿子们在四川省建立王朝。

帝喾有四妃为不同寻常之例。元妃在向上帝祈祷之后则有儿子弃，弃

---

① 史书基本上采用以下记载：颛顼为昌意之子，其母名景仆，又名女枢。
② 史籍中关于颛顼建都之地记载不多。《太平御览》卷七九引《帝王世纪》："（颛顼）始都穷桑，后徙商丘。"穷桑在今山东曲阜，商丘在今河南，二地均与北京省无关。根据明清行政区划，北京省即直隶省。
③ 指九黎。
④ 《太平御览》卷七九引《帝王世纪》载"（颛顼）葬东郡顿丘广阳里"，即今河南濮阳。

在后代之中最擅农事。次妃名庆都,怀孕十四个月生尧。三妃在向上帝献祭之后有了契。四妃有子挚。

第六甲子,公元前 2397 年

帝喾立公共教师教化人民。

为了互相的联合以及呼唤对于美德的热忱而制作和谐之乐。

挚,在位 8 年。

第六甲子第 32 年,帝喾崩,享年 105 岁,葬于北京省①。第六甲子第 33 年,其第四妃之子挚继位。然而因为纲纪废弛,荒淫无道,在第 40 年为诸侯所废。这是空前之举。

5.尧,又名陶唐氏,在位 100 年。

第六甲子第 41 年,帝国立帝喾的儿子尧。尧独自统御天下 72 年,加上与舜共治 28 年。都山西太原。

尧与他的后继者舜一样,都同时既是天子,也是立法者,为后世君王的楷模。他们同情穷人,尊敬长者。今日每个城市中固定数量的老人都由皇室赡养,据说就是从那时开始的。

第七甲子,公元前 2337 年

尧虽然极为富裕,但是在生活上非常俭朴,住茅屋,穿用葛藤织就的粗布衣。时刻注意倾听百姓们的意见,非常了解百姓疾苦。

在天文学家和氏与羲氏的帮助下制定 12 个月,其中 6 个月有 30 天,另 6 个月有 29 天,再加一个闰月,闰月在 19 年里出现 7 次。

---

① 《太平御览》卷八〇引《帝王世纪》载"(帝喾)葬东郡顿丘广阳里",即今河南濮阳。

设置最高六部,沿用至今,以及五等贵族爵位制。

他就这样愉快地统治了50年,以至于人民都感受不到他在统治。

第七甲子第40年,发了9年的大洪水。尧任命鲧治水。鲧因为失职而被斩首。他的儿子禹接替他,禹用13年的时间因势利导、科学治水,最终治水成功而获得节杖。

第七甲子第50年,尧感动于舜孝顺的美名,拔擢他于田亩之间,并且将两个女儿嫁给他。

从第七甲子第53年开始,尧拔擢舜跟自己一起统治了28年。这期间,他常常巡视帝国,并首先祭祀上帝,即天主。平定了黄帝部族的四起叛乱。创制了五等刑罚,在执行刑罚时给予同情。见于《书经》。

第八甲子,公元前2277年

舜用珍贵的玉石(所做的仪器)划分了七个行星天球。将帝国分为十二个区域。

第八甲子第20年,尧崩,享年118岁,遗留九子,葬于谷林。人民为他守丧3年,如丧父母。

6.舜,又名有虞氏,独自统治50年。

第八甲子第21年,舜从他原来的位置上继位,治都蒲阪。三次考核官员政绩,好了解他们的功过。①

第八甲子第36年,出现特别明亮的星星,其光犹如半个月亮。同时出现变化多端、色彩纷呈的云彩。

---

① 此处柏应理解或有误。《史记》卷一《五帝本纪第一》:"三岁一考功,三考绌陟。"其意为:对官员治绩,每三年考核一次,如此接连考核三次,以定其治绩优劣,并以此为依据升降其职位。

舜创制新的音乐,他自己既放声歌唱,也用弦乐演奏。

那时人们用木材包裹尸体,或者是按照这样的方式用砖砌的棺材。天子命令以木棺埋葬尸体,这一习俗延续至今。

第八甲子第54年,舜选择禹一起统治了17年。

如果他自己犯了什么错,他允许任何人公开记录。他的朝臣中有八位为颛顼后裔,八位为帝喾后裔。贵族皋陶、伯夷和契的明智谏言都载于《书经》。

第九甲子,公元前2217年

第一个王朝　夏朝

1. 禹,单独统治10年。

第九甲子第10年,舜崩,享年110岁,葬于九嶷。第九甲子第11年,禹继位,即大禹,颛顼五世孙,舜放弃自己的儿子而选择了他。

禹建立了第一个王朝——夏朝,夏朝延续了458年,共历17帝。

都阳城①。

禹虔敬而仁爱。分天下为九州,对应由二十八宿管辖。见《书经》中记载的地域分区和农业。

禹铸造了九尊巨鼎,就如九州的纪念碑。创制赞扬两位立法者尧与舜的音乐。禁酒,并惩罚了酒的发明者仪狄。在宫门前立钟鼓,听见有人敲击便可前来,这一习俗一直延续至今。

---

① 《史记》卷二《夏本纪第二》:"禹辞避舜之子商均于阳城。天下诸侯皆去商均而朝禹。"

2. 帝启，在位9年。

第九甲子第 20 年，禹崩，享年 100 岁。第 21 年，儿子帝启继位。诸侯因为其父亲的功绩而拥戴他，抛弃禹凭天而立的阁老益。从此开始子孙世袭制。帝启创制了九韶之舞。

3. 太康，在位 29 年。

第九甲子第 29 年，帝启崩。第 30 年，其子太康继位。

第九甲子第 31 年，太康让他的五个兄弟参与朝政，自己沉溺于骄奢射猎，不理朝政。

第九甲子第 47 年，太康在洛河外游猎，100 天都没有回来，后来在诸侯羿的干预下回朝。羿拥戴太康的弟弟仲康继位，然而仲康在其兄长活着时拒绝王号。

4. 仲康，在位 13 年。

第九甲子第 58 年，太康崩。明智而节制的君王仲康继续执政。

第十甲子，公元前 2157 年

第十甲子第 2 年，或是第 6 年，发生日食。羲氏与和氏因为沉溺饮酒而未能发觉日食，被处以死刑。

5. 帝相，在位 27 年。

第十甲子第 13 年，仲康崩。第 14 年，其子帝相继位。

帝相的威信不如他的父亲，他迁都于商丘。

帝相昏庸地将政权交给诸侯羿。不久之后，羿又被寒浞从权力中心剪除。

寒浞，篡位 40 年。

第十甲子第 38 年，寒浞弑帝相，篡国夺权达 40 年。有孕在身的王后逃避至父亲诸侯有仍氏处，并生下少康。少康在王权中断 40 年之后又重新执政。

第十一甲子,公元前 2097 年

少康像平民一样生活，后被外祖父委以重任，治理虞地多年，获得名望。

6.少康，在位 22 年。

第十一甲子第 18 年，诸侯靡在战场上杀死了寒浞。靡在这一年追随他的女婿少康。夏由此复国，少康重建了夏后氏的统治并治理了 22 年。

至此恢复了帝国以前的法度。遣使沟通异族。根据古代的传统取消了诸侯会盟。

立儿子无余为越侯，另一个儿子曲烈为鄫侯。

7.帝杼，在位 17 年。

第十一甲子第 40 年，少康崩。第 41 年，其子帝杼继位。
第十一甲子第 44 年，平定了东方部族(东夷)的叛乱。

8.帝槐，在位 26 年。

第十一甲子第 57 年，帝杼崩。第 58 年，其子帝槐继位。
第十一甲子第 60 年，九位东方蛮族的使者来朝，承认臣属地位。

第十二甲子，公元前 2037 年

帝槐沉迷于安逸享乐，将应该打理的帝国事务交给臣下。

9. 帝芒，在位 18 年。

第十二甲子第 23 年，帝槐崩。第 24 年，其子帝芒继位。
帝芒巡视帝国直至东海。
迁都至黄河以西。

10. 帝泄，在位 16 年。

第十二甲子第 41 年，帝芒崩。第 42 年，其子帝泄继位。
首次加封蛮族姓氏。

11. 帝不降，在位 59 年。

第十二甲子第 57 年，帝泄崩。第 58 年，其子帝不降继位。

第十三甲子，公元前 1977 年

经过与九苑的战争，帝不降和平地统治了他们。

12. 帝扃，在位 21 年。

第十三甲子 56 年，帝不降崩。第 57 年，其弟帝扃继位。这明显违背了礼法，遭到了帝不降有继承权的儿子孔甲的反对，孔甲后来才执政。

第十四甲子，公元前 1917 年

13. 帝廑，在位 21 年。

第十四甲子第 17 年，帝扃崩。第 18 年，其子帝廑继位。

他纵欲且迷信。很多诸侯反叛,从此帝国开始分崩离析。

14.孔甲,在位 31 年。

第十四甲子第 38 年,帝廑崩。第 39 年,帝不降之子孔甲继位。
孔甲纵情声色犬马,帝国面临崩溃的危险。诸侯拒绝前来会盟。
第十四甲子第 57 年,孔甲捕获一雄一雌两条龙,并开始喂养。

第十五甲子,公元前 1857 年

第十五甲子第 5 年,未来王朝的建立者成汤出生。

15.帝皋,在位 11 年。

第十五甲子第 9 年,孔甲崩。第 10 年,其子帝皋继位。帝皋穷奢极欲。

16.帝发,在位 19 年。

第十五甲子第 20 年,帝皋崩。第 21 年,其子帝发继位。
享有特权的诸侯从海边前来朝觐天子。

17.桀,在位 52 年。

第十五甲子第 39 年,帝发崩。第 40 年,其子桀继位。桀残暴且贪婪。
君王天赋异禀,孔武有力,可徒手断剑。
为取悦嬖妾妹喜,以玉石筑高台,杀死进谏的朝臣,正直清廉者都离开王宫。
凿酒池,3000 人在其中狂欢。

第十六甲子,公元前 1797 年

汤侯派智者伊尹前来,想要使桀成为正直的王。但是伊尹对于桀的改过感到绝望,因此在第4年回到商国。

在第十六甲子第21年,桀囚禁汤,很快又放了。800名诸侯与广大人民鼓励汤,汤当时或许不太自愿地集合军队来反对桀。

第十六甲子第31年,桀被自己的军队抛弃,逃到中国之外①,三年之后去世。第一个王朝覆灭了。

第二个王朝　商朝

1. 成汤,在位13年。

第十六甲子第32年,黄帝的第17世孙成汤在87岁时践天子位,建立了商朝。商朝延续了644年,共历28帝。成汤定都亳,其为君虔敬而节制。

以靠近冬至的那个月为一月,开始一年。在旗帜与徽章上采用白色,之前的夏朝用黑色,之后的周朝用紫色。

当时的7年饥荒很可能就是圣经《创世记》第四十一章记载的全球性饥荒。②

成汤为了人民将自己作为牺牲献给天主,祈祷上天降下大雨。他还开金矿,创制使人民欢乐的音乐。

2. 太甲,在位33年。

第十六甲子第44年,成汤崩,享年100岁。第45年,既然长子太丁殒命,嫡长孙太甲继位。丞相伊尹将不成器的君王太甲囚禁在祖先陵园③中。

---

① 《史记》卷二《夏本纪第二》:"桀走鸣条。"对于"鸣条"这一地名,史家或认为"地在安邑之西",或认为系东夷之地,并无定说。柏应理在此或许采取后一种说法,谓其"逃到中国之外"。

② 《太平御览》卷八三引《帝王世纪》:"汤自伐桀后,大旱七年,洛川竭。"

③ 即桐宫。

三年之后,太甲改过自新,重归王城当政。

第十七甲子,公元前 1737 年
改过自新的太甲表现为一个虔诚和知礼的君王。

3.沃丁,在位 29 年。

第十七甲子第 17 年,太甲崩。第 18 年,建国者的另一个孙子沃丁继位。他采用丞相伊尹的施政方针。

第十七甲子第 25 年,丞相伊尹卒,享年 100 岁。天子葬之以国礼。之后他的儿子伊陟辅佐了五位天子。

4.太庚,在位 25 年。

第十七甲子第 47 年,沃丁崩。第 48 年,其弟太庚继位。

第十八甲子,公元前 1677 年

5.小甲,在位 17 年。

第十八甲子第 11 年,太庚崩。第 12 年,其子小甲继位。

6.雍己,在位 12 年。

第十八甲子第 28 年,小甲崩。第 29 年,其弟雍己继位。王权开始衰落。一些诸侯拒绝来朝。

7.太戊,在位 75 年。

第十八甲子第 40 年,雍己崩。第 41 年,其弟太戊继位。那一年,桑树在 7 天的时间里开枝散叶,很快在 3 天的时间里就全部枯萎了,这被认为是不祥的征兆。

太戊害怕,询问丞相伊陟,伊陟教导他这是要向内修德的征兆。

王朝中兴。

第十九甲子,公元前 1617 年

为躲避越来越频繁的黄河泛滥,迁都河南,时而迁走,时而又迁回河边。

在这位天子统治下,持续了约 70 年的伟大和平。

76 位诸侯使节出现在朝堂之上。

恢复了古代关于赡养老人、给予死者公义的法度。

8.仲丁,在位 13 年。

第十九甲子第 55 年,太戊崩。第 56 年,其子仲丁继位。

仲丁在位时,东南方的夷族兴起,兰夷进攻商朝,仲丁出兵击退兰夷。

为躲避洪水泛滥,都城从亳西迁至隞。

第二十甲子,公元前 1557 年

9.外壬,在位 15 年。

第二十甲子第 8 年,仲丁崩。第 9 年其弟外壬继位。

外壬的继位,造成商王朝继承上的混乱,从而造成长达几乎 200 年的在继承权力上的战争,史称"九世之乱"。

10.河亶甲,在位 9 年。

第二十甲子第 23 年,外壬崩。第 24 年,其弟河亶甲继位。

都城由隞迁至相。

11. 祖乙，在位 19 年。

第二十甲子第 32 年,河亶甲崩。第 33 年,其子祖乙继位。
迁都于耿,又从耿迁到邢。而后为避洪水迁往东方。
天下从衰败中恢复过来,从此开始了长久的和平。
诸侯前来朝拜。

12. 祖辛，在位 16 年。

第二十甲子第 51 年,祖乙崩。第 52 年,其子祖辛继位。

第二十一甲子,公元前 1497 年

13. 沃甲，在位 25 年。

第二十一甲子第 7 年,祖辛崩。第 8 年,其弟沃甲继位。

14. 祖丁，在位 32 年。

第二十一甲子第 32 年,沃甲崩。第 33 年,祖辛之子祖丁继位。

第二十二甲子,公元前 1437 年

15. 南庚，在位 25 年。

第二十二甲子第 4 年,祖丁崩。第 5 年,沃甲之子南庚继位。
在帝国的东部有纷争。将国都迁至奄①。

---

① 奄,即今山东曲阜。

16.阳甲，在位 7 年。

第二十二甲子第 30 年,祖丁之子阳甲继位。
诸侯不来朝。

17.盘庚，在位 28 年。

第二十二甲子第 36 年,阳甲崩。第 37 年,其弟盘庚继位。
迁都到殷①,改善了帝国不安定的状况,维持了和平,朝臣云集,故后世称商朝为"殷"。

第二十三甲子,公元前 1377 年

18.小辛，在位 21 年。

第二十三甲子第 24 年,盘庚崩。第 25 年,其弟小辛继位,骄奢淫逸。
王权又一次衰落。

19.小乙，在位 28 年。

第二十三甲子第 25 年,小辛崩。第 26 年,其弟小乙继位。
诸侯古公的儿子太伯和仲雍因为见父亲更喜爱少子季历,自愿将王位让给他,前往南方。
诸侯太王从封地豳迁徙到封地岐。在他统治之后,这个王朝命名为"周"。

20.武丁，在位 59 年。

第二十三甲子第 53 年,小乙崩。第 54 年,其子武丁继位,这是一个虔敬

---

① 殷,即今河南安阳。

且热爱和平的君王。

第二十四甲子,公元前 1317 年

武丁用了三年的时间在祖父陵园中沉思改革之道,在睡梦中,天主给予他一个人的相貌,其色真切仿佛眼见。他命令寻找这样形象的人。果然在工匠之中找到了,并以之为丞相,这人名叫傅说。傅说的光辉事迹见载于《书经》。

整个帝国持久和平,繁荣昌盛。

当时武丁遵照礼法祭祀先祖,有飞雉站立在皇家的鼎耳,然后咕咕鸣叫,武丁感到害怕。然而大臣祖己教导说这是吉祥的征兆,只有凭借德性才能获得。见《书经》。

21. 祖庚,在位 7 年。

第二十四甲子第 52 年,武丁崩。第 53 年,其子祖庚继位。

22. 祖甲,在位 34 年。

第二十四甲子第 59 年,祖庚崩。第 60 年,其弟祖甲继位。

第二十五甲子,公元前 1257 年

祖甲为君主,骄傲乱法,责骂他的人后来都叛乱了,这些人再一次给帝国带来毁灭的威胁。

第二十五甲子第 27 年,季历生了那遍受赞扬的文王。

23. 廪辛,在位 6 年。

第二十五甲子第 32 年,祖甲崩。第 33 年,不像父亲的儿子廪辛继位。

24. 庚丁，在位 21 年。

第二十五甲子第 38 年，廪辛无后而崩。第 39 年，其弟庚丁继位。

第二十五甲子第 50 年，武王诞生，名发，他是后继王朝的创立者。

25. 武乙，在位 4 年。

第二十五甲子第 59 年，庚丁崩。第 60 年，其子武乙继位。他渎神且邪恶，用箭射击悬挂着的装血的革囊，称之为"射天"。在搏击游戏中引入天神的名字，并与之对垒，在获胜后用嘲笑来羞辱对方。东方的人民经由海岛向东边扩散，很可能居住在日本以及其他的岛屿上。

第二十六甲子，公元前 1197 年

第二十六甲子第 3 年，渎神者武乙在狩猎时被雷电击中而亡。

26. 文丁，在位 3 年。

第二十六甲子第 4 年，其子文丁继位。
开始与诸侯国燕国交战。

27. 帝乙，在位 37 年。

第二十六甲子第 6 年，文丁崩。第 7 年，其子帝乙继位。

在帝乙的支持下，季历攻伐诸侯国燕国，并被赐以侯伯的爵位（这是世袭的爵位）。三年之后，即第二十六甲子第 13 年，季历薨，其子文王继爵位。

帝乙有三子，最小的被立为太子。因为另两位年长的儿子是他的妻子封后之前出生的。

28. 纣，在位 33 年。

第二十六甲子第 43 年，帝乙崩。第 44 年，第三子纣继位。他是一个暴君，疯狂地宠爱嬖妾妲己。

他创造了新的炮烙刑罚，后来因诸侯中的文王进谏而废除。第二十六甲子第 54 年，他囚禁文王，三年后释放。

纣王放逐了进谏的贵族。

据说女人热衷于裹小脚就是从其嬖妾妲己开始的。①

据说每年第一个月的第 15 日为元宵节，元宵节中的观灯习俗可能就是从那时开始的，源于天子在宫中积聚灯火，仿造出长昼无夜的景象。②

第二十七甲子，公元前 1137 年

第二十七甲子第 3 年，发生了持续 5 天的地震。就在这一年，文王回到自己领地的第 5 年后薨，享年 97 岁。在遗留的 12 个儿子当中，武王率领 70 万大军讨伐暴君纣。

第三个王朝　周朝

1. 武王，在位 7 年。

第二十七甲子第 16 年，纣自焚，第二个王朝商朝灭亡。同年，武王建立了第三个王朝周朝。周朝延续了 873 年，共历 35 帝。

---

① 中国古代女子缠足的起源说法不一，但以起源于五代之说较为可靠。

② 今天的研究认为，元宵节这一习俗的起源主要有三说：汉武帝"太一"祭祀活动说、佛教节日起源说以及道教节日起源说。 也有人认为与上古时期农业祭祀活动有关。

定都镐京。

在帝国的初期，武王按照古代的礼法向天主献祭。根据古礼追尊父亲、祖父、曾祖以帝号。恢复灭亡的家族，在亲属和功臣之间分封70多个诸侯国，这给未来的战争埋下了隐患。武王将中国年的元月设在大约等同于我们的第十二月之时。

暴君纣的叔父箕子建立了朝鲜政权，并免除封臣的职责。事见《书经》。

周公将自己的生命献给天神，祈求兄长武王的健康，他的祈求应验了。

2. 成王，在位37年。

第二十七甲子第22年，武王崩，享年93岁。第23年，其子成王继位。

他的叔父及师父周公为避众人嫉妒，主动离开都城，后来又被荣耀地迎回。他的著名决策见于《书经》。

天子在花园中以玩笑的方式分封了自己的弟弟。丞相史佚认为这个封诰要严肃对待，并说"君无戏言"。① 交趾支那来使，所献贡品中有白雉。周公赐指南车用以指示他们回到南方。

第二十七甲子第33年，周公薨，享年100岁，荣以国礼国葬。

在朝廷中决议限制用酒。

3. 康王，在位16年。

第二十七甲子第59年，成王崩，终年50岁。第60年，其子康王继位。喜爱并维护和平。成王担心太子姬钊不能胜任君位，委托他的朝臣召公辅佐朝政，巡访天下，改革农业。

---

① 即桐叶封弟之事，发生在周成王姬诵和其弟叔虞之间的事。

第二十八甲子,公元前 1077 年

和平长久,天下和谐,于是所有从监狱中释放的人,根据协议都回去开垦田地。

4.昭王,在位 51 年。

第二十八甲子第 25 年,康王崩。第 26 年,其子昭王继位。昭王沉溺于狩猎,不理朝政。

第二十八甲子第 41 年,也即昭王第 16 年,在印度,净饭王与摩耶王后诞生了被称为佛的太子,他是佛教和毕达哥拉斯式轮回说的创始人。这一教派在 1060 年后,即公元后 65 年,首次由朝廷引入中国。

天子巡游帝国。

月亮上现出奇异的光彩。

第二十九甲子,公元前 1017 年

第二十九甲子第 16 年,天子狩猎归来,天子的船是用劣质胶拼接的,行至河中间就散架了,王与诸臣一道溺水而亡。

5.穆王,在位 55 年。

第二十九甲子第 17 年,其子穆王继位。穆王爱公平正义。

穆王极爱马与车,巡视天下时都带着它们。

周穆王西征,进兵阳纡,周军大胜,带着四只白狼和四只白鹿归来。

封战争中的将军造父于赵城①。

---

① 赵城,即今山西洪洞。

不顾女婿的反对,对鞑靼人①发动战争。鞑靼人逃跑,由此征服未成而班师回朝。

第三十甲子,公元前937年②

第三十甲子第9年,灵魂转世说的创始人佛在印度圆寂,终年79岁。

给君牙和伯冏的著名训导见于《书经》。

6.共王,在位12年。

第三十甲子第11年,穆王崩。第12年,其子共王继位。因为三个女孩在眼前被带走,灭了密国,很快他就后悔做了这事。

7.懿王,在位25年。

第三十甲子第23年,共王崩,终年84岁。第24年,其子懿王继位。他没有做什么符合天子的事情,因此很多人讽刺他。

8.孝王,在位15年。

第三十甲子第48年,懿王崩,终年50岁。第49年,其弟孝王③凭借能力继位。

他极为爱马,因此封驯马的大臣非子于秦,后来非子的后代通过不义的手段从这个王朝手中夺取了权力,建立了帝国。

不同寻常的冰雹杀死了牛和马。

---

① 此处及以下指犬戎人。
② 柏应理此处有误,应为公元前957年。
③ 实乃共王之弟。

第三十一甲子，公元前897年

9.夷王，在位16年。

第三十一甲子第3年，孝王崩，享年63岁。第4年，其子夷王①继位。他如此迟钝，以至于都不能有尊严地接见使臣和诸侯，他是第一个不顾天子王尊，走下台阶接见来朝诸侯的天子。

10.厉王，在位51年。

第三十一甲子第19年，夷王崩，享年60岁。第20年，其子厉王继位。这位君王名副其实，他残酷、傲慢，并且挥霍民力。

因受公开的言论和作品的羞辱，他命令杀掉言说者，以至于他的臣民没有敢于说话或耳语的，这样严格的沉默持续了三年。

第三十一甲子第52年，愤怒的平民暴动，要处死天子。于是厉王逃跑了，家人为暴民所杀，太子姬静被丞相召公保护起来了。知道此事的平民要求召公交出太子，丞相将自己的儿子交给他们，被欺骗的无知群众将召公的儿子杀害了。丞相经过17年的努力也没能还政于流亡的天子。

第三十二甲子，公元前837年

11.宣王，在位46年。

第三十二甲子第10年，流亡中厉王崩。第11年，其子宣王继位。

他受到召公与周公的监护达15年。仿效贤君榜样，召集四处流离的智者。

---

① 实乃懿王之子。

不顾丞相的反对，废除了先王们用自己的双手耕耘部分土地的仪式①。

当时有同一个母亲所生的四胞胎智者显赫于世。他们恢复了对于诸侯与王朝的臣属。

宣王用武力强迫淮南与楚国的乱民回归中华礼法。

贤良淑德的姜后写了一本关于后宫规矩的书。

12. 幽王，在位 11 年。

第三十二甲子第 56 年，宣王崩。第 57 年，其子幽王继位。幽王没能继承父亲的美德。

他不幸与西方的鞑靼人②交战。因为被嬖妾褒姒的爱所俘虏，废王后及其子。

第三十二甲子第 57 年，因为地震，岐山的一部分崩塌了。

第三十三甲子，公元前 777 年

第三十三甲子第 2 年十月，日食。

13. 平王，在位 51 年。

第三十三甲子第 7 年，幽王在战争中被杀。第 8 年，其合法的太子平王继位。

他将首都从西部的山西③省迁到了东部的河南省，从此王朝的精神气质大为不同。

河南、湖广、江西、山东、陕西、山西的每个诸侯都为自己的侯国而战。

---

① 即籍田之礼。

② 此处及以下指西夷犬戎人。

③ 原文有误，应为"陕西"。

诸侯拒绝来朝，他们僭越了以往只能由天子来履行的仪式，即巡游天下。

秦文公在一系列的战争中战胜了鞑靼人，收复了西部的失地。

孔子将从这一甲子第56年开始的诸侯国历史称为"春秋"。

14. 桓王，在位23年。

第三十三甲子第58年，平王崩。第59年，其孙、好战的桓王继位。

第三十四甲子，公元前717年

桓王尝试用武力迫使诸侯重新臣服，但是失败了。

第三十四甲子第9年七月，日全食。

第三十四甲子第11年，桓王在平定叛军的战斗中肩部受伤。①

15. 庄王，在位15年。

第三十四甲子第21年，桓王崩。第22年，其子庄王继位。

一场阴谋暴露。②

第三十四甲子第23年十月，日食。

因齐王的阁老管仲的努力③，齐国国力强盛起来。

16. 釐王，在位5年。

第三十四甲子第36年，庄王崩。第37年，釐王在齐国和皇室宗族的支持下继位。

---

① 《左传·桓公五年》："（桓）王以诸侯伐郑……战于繻葛……王卒大败。祝聃射王中肩。"

② 指周庄王四年，周公黑肩欲杀庄王改立王子克，后阴谋被揭发。

③ 齐桓公以管仲为大夫。

齐国国君接受作为诸侯之首的"霸"这一称号,之后又有其他诸侯称霸。100 年之后这一称号才被废除。

17. 惠王,在位 52 年。

第三十四甲子第 41 年,釐王崩。第 42 年,其子惠王继位。惠王极爱捕鹰。

第三十四甲子第 42 年三月,日食。

鞑靼人①越过山西交战。

齐国国君击败了鞑靼人,召集诸侯会盟,仿佛是他们的首领。依照习俗饮鸡血,靠誓言维护相互之间的信任。

第三十四甲子第 49 年六月,日食。第 50 年十二月,日食。第 54 年九月,日食。

第三十四甲子第 58 年,惠王第 16 年,基督之前第 660 年,日本开始有王。一直到现在的 1608 年,已经是第 108 世了。

第三十五甲子,公元前 657 年

第三十五甲子第 3 年九月,日食。

18. 襄王,在位 33 年。

第三十五甲子第 6 年,惠王崩。第 7 年,其长子襄王继位。

诸侯会盟,古代的帝国法度皆未得以恢复。

第三十五甲子第 10 年三月,日食。第 13 年五月,日食。

第三十五甲子第 17 年,天子在战争中击败了弟弟叔带,叔带出逃,但是

---

① 此处及下文指"狄人"。

被诸侯晋文公带回去处死了。①

第三十五甲子第 32 年二月,日食。

19. 顷王,在位 6 年。

第三十五甲子第 39 年,襄王崩。第 40 年,其子顷王继位。顷王智慧,受到所有人的爱戴。

使节参与了其父亲的葬礼,只是不像惯常那样贡赋。

20. 匡王,在位 6 年。

第三十五甲子第 45 年,顷王崩。第 46 年,其子匡王继位。匡王在所有方面都跟父亲相似。

第三十五甲子第 46 年六月,日食。

21. 定王,在位 21 年。

第三十五甲子第 51 年,匡王崩。第 52 年,其弟定王继位。定王致力于和平。

第三十五甲子第 54 年九月十四日,老君诞生于苦县,他建立了一个关于永生的教派,不同于伊壁鸠鲁式的教派,他似乎认识天主,但是他的教导在后人的遵循中变了样。卒于 84 岁。

第三十五甲子第 57 年七月,日全食。

第三十六甲子,公元前 597 年

第三十六甲子第 6 年六月,日食。同年,大地震。

---

① 叔带联合戎、翟之人欲诛杀周襄王,事败逃奔于齐。但是,叔带并未被晋文公带回去,而是在十余年后从齐国复归于周。叔带在周待了约五年,再次谋反,周襄王求救于晋,这才有晋文公诛杀叔带之事。

22. 简王，在位 14 年。

第三十六甲子第 12 年,定王崩。第 13 年,其子简王继位。

大约在那时兴起杨墨异端。墨子教导说所有人都应该平等地被爱,父母与他人不该有差别。杨朱教导应该自爱,不要为君王考虑。

第三十六甲子第 23 年六月,日食。第 24 年十二月,日食。

南京人开始在苏州建国。

23. 灵王，在位 27 年。

第三十六甲子第 26 年,简王崩。第 27 年,他那生来就有胡子的儿子灵王继位。

诸侯之间战争和流血不断。

富于智慧和美德的天子正直地治理天下。

第三十六甲子第 38 年二月,日食。第 40 年八月,日食。第 45 年十月,日食。

第三十六甲子第 47 年,也就是灵王 21 年十一月四日,第一位哲学家——孔子,出生于山东。

第三十六甲子第 48 年二月,日食。第 49 年七月,日全食。

第三十六甲子第 50 年,孔子的父亲、陬邑的大夫叔梁纥去世。

第三十六甲子第 52 年十月,日食。

24. 景王，在位 25 年。

第三十六甲子第 53 年,灵王崩。第 54 年,其子景王继位。

第三十七甲子，公元前 537 年

第三十七甲子第 3 年四月，日食。第 11 年六月，日食。第 13 年六月，日食。第 17 年七月，日食。

猛王，在位数月。

25. 敬王，在位 44 年。

第三十七甲子第 18 年，景王崩。幼子猛王①继位，但是很快就被杀了。第 19 年，第二个儿子敬王凭借武力继位。

第三十七甲子第 20 年五月，日食。第 27 年十二月，日食。第 33 年三月，日食。

孔子弟子达到 3000 人，其中贤者 72 人，其中最贤者 10 人。

第三十七甲子第 38 年，孔子出仕鲁国，几乎恢复了所有的古代礼法。

第三十七甲子第 40 年十一月，日食。第 43 年八月，日食。

诸侯国吴国和越国爆发战争，吴王被杀。

第三十七甲子第 52 年，宋国灭曹，曹国历经 25 君，共延续了 636 年。

第三十七甲子第 57 年，独角兽②现于林中空地。

孔子编修完成了 200 年的诸侯战争历史。

第三十七甲子第 57 年五月，日食。

第三十七甲子第 59 年，敬王 41 年四月，哲学家孔子逝世，享年 73 岁。

第三十七甲子第 60 年，楚国灭陈国，陈国历经 24 君，共延续了 645 年。

---

① 姬猛死后谥号为悼王。

② 指麒麟。

第三十八甲子,公元前477年

26.元王,在位7年。

第三十八甲子第2年,敬王崩。第3年,其子元王继位。元王虔敬且受人爱戴。

传召被轻视的鲁公觐见。

越国灭吴国,吴国历经20君,共延续了650年。

27.贞定王,在位28年。

第三十八甲子第9年,元王崩。第10年,其子贞定王继位。据说这是位坚贞的君王,在妻子死后就一直保持单身。

第三十八甲子第31年,楚国灭蔡,蔡国历经25君,共延续了676年。

第三十八甲子第35年,日全食,群星现。

28.考王,在位15年。

第三十八甲子第37年,贞定王崩。第24[①]年,长子去疾继位,三个月后被弟弟叔[②]所杀。而在五个月后,叔又被小弟考王所杀,最终考王承继大统。

周考王的另一个弟弟在河南建立王朝,是为西周桓公,他的后裔将成为周王朝的末代皇帝。

第三十八甲子第43年六月,日食。第45年,彗星。

29.威烈王,在位24年。

第三十八甲子第52年,考王崩。第53年,其子威烈王继位。

---

① 原文有误,应为"38"。

② 姬叔的谥号为思王。

015 那时诸侯之间又开始了长达300年的战争,史称"战国"。

那时以及之后的天子已经名存实亡,一点点地丧失权威和土地。

第三十九甲子,公元前417年

第三十九甲子第8年,日食。

据说曾经由第一王朝的建立者禹铸造的九鼎无故震动。

赵国君主在战争中杀了战败的统领智襄,并命令用他的头盖骨制成酒具。

30. **安王,在位26年。**

第三十九甲子第16年,威烈王崩。第17年,其子安王继位。

第三十九甲子第17年,日食。

魏国国君因自己领土上的自然环境险峻而骄傲,可以为屏障。丞相吴起回应说,应该用美德来建立屏障,而非用碎石。

第三十九甲子第36年,日全食。

第三十九甲子第42年,安王崩。

同年,三位诸侯韩、赵、魏灭亡了晋,晋国历经38君,共延续了741年。

31. **烈王,在位7年。**

第三十九甲子第43年,安王之子烈王继位。最有实力的齐王向他效忠。同年,韩侯灭郑,郑国历经23君,共延续了432年。

第三十九甲子第43年,日食。

第三十九甲子第46年,第二位哲学家孟子诞生。

第三十九甲子第49年,日食。

32. **显王,在位48年。**

第三十九甲子第49年,烈王崩。同年,他的小弟显王继位。几乎没有得到诸侯的承认。

第三十九甲子第 57 年,西方现彗星。

第四十甲子,公元前 357 年

显王在认识到那保存了 1970 年的帝国神圣象征的九鼎被觊觎时,命令将它们沉没在泗水之下,没有技术可以从那里把它们打捞出来。

第四十甲子第 22 年,孟子来见魏王。之后又来到齐,并留在齐很长时间。孟子在帝国各处传播仁政,计有 17 名弟子,留世道德著作七卷。

33.慎靓王,在位 6 年。

第四十甲子第 37 年,显王崩。第 38 年,其子慎靓王继位,他懦弱无能。

秦国国君孝公因为出色的治理,实力超越了所有诸侯,因此铺就了通往帝国的道路。

第四十甲子第 42 年,秦国的实力已然增长到能够摧毁五国的军队。

34.赧王,在位 59 年。

第四十甲子第 43 年,慎靓王崩。第 44 年,其子赧王继位,他是正直而节制的君王。

楚国大夫屈原为人正直,受同僚嫉妒而被放逐。因楚国被灭,自沉于汨罗江,以身殉国。中国人传承他的理想,每年五月初五在全国范围内,以赛龙舟的方式来纪念他。

第四十甲子第 53 年和第 55 年出现彗星。第 57 年,日全食。

第四十一甲子,公元前 297 年

第四十一甲子第 9 年,第二位哲学家孟子去世,享年 84 岁。与孔子相似,他的后代延续至今,并且在首都享受皇室特权。

第四十一甲子第 12 年,齐、楚、魏灭宋,宋国历经 32 君,共延续了 381 年。

为了得到整个天下,秦齐两国之间相互交战,并征服周围诸侯国。

秦国国君昭襄王用天子礼仪祭祀上天,这等同于走向皇权。

楚王灭鲁国,鲁国历经 34 君。秦王灭魏国,魏国历经 37 君。

秦王用 6 万人打败了两个最有实力的王。

第四十一甲子第 42 年,赧王被击败,他带着军队依照传统投诚,后来死在陕西。

35. 周君,在位 7 年。

第四十一甲子第 43 年,继位的(东)周君是第 31 位皇帝的弟弟之曾孙。统治着狭小的领地,在绝望中退位,过着普通人的生活。至此周朝灭亡。

第四个王朝 秦朝

1. 秦庄襄王,在位 3 年。

第四十一甲子第 49 年,秦孝文王仅仅统治了三天,其子庄襄王建立了被称为"秦"的王朝,享国 43 年,历 4 帝。

第四十一甲子第 50 年,日食。

第四十一甲子第 51 年,秦庄襄王崩,他是秦以诸侯国的身份进行统治的第 37 位也是最后一位诸侯。

2. 始皇帝,在位 37 年。

第四十一甲子第 52 年,秦庄襄王的养子始皇帝继位。秦始皇在母亲怀孕第十二个月才降生,他好战、残忍、不容谏言。从那时开始,有 20 多位权贵被杀。

建都咸阳。

定一年之始于射手座的第一个月。

创立"皇帝"①的称号(沿用至今)。与之前的开创者所用的是同音不同字,"黄"指的是河,而"皇"代表高贵和皇权。

第四十二甲子,公元前237年

始皇帝灭了韩、魏、楚、燕、赵、齐,废除了所有的诸侯和他们的称号。派大船前往孟加拉,又派船带着300名男童东渡大海,为求取长生灵药。② 船被暴风摧毁,一些人散落在其他岛屿之上。用青铜按照巨人像浇铸12尊英雄塑像,每一个都有12万斤。③

秦始皇二十四年,为抵抗鞑靼人(匈奴)的侵扰,筑起长400里格以上的长城。④

第四十二甲子第25年,他命令烧掉除医书和法律文书之外的全部书籍。

---

① 秦始皇自认为自己的功劳胜过之前的三皇五帝,遂决定采用"三皇"的"皇"和"五帝"的"帝"构成"皇帝"称号。

② 徐福鼓动秦始皇,秦始皇遂遣其前往大海中求仙人。

③ 《史记》卷六《秦始皇本纪第六》:"收天下兵,聚之咸阳,销以为钟镰,金人十二,重各千石,置廷宫中。"注引《三辅旧事》云:"聚天下兵器,铸铜人十二,各重二十四万斤。汉世在长乐宫中门。"秦始皇铸铜人十二尊,实有其事。至于铜人的重量,所谓"收天下兵,聚之咸阳",肯定不轻。上引《史记》和《三辅旧事》对于铜人重量的记叙各自不同,我们偏向于《史记》的记载。秦时一石约为120斤,秦时一斤等于现在的256.26克。

④ 《史记》卷八八《蒙恬列传第二十八》:"秦已并天下,乃使蒙恬将三十万众北逐戎狄,收河南。筑长城,因地形,用制险塞,起临洮,至辽东,延袤万余里。"根据现代考古发掘与研究,秦代所筑长城是在战国时燕长城和赵长城以及秦长城的基础上进行修复,并将三国所筑长城连接起来,并非绝对的新修。秦代长城西起今甘肃岷县,东至今朝鲜平壤西北清川江入海处。这里的"leuca",即英文"league"的词源,是欧洲和拉丁美洲一个古老的长度单位,在英语中常定义为3英里(约4.828公里,仅适用于陆地上),即大约等同一个步行一小时的距离,或定义为3海里(约5.556公里,仅用于海上),这里翻译成"里格"。后文长度单位"stadium"则翻译成"里"。后文中柏应理还提及中国13"stadium"等于德国1"leuca",但是按柏应理的译文与相关史籍,1里格约为10里。

第 26 年，又活埋了更多的文人。①

第四十二甲子第 28 年，始皇帝在东巡时驾崩。从他驾崩开始，各国又开始起义造反。

3. 秦二世，在位 3 年。

第四十二甲子第 29 年，秦始皇最小的儿子继位，即为秦二世。当时虽然父亲指定了长子，但是长子被弟弟命令夺去了生命。②

刘邦聚集士兵。一个相士预言他会取得皇权，将僭主式的女儿嫁给他，他的女儿将来要统治的。

4. 婴王，在位 45 天。

第四十二甲子第 31 年，秦二世在 24 岁时被杀，他兄长的后代婴王继位。在弑兄者被害 45 天之后，他向胜利者投降，秦朝随之灭亡。

第五个王朝　汉朝

1. 高祖，在位 12 年。

第四十二甲子第 32 年，汉高祖即刘邦，开创了第五朝，被称为"汉"的王朝。享国 426 年，共历 25 帝。在 17 次战争中被打败，然而最终胜利者却逃跑了。

西汉，定都长安，共延续了 230 年，历 13 帝。然后迁都洛阳，即东汉，共

---

① 即焚书坑儒。
② 秦始皇的长子为公子扶苏，胡亥为秦始皇最小的儿子。秦始皇去世之时，胡亥在宦官赵高等的协助下，矫诏令公子扶苏自杀，并称始皇帝传位胡亥。

延续了196年,历12帝。

第四十二甲子第34年十月或十二月,日食。第39年六月晦,日全食。

2. 惠帝,在位7年。

第四十二甲子第43年,高祖崩,享年52岁。第44年,其子惠帝继位。他虔敬,爱好和平,孝顺,称之为"孝"。母亲的控制招来愚昧,她几乎是凭着罪恶来进行统治。

第四十二甲子第50年一月,日食。

吕后,篡位8年。

第四十二甲子第50年,惠帝崩,享年50岁。第51年,相士的女儿吕后违背皇室宗法而继位①,她残忍且反复无常,分封并任用外戚。

第四十二甲子第52年六月晦,日食。第57年一月,日全食。

第四十二甲子第58年,吕后崩。很快,她家族的全部人在宴饮竞技中被铲除。②

3. 文帝,在位23年。

第四十二甲子第59年,立国者的儿子文帝从自己的封国中被接至朝中继位。

第四十二甲子第60年十一月晦,日食。

---

① 《汉书》卷一上《高帝纪第一上》谓:吕后之父"好相人",擅看面相,看到刘邦,觉得刘邦将来定是个不凡人物,就将自己的女儿许配给他。 但这并不意味着他是名相士。 汉惠帝死后,吕后仓促中,立惠帝与宫女所生之子为帝,自己则"临朝称制"。 吕后所做的这一切并未与朝中大臣共议,所以这就不是所谓的"继位"。

② 吕后之兄弟吕产在吕后死后发动叛乱,反对吕氏的刘氏诸王和大臣乘机发动进攻,最终诛灭了吕氏势力。 因而,并非"在宴饮竞技中被铲除"。

第四十三甲子,公元前177年

第四十三甲子第1年十月晦,日食。

文帝正直而节制,在生活起居方面保持简朴。在后宫中,以皇后为表率,不置精美的服饰,并且好像理所当然地一样自行洒扫。

他首先为不同的统治年岁分配不同的年号①,这一习俗保持到今天。出现灾祸时他愿意承担罪愆。

在祭祀上天时,文帝先为百姓祈求,然后才为自己的安危祈求。他恢复了古代的虔敬传统,皇室成员亲自耕耘土地。允许公众制盐。当时广东和广西两省②自愿归顺中华的美德和礼法。纸也是在这个时期发明的③。

他允许以前只能在皇宫铸造的铜币可以在其他任何地方铸造。

第四十三甲子第6年,彗星东来。第18年四月晦,日食。

4. 景帝,在位17年。

第四十三甲子第21年,文帝崩,终年46岁。第22年,其子景帝继位。他真诚、仁慈,减轻严重的刑罚。他是第一位将女儿嫁给鞑靼人④的皇帝。他从家族的16个子女中提拔第十个儿子,即后世的汉武帝。他与七王交战,在三个月内击败了七王的军队。

第四十三甲子第24年,彗星现于西边。第25年十月晦,日食。第28年十一月,日食。第29年及第36年,地震。第30年十月,日食。第32年十月,日食。第35年七月晦,日食。

---

① 到汉武帝才开始使用年号,不过从汉文帝开始实行改元,只是那时还没有取年号。
② 广东和广西两省当时属于南越国。
③ 考古发掘也确实证明汉文帝时期已经出现了纸,但传世文献中却并没有相关证据。
④ 此处及下文指匈奴人。

5.武帝，在位54年。

第四十三甲子第37年，景帝崩，终年48岁。第38年，其子武帝继位。他文武双全，命令四处搜集被焚毁的书籍的残篇断简，并按照一定的顺序修复"五经"。他太过于相信长生药剂，而后就后悔了。

他四次大败鞑靼人，军队越过长城和荒漠，直到印度附近的勃固、暹罗、柬埔寨、孟加拉国，并且带领舰队到东海诸岛。他命令建酒泉以激励人民①。命令诸侯在儿子之间平等地分配自己的土地②，如果没有后代，封地则收归国有。

武帝立来宫里的鞑靼王的儿子③为马监，后来迁升为统帅，赐予他新姓"金"，这是东鞑靼的皇家姓氏，我们知道他们在统治中国时保留了这个姓。西部的蛮族向皇帝献上巨大的金像④。

第四十三甲子第59年，星现如日。

第四十三甲子第43年，大彗星从东来。

第四十四甲子，公元前117年

他沉迷于不死的迷信和神灵，并且开始为这些神灵建造庙宇。

术士们蛊惑他，允诺让他已逝的美丽妻子能显身⑤，他下令处死了欺骗

---

① 汉武帝时收复河西地区设酒泉郡。酒泉之地，因"城下有泉""其水若酒"，故得名。至于建设酒泉以激励人民，恐是柏应理的误解。

② 即推恩令。

③ 即金日磾。

④ 史书中似无此记载。《史记》卷一一〇《匈奴列传第五十》："汉使骠骑将军去病将万骑出陇西，过焉支山千余里，击匈奴，得胡首虏八千余级，破得休屠王祭天金人。"这里说的可能是此事。

⑤ 此处汉武帝的"美丽妻子"指李夫人。《汉书》卷九七上《外戚传第六十七上》："上思念李夫人不已，方士齐人少翁言能致其神。乃夜张灯烛，设帷帐，陈酒肉，而令上居他帐，遥望见好女如李夫人之貌，还幄坐而步。"方士所用的办法类似今日之皮影戏。

他的人,而另外一些用药物使女人陷入禁忌情欲的人则被驱逐出都城和帝国。

由嬖妾所生的儿子比其他人更受宠,因为在怀胎 14 个月之后才出生。武帝立他为太子,并赐他的母亲死①,据说是免得朝廷再次被女人祸乱。

第四十四甲子第 8 年、第 9 年、第 10 年及第 11 年,大饥荒。

第四十四甲子第 14 年,恢复古法,定一年之元始,并沿用至今,其对应二月。

6. 昭帝,在位 13 年。

第四十四甲子第 31 年,武帝崩,享年 71 岁。第 32 年,小儿子昭帝继位。昭帝早慧,对于贫民慷慨,轻徭薄赋,与鞑靼和平共处,依照古代礼法安排行政。

7. 宣帝,在位 25 年。

第四十四甲子第 44 年,昭帝崩,终年 22 岁。第 45 年,孝(武)帝的曾孙宣帝继位。他的皇叔因沉溺酒色而被废,被遣回自己的封地。②

宣帝为君王,天性平和,对所有人尤其是对穷人良善。

宣帝曾两次被判死刑③,监禁于狱中,出狱后而坐上皇位,被立为王。印度诸国从武帝时开始叛乱频发,针对他们的战争和人民的负担仿佛无足轻重的小事一般被劝阻。

---

① 此处被赐死的母亲即钩弋夫人,她所生的儿子即汉昭帝。

② 即昌邑王刘贺。昭帝去世,大臣霍光立刘贺为帝。刘贺不久被废,后改封海昏侯,封地为今江西南昌。

③ 汉宣帝刘询为汉武帝戾太子刘据之孙,受戾太子巫蛊之事牵连,襁褓之中就被关于狱中。当时负责处理巫蛊之事的廷尉监邴吉可怜汉宣帝,命人暗地里养护他。在邴吉的保护下,汉宣帝得以隐瞒身份安全成长,直到继位当皇帝。此处谓"两次被判死刑",不知何据。

第四十四甲子第 48 年四月,地震。

第四十五甲子,公元前 57 年
鞑靼匈奴王单于派遣使臣称臣。

第四十五甲子第 4 年四月,日食。

8.元帝,在位 16 年。

第四十五甲子第 9 年,宣帝崩,终年 43 岁。第 10 年,其子元帝继位。他节制而简朴,舍弃不节制的奢靡挥霍。

战争中将军违背友谊盟约处死了两位鞑靼王。鞑靼人准备复仇,然而因为用出于皇室血统的女孩与其联姻,两者的关系又恢复了。

第四十五甲子第 18 年六月晦,日食。第 21 年及第 23 年,地震。第 24 年六月晦,日食。第 26 年十二月,日食与地震。

9.孝成帝,在位 26 年。

第四十五甲子第 26 年,元帝崩,终年 43 岁。第 27 年,其子(孝)成帝继位。这位君王沉迷酒色,疏于朝政,追求剧院的舞女,命令杀掉以违背国法进谏的人。

太后出自梁氏家族①,并提拔家族的人至显耀高位。从此之后,更多奸佞入朝,屠戮无辜。鞑靼王单于觐见。

第四十五甲子第 28 年十二月,日食并地震。第 30 年四月晦,日食。第 32 年八月,日食。第 34 年二月,日食。第 42 年九月晦,日食。第 44 年一月晦,日食。第 46 年,彗星东去。

第四十五甲子第 51 年,成帝突然驾崩,终年 45 岁,无子嗣。

---

① 柏应理这里解释或有误。 太后王政君,魏郡元城(今河北大名)人,阳平侯王禁次女。

第四十五甲子第 51 年,30 余城地震。

10.孝哀帝,在位 6 年。

第四十五甲子第 52 年,成帝兄弟的后人孝哀帝继位,这个谥号的意思是孝顺和不幸。

哀帝五年,宫中有奇怪的声音。

免駞靶匈奴人的王单于进朝。

第四十五甲子第 56 年一月一日,日食。

第四十五甲子第 57 年,哀帝在统治的第六年六月驾崩,终年 25 岁。

第四十五甲子第 57 年五月,日食。

第四十五甲子第 57 年十一月,普世救主诞生,被称为"和平者"的继位者开始统治了,虽然根据中国的习惯,全部这六年都应该归于前任。

11.孝平帝,在位 13 年①。

第四十五甲子第 58 年,元帝 9 岁的孙子孝平帝继位,这个谥号的意思是孝顺与和平。第四十五甲子的第 58 年,是基督诞生的第一年。

---

① 疑柏应理此处有误。《汉书》卷一二《平帝纪第十二》:"冬十二月丙午,帝崩于未央宫。 大赦天下。 有司议曰:'礼,臣不殇君。 皇帝年十有四岁,宜以礼敛,加元服。'奏可。 葬康陵。"

附：

1.上古六帝及第一个王朝夏朝世系图

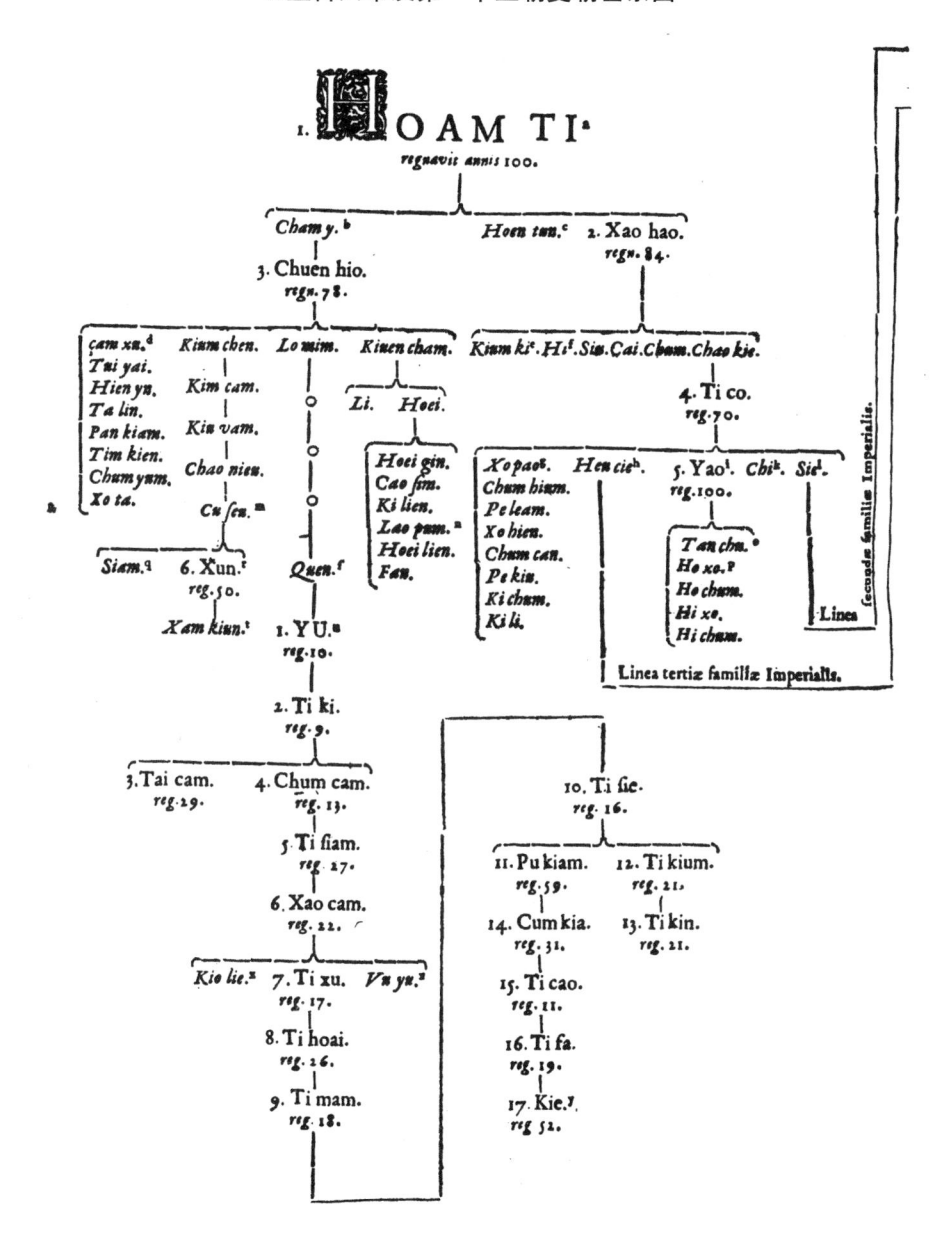

1. HOAM TI.
regnavit annis 100.

Cham y.ᵇ — Hoen tun.ᶜ — 2. Xao hao. reg. 84.

3. Chuen hio. reg. 78.

çam xu.ᵈ | Kium chen. | Lo mim. | Kiuen cham. | Kiam kiᵉ. Hiᶠ. Sis. Çai. Cham. Chao kie.
Tai yai. | Kim cam. | | | 4. Ti co. reg. 70.
Hien yn. | | | Li. Hoei. |
Ta lin. | Kiu vam. | | |
Pan kiam. | Chao nieu. | | Hoei gin. | Xo paoᵍ. Hen cieʰ. 5. Yaoⁱ. Chiᵏ. Siˡ.
Tim kien. | | | Cao sim. | Chum hiam. reg. 100.
Chum yam. | Cu senᵐ. | | Ki lien. | Pe leam.
Xo ta. | | | Lao pum. | Xo hien. Tan cha.
| | | Hoei lien. | Chum can. Ho xo.ᵖ
Siam.ᵠ 6. Xun. | Quen.ᶠ | Fan. | Pe kiu. Ho cham.
reg. 50. | | | | Ki chum. Hi xo.
Xam kiun.ʳ | 1. YU.ᵃ | | Ki li. Hi cham.
| reg. 10. | | | Linea tertiæ familiæ Imperialis.
| 2. Ti ki. | | (secundæ familiæ Imperialis. Linea)
| reg. 9. | | |

3. Tai cam. reg. 29. | 4. Chum cam. reg. 13. | 10. Ti sie. reg. 16.
5. Ti siam. reg. 17. | 11. Pu kiam. reg. 59. | 12. Ti kium. reg. 21.
6. Xao cam. reg. 22. | 14. Cum kia. reg. 31. | 13. Ti kin. reg. 21.
Kio lie.ˣ 7. Ti xu. Vu yu.ʸ | 15. Ti cao. reg. 11.
reg. 17. | 16. Ti fa. reg. 19.
8. Ti hoai. reg. 26. | 17. Kie.ʲ reg. 52.
9. Ti mam. reg. 18.

A①.黄帝,第一位天子,连续不断的三朝帝王世系由他开始。公元前 2697 年即位,在位 100 年。出自他的部落的某一支在大概 1500 年后被周武王封在邹国,持续了大约 700 年。

B.昌意,黄帝之子。他的子孙被第四位天子帝喾封在蜀国,即今天的四川省。

C.黄帝之子,是邪恶而粗野之人。与他同名的儿子或是孙子肯定是被第六位天子舜除灭了。

D.八恺,即八和,在舜统治时委以特别的职责。

E.蛴极,不义之人,他的部族被舜帝所灭。

F.熙、修、该、重、少昊帝四子。在颛顼统治时出仕天下。

G.八元,即八位正直的人,帝喾之子。舜统治时,在王室贵族之间考察他们。

H.后稷,帝喾之子,第三朝周王室的始祖。舜帝委任他照管农业事务。被封在有邰。

I.尧,第五位天子,同时也是立法者,帝喾之子。他的后代在大约 1200 年之后被武王封在蓟,大约 700 年后灭亡。

K.挚,帝喾之子,在父亲驾崩后统治了 8 年。但是因为纵情声色,为诸侯所废,向兄弟尧臣服。史家并不将他记载在帝王顺序之中。

L.契,帝喾之子,第二个王朝商朝的始祖。尧舜二帝时做过特别的官吏,封地被称为"商",这个名称留传至王朝建立。

M.瞽叟,第六位天子舜的父亲,不义之人。

N.老彭,又名篯铿。据孔子记载,他是回的儿子,颛顼帝的后代。传说活了 700

---

① 此处及以下大写字母序号,对应前图中的小写字母序号。

岁,生有54子。葬在四川省眉州或是南京省苏州。

O.丹朱,尧之子。因品性不佳,被父亲剥夺了继承权。

P.和叔、和仲、羲叔、羲仲,尧帝四子。每人掌管一个季节,长子掌春,次子掌夏,三子掌秋,四子掌冬。

Q.象,瞽叟之子,舜的异母弟。曾经陷害过兄长的生命,但后来舜还是封给他一大块土地。

R.舜,第6帝并且也是立法者。他的后代在大约1100年后被武王封在陈。

S.鲧,第3帝颛顼的五世孙(如有人记载的那样),第一个王朝夏朝的建立者禹的父亲,不义之人。因为治水不力,导致了本来应该导向别处的洪水淹没了百姓,他被舜帝处决了。

T.商均,舜之子。因懦弱无能而被父亲剥夺了继承权。

W.禹,或大禹,鲧之子,第3帝颛顼五世孙。第一个王朝夏朝的君王和建立者,这个王朝延续了458年,共历17帝。他的后人被后继王朝的建立者成汤封在杞,持续了约700年。

X.无余与曲烈,少康之子。分封建国,封无余在越,封曲烈在鄫。

Y.桀,第一个王朝夏朝的最后一位君主,用暴虐和欲望摧毁了正义和虔诚,直至混乱。第二个王朝商朝取代了他。

2. 第二个王朝商朝世系图

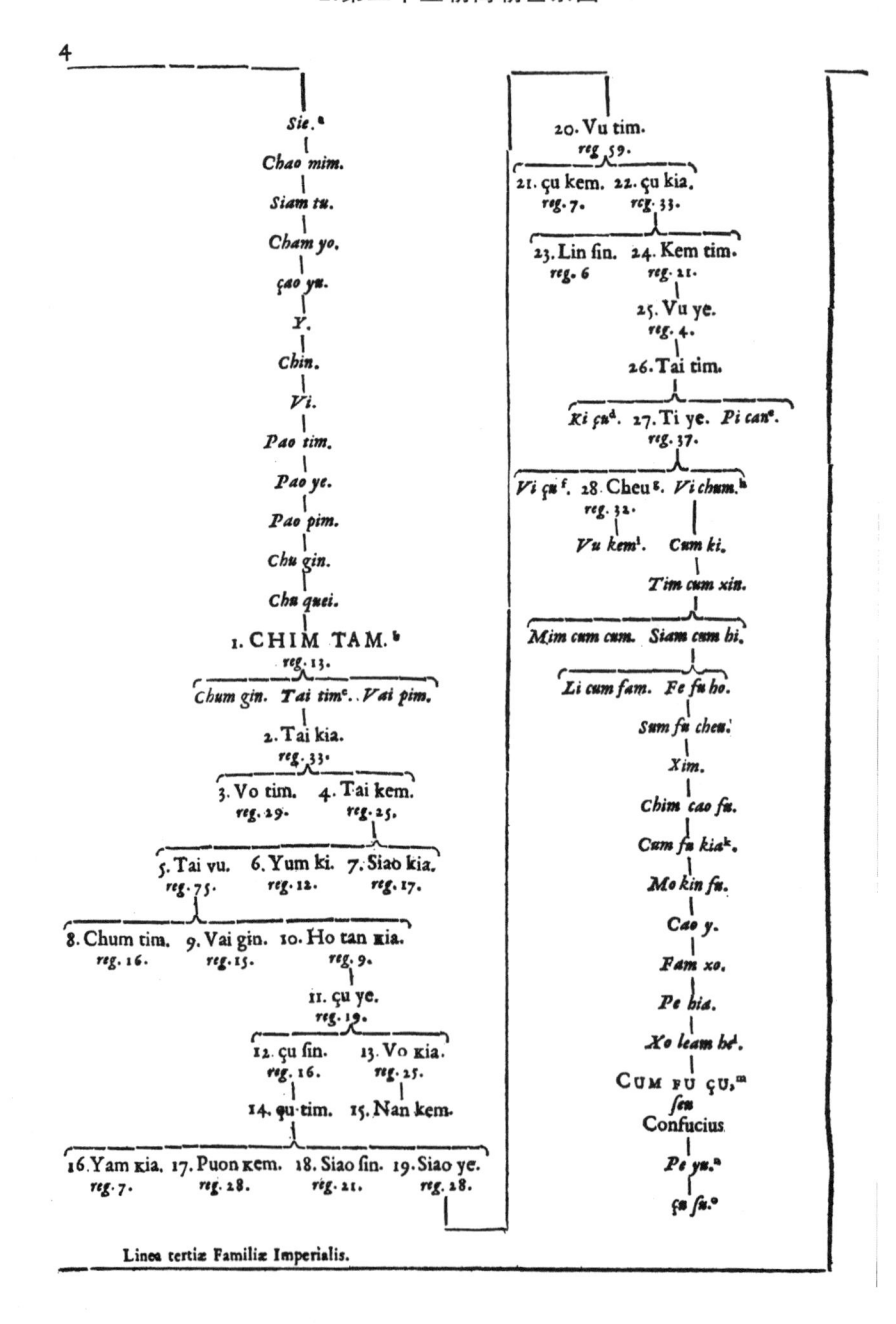

4

Sie.[a]
Chao mim.
Siam tu.
Cham yo.
çao yu.
Y.
Chin.
Vi.
Pao tim.
Pao ye.
Pao pim.
Chu gin.
Chu quei.

1. CHIM TAM.[b]
reg. 13.

Chum gin.　Tai tim[c].　Vai pim.

2. Tai kia.
reg. 33.

3. Vo tim.　　4. Tai kem.
reg. 29.　　　reg. 25.

5. Tai vu.　6. Yum ki.　7. Siao kia.
reg. 75.　　reg. 12.　　reg. 17.

8. Chum tim.　9. Vai gin.　10. Ho tan kia.
reg. 16.　　　reg. 15.　　　reg. 9.

11. çu ye.
reg. 19.

12. çu sin.　13. Vo kia.
reg. 16.　　　reg. 25.

14. çu tim.　15. Nan kem.

16. Yam kia.　17. Puon kem.　18. Siao sin.　19. Siao ye.
reg. 7.　　　reg. 28.　　　　reg. 21.　　　reg. 18.

Linea tertiæ Familiæ Imperialis.

20. Vu tim.
reg. 59.

21. çu kem.　22. çu kia.
reg. 7.　　　reg. 33.

23. Lin sin.　24. Kem tim.
reg. 6　　　reg. 21.

25. Vu ye.
reg. 4.

26. Tai tim.

Ki çu[d]　27. Ti ye.　Pi can[e].
reg. 37.

Vi çu[f]　28. Cheu[g].　Vi chum.[h]
reg. 32.

Vu kem[i].　Cum ki.

Tim cum xin.

Mim cum cum.　Siam cum hi.

Li cum fam.　Fe fu ho.

Sum fu cheu.[j]

Xim.

Chim cao fu.

Cum fu kia[k].

Mo kin fu.

Cao y.

Fam xo.

Pe hia.

Xo leam he[l].

CUM FU ÇU,[m]
seu
Confucius

Pe yu.[n]

çu su.[o]

A①.契,第4帝帝喾之子,黄帝四世孙。第二个王朝商朝出自他这一族。

B.成汤,第二个王朝的君王与建立者。这一王朝被称为"商",后来也称"殷",延续了644年,共历28帝。

C.太丁,成汤长子。在其父亲尚在之时殒命,但留下了继承人。

D.箕子,第26帝太丁之子,周武王将其从监狱中释放,并且立为朝鲜王。箕子拥有完全自主的统治和立法,免除封臣的职责。

E.比干,帝太丁之子。商纣不听他的进谏,并且残忍地将他杀害了。

F.微子,帝乙长子。暴君纣在位时逃到了森林中。第三个王朝第2帝成王将他召回,封在商朝旧都商丘,建立了宋国,并且免除贡赋,允许他依照自己家族的礼仪治理。但是微子的儿子未成年而夭折,因此这一脉就转由弟弟微仲继承,历经32位国君,最终为齐国所灭。然而齐国的首领和君主是周武王所封的太公望,这一世系历经28位国君,最终为宰相田和所灭。而后田和被周朝第30帝安王册封为齐国国君。这一支历经7位国君,最终为秦国所灭。

G.纣,帝乙第三子。商朝因为他的暴虐而灭亡,为第三个王朝周朝所取代。

H.微仲,又名仲衍,商朝倒数第二位天子帝乙的第二子。继承兄长的宋国,他的子孙也在那里掌管政权。中国哲学家孔子的世系得以延续。

I.武庚,商朝末代君主纣的儿子,盲目策动百姓反对新王朝周的第2帝成王,被周公诛杀。

K.孔父嘉,正考父之子。孔子家族的"孔"姓来源,这一姓氏保存至今。

L.叔梁纥,伯夏之子,在被称为陬邑的地方为官。他有9个女儿,没有儿子。70

---

① 此处及以下大写字母序号,对应前图中小写字母序号。

岁时娶颜氏女儿征,那时颜氏为显赫大家。虽然叔梁纥被认为较为没落,但毕竟保持着久远的帝王血统,得到了他所求的婚姻,孔子便诞生于他们的结合。

M.孔夫子,即孔子,叔梁纥之子,周灵王12年,公元前551年诞生。在中国的贵族之中,他尤其喜欢那些通过美德和文学所追求的道德上的高贵。没有谁的高贵血统来自外族。孔子的血统来自从黄帝开始的君王的正统世系,并且2000年来他自己的200多个子孙保持了其家族壮丽的府宅直至今天。在那里他的第67世(或68世)孙承袭"国公"的称号,意为公爵,只有居住在其出生地山东曲阜的后代才能承袭爵位,他的家族特别而古老。因此,从黄帝到孔子出世,计有2146年,加上从孔子出世到如今1683年的2237年,应该承认同一个家族子孙延绵了4383年而未中断过,因此应该认可中国人在历法上的信心。

N.伯鱼,孔子独子。在50岁时去世,去世时父亲69岁。

O.子思,伯鱼之子。为帝国做了很大的贡献,写了《中庸》,意为"论中道",他的祖父孔子的思想可以支持他"人性论"的诠释。他本人是中国第二位哲学家的老师,这位哲学家的名字叫孟子,其后代一开始并不出名,然而却一直传承,也在自己的都城被皇帝们授予荣誉的称号。

3. 第三个王朝周朝世系图

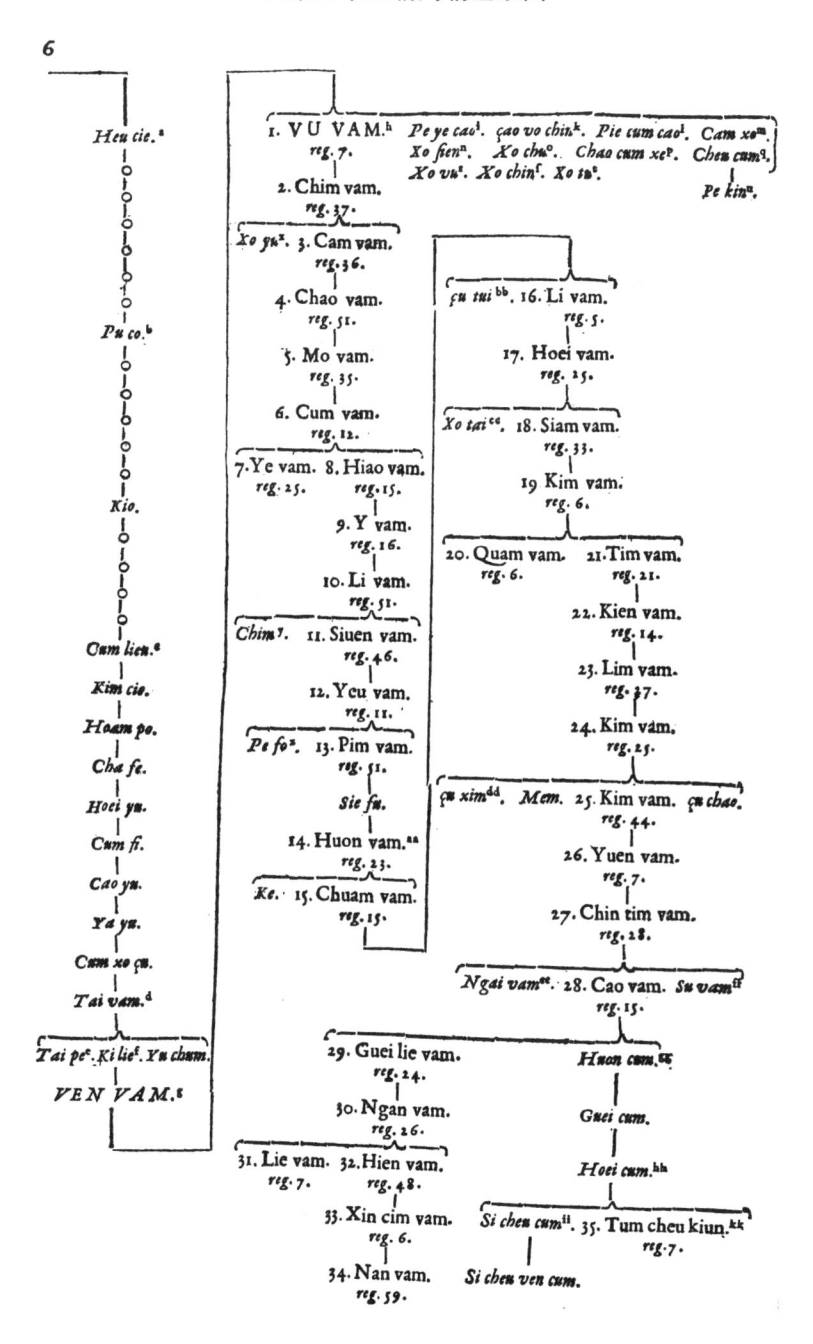

```
6
Heu cie.ᵃ            1. VU VAM.ʰ    Pe ye caoⁱ. çao vo chinᵏ. Pie cum caoⁱ. Cam xeᵐ.
                        reg. 7.      Xo fienⁿ.  Xo chuᵒ.  Chao cum xeᵖ.  Cheu cumᵠ.
                                     Xo vhʳ.   Xo chinˢ.  Xo taᵗ.                    Pe kinⁿ.
                     2. Chim vam.
                        reg. 37.
                  Xo yuˣ. 3. Cam vam.
                            reg. 36.
                     4. Chao vam.           çu tuiᵇᵇ. 16. Li vam.
Pu co.ᵇ                 reg. 51.                         reg. 5.
                     5. Mo vam.              17. Hoei vam.
                        reg. 35.                 reg. 25.
                     6. Cum vam.
                        reg. 12.          Xo taiᶜᶜ. 18. Siam vam.
                                                      reg. 33.
                  7. Ye vam. 8. Hiao vam.
                    reg. 25.   reg. 15.      19 Kim vam.
Kio.                                             reg. 6.
                          9. Y vam.
                            reg. 16.       20. Quam vam. 21. Tim vam.
                          10. Li vam.         reg. 6.       reg. 21.
                            reg. 51.
                                              22. Kien vam.
                  Chimʸ. 11. Siuen vam.          reg. 14.
Cum lien.ᵉ                    reg. 46.
Kim cie.                                      23. Lim vam.
Hoam po.                12. Yeu vam.              reg. 27.
Cha fe.                     reg. 11.
Hoei yu.                                      24. Kim vam.
Cum fi.              Pe foᶻ. 13. Pim vam.        reg. 25.
Cao yu.                         reg. 51.
Ya yu.                       Sie fu.       çu ximᵈᵈ. Mem. 25. Kim vam. çu chao.
Cum xo çu.                                                   reg. 44.
Tai vam.ᵈ            14. Huon vam.ᵃᵃ
                        reg. 23.              26. Yuen vam.
                                                  reg. 7.
                  Ke. 15. Chuam vam.
                          reg. 15.            27. Chin tim vam.
                                                  reg. 28.
Tai peᵉ. Ki lieᶠ. Yu chum.     Ngai vamᵉᵉ. 28. Cao vam. Su vamᶠᶠ.
   VEN VAM.ᵍ                               reg. 15.

                     29. Guei lie vam.        Huon cum.ᵍᵍ
                        reg. 24.
                     30. Ngan vam.            Guei cum.
                        reg. 26.
                                              Hoei cum.ʰʰ
                  31. Lie vam. 32. Hien vam.
                    reg. 7.     reg. 48.
                  33. Xin cim vam.        Si cheu cumⁱⁱ. 35. Tum cheu kiun.ᵏᵏ
                        reg. 6.                              reg. 7.
                     34. Nan vam.         Si cheu ven cum.
                        reg. 59.
```

A①.后稷,帝国第四位天子帝喾之子,第三个王朝周朝王室的始祖。舜帝委任他照管农业事务。周人早期居于陕西武功一带。他的氏族在夏商两朝计有 40 代。他们的名字在记忆中留下荣誉,并被史官记载,虽然在这里涉及的有可能会在其他书里考察。

B.不窋,出自后稷一族,在第一个王朝夏朝为官。当他见到礼崩乐坏,王朝倾颓之时,便悄然离官,逃到蛮夷之地,并且在那里开始发展农业(家族古老的专业),凭此收服了所有人的心。从此子孙延绵直到公刘。

C.公刘,在蛮族环绕之时依然开拓并保有自己的领地,赢得了邻人的爱戴与尊敬。广阔领地豳的人口一天天地增加。豳即今天陕西豳州,建于第一个王朝夏朝第 17 帝也即夏朝末代皇帝桀在位的第 22 年。从公刘直到太王计有 9 代。

D.太王,又称古公,在某种程度上阻止了家族颓败的状况,使周部落逐渐强盛起来,在岐山(在今陕西凤翔府)与蛮族交战。在那里定居下来,家族的新名字"周"传播开来,这一名称后来保留在王朝之中。第二个王朝商朝的第 19 帝小乙的第 26 年,太王从领地豳迁徙到岐山。

E.太伯和虞仲(这两人都受到孔子的赞美),虞仲又名仲雍,太王的儿子。当他们得知父亲特别喜爱幼弟季历,并且会将王位传给他时,为了各方的利益,他们自愿到南蛮之地去。为了隐瞒他们的贵族身份,他们把头发剃掉,并且在身上标记奴隶的记号。然而太伯还是被蛮族推选为吴侯,并且建立了高贵的苏州城。太伯无子,仲雍继位。仲雍墓位于今江苏常熟虞山东麓。周初武王封仲雍的后代为吴国的国君。

F.季历,又称王季,继承了太王的领地。以显著的孝顺和公义收服了诸侯的心。

---

① 此处及以下大写字母序号,对应前图中的小写字母序号。

在太丁和帝乙二帝的命令下轻松地征服了燕京之戎。他于帝乙在位的第7年过世,主政47年。

G.文王,季历之子。在商王朝走向崩溃时,40个诸侯臣服于他。凭借仁慈和对美德的尊敬,拥有了三分之二的天下。然而他还是没有位列天子。他留下了12个儿子,其中武王是第三个王朝周朝的建立者。

H.武王,大能君王文王的儿子,他是最伟大的王朝周的君主和建立者。这个王朝延续了873年,历35帝。这位天子为了维护统治,将土地分给王室子弟、功臣或古代帝王的后裔,使其封邦建国。无论谁在德性上超过其他人,他就愿意让其在尊严上超过他们。

I.伯邑考,文王长子,商朝的末代君王纣杀害了伯邑考(在其父亲尚在监时),并且命令将被杀害了的肉体烧烤之后作为王室饮宴的食物供给其父亲文王,并补充道,如果他是个圣人的话,无疑应该知晓这种食物是什么。

K.文王之子,早夭。①

L.毕公高,文王之子,出自帝国贵胄,被兄长武王封在毕国,即今天陕西省被称为西安的地方。

M.康叔,文王之子,被兄长武王封在畿内之地康国(今河南禹州),后因功改封殷商故都,建立卫国(今河南淇县)。在800多年后,其世系被秦国君主所灭,历经37位国君。

N.叔鲜,文王之子,被兄长武王封在管国(今河南郑州)。但是很快在成王时发动叛乱,为其弟周公所诛。

O.叔处,文王之子,被兄长武王封在霍国(今山西霍州)。因为在成王统治期间参与叛乱,被周公贬为庶人,三年不得录用。后他的家族依然承袭爵位历经大约700年,最终被晋国和楚国诸侯所灭。

P.召公奭,文王之子,帝国最高位之一。为兄长武王封在燕国,即今天的北京。

---

① 此处原文"çao vo chin"文王共18子,除伯邑考早亡外,并无其他子早夭。这里从武王到叔度列有12子。

这一世系历经28位国君,最终为秦国所灭。

Q.周公,文王之子,在孔子的所有文本中最为知名的人物。

R.叔武,文王之子,被兄长武王封在郕国(今属山东)。后来因为倾颓,周王朝的第11帝宣王将郕赐予自己的被称为郑的兄弟。

S.叔振铎,文王之子,被兄长武王封在曹国(今属山东)。这一世系历经25位国君,最终为宋国所灭。

T.叔度,文王之子,受封于蔡国(今河南上蔡)。但是因为参与了三监之乱,被周公所废。叔度死后,其子受封于蔡,蔡国世系历经22位国君,最终为楚国所灭。

V.伯禽,周公之子,成王将他的父亲召回都城,于是他继承鲁国。他之后有32位国君相继,这一世系最终被楚国考烈王所灭。周成王封熊绎为楚国的国君,这一世系历经25位国君,最终为秦国所灭。

X.叔虞,成王二子。周公灭亡唐国后,把唐地封给叔虞,唐叔虞死后,其子继位,迁居晋水之旁,改国号为晋,后来被称为晋国。其世系历经29位国君,最终为韩、赵、魏三家诸侯所灭。周朝第29帝威烈王册封韩、赵、魏为诸侯,这三国最终都为秦国所灭。韩国计有10位国君,赵国12位,魏国8位。赵国的始祖为造父,曾被周朝第5帝穆王封在赵城(今山西洪洞)。

Y.郑,周厉王之子,被兄长宣王封于与他同名的郑国。这一世系历经22位国君,最终为韩国所灭。

Z.伯服,周幽王与褒姒之子。父亲立他为太子。然而在父亲与母亲被杀后,诸侯共同拥立幽王的儿子平王继位,史称东周。

AA[①].克,在父亲死后欲谋其国,阴谋败露后出逃。

BB.子颓,在父亲死后欲谋其国,但是在叛乱时被诛杀。

CC.子带,惠王二子,父亲预立他为太子,然而他却没能继承王位。子带联合大臣,带领狄人军队攻打周襄王,经过多次战争,最终被晋国国君文公所诛。

DD.子圣、猛、子朝,天子景王诸子,早夭。

[①] 此处及以下,对应前图中小写字母 aa 及以下。

EE.哀王,贞定王之子。父亲过世的第一年艰难地开始统治,即位后三个月为兄弟所杀。

FF.思王,也是贞定王之子,弑兄者,篡夺王位,即位五个月后就失去王位,被小弟考王所杀,考王治理天下 15 年。

GG.桓公,考王之子,被兄长威烈王封于河南,之后其子威公继位。

HH.惠公,河南诸侯桓公之孙。封小儿子为巩国诸侯,号东周惠公,巩国故城在今河南省巩县。

II.西周公,惠公长子。之所以有这个称号是因为其领地在河南省西部。

KK.东周君,周朝第 35 个和最后一个君王,他是惠公之子,第 27 帝贞定王五世孙。这一世系被秦国国君庄襄王所灭。秦庄襄王世系出自非子一脉,周朝第 8 帝孝王封赐非子于秦国。非子世系历经 37 位国君,最终在始皇帝时得到天下。这个王朝在 43 年后就灭亡了,天下转交给被称为汉的王朝。

以上即为三朝帝王世系。我很高兴在这里展示出来。因为这三个王朝(如果除去第三个王朝的最后一段时间)无不在美德和虔敬上超越后来其他所有存在且长达九代、十代以上政治优良的王朝。(如果你将三朝的末代时间除去的话)想要精确编写后面王朝世系的人,如果愿意的话,请参考中国的历史学家的作品。

中华帝国年表
(从公元元年到现在的1683年)

公元后年表序言

王朝延续概要

在下面列出公元后中华帝国年表第二表之前，写一篇序言，展示公元前及公元后繁荣的帝制王朝的概要，对读者会很有帮助。中国的诠释者们秉笔直书，因为这就好像整个世界的根本在于时事变迁，帝国与王国皆一样，其王朝亦是如此。帝国属于他们，所以当一个王朝覆灭了，另一个就会崛起。当这个王朝强大繁盛起来，那个就会衰败没落，一般没有哪个能稳固，这是事物自身的变化规律。中华帝国的朝代更替实乃这一真理最充分的证明。

中国最初的创建者伏羲曾领导到处流浪的原始人，组成群居社会，用婚姻将他们联系起来，从而开始形成文明。后来，他们跟随神农学习农耕，并且建立防御工程以保护生命。在那著名的黄帝之后，开始60年甲子周期，黄帝的三个继承者(即少昊、颛顼和帝喾)成为领导者和导师，通过早期的教导而形成的比较有教养的生活，在这个远东的王国与帝国里逐步发展起来。

紧随六个创建者和首领之后的，是两位最有名的皇帝和立法者——尧与舜。因为，在孔子和100多年后仅次于他的孟子的著作中，只有关于这两个首领的记载，而没有之前的那六位，也没有其他首领的记载。因此，我认为，这两个首领成为君王和立法者，他们详细地制定了国民礼节和政治制度。这两位君王或者说立法者的时代延续了150年，如果加上之前那六位的

587年,总共延续了737年。

在六位首领和两位皇帝之后是帝国王朝,直到这个时期,最高的荣誉和中国的君主权都掌握在他们手中。这样的王朝总共有22个,其中较大的9个,较小的13个。最后的王朝已经发展到最强大时,我们称为东鞑靼,也就是下面我们要撰写和补充的。

最初的三个王朝,在时势、名声与赞誉上超越了并仍将超越其他王朝。的确,这三个王朝在习俗的完善上,在制度的完美上,以及在统治的仁慈、公正与忠诚方面,确实超越了其他的王朝。第一个被称为夏的王朝,享国458年,共历17位皇帝;接着第二个是商王朝,被称为殷,享国644年,共历28位皇帝;最后第三个王朝,通常被称为周,享国873年,共历35位皇帝。每一个王朝都征服了许多首领,经历了很多事件。这三个王朝加起来延续了1975年。

这三个王朝的丰功伟绩,被各个时代的史官记载在整部《书经》中,有的也被记载在那些经典的、权威的、可信的书中。哲学家孔子自己将这些书编集成一部作品并进行研究。大部分内容是由比孔子早200多年的太史公,以及与孔子同时代甚或更早的老子所记述的。① 哲学家②自己终其一生都履行着历史书写者的职责,使许多历史材料出现在那本被称为《春秋》的书中。在我们现在所出版的《中国学问》这本书中,很多涉及夏、商、周三代的事情都被孔子和孟子提及。

我们现在所说的三大主要王朝的最后一个——周王朝,它在最初就达到最繁盛的时期,并且提供了最丰富的历史记载,但是随着时间流逝,王朝陷入腐败,并且慢慢地在人事上作出错误决定。显然,哲学家生活在这一时期,此时许多古代的习俗和古人的正直与诚实品德都已经遗失了。实际上,

---

① 实际上司马迁比孔子晚400多年才出生。 另外,老子没有提及历史。

② 即孔子,下同。

哲学家经过多年的努力,他在言传上同时也在写作上,投入更多的热情,以便恢复古代的黄金时代和纯真。但是,他所取得的成就甚微,或者说毫无成就。这三个主要王朝,在1975年的时间里出了80位统治中华帝国的帝王之后,最终灭亡了。人民处境不幸,古老的信念、正直与纯真品德都一起没落了。不仅在孔子时期异端已兴盛,而且不久从印度传来的偶像崇拜,也开始使这个有教养的民族被迷信所败坏。夏、商、周之后的其他王朝想要努力恢复祖先的原则与教导及古时的习俗,但都没能完成这样的任务,就像人不能阻止皱纹和衰老一样,任何一种道德上的败坏对人生的影响都不会是一时的。如同所有人看到的那样,许多古代正直而严肃的事物都被遗失了。同样很值得提及的是,中国很有权威的作家杨基①,在他的著作的序言里提及——他显然习惯了完全被所有的编年史书所引导——三大王朝的毁灭是因为三个姬妾,她们三位都害了自己的王朝。

尽管这位智者提及这一点并非毫无理由,但还是有很多人注意到第三个王朝毁灭的其他原因:建国者武王,由于善于领军打仗而非常出名,同样出名的是他对臣子非常慷慨,把70个诸侯国分封给那些为国奉献者和他本人的血亲,但后来,这一慷慨便正如所发生的那样,给贪婪与权谋提供了土壤,以致陷入持久而悲惨的战争。

接下来的时代里,十八个较大的诸侯国便不可避免地陷入到了激战之中,最终,在周朝第十二代掌权者幽王统治期间,七个诸侯国的君主为了胜利的希望而发起混战。由此,周朝的最后七位皇帝,除拥有"天子"或"天命"之尊名,掌有玉玺以及九座帝王之器②,拥有帝国的表象外,便几乎不再拥有关于帝国的什么了。而这些皇帝中的每一个,也都无法再统御其广大的疆域,其治所能及,仅仅剩下七座城池罢了。

---

① 原文"yam cie",这里按音译出。

② 即九鼎。

027　　夏、商、周这三个王朝之后，第四个王朝称为秦。经历了210年跟其他六个王国的战争之后，秦国获得了至高权力，终于在众诸侯中脱颖而出，实现了自己的夙愿及对广阔的中华帝国的统御，然而，这统御极其短暂。秦孝文王在登基后的第三天就死了，他的儿子秦庄襄王继承其父之位，整个后裔家族也依此而立。显然，这一切快乐都如此短暂而易逝，或者倒不如说，这些快乐不过是纯粹的希冀，而对这快乐的追求，则是以多年无数的杀戮和伤亡为代价为自己开辟的道路。然而，那被称为"始皇帝"的后继者，他获得了最终的胜利，虽然他是从别的家族收养的。他当政37年，巩固防御，用其善巧的统御之术，使统治不仅得以巩固，而且得以延续，将众皇子遣往军中任各地的统帅，将帝国划分为行省。

　　但是，他的名声也最终因为这样一件事情而被抹去，子子孙孙，千秋万代，都会记住他，不仅因为他所进行的伟大事业，为抵御鞑靼人而修筑的绵延无尽的长城，还因为他对书籍和读书人闻所未闻的憎恨，以及其他的专政暴虐之事而受的玷污。他对自己遭到极多人憎恨这一点非常清楚，以至他因为惧怕这些人的阴谋与暴力，下令将武器及所有的铜铁制器具都从百姓家中搜缴上来。但很快，他便认识到搜缴兵器对这些已经充满仇恨和憎恶的人而言毫无作用。的确，当忍耐最终变成疯狂，人们把竹竿用火烧硬来攻击暴君，他们的队伍好几次被打败或者被迫撤退，直到死亡，他们才舍弃战斗和生命。

028　　有个出自农民队伍的将领，叫作刘邦，他身材魁梧，有着王者气质，很快，他便成了中国的统治者，建立了被称为汉的王朝。这一王朝比前朝即秦朝要幸运得多，以至文人们身披长袍大衣，与军队荣辱与共，而且绝不丢弃文化，他们对文化孜孜以求。秦朝以刀剑火光之怒来对待经典，然而汉朝却热切地寻找那些所剩不多的典籍——这些典籍的无数抄本之前基本被付之一炬——并小心地收集整理。幸运的是，很多有名的著作都在普世救主诞生的那段时期得到推崇。实际上，如果他们知道什么是好东西的话，如果那些被派遣往西域求取真经的人,从印度带回的是宗徒多玛当时在那里所传的教诲,而不是将迷信、偶像崇拜的佛教带回自己的祖国,那才是幸运。

在长达 8 年里,一位皇后吕雉与一位皇位的篡权者——他建立了新朝——打断和扰乱了汉王朝的平顺统治。所谓"新"朝,意为"崭新",其实是王莽的封号①。不过,曾被废黜的汉朝,在 14 年后又接着这个新朝延续着它的统治。汉朝 25 位帝王——不包括皇后吕雉和篡位者王莽——享国 426 年。其中 230 年定都西边的陕西长安,历经 13 位皇帝;另 196 年定都东边的河南洛阳。汉朝的史官 15 人,其中最有名、在史官中享有最高权威的便是司马迁,他的史书记载从中华帝国的建立者黄帝开始。

在这之后紧接着的是蜀汉,这一王朝之所以与前朝名字相同,是因为他们同出一族,尽管从起源来说要远一些。随后,汉朝在四川省,凭借一对父子刘备、刘禅还继续统治了 44 年——如果我们还能说这算是继续统治的话。同一时期,还有另外两个强大的王朝——魏和吴,前者在中国的北方,后者在南方窃取了皇帝的威名和荣耀。这样,纷繁的战争持续了 40 来年,各式各样,接连不断,而这些都被那个年代的 8 位史官在许多书中记载下来。第七个王朝晋朝的建立者最终结束了战争和三足鼎立的局面。这位晋朝的建立者在取得皇位后把皇城建在东边,接着,其后的君主又把皇城迁往了西边。② 然而,这个王朝的好运并没有持续太久,只有 155 年,历经 15 位皇帝。其中 4 位皇帝在 52 年内定都城于西边,另外 11 位在 103 年里则定都城于东边。在这一时期,整个中国都燃烧着内战的烟火,因为十六个王国之间互相争战。因此毫不奇怪,这期间的五个王朝都很短暂,它们就像舞台剧一样,一批接着另一批。它们被称为五代,也称为"南北朝"——这个词表示的是南

---

① "新"源自王莽受封的新都侯。

② 此处有误,晋朝始定都洛阳,称为"西晋";"五胡乱华"之后南迁,定都建康,称为"东晋"。 但在后文的描述又是正确的。

方和北方的政权。然而无论是在南朝还是北朝，这些王国的行事方式都是相同的，他们怀着夺权的野心，用尽正当和不正当的手段，想要自己取得最终的权力和统治地位。

还有什么呢？这个时期，中国甚至出现了九个名义上的皇帝同时存在的情况。在南方掌权的五个王朝分别是宋、齐、梁、陈、隋。第八个王朝"宋"，延续了59年，前后有8位皇帝统治。第九个王朝"齐"，延续了23年，有5位皇帝在位。第十个王朝叫作"梁"，它持续了55年，给中国带来了4位皇帝。第十一个王朝叫作"陈"，持续了32年，在这一朝出现了5位皇帝。第十二个王朝叫作"隋"，这一朝有3位皇帝，它统一了全国，只是时间很短，29年后就结束了。这样，如果我们把这五个王朝的年份和君主加起来，我们将得到：24个君主在196年中统治了帝国的南方。与此同时，北方的三个王朝——魏、齐和周则统治了170年。那个时期的史官有10位①。

紧接着这些如舞台剧般纷繁更迭的政权之后的，是一个稳定得多的王朝，人们称之为"唐"——至少从人事的角度而言，这个王朝是稳定的。这一王朝，因为其所做之事的荣耀而在剩下的家族王朝中显得颇为显赫和有福。如果这个王朝愿意把握住它在开始时所获得的极佳天意，它的荣耀与幸运就可以超越所有的王朝，那时有72个传福音的传教士从犹太地而来，带来了真正的智慧之光，可见唐朝享有这真光长达200年左右。然而最终，唐朝还是更喜爱无神论和偶像崇拜胜过基督的真理之光。② 唐朝延续了289年，共历20位皇帝。其中我们排除了唯一的一位女皇帝，她藐视法律，通过武力和罪恶篡夺了皇权。

当这个王朝再次内战之后，许多新的政权纷纷兴起又衰落。又出现了

---

① 这里可能指的是二十四史中从南北朝到隋朝的史书的作者。

② 指的是从唐太宗贞观九年（635），叙利亚僧人阿罗本到达长安，受到唐太宗的接见，并被官方允许在长安传教到会昌五年（845），唐武宗笃信道教，下旨禁止景教等外来宗教传播这一段历史。

五个王朝,它们被叫作"后五代",这些王朝用武力和军队取得了统治的权力。与此同时,几乎每个地方和每个军队的首领都想要夺取统治权。由于皇帝们对整个帝国的统治过于妥协与轻率,这些首领控制着政权、武力以及可以提升荣誉的军事上的功绩,他们通过这一切为将来的夺权铺平了道路,这些很快便激起他们对政权渴望而热烈的野心。众人所渴望的无非是相同的东西,然而,战争的车轮导致今天兴起这个人,明天兴起那个人,因为这车轮一直飘忽不定,很多人的抱负并未如愿以偿,这样,中国在 53 年内换了 12 位皇帝,更令人惊异的,则是五个王朝的兴起与衰落。① 此外每一个统治或政权都有一个自己的名称,而这些政权的建立者又采用了之前已经存在过的政权的名称,所以根据习惯,要给这些政权名称添上一个"后",表示这是稍晚的政权。这样,这些王朝获得了与之前王朝同样的名称。

　　这绝对算得上是帝国民众的一场浩劫,在一段差不多一样长的时期内,中国南方和北方的政权各自相互征战,最终直到一个名为"宋"的王朝,征服并结束了其他王朝的野心与追逐。这第十九个王朝延续了 319 年,给中国提供了 18 位皇帝。如果这个王朝愿意任用它的得力部下,并把对战争和武力的渴求与对文化的追求——它对后者非常喜爱——很好地结合起来的话,这个王朝原本可以提供更多的皇帝。当这一王朝完全致力于文化时,它几乎忘记了军务,以至于发生了鞑靼军队入侵中国这样的和平地带。这一王朝凭借辅佐可以保存政权和文化,但若是轻忽怠慢则会走入受奴役的境地。对中国的奴役和毁灭由此开始,尽管同样是对中国人的统治,但鞑靼人却使整个中国脱离了文明,耽于对狩猎和武力的追求。显然,这些部族的人普遍得到了尊重,并居住在他们自己称为东鞑靼的边境辽东地区,其邻居们也都

---

①　五代:907—960 年,应为 14 位皇帝。 柏应理此处列出五代有 12 位皇帝,但在后面的《二十二王朝的数据列表》中列出来的五代皇帝数为 13,并在后面的中华帝国年表中详细列出这 13 位皇帝,这应该是柏应理没有计入后梁的废帝朱友珪。 另外,五代共享国 54 年,柏应理将后周享国年份计为 9 年,详见后面的中华帝国年表。

全副武装，并具有与他们相同的习俗。后来，这些部族或是受到地方长官不公正的挑衅，或是因为其他的原因而用武装进行叛乱。无论是他们的习俗还是人民都没有进步，前进的只有伴随着劫掠与杀戮的敌人，不稳定的统治毁掉了整个边境地带。如果文化有那么伟大，可以影响心灵，那么这些部族仅仅用文化之笔就可以被征服和摧毁了。但是实际上，由于这些皇帝耽于享乐，惯于苟且，偷安于歌乐，导致他们差点仅仅因为军队的喧嚣和军歌而丧了命。

在这一时期，中国的皇帝做了什么？宋朝的第八位皇帝叫作徽宗，他邀请东鞑靼人借着这一部族的帮助入侵相邻的部族①，意图统治他们。这显然是愚蠢的举动，不过是用狼来赶走狗罢了。东鞑靼人飞奔而至，达成协议，与中国人一起用武力镇压了叛乱。但是，叛乱者被打败之后，鞑靼人要求结成联盟。当宋朝拒绝联盟时，鞑靼人宣战了，并再次取得胜利，致使皇帝不得不带着整个皇室迁移到中国南部。这些已然成为北方省份统治者的鞑靼人②毫不怀疑，帝国的法律和荣耀将会为他们辩护。令人非常惊讶的是，后代并没有从他们如此重大的错误当中吸取教训，在我们这个时代，再次陷入到同样的错误与灾难之中。在接下来的150年中，若不是几乎在同一时间比他们东鞑靼人在人数上多得多也强大得多的西鞑靼③断绝了他们所怀抱的希望和胜利的进程，来自东鞑靼的9位君王不仅有望被中国人称为中国北方的皇帝，还有希望成为中国南方未来的统治者。

中国的皇帝曾邀请并鼓动东方的部族，先是心怀急切，而后兴高采烈，因为皇帝打败了篡位者，并把他驱赶到了远离中国的地方西辽续国，中国人欢欣鼓舞，庆贺胜利，因为他们曾经的敌人被打败了。作为胜利者的鞑靼

---

① 东鞑靼指金国，其边境的部族指辽国。
② 这里指的是东鞑靼人，即金人。
③ 指蒙古人建立的元朝。

人①自然要为他们的军队索要大量的军饷和酬劳,因此他们对宋朝以武力相逼,或者按照他们的说法,以"恳求"的方式,索要整个北方的领土。尽管如此,东鞑靼的部族并不满足于这一近乎没有边际的统治权,而是出于对敌人公开的野心和贪欲,并凭借着训练有素的军队和惯于征伐的武装,朝着中国南方富裕省份和绝非空想的对整个帝国的期望而前进。敌人不分昼夜地持续破坏与劫掠,使整个帝国疲惫不堪、动荡不定,并最终成为一片废墟。中国人在这悲惨的灾难中的唯一慰藉是他们的文化,因为从五个颇有名望的家族中诞生出一位大作家,他的所作所为被62位史官所记载,从而使得我们现在不用去处理各种古书的诠释,这些史书也成为后代值得信赖的记录。

　　接着,那原来居住在西边的鞑靼征服者——其王朝名字叫作"元"——统治了中国89年②,也差不多在征战中杀戮了这么多年。因为这些统治者中没有一个看上去是值得称道的。这样,与他们有着亲缘关系的鞑靼人,就如刚刚描述的那样,用武装和强力首先夺取了京城这个战火纷飞的省份。他们不仅对弟兄的赏赐很少,更不用说对族人了,而且当涉及王位和王权时,这些人都极其渴望,最终西鞑靼人通过战争,借助暴力和人数的优势战胜了曾经的胜利者。这个鞑靼人的王朝出了9位皇帝。③ 中国人没有拒绝这个王朝,以至于他们竟认为这个民族的忠诚和善良是值得称许的,他们甚至还让那些人的欲望得寸进尺。与此同时,汉人也被强迫服从东鞑靼人。甚至据说,这种忍让到了某种程度,以至只要统治者是可信赖而仁慈的,他们甘愿受鞑靼人奴役。然而,这段时期中国的上天对征服者比对失败者来说更残酷,绝大部分的君王(如果排除前两位的话),无论是其荣耀还是生命都非常短暂。

---

① 即金人。

② 这里从南宋灭亡算起,即1279—1368年,而不是现在通常认为的1271—1368年。

③ 元朝皇帝从太祖铁木真算起有17位(其中有两位皇后登基),从世祖忽必烈算起有11位。

显然，这一部族不得不离开林海、雪原，过起享乐的生活，但他们的享乐生活很短暂。毫无疑问，对亚洲这个王朝的惩罚就像对坎帕尼亚的惩罚一样①，由享乐和欢愉导致的意志消沉摧毁了军队的精神，正是凭借着这种精神，一小撮人才能和整个中国的大多数人相抗衡。

但是他们最终还是轻易地被这些不善战的中国人打败和征服，尤其是当对自由的渴望已然充当了勇气和武力，并且鞑靼人再也无法凭借武力打败比他们人数多得多的中国人之时。元朝的史官们记载了8位皇帝各自当政时期鞑靼的兴衰，第九个皇帝元顺帝则被后来王朝（明朝）的史官加记在这八个人后面。这本书②囊括了战争与和平时期的所有事情，共计210卷。同时我们可以把威尼斯人马可·波罗，这个鞑靼远征时的观察者和参与者，接在他们后面算作第十位史官，他为许多渴望了解中国事务的人带来了光明。

然而，把鞑靼人从中国赶走的，却是一位出自社会最底层的人，他曾为僧侣，最终成为最强大的军队的首领和中国的统治者。明王朝由他建立，在他之后有16位皇帝，幸福地延续了276年。自这一朝起，帝国被缩减划分成十三个省和两个作为皇都的省——北方的北京和南方的南京。从这时起，君主政体变得非常稳固，对于所有行省长官和诸侯，除留给他们与他们的头衔相配的荣誉与财富之外，其他的什么都没有了。③

然而这关乎人们福祉的君主政体变幻无常，最终还是崩溃了——尽管似乎没有什么比它更稳固与更兴盛的（政体）了。凭借起义军与人民的帮助，君主政体虽然得以建立，然而，由于没有把起义军与人民管好，君主政体

---

① 坎帕尼亚，位于意大利南部。历史上曾先后被希腊人、伊特鲁里亚人和萨姆奈特人所占，约从公元前350年起，成为罗马的一个区。罗马帝国衰落后，该地区先后被哥特人、伦巴底人和诺曼人统治，1282年并入那不勒斯王国。1861年加入意大利王国。

② 即《元史》。

③ 意指加强了君主专制和中央集权。

最终被它们毁灭。显然,当所有中国的军事力量——直到帝国与鞑靼的边界——都被朝廷牢牢掌握之时,帝国内部的反抗与破坏的力量在数量和力量上也逐渐增长,并最终像洪水一样吞没了北方的部分省份,由此如同野蛮人那样烧杀掠夺的习性猖獗起来,甚至要残酷而贪婪地洗劫北京的皇宫。另一方面,皇帝为了使自己从那残忍又令人痛苦的耻辱中解脱出来而自杀了。① 有一位将军以最大的权力指挥皇家军队,如此大的罪行激起他的复仇,他还要对那些国家敌人施以最公正的惩罚。然而,他出乎意料地与曾经与之大战的东鞑靼人握手言和,甚至还跟他们联盟发起对强盗的复仇和进攻。②

很快,当急躁的鞑靼人出现时,有些人去了流寇那里③,他们被鞑靼人驱逐、追杀,不仅出于对他们的传闻和对他们头衔的惧怕,还出于对他们的力量和武器的忌惮而与他们斗争。此外,鞑靼人一边欢庆胜利,一边则如中国人所说的那样满载着战利品运往他们的鞑靼之地。在他们的征伐还没有越出北京之时,他们就已经宣布,中华帝国已经是他们的了,这不仅是名号上的。然后还能怎样呢?由于鞑靼人的武力、忧虑、谋略和勇猛,加上中国各个被征服省份间的分歧和反叛,明朝在短暂的时间内便被彻底毁灭了。

然后,紧接着出现了一个新的东鞑靼人的王朝,称为清朝,到我们写这本书为止的1683年,这个王朝的统治持续了40年,目前康熙统治着这个王朝,他是这个鞑靼部族中第二个既是鞑靼人又是中国人的统治者④,他已经掌管这个帝国22年了。

---

① 崇祯十七年(1644)李自成农民军攻破北京时,崇祯皇帝朱由检自缢于煤山。

② 此将军或指吴三桂。崇祯十三年(1640)吴三桂率领的明军曾在辽宁杏山附近与清军发生一场遭遇战。崇祯十七年(1644)吴三桂获知京城陷落、崇祯帝自缢时,正在赶往保卫京城的途中。后来,吴三桂投靠清军,在清军帮助下剿灭李自成军。

③ 指南明王朝的遗民。

④ 第一个是顺治帝,1644—1661年在位,康熙帝于1661年登基。

这就是中国君主制王朝的一系列情况，可以简要归纳为：它一共有22个王朝，包括最初8个部落的君王在内，共计有235位皇帝，没有统计在内的则是那些活的时间极短或者因为其他原因而没有列入其中的皇帝。同时，君主政体在帝国王朝下延续了3898年，若是从伏羲元年到现在的1683年，算上三皇五帝在位的时间则要加上737年，一共4635年，从中除掉伏羲和神农这两位初创者当政的255年，则剩下4380年，这正好构成73个完整的甲子。

二十二王朝的数据列表

（关于王朝、皇帝数和存在时间）

	王朝	皇帝数	存在年份
I	夏	17	458
II	商	28	644
III	周	35	873
IV	秦	3①	43
V	汉	27②	426
VI	后汉	2	44
VII	晋	15	155
VIII	宋	7③	59
IX	齐	5	23
X	梁	4	55
XI	陈	5	32
XII	隋	3	29
XIII	唐	20	289
XIV	后梁	2	16
XV	后唐	4	13
XVI	后晋	2	11
XVII	后汉	2	4

① 按本书的记载，加上了婴王。
② 此处计入了吕后和王莽。
③ 在《王朝延续概要》中列有8位。

续表

	王朝	皇帝数	存在年份
XVIII	后周	3	9①
XIX	宋	18	319
XX	元	9	89
XXI	明	21②	276
XXII	清	2	40

---

① 此处有误，柏应理在年表中列出后周共享国 10 年。

② 按《中华帝国年表》记载，第二十一个王朝明朝将英宗列了两次，再加上南明王朝的 4 位皇帝，共计 21 位。

第四十五甲子第 58 年,公元元年

11.孝平帝,在位 5 年。

第四十五甲子第 58 年,即公元元年,孝平帝继位,即顺从、治理、和平之意。孝平帝成为第五个王朝汉朝的第十一位皇帝,是第八位皇帝汉元帝九个庶孙之一。

汉平帝轻率的祖母将国政绝对的支配权交予阴险狡猾、冷酷无情而又野心勃勃的阁老王莽。王莽排除异己之后独揽大权,给自己人封了 117 个官位。他借皇帝的名号来祭拜天地,伪造奇迹,令人相信他是由上天派来的。

第四十六甲子,公元 4 年

12.孺子婴,在位 3 年;王莽,在位 14 年。

第四十六甲子第 2 年,孝平帝被王莽毒死,王莽假誓,愿为君王的健康向上天献出自己性命。

第四十六甲子第 3 年,王莽选立两岁的孺子婴,婴乃第七位皇帝汉宣帝之后裔。

第四十六甲子第 5 年,王莽罢黜孺子婴王位,第 6 年他通过编造图谶公开篡夺王位,被拥立为皇帝。王莽做了很多革新:改国号为"新",持续了 14 年。他将帝国分出九个省份,分成 125 个地区,2203 个城市,新任了 796 位文官、1551位武官。

038　　第四十六甲子第13年七月晦，日食。

第四十六甲子第16年，出现彗星。

各地激起的起义军联合起来，其中一支称为"赤眉"，他们将眉毛染成红色与其他起义军区分开来；另一支起义武装由汉王室的刘秀和刘縯两兄弟发起。自此之后，各种血腥战争不断。

第四十六甲子第19年，蝗虫成灾，遮天蔽日，百姓极其饥饿，绝大多数人乘机造反、抢劫。

13. 淮阳王，在位2年。

第四十六甲子第20年，"新"王朝被起义军毁灭，宫廷烧成废墟，王莽被杀，尸体被分裂成块，用盐烹饪，头被长矛刺穿悬挂于公共市场之上。① 同年，获胜的起义军拥立淮阳王为皇帝，他是第四位皇帝汉景帝的后裔。

第四十六甲子第21年，淮阳王沉湎于荣华，被起义军摒弃，王郎继位②，后者假冒第九位皇帝汉成帝之子，但是，不久东窗事发，因欺诈而被杀。

14. 光武帝，在位33年。

第四十六甲子第22年，光武帝即刘秀继位，他是第四位皇帝汉景帝的后裔。

光武帝将朝廷从西边迁至东边河南省的洛阳城。自此以后，后继王朝即被称为东汉。他懂得体恤百姓，休养生息，发展农业，检查他们的工作，喜爱温良和蔼、慷慨仁惠、知书达礼的人，在各方面提携这样的人。光武帝心

---

① 《汉书》卷九九下《王莽传第六十九下》："就识，斩莽首。军人分裂莽身，支节肌骨脔分，争相杀者数十人。"

② 淮阳王刘玄向赤眉军投降，交出传国玉玺，后被他们杀害。赤眉军拥立刘盆子为皇帝，改元建始（25—27年）。

系普罗大众,他独自巡视帝国,宴请农民百姓。光武帝原有一个伙伴,是一个渔民,名叫严光①,他让别人去找这渔民,准备给其官位,后来他们在一起过了一个晚上,回忆他们年轻时的生活。一天晚上,他狩猎归来,宫门已关闭,长官禁止开门,因此他只得从另一门进入。第二天,他惩罚了让他进宫的官员,降其职,却擢升了另一位。

光武帝以 12 年之久征战叛乱者,平定帝国。其中赤眉军计 30 个营或说 30 万人。他们选择了汉王朝的刘盆子,被打败之后自愿臣服,向胜利者献上生命和王朝,解甲归田。②

将军马援征讨交趾,后者臣服而退兵,后在与北方蛮夷交战之中死去。③

第四十六甲子第 24 年三月晦,日食。第 27 年九月晦,日食。

第四十六甲子第 28 年,光武帝登基第 7 年三月晦,出现异常日全食,之后记录为"圣"。因为编年史记载日食发生时间提前了,后来的天文学家推算,这次日全食正好发生在基督死亡之时。

第四十六甲子第 37 年三月,日食。以下这些日子都发生了日食:第 38 年二月晦、第 43 年五月、第 46 年一月晦、第 51 年二月、第 52 年五月晦、第 53 年十一月晦。

15.明帝,在位 18 年。

第四十六甲子第 54 年,光武帝崩,享年 61 岁④。第 55 年,其十子之一明帝继位。明帝是位审慎敏锐而仁慈的君主。他在宫廷里为贵族之子和蛮夷

---

① 严光事见《后汉书》卷八三《逸民列传第七十三》。
② 赤眉军队最后是在光武帝刘秀的追击围堵之下投降的。
③ 马援曾西破羌人,南征交趾,均获大功。也被派遣北击乌桓,但并非此时过世。后来远征五溪蛮,染病而死于军中。
④ 《后汉书》卷一下《光武帝纪第一下》谓其去世时享年 62 岁。

之子建立学校①,他自己也参与对他们的训练。他下令为那些无论是战争还是和平时期的杰出英雄画像,并悬挂在宫廷里。② 明帝去探访了哲学家孔子的墓。端庄的皇后(大将马援之女)乃后宫的榜样,她坚持不在衣裙上刺绣。

第四十六甲子第 57 年八月,日食。

黄河屡次泛滥成灾,明帝建造了长达 1000 余里的大坝③,成千上万的人参与了这项工程。

第四十七甲子,公元 64 年

第四十七甲子第 2 年,明帝在梦中见到一个金光闪闪的巨人,他记起孔子的预言:"西方有圣人。"于是明帝派使节去印度寻求真法,但是却带来有害的偶像佛教及其灵魂转世说,在明帝统治的第 8 年十月(该月日食),即主后 65 年,佛教进入中国。所有的作家对这件事都感到非常遗憾。④

第四十七甲子第 7 年十月晦、第 10 年五月晦,日食。

16. 章帝,在位 13 年。

第四十七甲子第 12 年,明帝崩,终年 48 岁。第 13 年,其子章帝继位。章帝正直明智,热爱和平与文学,减轻赋税,禁止大臣着华丽衣裳,常常提倡要效法古人的节俭。

---

① 汉明帝为当时的外戚樊、郭、阴、马四姓开设学校,令其学习经学。其后,匈奴也派子弟前来学习。 不过,这个学校起初应该说并未考虑培训所谓蛮夷子弟。

② 这是指永平三年(60)汉明帝命人在南宫云台阁为东汉开国大将画像,此为云台二十八将。 其后,又增加 4 位,实际有 32 人。

③ 《后汉书》卷七六《循吏列传第六十六》:"(永平十二年)夏,遂发卒数十万,遣景与王吴修渠筑堤,自荥阳东至千乘海口千余里。""stadium"源自希腊说"stadion",指传说中大英雄赫拉克勒斯一口气跑下来然后需要"站立"休息的距离,为 185 米,后来就以此词表示长度单位。 按照史籍记载,这里翻译成"里"。

④ 像利玛窦一样,其他耶稣会士也喜欢提到明帝的梦。

第四十七甲子第 13 年地震,八月彗星;第 14 年,不结果实,十二月彗星。第 17 年十二月、第 18 年六月晦、第 24 年八月晦,皆有日食。

17. 和帝,在位 17 年。

第四十七甲子第 25 年,章帝崩,终年 31 岁。① 第 26 年,其子和帝继位,年 10 岁,太后临朝。

第四十七甲子第 27 年二月,日食。

第四十七甲子第 28 年,非常著名的将军班超将帝国的法律带到最远的附属国,以 200 天的征程取得陆军的胜利。有超过 50 个小国宣誓归附朝廷;据记载班超派甘英出使约 7400 多里外的大秦,班超出使西域用了近 30 年的时间。②

第四十七甲子第 29 年六月,日食。

和帝 14 年,罢黜令人猜疑的妻子阴皇后,她在悲伤中度过余生。立大臣邓禹之孙女为皇后。皇后谦逊端庄,知书达理,她生日时在那些祝贺的礼物当中,只接受笔和一种新的纸。

和帝首次提拔宦官为官员,后来帝国屡次遭到他们带来的混乱,他们当中有许多人被下一个皇帝封为官员或诸侯。

第四十七甲子第 32 年四月、第 34 年三月、第 37 年七月、第 40 年四月,皆有日食。

18. 殇帝,在位 1 年。

第四十七甲子第 42 年,和帝崩,终年 27 岁。第 43 年,他才满百日的二儿子殇帝继位,没多久就驾崩了。

---

① 《后汉书》卷三《肃宗孝章帝纪第三》谓章帝去世时 33 岁。
② 在《中国哲学家孔夫子》的《前言》中也提到班超将军。

19.安帝，在位 19 年。

第四十七甲子第 44 年，汉章帝之孙安帝继位。皇太后替 13 岁的安帝统治帝国，但是在这时期，多次发生大饥荒。帝国因饥荒危害甚深而衰弱，边境的土地缩小，放弃了许多郡国和属国。

那时出名的海盗张伯路①出现，然五年后被杀。

第四十七甲子第 44 年三月发生日食。

安帝选了一位嫔妃，该嫔妃无子，领养另一位妃子之子（用毒酒毒死其母）。②

几乎每年都发生地震，第 15 次地震最可怕，发生在安帝继位第 8 年二月，大地裂开，出现一条长 182 里、宽 56 里的裂缝（中国 13 里等于德国 1 里格）。③ 安帝向整个帝国宣告大赦，按照惯例向每个省派遣朝廷大使。

第四十七甲子第 46 年及随后第 17④ 年，发生地震、饥荒和洪水。

第四十七甲子第 48 年一月、第 51 年三月、第 52 年九月晦，皆有日食。第 56 年十二月，日全食。

第四十八甲子，公元 124 年

第四十八甲子第 1 年九月，日食。

---

① 《后汉书》卷三八《张法滕冯度杨列传第二十八》："永初三年，海贼张伯路等三千余人，冠赤帻，服绛衣，自称'将军'，寇滨海九郡，杀二千石令长。"

② 汉安帝选的这位嫔妃即阎皇后，被她毒死的系宫人李氏。

③ 《后汉书》卷一〇六《志第十六·五行四》："元初元年三月己卯，日南地坼，长百八十二里。"《资治通鉴》卷四九"（汉安帝）元初元年二月条"，胡三省注引《东观汉记》："坼长百八十二里，广五十六里。"根据作者所记的继位年份推算，应该是指这次地裂。 需要注意的是，汉代的一里较今制华里为短，约 400 米。

④ 原文有误，应为"47"。

20.顺帝，在位19年。

第四十八甲子第2年，安帝巡视帝国时驾崩，终年32岁。第3年，其子顺帝继位。

皇后去世时，禁止为她办丧礼，因为顺帝知道她毒死了他的母亲。①

顺帝征服了一个又一个蛮夷。

第四十八甲子第4年七月，日食。

顺帝批准，在40岁之前不能担任地方大臣，除非有特殊美德。② 顺帝赐给他的乳母爵号，并按中国通常的习俗赐给她一个章印，但是后来她被判与毒死顺帝生母有关，遂剥夺了她的称号和章印。③

第四十八甲子第8年四月，在皇城郊区的一处村庄，大地开裂85丈长的裂缝。④

第四十八甲子第9年，土匪的势力已蹂躏南方49城⑤，首领马勉，他12年后篡夺皇帝名号，很快于一年后被杀。⑥

第四十八甲子第12年十八⑦月闰月以及第15年十二月、第17年二月

---

① 此处是指汉安帝皇后阎氏。但阎氏去世之后，汉顺帝并未禁止为其举行丧礼。

② 汉顺帝一朝并未见"四十岁之前不能担任地方大臣"的规定。《后汉书》卷六一《左周黄列传第五十一》："请自今孝廉年不满四十，不得察举。"此处或指此事。

③ 汉顺帝乳母为宋娥，或称宋阿母。顺帝即位，以其参与立事，封山阳君。后因与宦官交相货赂，求高官，增封邑。永和二年（137）夺爵归田舍。事见《后汉书》卷六一《左周黄列传第五十一》。

④ 《后汉书》卷一〇六《志第十六·五行四》："顺帝阳嘉二年六月丁丑，洛阳宣德亭地坼，长八十五丈，近郊地。"

⑤ 《后汉书》卷六《孝顺孝冲孝质帝纪第六》："（阳嘉元年）三月，扬州六郡妖贼章河等寇四十九县，杀伤长吏。"文献中唯见此处记载与作者所述接近。

⑥ 《后汉书》卷六《孝顺孝冲孝质帝纪第六》："（永熹元年）三月，九江贼马勉称'黄帝'。"此处与前面记载非指一事。

⑦ 原文有误，应为"八"。

晦,皆有日食。

第四十八甲子第 18 年地震发生 180 余次。

宣布大赦两次。

21. 冲帝,在位 1 年。

第四十八甲子第 21 年,顺帝崩,终年 32 岁①。第 22 年,其两岁的儿子冲帝继位,一个月就驾崩了。

22. 质帝,在位 1 年。

第四十八甲子第 23 年,8 岁的质帝继位,质帝乃章帝之后裔,有超过其年龄的聪慧。质帝巡视太学,那里有超过 3 万的学生。

当他公开接见太后的兄弟梁冀时,望着他轻声说:"残忍之人!"②很快在第二年的六月,质帝就被梁冀毒死。

23. 桓帝,在位 21 年。

第四十八甲子第 24 年,质帝长兄桓帝即位。③

第四十八甲子第 24 年一月、第 26 年四月晦,月食。

在桓帝治下,如同后来他的继承者一样,人们卖官鬻爵,因此许多文人拒绝接受被授予的官职。他信奉道教,宠用宦官。梁冀得到最高的提拔,他的妻子获得封号,并获得两个城市的财富,或者说 50 万金币。④ 按照习俗,过年时要朝拜君王,梁冀违背法律佩剑闯入皇宫,很快他的宝剑被夺走,但

---

① 《后汉书》卷六《孝顺孝冲孝质帝纪第六》:"帝崩于玉堂前殿,时年三十。"
② 《后汉书》卷三四《梁统列传第二十四》:"此跋扈将军也!"
③ 汉桓帝乃章帝之曾孙,蠡吾侯刘翼之子。
④ 《后汉书》卷三四《梁统列传第二十四》:"封冀妻孙寿为襄城君,兼食阳翟租,岁入五千万,加赐赤绂,比长公主。"

他自己获得了皇帝的赦免。① 他被所有的人讨厌,没过多久,突然被宦官围困,无法逃亡,于是他跟妻子一起自杀②。梁冀的朋友和党羽超过 300 人被免职。他的财产众多,收入国库之后就占了国库数量的一半。

桓帝大赦天下,大臣范滂曾无辜被捕入狱,当他被关押时,他拒绝祭祀皋陶,说:"皋陶贤者,古之直臣,将理之于帝,帝谓天也。如其有罪,祭之何益?"

第四十八甲子第 28 年及第 52 年,发生恐怖的饥荒,以致人们被迫相食。

第四十八甲子第 29 年七月、第 31 年九月、第 34 年闰四月晦及第 42 年一月晦,皆有日食。

黄河之水通常都是污浊的,第四十八甲子第 43 年黄河水却无比清澈,这是凶兆的象征。

第四十八甲子第 44 年五月晦,日食。

同一年,桓帝崩,终年 36 岁,虽然桓帝拥有多达超过 6000 的嫔妃,却没有一个子嗣。

24. 灵帝,在位 22 年。

第四十八甲子第 45 年,章帝的后裔灵帝即位。灵帝沉迷于玩乐,非常喜欢宦官,贪财又不喜欢谏言。灵帝设立私人集市,喜欢听嫔妃们相互之间讨价还价、吵吵嚷嚷。他驾着驴子拉的四轮车,前往宫廷和嫔妃的寝宫。京城许多文人官僚竞相效法皇帝,使得马的价格变得比驴子更低廉。他有一事值得称赞,那就是将君王规训和"五经"的内容雕刻在大理石上,并命令将其

---

① 《后汉书》卷三六《郑范陈贾张列传第二十六》:"元嘉中,岁首朝贺,大将军梁冀带剑入省,陵呵叱令出,敕羽林、虎贲夺冀剑。冀跪谢,陵不应,即劾奏冀,请廷尉论罪,有诏以一岁俸赎,而百僚肃然。"

② 梁冀被诛杀,是汉桓帝和宦官单超等人共谋之结果,他们首先控制住宫廷中梁冀的党羽,随即派兵围守梁冀宅第,梁冀夫妇即日皆自杀。

竖立在学院的门口。

爆发了一场反抗宦官的密谋，100名宫廷大臣和700名地方官被杀。①

新的军事集团兴起，被称为"黄巾军"，其领袖为张氏三兄弟，宣称信奉道家教派——他们用饮用洗涤罪恶的魔法之水来祛病。信徒蔓延至八个州，直到三兄弟中的两兄弟在战争中被打败，8万大军一部分缴械投降，一部分被杀。在另一场战争中10万大军一部分被杀，一部分被抓，最后第三个兄弟在围攻中被杀。

第四十八甲子第46年十月晦、第48年三月、第50年十二月晦、第54年十月、第55年二月及第58年九月，皆有日食。

第四十九甲子，公元184年

在经历了80场战役之后，蛮夷②最终被首领檀石槐征服，据记载此人在十年的战争期间睡觉从来不用枕头。

灵帝第21年，在皇廷下起了血雨。

第四十九甲子第3年五月晦，日食。

第四十九甲子第5年，所谓黄巾军与其他叛军依次起事。

第四十九甲子第6年，灵帝崩，终年34岁。

同在第6年，四月日食。

25. 献帝，在位31年。

第四十九甲子第7年，灵帝第二子、9岁的献帝即位。因为他的哥哥刘辩即位几个月后就逊位了③。

---

① 即第二次党锢之祸。

② 蛮夷指鲜卑诸部。

③ 刘辩在此前已被掌控朝政的董卓废黜为弘农怀王。

献帝愚蠢而懒散，因此引来诸多内忧外患。帝国开始分裂成相互抗衡的三个部分，随后分成四个部分。几乎整个中国东部都联合起来讨伐董卓。献帝及其兄弟皆被董卓杀害，皇宫被迁徙到今陕西省，之前的皇宫被烧毁，金银财宝被从君王陵墓中挖出来。然而几年后董卓被诛杀，尸体被悬挂于市，民众皆鼓掌相庆并嘲笑他。

同时其财产3万金币和9万银币，被收入国库。在普通民众之间出现了新的教派——米教①，因为他们要求交一定数量的大米。② 他们的巫师用神奇的咒语为人治病。

黄巾军再次兴起叛乱，拥有30万士兵，逐渐被帝国的掠夺者曹操所消灭。后来，其子曹丕在这一甲子第37年将献帝赶下王位。曹丕封献帝为山阳公。14年之后，献帝默默而薨，终年54岁。

第四十九甲子第11年六月晦、第17年九月，日食。第21、23、24年，彗星。第25年十月、第27年二月、第29年六月晦及第36年二月晦，皆有日食。

第六个王朝　蜀汉③

1.昭烈王，在位3年。

第四十九甲子第38年，第四位皇帝景帝的后裔昭烈王④，又称刘备，继

---

① 即五斗米教。

② 如果要信奉此教，则需出五斗米，故称五斗米教。 另有一说，张道陵等以符咒为人治病，病愈者需出五斗米。

③ 一般而言，传统中国在更多的时候接受三国时期是以曹魏为正统。 此处以蜀汉为正，这也反映出传教士所接触到的一种历史观念。

④ 即昭烈帝。

位,他建立了"汉"王朝①。这个王朝在两位皇帝的统治下持续了44年。昭烈王身材非常高大,为人宽厚,寡言少语,在每件事上都很稳重。在他弥留之际,他说:"到了50岁要去世的人,不会向上天抱怨他为何拥有短暂的人生,况且我50多了。"于是他把儿子——皇室继承人托付给他的阁老诸葛亮,说:"如果我的儿子不听从你的建议,你就罢黜其位,你自己来统治。"接着他转向儿子说:"吾儿,在你看来无论罪行多么轻微,你都要避免去犯;而任何美德,无论在你看来是多么微不足道,你都不要忽略它们。唯有德能服人。你不要模仿我平薄的德性。你要只认诸葛亮为父亲。"

第四十九甲子第39年十一月晦,日食。

2. 后帝,在位41年。

第四十九甲子第40年,昭烈王崩,享年63岁。第41年,其子后帝②继位,后帝在诸葛亮活着时一直努力赶上父亲的荣耀。在西方,他把皇宫建在四川首府成都。那时候有三个国,在北方有魏国③;在南方,吴国把皇宫建在首府建康(后来称作南京,现在称作金陵),这个王朝有四位皇帝,维持了59年,直到被晋朝毁灭。

实际上,北方的魏国比其他两个(王国)更强大,延续了46年,被将军司马昭消灭,其子将建立接下来的晋朝。张飞和关羽,两位最骁勇的将军都在后帝统治期间死于战场。几个世纪后,关羽被列入偶像之列,如同中国的战神一样被崇敬。

诸葛亮受到赞美,因为尽管被魏国皇帝击败,他仍然能够非常有序地撤退他的军队,以致看起来并不像是被打败的。

---

① 史称"蜀汉",简称"蜀",亦称"刘蜀""季汉"。

② 刘备的儿子刘禅继位,又称后主,这里的后帝可能是根据后主来的。

③ 即曹魏。

北方的皇帝带着最精锐的军队攻打南方,将要打败其对手——已经联盟的汉国和吴国的皇帝,但是当他在长江的岸边看到汹涌的巨浪后,他说:"啊,为了限制人们的欲望,上天设置了这些界限。"因此,他放弃了战争的决定,回到北方。

第四十九甲子第 41 年十一月晦、第 48 年十一月晦,皆有日食;第 50 年闰五月、第 6① 年五月,日全食。

第五十甲子,公元 244 年

第五十甲子第 1 年四月、第 4 年二月,日食。

魏国皇帝的大臣和军队首领司马昭反叛,他成功地把军队转移到自己的统治下。

后帝之子劝阻后帝投降魏国说:"便当父子君臣背城一战,同死社稷,以见先帝可也。"父亲拒绝反抗魏国,因此儿子在祖先的祭庙里先杀了自己的妻子然后自杀。②

第五十甲子第 17 年一月,日食。

第五十甲子第 20 年,后帝 40 岁,在军队被消灭和皇宫被侵占后,他向征服者投降。他被征服者封为安乐县的统治者,在那里他不再是皇族,7 年后去世,终年 65 岁③。

---

① 原文有误,应为"56"。
② 见《三国志》。刘禅的儿子刘谌劝刘禅以死抵抗魏国的攻击,刘禅不同意而选择投降,刘谌在昭烈庙自杀。
③ 刘禅被封为安乐县公,但实际上居于洛阳,并未至其封地。晋泰始七年,刘禅于洛阳去世。

第七个王朝　晋朝

1.世祖武帝，在位 25 年。

第五十甲子第 21 年，军队将领司马昭的儿子世祖武帝建立"晋朝"（但中文的书写和发音与第四王朝"秦"朝不同）。享国 155 年，共历 15 帝。[①] 武帝把皇宫建在河南省洛阳。世祖武帝为人宽厚，聪慧且热爱真理。

在这个王朝统治期间有 18 个诸侯相互间争夺统治权[②]。大部分南方地区被北方征服，因为北方本身力量强大并且与鞑靼[③]联盟。

第五十甲子第 23 年六月晦，日食。

第五十甲子第 25 年七月，很多星星如倾盆大雨般带着轰隆巨响向西方坠落。

北方平定之后，皇帝带着 20 万士兵进攻南方吴国皇帝的领土。吴国人以宽广的长江和用拴有铁尖锥的链条筑成的大坝防备敌军，然而晋军突破了链条，攻占南京皇宫。吴国皇帝走出城门向征服者投降，他被封为当地的王。

武帝第 17 年，皇帝已经控制了整个国家，因此他解散军队并放弃武装，同时沉迷于悠闲与奢华的生活，他和一群女人乘着羊拉的车去他的宫苑。

第五十甲子第 28 年十月、第 31 年一月和三月、第 34 年一月、第 40 年三月、第 42 年八月，皆有日食。

第五十甲子第 45 年，世祖武帝崩，终年 55 岁，他留下了非常多的后代，

[①] 这里是就西晋和东晋合而言之。

[②] 这里应该是指中国历史上的十六国时期。因此所谓的"18 个诸侯"的提法是不正确的。

[③] 此处及以下皆指匈奴。

在他死后发生新的叛乱和战争。①

2.惠帝，在位 17 年。

第五十甲子第 46 年，武帝愚钝的长子惠帝继位。最初，他借助四个贵族的帮助统治得很顺利。后来，他的第二位皇后赶走了第一位皇后②，并且用毒药害死第一位皇后唯一的儿子，杀了她的支持者。随后发生了众多战争和谋杀。第二位皇后被杀，皇帝逃离她的党羽。其中一个诸侯齐王③因胜利而自傲，渴望皇权，不过在战争中被杀。另一个来自汉朝的诸侯在北方叛乱，在 10 年后被杀。另一个诸侯在西方的四川省篡夺皇帝的称号④。

这个时期一种源自老君的叫"无为教"的新教派盛行。他们的教导是关于"无"和"空"，追随者们追求一种平静的不动状态，在这种状态下灵魂的运作犹如出神一样在一段时间内被暂停。⑤

第五十甲子第 56 年十一月、第 57 年四月、第 54 年闰八月，皆有日食。

第五十一甲子，公元 304 年

第五十一甲子第 3 年一月，日食。

---

① 现代学者称之为"八王之乱"。

② 柏应理此处理解应误。晋惠帝第一任皇后为贾南风。贾南风先毒死了谢才人，又设计谋害了谢才人之子愍怀太子司马遹。

③ 齐王司马攸，他是司马昭次子。司马昭临终之前，曾许诺要立司马攸为皇帝，但并未兑现诺言。

④ 此处，应指匈奴刘渊，而在四川篡夺皇帝称号者应是賨人李雄，他们都以汉为国号。实际上，他们称不上"诸侯"。

⑤ 在《中国哲学家孔夫子》的《前言》中，提及了惠帝所支持的"无为教"，但"无为教"严格来说指明朝的教派。

3. 怀帝，在位 6 年。

第五十一甲子第 3 年，惠帝被人用毒药杀害，终年 48 岁，没有子嗣。第 4 年，晋朝建立者武帝的第二十五个儿子怀帝被大臣们推选继位。他表现出一个好君王的样子。

诸侯刘渊在惠帝被杀后觊觎皇权，但两年后去世。其子刘聪占领皇宫后杀了怀帝的儿子，之后杀了怀帝。在此之前，他命令怀帝在宴会上穿奴仆的衣服侍候。

第五十一甲子第 5 年一月和第 9 年二月，日食。

4. 愍帝，在位 4 年。

第五十一甲子第 10 年，怀帝 30 岁时被杀。第 11 年，晋朝建立者武帝的孙子愍帝被大臣推选继位。第 13 年，皇宫遭洗劫，愍帝向征服者刘曜投降，被他封为山西的郡王①。

第五十一甲子第 13 年六月，日食。

5. 元帝，在位 6 年。

第五十一甲子第 14 年，愍帝被汉王②杀害，终年 48 岁③。武帝的孙子元帝继位，元帝威严、谦逊，是圣人的追随者。他想和 3 位皇帝④的阁老王导坐同一张凳子，王导谦虚地拒绝道："如果太阳沉落到比被它照亮的地方更低的地方，这些地方就没有它们可仰望之物了。"元帝把皇宫从西方迁移到东

---

① 刘聪封晋愍帝为怀安侯。
② 指匈奴刘聪。
③ 原文此处有误，应该是 18 岁。《晋书》卷五《帝纪第八》："十二月戊戌，帝遇弑，崩于平阳，时年十八。"
④ 这里应是指晋元帝、明帝、成帝三朝。

方或者说是迁移到南京。从此称为东晋王朝。

第五十一甲子第15年四月,日食。

6.明帝,在位3年。

第五十一甲子第19年,元帝于46岁忧伤而逝①。第20年,他的儿子明帝继位。

7.成帝,在位17年。

第五十一甲子第22年,明帝崩,终年27岁。第23年,其子成帝继位。其母皇太后代替这个5岁的幼帝统治。一些王侯互相之间争夺君权。

第五十一甲子第22年十一月、第24年五月、第28年三月和第32年十月,皆有日食。第33年,彗星。第38年二月,日食。

8.康帝,在位2年。

第五十一甲子第39年,成帝崩,终年21岁。第40年,其弟康帝继位。

9.穆帝,在位17年。

第五十一甲子第41年,康帝崩。第42年,长子穆帝继位,两岁的穆帝由其母皇太后来摄政。穆帝是一个有美德和智慧的少年,在他的决策下收复了一些省份。

北方反叛的汉朝②的皇宫被皇帝大将桓温的军队洗劫和烧毁。诸王之间相互混战。

---

① 《晋书》卷六《帝纪第六》谓其去世时47岁。 当然,这可能是记其虚岁。 从本卷所列历代皇帝卒岁的情况来看,作者通常是记其去世时的实岁。

② 十六国之一的成汉,立国于巴蜀。

第五十一甲子第 43 年四月、第 48 年一月、第 53 年十月，日食。第 57 年八月，日全食。

10. 哀帝，在位 4 年。

第五十一甲子第 58 年，穆帝崩，终年 19 岁。第 59 年，第 7 位皇帝的儿子哀帝被皇室拣选继位。

第五十二甲子，公元 364 年

11. 帝奕，在位 5 年。

第五十二甲子第 2 年，哀帝崩，终年 25 岁。第 3 年，其弟帝奕①被大臣推选继位。

第五十二甲子第 5 年三月、第 7 年七月，日食。

北方阁老桓温在战争中打败燕王，但是，燕王受到了秦王军队的支援而变强②，逼近桓冲，杀了 3 万士兵。

12. 简文帝，在位 2 年。

第五十二甲子第 7 年，帝奕被阁老桓温废黜，封为海西城的统治者，在那里 15 年后他 43 岁驾崩③。第 8 年，第 5 位皇帝元帝少子简文帝被大臣推选继位。

---

① 司马奕后来被桓温废黜，没有谥号，后称晋废帝，被封为海西公，故正史也称其为海西公。

② 这里的燕、秦指当时北方十六国的前燕和前秦。

③ 《晋书》卷八《帝纪第八》："太元十一年十月甲申，薨于吴，时年四十五。"

13. 武帝，在位 24 年。

第五十二甲子第 9 年，简文帝崩，终年 53 岁。第 10 年，其子武帝①继位。

北方的统治者苻坚考虑向南方发动战争，被大臣劝阻，认为晋朝以天命统治，且未犯错，并未失去它的声望。苻坚无视这个建议，据载他带着 60 万骑兵、27 万步兵攻打南方，他的军队连续有 700 里长。② 南方的皇帝在敌人聚集全部力量之前，出其不意地从他所有的 8 万军队里挑选出几千士兵，以非凡的力量和勇气进攻敌军的营地，并且挫败陷入恐慌的被虏获的敌人，以致苻坚的整个军队只剩下 3 万人马。③ 随后，皇帝苻坚被自己的将领打败和抓获，最后被勒死在附近的寺庙里。④

后来来自其他王国的人在北方造反。南方的皇帝沉迷于饮酒和奢华。如果他想追求胜利，他本可以获得他王国的一切。

第五十二甲子第 12 年十月、第 18 年六月、第 21 年十月及第 28 年五月，日食。

武帝统治的第 20 年，出现彗星。另一个北方军队的将军向彗星祝酒，好使不祥的征兆远离他。

14. 安帝，在位 22 年。

第五十二甲子第 33 年，武帝被偷偷地勒死在床上。他对 30 岁的第二个妃子开玩笑说她看起来老了，这个玩笑导致他的死亡。

第五十二甲子第 34 年，武帝愚钝的儿子安帝继位。

---

① 为与西晋武帝司马炎相区别，一般将此武帝称为孝武帝。
② 《晋书》卷一一四《载记第十四》："坚发长安，戎卒六十余万，骑二十七万，前后千里，旗鼓相望。"
③ 此战役指淝水之战。
④ 苻坚为羌族首领姚苌所杀，姚苌将其缢杀于新平佛寺。

有大小7个王国造反。

代国在第六代被灭后,代国皇帝留下的后代拓跋珪彻底打败北方燕王。在侵占了燕国的皇宫后,拓跋珪在那里为他日后历经13任统治者持续149年的王朝建立了新的基础。

士兵刘裕,原是市场上卖鞋的商贩,后来成为军队的将领。他因多次在战争中取胜而闻名,为他自己铺就了通向皇权的道路,不久将成为下一个王朝的建立者。

第五十二甲子第37年六月、第40年四月、第44年七月、第51年九月和第54年一月,日食。

第五十二甲子第55年安帝被刘裕杀害,终年37岁,这一年有彗星。

15.恭帝,在位2年。

第五十二甲子第56年,安帝同母的弟弟恭帝被立为皇帝替代安帝。

第五十二甲子第56年十一月,日食。

第五十二甲子第58年,恭帝在37岁时被勒死①,晋朝灭亡。同年弑君者刘裕自立为高祖武帝。

第八个王朝　宋朝

1.高祖武帝,在位2年。

第八个王朝宋朝共历8帝,享国59年,其建立者高祖武帝(即刘裕)从普通士兵成为将领,再后来成为皇帝。他高大,拥有与君权相配的身材,大方而严肃,在吃穿方面节制。他把皇宫建在他的出生地南京。

---

① 《晋书》卷一〇《帝纪第十》:"时年三十六。 谥恭皇帝。 葬冲平陵。"

随后,依次出现的五个王朝被称作"五代"①。但在这段时间存在着两朝或两朝共治的情况,人们称为"南北朝"。

2.少帝,在位1年。

第五十二甲子第59年,高祖武帝崩,享年67岁②。第60年,他的长子少帝,亦称营阳王继位③。少帝过度沉迷于玩笑和娱乐。

第五十三甲子,公元424年

3.文帝,在位30年。

第五十三甲子第1年,少帝被阁老檀道济④废黜,且不久后在18岁⑤时被杀。

同年,高祖武帝的第三个儿子文帝自称为继承者。

文帝尽责、正直、谦虚,但他支持和尚。他禁止任职超过6年的地方官员继续连任。文帝向北方发动战争,他在第一场战役中被打败,但是之后30场战役由将领阁老檀道济率军而获得胜利。⑥ 然而作为回报檀道济得到的是死亡,因其能力出众而被文帝猜忌。这个消息传开后,北方士气大增。南方再没有打赢一场战争。文帝统治的第26年,双方发生了非常血腥的战役,以致双方在血泊中交战,鸟儿都迁徙到其他地方。北方的皇帝太武帝⑦下令杀

---

① 南朝自宋以下共四朝。 唐代将北齐、北周、梁、陈以及隋等五个朝代称为五代。
② 《宋书》卷三《本纪第三·武帝下》:"癸亥,上崩于西殿,时年六十。"
③ 宋少帝刘义符,继位后第三年即为大臣联合废黜,以萧太后的名义废其为营阳王,不久被杀。
④ 《宋书》卷四《本纪第四·少帝》:"始徐羡之、傅亮将废帝。"
⑤ 《宋书》卷四《本纪第四·少帝》:"时年十九。"
⑥ 宋明帝一朝曾进行过三次北伐,至于这30场战役的统计如何得出,难以悉知。
⑦ 即北魏皇帝拓跋焘。

掉自己王国里的所有和尚。① 他下令烧毁寺庙和佛像，这在以后再也没有发生过。

第五十三甲子第4年六月、第12年一月、第15年十一月、第17年四月和第23年六月，日食。

4.武帝，在位11年。

第五十三甲子第30年，文帝被他的长子杀死，终年47岁。第31年，文帝第三个儿子武帝杀死自己的哥哥——即弑父的长子——之后继位。武帝通晓诗文，特别精于骑马和射箭，以致他格外沉迷于狩猎。然而他铺张浪费，言语随意，对待周围的人也很无礼。

第五十三甲子第31年七月，日食。第38年九月，日食。

5.废帝，在位1年。

6.明帝，在位3年。

第五十三甲子第41年，武帝崩，终年35岁。第42年，长子废帝继位，但他很快因沾满无辜人民的血而显露出残暴的品性，被杀。文帝的第十一个儿子明帝继位，其品性残暴。他下令杀死他28位兄弟的13位尚处在青少年时期的儿子。他自己没有孩子，于是私下派一些男人到自己的嫔妃处，她们如果生了个男孩，就将她们杀掉，将需要养育的婴儿留给不能生育的皇后。②

明帝第3年，他接受了将要被提及的灾难。

他提拔萧道成为第一等官员，萧道成将用两次弑君行为，为下一个王朝铺好道路。

---

① 拓跋焘并未下令屠杀全国的沙门，只是诏令50岁以下沙门尽皆还俗，以从征役，并严令自王公以下至庶人，禁止私养沙门等人。

② 据史书记载应该是明帝失去生育能力，他把借腹生来的婴儿给宠妃养育。

第五十三甲子第 46 年十月,日食。

7.苍梧王,在位 4 年。

第五十三甲子第 49 年,明帝崩,终年 34 岁。第 50 年,长子苍梧王继位,他不受控制。① 北方皇帝受到应得的赞美,因为他把囚犯长期关在监狱里,使他们经过长时间的悔改后才能回家。

第五十三甲子第 50 年十二月,日食。

8.顺帝,在位 2 年。

第五十三甲子第 54 年,苍梧王被萧道成杀死,终年 15 岁。第 55 年,明帝的第三个儿子顺帝继位。

第五十三甲子第 55 年九月,日食。

第九个王朝 齐朝

1.高帝,在位 4 年。

第五十三甲子第 56 年,顺帝被萧道成背叛并杀害,终年 14 岁②。第 57 年,高帝③两次弑君后继位,他是阁老萧何的第二十四代孙子。他建立了齐朝,这个王朝在 5 任皇帝的统治下持续了 23 年,定都南京。与打仗相比,高帝更以诗书闻名,他常常说,如果由他统治 10 年,他会使黄金和土的价格一

---

① 有史书载苍梧王并不是明帝的亲子,而是养子。《宋书》卷九《本纪第九·后废帝》:"先是民间讹言,谓太宗不男,陈太妃本李道儿妾,道路之言,或云道儿子也。"苍梧王少年时不服管教,性格乖张。 继位后,他的行为更加肆无忌惮。

② 《宋书》卷一〇《本纪第十·顺帝》:"殂于丹阳宫,时年十三。"

③ 即萧道成。

样。他曾穿过金制的镶有珍贵宝石的华丽衣服①,却突然命令人们打碎所有宝石,他说因无法满足的欲望而产生的苦恼就是由它们带来的。

2. 武帝,在位 11 年。

第五十三甲子第 59 年,高帝崩,终年 54 岁②。第 60 年,高帝的长子武帝继位。他决定地方官不可以超过三年任期。像古代的法律一样,他禁止同一个家族里的人通婚。

第五十四甲子,公元 484 年

范缜尽力使人们相信所有东西仅仅由机缘和偶然所致,灵魂同样会随肉体消逝,没有人在这一世之后能活下来。有人写书来驳斥这新的、不信神的信条。

萧衍以争战与议和闻名,他被封为阁老,他几乎将要篡夺统治权。

北方的皇帝想要把皇宫迁到河南省洛阳③,由于他知道他的大臣们要反对,他假装到南方去远征打仗,他命令国家的青壮年随军而行。经过洛阳时,他在那里问他的大臣们,是愿意尝试战争的风险,还是愿意在这里建立家园,对战败的回忆和对幸福的向往,使他的军营变成了皇宫。

3. 明帝,在位 5 年。

第五十四甲子第 10 年,武帝崩,终年 45 岁④。第 11 年,齐朝建立者高帝之侄明帝继位。武帝把他的两个小儿子托付给这个忠心的监护人,但是,明帝在 4 个月内把两个孩子都杀了,他们只在位很短一段时间。

---

① 《南齐书》卷二《本纪第二·高帝下》:"(高帝)即位后,身不御精细之物。"这个精细之物不一定是指衣服,还包括随身佩戴的饰物。

② 《南齐书》卷二《本纪第二·高帝下》:"上崩于临光殿,年五十六。"

③ 这里指魏孝文帝拓跋宏迁都洛阳。

④ 《南齐书》卷三《本纪第三·武帝》:"是日上崩,年五十四。"

北方很和平。北方的皇帝①非常热爱阅读,以至于无论是骑马还是坐车,他都书不离手。

第五十四甲子第 11 年五月,日食。

4.昏侯,在位 2 年。

第五十四甲子第 15 年,明帝崩,终年 40 岁②。第 16 年,其第三个儿子昏侯③继位,他残暴奢靡,不能容忍大臣,却庇护宦官。阁老萧衍,即梁王,攻打南京皇宫,赶走皇帝。在宫殿被烧毁之后,昏侯建造了一座新的极其辉煌的宫殿,以至地面都铺满镀金的花朵。

5.和帝,在位 1 年。

第五十四甲子第 17 年,昏侯被阁老萧衍杀死,终年 19 岁,他之前曾杀死萧衍的兄弟。

第五十四甲子第 18 年,昏侯的兄弟和帝继位,他被萧衍拥立为皇帝,很快又被要求退位,之后在他 15 岁时被杀。

第九个王朝齐朝灭亡。

第十个王朝　梁朝

1.高祖武帝,在位 48 年。

第五十四甲子第 19 年,杀了两个皇帝和六个皇子的高祖武帝④继位,他

---

① 应是指魏孝文帝拓跋宏。
② 《南齐书》卷六《本纪第六·明帝纪》:"帝崩于正福殿,年四十七。"
③ 昏侯(东昏侯)是明帝的第二个儿子。
④ 即萧衍。

建立了第十个王朝梁朝,这个王朝在4任皇帝的统治下持续了55年。梁武帝源自古老的萧何家族。他是一位非常积极的统治者,他自己安排所有的工作,他因为几乎所有的包括军事上的政令而被尊敬,而且他非常节俭,以至据载同一张床和同一顶帽子他用了三年①。同时,他还对和尚的毕达哥拉斯式的梦②很着迷,乃至不顾大臣们的担忧自己出家成为一名僧人③。他宣布禁止在宗教祭祀及民间祭祀上屠杀牛和羊,而以面粉代替牺牲的动物(作为祭品)。

梁武帝统治的第15年,他围困山西省寿阳城④。围攻持续了10年,在这期间有几十万人去世,一些死于水灾,一些死于饥饿和战争。不久之后,历13任统治者享国149年的北方帝国魏国衰落,魏国分为东魏和西魏,分裂在两个统治者之下,他们后来成为齐和周的统治者。北方的胡太后建造了(可以容纳)一千位僧人的寺庙,这在中国前所未有。寺庙有180米高的塔。"永宁",即永恒宁静,这一美丽的名字,被给予这个寺庙。

在梁武帝统治的第26年,梁武帝舍身出家,离开皇宫住进佛寺。他剃了头、穿粗布衣服,只吃青菜和米饭,直到大臣们用一千万铜钱将其赎回。他极不情愿地被带回到皇宫,在那里他仍以僧人的规矩和习俗生活。那时候有13000座寺庙。

阁老颜见远⑤不愿意服从这个篡权者,他自愿绝食自杀(在中国这种自杀方式很常见)。皇帝知道此事后说:"我所获的政权源自上天,而非来自帝

---

① 《梁书》卷三《本纪第三·武帝下》谓萧衍"一冠三载,一被二年"。
② 佛教僧侣与毕达哥拉斯一样相信灵魂轮回转世。
③ 萧衍信奉佛教,几次入寺做和尚。
④ 萧梁的军队从未抵达过山西省。 此处之寿阳城应是属于今安徽省寿县地域。
⑤ 《梁书》卷五〇《列传第四十四·文学下》:"(颜协)父见远,博学有志行……高祖受禅,见远乃不食,发愤数日而卒。 高祖闻之曰:'我自应天从人,何预天下士大夫事? 而颜见远乃至于此也。'" 此则材料与此较为符合。 故此,此处所谓阁老应是指颜见远。

国的统治者,为什么他要自杀呢?"由于他不想判罪犯死刑,人们知道他们不会受到惩罚,因而各地抢劫和谋杀案件增多。

梁武帝的诸侯河南王侯景叛变,南京被占。皇帝自己被俘获并被带去见胜利者,他的神情没有一点被激怒的迹象。相反,反叛者侯景,尽管天性凶残,但他甚至不能看他的主人皇帝的脸,他感到无比紧张以至汗流满面,说道:"啊,抵挡天威所安排的事情多么困难!"最后,他不敢杀梁武帝,他下令给梁武帝一点点食物使其活下去。

15岁的少年吉翂的孝顺受到颂扬。他的父亲因为在任期内犯了重罪被判死刑,知道这件事后他觐见统治者并愿用他自己的性命换父亲的。很多大臣考验这个男孩的孝顺,看他是自愿要这样做,还是出于别人的指使;看他是出于深思熟虑,还是只是一时轻率的想法。在长时间的考验之后他仍然保持孝顺,他的父亲被免除死罪。他自己,这个非凡的儿子也被授予荣誉徽章,可是他坚定地拒绝说:"我不愿意,因为如果我接受这荣誉,它今后会不断地勾起父亲对这件事的回忆。"

第五十四甲子第23年三月,日食。第33年二月、第39年五月、第40年十一月,日全食。第47年九月,彗星。第51年四月和第57年闰五月,日食。

第五十五甲子,公元544年

第五十五甲子第4年一月,日食。

2.简文帝,在位2年。

第五十五甲子第6年,高祖武帝想要一点蜂蜜来缓解口苦,他在这点要求被拒绝后溘然长逝,享年86岁。第7年,第三个儿子简文帝继位。第8年,被自称皇帝的侯景俘获并杀死,终年49岁。侯景随后也丧命。

3.元帝，在位3年。

第五十五甲子第9年，梁朝建立者的第七个儿子元帝继位，他愚钝鲁莽，沉迷于老君学派。阁老诸侯陈霸先在彻底摧毁篡权者侯景的军队后，俘获侯景并下令取其首级。随后，陈霸先也叛变，围困了南京皇宫。最后皇帝不抱希望，他摔碎最珍贵的宝剑，并且下令烧毁14万卷藏书，说道："所有的技艺、军事和文学的知识都没了！"皇城被占领后，元帝骑着白马穿着普通的衣服向胜利者投降，第五十五甲子第11年，被胜利者杀死，终年47岁。①

4.敬帝，在位2年。

第五十五甲子第12年元帝的第九个儿子敬帝被立为帝。

第五十五甲子第13年敬帝被杀，终年16岁，梁朝随之灭亡。北周的皇帝②下令焚烧所有的佛像和寺庙。

第十一个王朝　陈朝

1.高祖武帝，在位3年。

第五十五甲子第14年，高祖武帝(即陈霸先)这个弑君者，建立第十一个王朝陈朝，历5帝，享国33年。他是第五个王朝汉朝著名的将军陈寔③的后代，热爱读书，崇尚佛学。

第五十五甲子第16年，高祖武帝崩，终年59岁④。

---

① 元帝投降不是因为陈霸先反叛，而是因为西魏进攻。
② 指北周武帝。
③ 陈寔是东汉名士，并不是武将。
④ 《陈书》卷二《本纪第二》："崩于璿玑殿，时年五十七。"

第五十五甲子第 16 年五月，日食。

2.文帝，在位 7 年。

第五十五甲子第 17 年，陈霸先的兄弟文帝①继位，他曾很长一段时间过着平凡人的生活，他关心百姓，并且亲自为他们解决纷争。他常常在夜晚走遍整个宫殿。他下令在皇宫中夜晚的时间用敲锣来分成四段，现在这一习俗仍在整个帝国可见。文帝曾经决定宣布他的兄弟安成王为帝国的继承者，因为他的儿子很软弱。在阁老和大臣的反对下，他放弃了这个念头。北周的皇帝恢复古老的习俗，贵族及有功劳的人们由皇室供养在专门的住处中。

第五十五甲子第 20 年三月、第 23 年一月，日食。
第五十五甲子第 23 年，文帝崩，终年 45 岁。

3.临海王即废帝，在位 2 年。

第五十五甲子第 24 年，文帝的儿子临海王继位，后被安成王废黜。
第五十五甲子第 25 年，临海王崩，终年 19 岁。

4.宣帝，在位 14 年。

第五十五甲子第 26 年，王朝建立者陈霸先的侄子宣帝凭借武力继位。他天性快乐活泼，特别喜爱音乐、和平及智者。臣子陈桃根向皇帝进献一些珍贵的礼品，但宣帝为了回避他野心勃勃的期望，命令把所有进献的东西公开烧毁②。

---

① 文帝是陈霸先之侄，始兴昭烈王陈道谭长子。
② 《陈书》卷五《本纪第五》："监豫州陈桃根于所部得青牛，献之，诏遣还民……陈桃根又表上织成罗又锦被各二百首，诏于云龙门外焚之。"

北方的皇帝让杨坚做阁老,把他的女儿嫁给杨坚的儿子。后来,杨坚在隋国强大后很快统一了帝国。

第五十五甲子第 27 年十月、第 31 年二月、第 34 年十一月晦和第 37 年十月,日食。

第五十五甲子第 39 年,宣帝崩,终年 42 岁①。

5. 长城公,即后主,在位 7 年。

第五十五甲子第 40 年,宣帝的儿子长城公继位。他纵情于酒色和玩乐。杨坚在北方篡夺帝位,带着 50 万大军攻打南方,毫无阻碍地越过长江,占领皇宫。南方的皇帝②自己投井,被杨坚的士兵从井里拉上来救活了。

第五十五甲子第 46 年,长城公被迫退位,他不再属于皇族,在 24 年后于 52 岁去世。

第五十五甲子第 42 年一月,日食。

第十二个王朝 隋朝

1. 高祖文帝,在位 15 年。

第五十五甲子第 47 年,高祖文帝,即杨坚,建立第十二个王朝隋朝,在 29 年里有 3 任皇帝。以长江为边界把南方帝国和北方帝国分割了 300 年,第五十五甲子第 54 年,杨坚统治的第 9 年,南北方开始服从于一个主人。这曾被占星家预测到。杨坚是第五个王朝汉朝显赫家族的后代,他把皇宫建在陕西省长安。实际上杨坚读书不多,但他天性敏锐深沉,节制饮食,爱戴

---

① 《陈书》卷五《本纪第五》:"崩于宣福殿,时年五十三。"
② 即长城公陈后主陈叔宝。

人民,复兴以前的音乐和法律。他禁止人们用奉承的华丽辞藻修饰文章。他还下令在全国所有城市建设公共粮仓①,要求每个家庭根据地位和条件放入固定数量的大米和小麦,从而在颗粒不收之时能得到救济,并且能消除抢劫的隐患。

他曾颁布法令盗抢 8 个铜币就被处以死刑,但被大臣劝阻,并没有推行这个法令。然而他对那些不断贪污受贿的审判官非常严厉。他不允许商人和其他手工业者参与公务。

第五十五甲子第 48 年二月晦,日食。第 57 年,大地震。第 58 年二月,日食。

第五十六甲子,公元 604 年

第五十六甲子第 1 年,高祖文帝因为计划立无能的长子为帝国的继承人而被第二个儿子杀死于宫中,享年 64 岁。

2.炀帝,在位 13 年。

第五十六甲子第 2 年,高祖文帝的第二个儿子,弑父和弑兄者炀帝继位。炀帝以过人的才干闻名,但他铺张浪费,过度沉迷于享乐。他把父亲的皇宫从陕西迁至河南。他建了两个异常巨大的粮仓,其中一个有三千个仓库,围墙有 2 里格长。② 他还致力于修建一个围墙有 15 里格长的宫殿和花园,在

---

① 《隋书》卷四六《列传第十一》:"(长孙)平见天下州县多罹水旱,百姓不给,奏令民间每秋家出粟麦一石已下,贫富差等,储之闾巷,以备凶年,名曰义仓。"并不一定是在城市建立公共粮仓,农村也需设立义仓。

② 两个粮仓即兴洛仓和回洛仓。《资治通鉴》卷一八〇:"(隋炀帝大业二年十月)置洛口仓于巩东南原上,筑仓城,周回二十余里,穿三千窖,窖容八千石以还,置监官并镇兵千人。 十二月,置回洛仓于洛阳北七里,仓城周回十里,穿三百窖。"根据作者所言,这个有三千个仓库的粮仓应是指洛口仓,也叫兴洛仓。

那里他骑着马，一大群妃子唱歌和奏乐，跟随着他。① 他准备渡过黄河时，他率领的华丽船队长达 40 多里或 4 里格。②

西方及北方的 44 个省和郡国归服隋朝。炀帝禁止平民使用武器，这条规定在今天被加强。据载有 100 万人被召集来翻修中国长城。

炀帝下令由 100 个士大夫修订关于军事、政治、医药和农业的图书，出版了关于佛教的预言和宗教仪式的图书 17000 卷。他设立博士学位③，至今保留在文官和武官中。通过精练他的军队，他拥有 8 万御林军。他带领 120 万水军和陆军试图征服高句丽，几乎失去了所有士兵，只剩下 2700 人。炀帝再次向高句丽发动战争，最后对方派遣使节来表示归顺。他在山西省选立了一位行政长官，这个人将成为下一个王朝的建立者④。

第五十六甲子第 13 年，炀帝在视察南方时被平民宇文化及在南京省扬州杀死，终年 39 岁⑤。李渊聚集了 12 万兵力顺从民意篡夺权位。

3. 恭帝，在位 1 年。

第五十六甲子第 14 年，高祖文帝的孙子恭帝⑥被李渊拥立为皇帝继位，不久之后被迫退位。第十二个王朝隋朝灭亡。李渊的第二个儿子在父亲的指示下起兵攻占皇宫。在那里看到异常辉煌的宫殿后他大喊道："这样一个

---

① 《资治通鉴》卷一八〇："（隋炀帝大业元年）五月，筑西苑，周二百里；其内为海，周十余里；为蓬莱、方丈、瀛洲诸山，高出水百余尺，台观殿阁，罗络山上，向背如神……上好以月夜从宫女数千骑游西苑，作清夜游曲，于马上奏之。"

② 《资治通鉴》卷一八〇："（大业元年八月）上行幸江都……自漕渠出洛口，御龙舟……舳舻相接二百余里，照耀川陆，骑兵翊两岸而行，旌旗蔽野。"

③ 即进士。

④ 即唐高祖李渊。《新唐书》卷一《本纪第一》："（大业）十一年，拜山西河东慰抚大使……十三年，拜太原留守。"

⑤ 《隋书》卷四《帝纪第四》："上崩于温室，时年五十。"

⑥ 此处有误，恭帝实为隋炀帝的孙子。

破坏和毁灭人类精神、耗尽人内心追求的工程,不应该保留下来。"于是他马上下令把整个皇宫烧为灰烬①。

第十三个王朝　唐朝

1. 神尧帝,在位9年。

第五十六甲子第15年,神尧帝李渊作为西凉王的第七世子孙建立名为"唐"的第十三个王朝,享国289年,共历20帝。他减轻严刑峻法与苛捐杂税,为偶像老君兴建庙宇。

在位第6年,叛乱得以平定,神尧帝成为整个帝国的主人。他下令铸造每十文重一两的钱币,这些钱币上写着"通宝"②,这种前所未有的货币,直至今天仍在使用。阁老傅奕上奏强制10万僧侣娶妻,以添足兵丁,皇帝对此表示认同。

2. 太宗,在位23年。

第五十六甲子第23年,神尧帝把统治权交给儿子,9年后去世,享年70岁。第24年,神尧帝次子太宗继位。关于这位太宗皇帝,我们会谈到他的很多事迹,因为在他的统治下,基督的律法进入了中国。这位君主在所有方面都堪称完美,他是个虔诚、明智、虚心纳谏、厉行俭约的君主。他一顿饭只吃8个菜。他遣散了后宫三千佳丽。

---

① 《资治通鉴》卷一八九载:"秦王世民观隋宫殿,叹曰:'逞侈心,穷人欲,无亡得乎!'命撤端门楼,焚乾阳殿,毁则天门及阙。"

② 《旧唐书》卷四八《志第二十八》:"武德四年七月,废五铢钱,行开元通宝钱,径八分,重二铢四累,积十文重一两,一千文重六斤四两。"

太宗下令在全国范围内搜集图书。他在宫中开设学院①,在该学院中,有8000学生,其中包括外国君主的儿子们。在这些学者当中,最为杰出的是"十八学士",意思是十八位完美的学者。另外,太宗还建立起从北方的君主那里引进的军事学院。建有军事校场,在那里训练投掷、射击的技术,太宗本人平时也喜欢去那里操练。但阁老们对此并不认同,因为他们认为这样有违常礼,显得与君主的威严格格不入,而且认为活动有危险。太宗说:"我看待我的国家,就如同每一个父亲看待他自己的家庭;我看待我所有的臣民,就好像我亲自怀抱着亲生的柔弱的婴儿一样,因此,我为何要恐惧呢?"②为了避免盗窃抢劫,他要人民的生活在所有方面都富足,他常这样说:"国家的安定取决于人民,要是君王过分地剥削和劳役人民,那就好比把自己的肉切成一块块来充饥,肚子增长了,喂饱了,而身体却退化,变弱,乃至死去。"③他接着说:"很多君王是因为自己而不是因为别人而败亡。欲望就是他们毁灭的原因,满足欲望的花费巨大,必然就会马上开始加重赋税,因此会造成所有人民的苦难忧愁,而人民一旦遭受苦难,国家就会处于危险之中,谁能否定这就是国家衰落的原因呢?国家处于危险之中,还有什么比君王的灭亡更容易呢?头与身体是一体的,每当我思考这些问题时,我都不敢松开欲望的缰绳。"④他禁止他亲自任命的臣僚收受贿赂,否则就要砍头,因此为了检验他们的忠诚,他安排了一些人去贿赂官员。有一位官员收了礼物,太宗自己更加坚定这个决定,下令处死他。然而一位阁老说:"那人是罪有应得,

---

① 《旧唐书》卷七二《列传第二十二》:"始太宗既平寇乱,留意儒学,乃于宫城西起文学馆,以待四方文士。"

② 《资治通鉴》卷一九二:武德九年,"王者视四海如一家,封域之内,皆朕赤子,朕一一推心置其腹中,奈何宿卫之士亦加猜忌乎"。

③ 《资治通鉴》卷一九二:武德九年,"君依于国,国依于民。刻民以奉君,犹割肉以充腹,腹饱而身毙,君富而国亡"。

④ 《资治通鉴》卷一九二:武德九年,"故人君之患,不自外来,常由身出。夫欲盛则费广,费广则赋重,赋重则民愁,民愁则国危,国危则君丧矣。朕常以此思之,故不敢纵欲也"。

但是我的陛下,你也不是无辜的,你通过设下陷阱来诱使他犯罪。"①皇帝就饶恕了那个罪人。

翌年,右骁卫大将军接受了他人馈赠的丝绢,皇帝知道后又给了他数十匹丝绢,其他人对此非常惊讶,要求对大将军进行惩罚。太宗说:"如果他还有羞愧之心的话,那么接受丝绢就是比他自己的死亡更残酷的处罚,我想借此使他慢慢地受折磨。"②他愿意在各种小事上被提醒,他说:"从小事到大事只有一步之遥,要从小事上思考帝国的维持。"③他得知有某个银矿,但他禁止进行开采,他说:"相比于金银财宝,我的大臣所作出的有益于国家利益的建议对我来说更加宝贵。"④

每当有旱灾或洪涝造成饥荒的威胁时,他总是以先代君王的榜样来责问自己,他在哪些事情上犯了错误。另外,他并不相信占卜。有一天,在他面前有几只喜鹊筑巢,拍打翅膀、嘴巴,大臣向他祝贺祥瑞,然而他报以嘲笑,说"瑞在得贤",意思是"祥瑞在于我拥有智者"⑤。他说完这些话就下令毁掉鸟巢。当他听到别人称赞他的军备,且认为它比之前的隋朝所建立的更好时,他说道:"对我来说,我们的臣民先于我的军队,只要他们为他们的君主和和平感到高兴,这就是我的军队了。但在隋朝并没有这两样,再好的

---

① 《资治通鉴》卷一九二:武德九年,"为吏受赂,罪诚当死;但陛下使人遗之而受,乃陷人于法也"。

② 《资治通鉴卷》卷一九二:贞观元年,"彼有人性,得绢之辱,甚于受刑;如不知愧,一禽兽耳,杀之何益"。

③ 《贞观政要》卷一《论政体第二》:"凡大事皆起于小事,小事不论,大事又将不可救,社稷倾危,莫不由此。"

④ 《贞观政要》卷六《论贪鄙第二十六》:"惟须纳嘉言,进善事,有益于百姓者。且国家剩得数百万贯钱,何如得一有才行人?"

⑤ 《资治通鉴》卷一九三:贞观二年,"我常笑隋炀帝好祥瑞。瑞在得贤,此何足贺"。

军队也没有用。"①有一次，他发现他曾急躁和不谨慎地判处某个臣民死刑，因此他设立法律，要对犯罪案件检查三次之后才能行刑。

在其统治的第2年，有蝗虫肆虐，面临饥荒的威胁，太宗悲痛地说："为什么你们要吃我的臣民赖以生存的庄稼？啊！我宁愿自己的内脏被你们吃掉。"②说完这些话，他就吞下一只活的蝗虫。据说这一年几乎再没有蝗虫侵害庄稼。他听说他的一个大臣李勣生病了，根据医生的说法，为了治他的病需要将胡须磨成粉，皇帝下令用他自己的胡须做成药，给病人，李勣用完药后就好了。太宗从黄帝的医书里面了解到，如果肩膀和背被打，内脏这些更重要的部分也很容易受到伤害，所以他立法规定不能责打罪犯的背部，只能责打大腿，这条法律一直沿用到今天。

在其统治的第4年，当天下大丰收、周边蛮族安定时，他说："这两件事确实使我高兴，但也有一件事令我担忧，因为长久的安乐是懈怠和傲慢之母。"③这位帝国统治者教导说："治国就像建房，如果它已经奠定好基石并被建造得很好，你就不要再冒着破坏房子的危险改变它。同样，帝国已经奠基好了，以道德和法律强化了，也要避免任何的革新。"④又有一次，太宗说："治理国家和治病一样，不和、暴乱、战争、强权都是疾病，虽然这些正从我的帝国中祛除，然而，为了不回到以前的病态，那种依靠勤勉也不能挽救的病态，

---

① 《贞观政要》卷五《论仁义第十三》："饬兵备寇虽是要事，然朕惟欲卿等存心理道，务尽忠贞，使百姓安乐，便是朕之甲仗。隋炀帝岂为甲仗不足，以至灭亡？正由仁义不修，而群下怨叛故也。宜识此心。"

② 《资治通鉴》卷一九二：贞观二年，"畿内有蝗。辛卯，上入苑中，见蝗，掇数枚，祝之曰：'民以谷为命，而汝食之，宁食吾之肺肠。'举手欲吞之，左右谏：'恶物或成疾。'上曰：'朕为民受灾，何疾之避！'遂吞之。是岁，蝗不为灾"。

③ 《资治通鉴》卷一九六：贞观十五年，"上谓侍臣曰：'朕有二喜一惧。比年丰稔，长安斗粟直三四钱，一喜也；北虏久服，边鄙无虞，二喜也。治安则骄侈易生，骄侈则危亡立至，此一惧也。'"

④ 《资治通鉴》卷一九六：贞观十五年，"上指殿屋谓侍臣曰：'治天下如建此屋，营构既成，勿数改移。苟易一榱，正一瓦，践履动摇，必有所捐。若慕奇功，变法度，不恒其德，劳扰实多。'"

尚在恢复的民众仍然需要担忧。如今这片土地拥有伟大的和平,夷族臣服于我们,但我仍然不能停止担忧,这样就能回应始终,幸而有你们教导我、进谏我、规劝我。"对于这些,阁老魏徵说:"我的陛下,我实不以帝国之安宁为喜,而为您能'居安思危'而喜。"①

另一次,他说道:"人们常说皇帝是最受敬畏的,皇帝什么也不怕,但是我却真的敬畏天帝的旨意,它一直影响着我们,同时我也敬畏我所有的臣民注视着我一个人。因此我本人才如此焦虑,我如此用心地听取意见,唯恐不能对上天的意愿、对人民的愿望作出回应。"②他还说道:"我曾听说在东方发现有野蛮人,他们要是发现贵重的珠宝,就会在身体上打孔,把它藏进去,我们应当嘲笑他们。如果我们成为我们自己欲望的奴隶,那么我们就失去了对自己的控制。如果我们的国民出卖他们的忠诚和正直,那么我们难道不是更应该被野蛮人取笑吗?"③有一次旱灾,他为了安抚受灾的人民,下令打开监狱,宣布要宽赦普通的罪犯。但他却教导说:"为了防止滋养与加强犯罪的心,使好人蒙受伤害,就像为了根除野草而不再侵害庄稼,君主应该尽少使用这样的仁慈。"④

太宗第7年,他亲自去检阅国家监狱,他暂时释放了390名犯有死罪的

---

① 《资治通鉴》卷一九三:贞观五年,"谓侍臣曰:'治国如治病,病虽愈,犹宜将护,倘遽自放纵,病复作,则不可救矣。今中国幸安,四夷俱服,诚自古所希,然朕日慎一日,唯惧不终,故欲数闻卿辈谏争也。'魏徵曰:'内外治安,臣不以为喜,唯喜陛下居安思危耳。'"

② 《资治通鉴》卷一九二:贞观二年,"上谓侍臣曰:'人言天子至尊,无所畏惮。朕则不然,上畏皇天之监临,下惮群臣之瞻仰,兢兢业业,犹恐不合天意,未副人望。'"

③ 《资治通鉴》卷一九二:贞观元年,"上谓侍臣曰:'吾闻西域贾胡得美珠,剖身以藏之,有诸?'侍臣曰:'有之。'上曰:'人皆知笑彼之爱珠而不爱其身也;吏受赇抵法,与帝王徇奢欲而亡国者,何以异于彼胡之可笑邪!'"

④ 《资治通鉴》卷一九二:贞观二年,"上谓侍臣曰:'古语有之:"赦者小人之幸,君子之不幸。""一岁再赦,善人喑哑。"夫养稂莠者害嘉谷,赦有罪者贼良民,故朕即位以来,不欲数赦,恐小人恃之轻犯宪章故也!'"

犯人，命令他们回乡收割庄稼。所有人都按照约定的期限回来了，太宗对此感到十分惊讶和喜悦，于是饶恕了他们的死罪，并释放了他们。①

太宗派遣十三个特使到全国去监察，这十三个人有极大的权力，太宗允许他们严格地监察各城和各省的长官。

按编年史记载，在其统治的第8年，有来自遥远地区的不同种族的使者到达，他们的身材及奇装异服在中国以前未曾有人见过，皇帝对此十分得意，因为在他的时代有红发绿（诠释者说是蓝灰色）眼的人来拜访中国的朝廷。似乎可以肯定是这样一些人，即1625年（根据我们的纪年）在陕西省被挖出的纪念碑上所记的那些人，上面也明确地提到了同一年，提到了圣十字架的形象，用中国的文字提到了基督律法的纲要以及用叙利亚文记载的72位先驱令人铭记的名字。关于这一点，请查看基歇尔的《中国图说》，或者查看保存在高卢皇家图书馆中的阿拉伯文手稿，那里明确写道，大概在同一时期，生活在摩苏尔的主教派遣福音的先驱们去到印度及中国。

太宗第9年，上面提及的使者们由阁老房玄龄迎接进入皇城长安，在编年史以及上文提到的石碑中都曾尊敬地提到这位阁老。

太宗第10年，以学识、虔敬以及智慧著称的长孙皇后去世。长孙皇后活着时，太宗对皇宫内务都不用操心，这在以前很罕见。阁老魏徵常常无顾忌地劝谏太宗，因此有时冒犯了皇上，被太宗拒绝接见，皇后听说此事，却马上身穿隆重的朝服向太宗祝贺。她说道："陛下，我曾听说，哪里有智慧明察的统治者，哪里就有正直说真话的臣属。您的阁老正直说真话，毫无疑问那是

---

① 《资治通鉴》卷一九四："（贞观六年）辛未，帝亲录系囚，见应死者，悯之，纵使归家，期以来秋来就死。仍敕天下死囚，皆纵遣，使至期来诣京师……（贞观七年）去岁所纵天下死囚凡三百九十人，无人督帅，皆如期自诣朝堂，无一人亡匿者；上皆赦之。"

因为您自身有着如此卓越的智慧和观察力,因此我前来向您祝贺。"①妻子恰当的祝贺使得被冒犯的太宗得以平静。长孙皇后曾写过一本三十章关于教育妇女的一些不变准则的书②。长孙皇后去世之后,哭泣的皇帝拿着这本书在他的大臣们面前说道:"这本书中包含着百世的典范,我固然知道发生如此悲痛的不幸是上天的旨意,但这样也无法治疗我的悲伤。每当想起如此可靠的贤内助,而我以后再也听不到她那精辟的劝告和规谏了,我能不悲伤,能不哭泣吗?"③他把他巨大的爱和悲伤,化成修建一座比他父亲的陵墓更大的陵墓的行动(他父亲在一年前去世)。有一天,他把阁老魏徵带到高处,指着远处可见的妻子的陵墓,阁老假装看不见,说道:"皇上,我以为您指的是您父亲的陵墓,因为您妻子的陵墓我一直都看得见。"这句话使得太宗潸然泪下,他并非不知道魏徵说这些话的目的,于是下令拆毁皇后的陵墓④。对于中国人而言,儿子对父亲的孝顺要胜过对妻子的爱!

太宗第11年,武氏家族的14岁女儿,因其具有十分出众的仪容和天赋,被太宗接到宫殿里,并被赐给荣誉的头衔。若干年后,这个女孩将会非法控制政权,实行暴政。

太宗第12年七月,皇帝下诏准许神圣律法在整个帝国范围内传播,并慷慨地在皇城给予了一块地,用于建造教堂。

---

① 《资治通鉴》卷一九四:贞观六年,"上尝罢朝,怒曰:'会须杀此田舍翁。'后问为谁,上曰:'魏徵每廷辱我。'后退,具朝服立于庭,上惊问其故。 后曰:'妾闻主明臣直,今魏徵直,由陛下之明故也,妾敢不贺!'上乃悦"。

② 即《女则》。

③ 《资治通鉴》卷一九四:贞观十年,"及崩,宫司并《女则》奏之,上览之悲恸,以示近臣曰:'皇后此书,足以垂范百世! 朕非不知天命而为无益之悲,但入宫不复闻规谏之言,失一良佐,故不能忘怀耳!'"

④ 此处作者误以毁观为毁陵。《资治通鉴》卷一九四:贞观十年,"上念后不已,于苑中作层观以望昭陵,尝引魏徵同登,使视之。 徵熟视之曰:'臣昏眊,不能见。'上指示之,徵曰:'臣以为陛下望献陵,若昭陵,则臣固见之矣。'上泣,为之毁观"。

太宗第 17 年,阁老魏徵去世。皇帝亲自为这位最忠诚的臣子撰写碑文,并命令刻在魏徵的墓碑上。他对他的大臣们说:"人有三面镜子,第一块由铜制成,人们可以在铜镜前整理帽子和衣服;第二块由古书做成,借此人们可以思考诸王国的诞生、兴起与衰落;第三块镜子是这样的一些人,如果你仔细观察他们,你会很容易发现自己做错了什么,你应该避免什么,应该追求什么。到目前为止,我一直在用这三面镜子,而现在,唉,我失去了生活中使用的第三面镜子。"①这里他指的是阁老魏徵。他还说道:"君主只有一颗心,但攻击这颗心的人却很多。有的人用战争的荣誉和对力量的狂热来攻击它,有的人是用放纵与欲望,有的人用训练而来的辩论口才以及阿谀奉承,另外还有不少人则是用奸诈和谎言。攻击者用这么多的方式,一般都是为了一个目的,就是获得君主的恩宠,以此增加他们的权力和荣誉。因此,谁要是对心的长久警惕有一点松懈,那么他就很容易被自己打败并走向毁灭!"②

太宗第 19 年,太宗发起了对叛乱的朝鲜人的远征,但无果而终。途中看到阁老比干的墓,他因为支持真理而被邪恶的桀杀死③,太宗封比干为"殷太师",意思是殷朝的伟大老师。

太宗第 21 年,一位阁老的女儿徐惠因为学识和天赋而闻名,太宗把她纳入自己的后宫,并赐予她智慧的头衔。传说这位女子在出生后五个月就开始说话,4 岁时能背诵孔子的书,8 岁能很好地写出关于各种事物的文章。她肯定是长期阅读各种书。同年,太宗再次派遣 30 万大军前往朝鲜,然而因

---

① 《旧唐书》卷七一《列传第二十一》:"夫以铜为镜,可以正衣冠;以古为镜,可以知兴替;以人为镜,可以明得失。朕常保此三镜,以防己过。今魏徵殂逝,遂亡一镜矣!"

② 《资治通鉴》卷一九六:贞观十七年,"丁未,上曰:'人主惟有一心,而攻之者甚众。或以勇力,或以辩口,或以谄谀,或以奸诈,或以嗜欲,辐凑攻之,各求自售,以取宠禄。人主少懈,而受其一,则危亡随之,此其所以难也。'"

③ 此处作者有误,比干是被纣杀死的,而不是被桀杀死的。

为太宗在不久后驾崩,对朝鲜的远征根据贵族们的计划而中止。这位君主在教育孩子方面的用心与勤奋是少有的,他从身边的事物中找到适当的教益。当他吃饭时,他要求孩子记住这米饭来自农民何等的辛劳,他的孩子不能忘记这一点。当他坐船时,他说道:"如你所见,水承载着船,但水也可以淹没船,人民是水,君王是船。"①如此等等。

在他去世前的一年,他用二十四个汉字概括出十二条劝诫,并把它们交给儿子。这十二条劝诫说的是:"儿子,你要稳妥地执政、要与别人共同承担任务、要寻求智者、要审查官员、要听从意见、要驱逐诽谤者、要戒绝骄傲、节俭要谨记心中、要赏罚分明、要关注农务、军务以及文政事务。儿子,你要从以前的君王中寻求治理国家的典范,因为我本人并不足以成为你的典范。你要追求最高的,你才能达到中等的,如果你只是盯着中等的,就达不到中等的。我开始统治时,在很多事情上都犯了错,但是你自己要尽力做正当的事情,这样你自己的统治会在国家里稳定,要是你变得骄傲、懒惰、挥霍、放纵,那么你就不只会丢了你的皇位,还会丢了你自己的性命。"②

太宗第23年四月,太宗的病情加重,太子日夜坐在父亲旁边,几天吃不下饭,甚至因为担心和悲伤,他的头发都变白了,父亲见此,也不禁泪流,他

---

① 《贞观政要》卷四《教戒太子诸王第十一》:"凡稼穑艰难,皆出人力,不夺其时,常有此饭……舟所以比人君,水所以比黎庶,水能载舟,亦能覆舟。 尔方为人主,可不畏惧!"

② 《资治通鉴》卷一九八:贞观二十二年,"春,正月,己丑,上作《帝范》十二篇以赐太子,曰《君体》《建亲》《求贤》《审官》《纳谏》《去谗》《戒盈》《崇俭》《赏罚》《务农》《阅武》《崇文》;且曰:'修身治国,备在其中。 一旦不讳,更无所言矣。' 又曰:'汝当更求古之哲王以为师,如吾,不足法也。 夫取法于上,仅得其中;取法于中,不免为下。 吾居位已来,不善多矣,锦绣珠玉不绝于前,宫室台榭屡有兴作,犬马鹰隼无远不致,行游四方,供顿烦劳,此皆吾之深过,勿以为是而法之。 顾我弘济苍生,其益多;肇造区夏,其功大。 益多损少,故人不怨;功大过微,故业不堕。 然比之尽美尽善,固多愧矣。 汝无我之功勤而承我之富贵,竭力为善,则国家仅安;骄惰奢纵,则一身不保。 且成迟败速者,国也;失易得难者,位也。 可不惜哉! 可不慎哉!'"

注视着儿子,说道:"有你对我这么孝顺,死亡对我来说又有什么遗憾呢!"①

3.高宗,在位34年。

同年,也即第五十六甲子第46年,太宗崩,终年53岁。第47年,他的第九个儿子高宗继位。高宗第5年,皇帝渴望去见被父亲纳为妃子的武氏之女——在太宗死后已经出家的武氏之女在一所寺庙中与其他女性一起过着僧侣生活,高宗进入了这座寺庙,把武氏之女再次带回皇宫。因为没有男嗣,高宗不顾阁老们的反对,废除了另一位皇妃以及皇后,她们失去了财产,自己的封号也被废除。武氏公开登上皇后之位,当她发现皇帝还想念被他废除的两位妃子时,她下令将她们的手脚砍掉,几天后又把她们的头砍了。因为这件事,死者的鬼魂在所有她在场的仪式上日夜加深她的恐惧,她不得不换个寝宫来寻求解脱。六年后,皇帝把帝国的统治权交给了他的妻子,结果他自己变得疯狂,以至把"天后"——意思是上天的女王——这个前所未闻的称号赐给了武氏。取得天后之位后,她毒死了自己的长子。她这样做,是为了让她兄弟的儿子乃至她自己的家族尽可能地攫取统治,这是不经常发生的事。

第五十六甲子第13年五月、第17年八月、第24年三月、第27年七月、第31年五月、第35年二月、第40年六月、第45年八月以及第54年五月晦,皆有日食。

第五十七甲子,公元664年

第五十七甲子第6年,朝鲜人最终俯首称臣。据《大秦景教流行中国碑》记载,高宗是基督律法的保护者,在很多地方建起了献给真神的圣殿,信

---

① 《资治通鉴》卷一九九:贞观二十三年,"上苦利增剧,太子昼夜不离侧,或累日不食,发有变白者。上泣曰:'汝能孝爱如此,吾死何恨!'"

仰被传播到十个省,石碑中还提到阿罗本被授予了荣誉头衔。

武后,在位21年。①

第五十七甲子第20年,高宗崩,终年56岁。第21年,武后以武力即位,她是个奸诈、残酷却热爱文学的王后。她废除了指定继承人——她自己的儿子,将其降为湖广省郡王②,将其兄弟的第三个儿子推举为继承人。她残酷地迫害那些她怀疑不支持其家族的人,曾有一天有850人被处死。

武后第15年,正如石碑所载,针对基督律法的邪恶战争开始了,迫害长达15年左右。同年,狄阁老③以严肃的言辞进谏女王,希望召回流放了14年的高宗皇帝之子,即高宗指定的继承人。他也列出了原因,因为从来没有听过在祖先的宗祠里会有来自其他家族的皇帝的名字,这不会被后人认可。于是,高宗的儿子从湖广省被召回,直到母亲去世他登上皇位为止,他在东宫住了7年。

4.中宗,在位5年。

第五十七甲子第41年,武后崩,终年81岁。第42年,高宗的儿子中宗继位,他沉溺于悠闲与酒色之中。他把统治权交给韦皇后,韦皇后是他在放逐期间忠诚的妻子,韦皇后却在宫廷官员武三思的支持下(她与武三思私通),争取推举自己的儿子殇④继位。诸侯们对此不能容忍,于是酝酿兵变。

第五十七甲子第46年,也就是中宗统治的第6年,中宗中毒身亡,终年

---

① 实际上,高宗驾崩之后,中宗李显于683年即位,684年被武后废黜为庐陵王。 同年,武后立睿宗李旦为帝,武后临朝。 690年,武后改唐为周,自立为帝,定都洛阳,建立武周王朝。 705年,武后病重,中宗复位。

② 即庐陵王。

③ 即狄仁杰。

④ 中宗幼子温王重茂,史称唐殇帝。

55岁。

殇帝被拥立继位。皇叔①带兵攻入皇宫。韦后及其女儿被杀。年幼的殇帝主动放弃,把统治权交给皇叔,被皇叔封为温王。

5. 睿宗,在位2年。

第五十七甲子第47年,高宗的儿子睿宗继位,他是前任皇帝中宗的兄弟,武后的儿子。

6. 玄宗,在位44年。

第五十七甲子第48年,睿宗崩,终年55岁。第49年,睿宗的第三个儿子玄宗继位。玄宗是一个有良好禀赋的君主,在精神上有罕见的节制,热衷于公共福祉,而且十分虔诚。他在很大程度上使得倾颓的唐朝得以恢复,从那时起有了近30年的太平。他首先任命一个名为高力士的宦官为皇宫的长官,他大概没有意识到,宦官担任公共职务的权力有多大,给他自己的家族以及其他皇朝家族所带来的危害就有多大。

神圣的律法再次开始弘扬,也得享接下来的三任君主的持续发展,正如石碑上面所证明的那样,高力士被派遣携礼物(其中有五位哲人王的画像)放进圣殿,这是福音的先驱者们奉献给真神的圣殿。

第五十七甲子第2年三月晦、第6年六月、第11年三月、第17年十一月、第22年二月、第28年四月、第31年九月、第37年五月、第40年九月(日全食)、第44年十二月、第49年九月以及第56年五月,皆有日食。

第五十八甲子,公元724年

玄宗下令交出金银器皿、绫罗绸缎以及其他过度的奢侈品,并在宫殿门

---

① 即睿宗李旦。

前焚毁,目的是遏制膨胀的欲望;因此他的皇后及皇妃们穿的是当时普通的衣服。他还禁止开取珍珠。他总是信任和热爱他的四个亲王兄弟,以至与他们在同一张床上睡觉并彻夜长谈。这张床被称为"五王床"。兄弟生病时,他亲自煎药,他的胡子在靠近火盆时不小心烧着了,他对侍从说:"随它吧,只要我的兄弟能够康复,失去胡子又有什么所谓呢?"①他设立名为翰林院的皇家学院,学院有40位最杰出的博学之士,他们作为皇家的老师住在院中,从中挑选皇家史官、各省的监察员、地方长官以及太守等。玄宗拜访孔子出生时的旧宅,封孔子为"文宣王",意思是"文学方面杰出的王"②,他也赐予孔子的一些有名的学生不同的荣誉头衔。

阁老姚崇向君王提出一些建议,其中包括:免除宦官们的公职、不提拔皇族担任既有荣誉又有权力的职位,禁绝偶像崇拜的佛、道两派,等等。皇帝并没有听取。

战功显赫的将领以及对帝国有大功的人,即便不是皇族血统的,玄宗也会首先赐予他们郡王的头衔。借鉴太宗把帝国分为10个省,玄宗想分出15个省。高级的行政官员总共有17686名,低级的官员有57416名。亲王王玙③向玄宗提议,通常在葬礼中为死后生活而用的丝质衣服和金银,以后焚烧时可以用纸做成的来代替,这种用法今天在和尚们以及一些老君教派(老君的华丽庄严的雕像被接入皇宫)那里依然可以看到。

物极必反,在一场战争中,有4万中国人丧生,在另一场中有7万人,还有一场有20万人丧生(如果可信的话)。在宦官把持一切的情况下,没有人能够使皇帝了解这场灾难。其中最主要的叛乱者是一个名为安禄山的外族

---

① 《资治通鉴》卷二一一:开元二年,"诸王或患病,上为之终日不食,终夜不寝。业尝疾,上方临朝,须臾之间,使者十返。上亲为业煮药,回风吹火,误烧上须,左右惊救之。上曰:'但使王饮此药而愈,须何足惜!'"

② 柏应理对"文宣王"的理解显然有误。

③ 柏应理误以为王玙是亲王,实际只是一个姓王的大臣。

首领,他被皇帝提拔到最高的权位成为武装首领。安禄山因为一次次的胜利而狂傲自大,占领了北方的大部分地区,并非法篡位称帝。

第五十八甲子第 33 年,掠夺者的力量变得十分强大,皇帝被他们推翻,有 4 万人因此丧生。此后,玄宗被迫逃跑到四川省。皇帝受到指责,因为他废黜了自己的妻子,娶了儿媳妇,并且因为微不足道的原因杀了三个儿子。

7. 肃宗,在位 6 年。

第五十八甲子第 34 年,太子肃宗即位,他继承皇位,虽然他父亲还活着。肃宗是好战的君王,多次获得胜利,阁老郭子仪为军队将领,消灭了叛贼。肃宗把父亲玄宗从四川极其尊敬地接回宫里,玄宗在第五十八甲子第 38 年去世,终年 78 岁。安禄山掠夺了在长安的皇宫,并且下令把皇家宝库搬到洛阳。其中有大象和骏马各 100 匹。大象受了训练,它们随着音乐舞蹈,它们嘴里衔着杯子,在宴会上呈给皇帝。安禄山无法让大象这样做,因此他下令把所有大象杀死,但是在不久之后他就绝望地遭到了报应,他的一个儿子把他杀死在床上。这个弑父者很快在战争中被将军史思明所杀。不过,因为史思明将军也想要立自己最小的儿子为皇帝,所以他也被自己的长子所杀。

8. 代宗,在位 17 年。

第五十八甲子第 39 年,肃宗崩,终年 52 岁。第 40 年,其子代宗即位,代宗生性谦恭。一开始国家处于安宁之中,但是不久之后五位王子违反了法律,他们要证明自己的权威并维护自己的独立统治。皇帝去佛寺看望 1000 个和尚和同等数量的比丘尼。

大臣杜鸿渐临终时,下令为他自己削发,希望以佛教僧侣的习俗和仪式下葬——这个先例后来在第十九个王朝宋代被很多人效仿。有人向皇帝进献一只睡鼠和一只猫,两者从同一只母猫那里喝奶。谄媚者恭喜这个礼物,阁老祐甫却说:"陛下,这些事物没有遵循自然的秩序,它们没有值得祝贺的正当理由。就如同让贸易不受到蛮夷和盗贼的侵扰,通奸和其他耻辱的行为不受到惩罚一样。消除这些怪异的事,这才是值得称贺的。"①

代宗第8年,超过20万鞑靼②大军入侵中国北部,并在最后满载战利品而归。逃亡的皇帝被郭子仪救回了宫里。

石碑上提到郭子仪这个著名的将军的功绩。据说,被救回的皇帝在圣诞节时给景寺送去了名贵的香料,同时还把盛馔赏赐给圣殿的司铎。

9. 德宗,在位25年。

第五十八甲子第56年,代宗崩,终年53岁。他的儿子德宗即位,他关注小事细节,生性怯懦,没有自信,喜爱他人的奉承。但他拒绝接受一般被人们渴求的番邦贡品作为繁荣的表征,他说"要去智慧的人那里寻求最好的征兆"。

德宗第2年,雕刻并竖立了前文提及的纪念石碑。

第五十八甲子第1年十二月、第6年十月、第9年八月、第15年九月、第19年七月、第23年五月、第33年十月(日全食)、第36年(日全食)、第45年三月以及第52年十月,皆有日食。

第五十九甲子,公元784年

战争名将郭子仪于85岁的某一天去世。他一生辅佐了四个皇帝,他对帝国的功劳如此之大,以至据记载在1300年间都从未有人拥有跟他一样的忠直之名。他位极人臣,没有人感到嫉妒,虽然他获得了巨大的财富,没有人能发现他犯了罪。他非常慷慨地花费他的财富。他有3000家奴。他留下

---

① 《资治通鉴》卷二二五:大历十三年,"六月,戊戌,陇右节度使朱泚献猫鼠同乳不相害者以为瑞;常衮帅百官称贺。中书舍人崔祐甫独不贺,曰:'物反常为妖,猫捕鼠,乃其职也,今同乳,妖也。何乃贺为! 宜戒法吏之不察奸、边吏之不御寇者,以承天意。'"

② 此处指吐蕃。

八个显贵的儿子掌管着不同的政府部门。举国为他的去世哀悼三年。

因宦官过度的权力和傲慢,叛乱频发。叛军头领李怀光被皇帝打败,很快被迫逃到陕西汉中。最终叛贼和蛮族在黄河附近被彻底击败。当皇帝将所有战争和灾难归因于不幸的天命,又说术士对他预言过这些时,阁老李泌说:"陛下,他人可以谈论命运,但是你和我绝不可用这种方式谈论。因为,我们或者公正地或者错误地管理国家事务,所以是我们自己为我们和人民创造了或者幸运或者不幸的命运。"①

10. 顺宗,在位 1 年。

第五十九甲子第 21 年,德宗崩,享年 64 岁。第 22 年,其子顺宗即位,他表现出一个好君主的模范。但是因为他被难以治愈的顽疾缠身,禅位给了儿子。

11. 宪宗,在位 15 年。

第五十九甲子第 23 年,顺宗崩,终年 46 岁。同年,其子宪宗即位,宪宗英明果断。他仁慈地为遭受饥荒的人民提供援助,派遣大臣到帝国各地赈灾。他下令征召道家道士们去寻找长生不老药。

第五十九甲子第 36 年,皇帝准备将偶像佛的一根指骨从陕西迎入宫中,礼部尚书②上表进谏极力反对皇帝的这一举措,并直言要求将佛骨投入火中。因为他的固执,愤怒的皇帝贬斥了礼部大臣的官职,这在中国是最常见的惩罚。

---

① 《资治通鉴》卷二三三:贞元四年,"上曰:'杨炎以童子视朕,每论事,朕可其奏则悦,与之往复问难,即怒而辞位。 观其意,以朕为不足与言故也。 以是交不可忍,非由杞也。 建中之乱,术士豫请城奉天,此盖天命,非杞所能致也。'泌曰:'天命,他人皆可言之,惟君相不可言。 盖君相所以造命也。 若言命,则礼乐刑政皆无所用矣。'"

② 这里指韩愈,韩愈当时是刑部侍郎,死后获赠礼部尚书。

第五十九甲子第 37 年,宪宗突然死于太监之手,终年 43 岁,人们认为他是被投毒杀害。

12. 穆宗,在位 4 年。

第五十九甲子第 38 年,儿子穆宗即位。他鲁莽地发布赦免令,取消军队中的一些士兵的兵籍让他们离开①,这些人最后变成了强盗。帝国的统治一步步衰落下去。

13. 敬宗,在位 2 年。

第五十九甲子第 41 年,穆宗因服食金石之药而崩,终年 30 岁。第 42 年,其子敬宗即位,敬宗乃为宦官所拥立,无视礼俗,沉湎于游乐,因此宦官请太后监国。

第五十九甲子第 44 年,敬宗打猎回来,当他自己入室更衣时,灯突然灭了,被太监们杀害,终年 18 岁。

14. 文宗,在位 14 年。

第五十九甲子第 45 年,穆宗的儿子文宗被宦官拥立即位。文宗热爱文学和智慧。他密谋诛杀反对他的宦官,如此他的大臣和皇宫守卫遭到宦官的猛烈攻击,数千人被杀,许多家庭也因此被毁。

15. 武宗,在位 6 年。

第五十九甲子第 57 年,文宗因过度抑郁,病情恶化而驾崩,终年 33 岁。第 58 年,穆宗第五个儿子武宗即位——宦官废除太子,拥立武宗。武宗非常好战且英明。他平定了叛贼和蛮夷。他在选任合适的大臣上非常机警而且

---

① 唐穆宗接受宰相萧俛、段文昌的建议,认为藩镇已平,应当弭兵,目的是缓解财政危机。

敏锐。他设立或革新一条法律，直到今天还在实行：他下诏每五年或七年检查朝廷大臣的行为作风和过失。还设立另一个惯例：只要在朝廷有官位的，都要写下在任期间所犯一切过失，并且都应该谦卑地忏悔和祈求原谅。在这种情况下，如果有任何人隐瞒事情的严重性或在工作和职务上的不明智，就会被贬职；如果他们隐瞒其他人的严重罪责，让金钱和恩惠超越正义和公平，那么这种行为也是在挑战君王的宽仁。

第五十九甲子第4年八月朔、第9年十一月、第13年八月、第18年五月、第24年七月、第32年八月、第39年四月、第53年一月以及第60年二月，皆有日食。

第六十甲子，公元844年

16. 宣宗，在位13年。

第六十甲子第3年，武宗崩，终年33岁。第4年，宣宗即位，他是第11个皇帝宪宗的孙子，宦官拥立这个被忽略的先皇之子，可能是因为认为他从小愚钝。但他登基之后却表现出少有的英明、睿智和谦逊，由于他模仿第二个皇帝太宗的美德，被称为"小太宗"。

宣宗秘密计划要铲除宦官。阁老令狐绹①上奏建议，首先对于犯有重罪的宦官一定要严加惩罚，然后，当一个宦官去世之后，不任命任何人去接替他，使他们的数量一点点减少。实际上，没过多久计划就败露了，宦官与朝臣之间更加不和。

---

① 作者误以为"令"是姓，"狐绹"是名。

17.懿宗，在位 14 年。

第六十甲子第 16 年,宣宗服食长生药,蛆发①而崩,终年 50 岁。第 17 年,其子懿宗被宦官拥立即位,懿宗傲慢、奢靡、沉湎酒色。

第六十甲子第 30 年,懿宗登基的第 14 年,四月份他安排迎奉偶像佛的遗骨进入皇宫的活动,不久,就在同年七月份,懿宗崩,终年 31 岁②。

18.僖宗，在位 15 年。

第六十甲子第 31 年,12 岁的太子僖宗即位,由宦官拥立,最重要的政事都掌握在宦官手中。北方边境叛乱频繁,而且强盗袭击四起,史家们把这一切与其他一些事情联系在一起,皇帝残暴地迫害文人,文人们也知道他们会相继死去,他们被分尸而死,也就是说尸体会被侮辱,因为他们认为绞刑处死比砍头而死要体面一些。

叛贼头领黄巢攻入长安皇宫,到处都是战火。皇帝逃亡。第六十甲子第 45 年,人称"独眼龙"的 28 岁帝国军队年轻的将领李克用,讨伐叛贼将领。一开始他失利了,但最后在同一天三战三捷,叛军败逃。他把皇帝迎回皇宫,不久另一队叛军也被他轻松镇压,朝廷封他为"晋王"。他的儿子建立了被称为"后唐"的第十五个王朝。

19.昭宗，在位 16 年。

第六十甲子第 45 年,被迎回宫的僖宗三个月之后驾崩,终年 27 岁。第 46 年,僖宗第六子昭宗被宦官扶上皇位③,昭宗的能力和勇气都不平庸。他

---

① 实际上是"疽发背而崩"。疽是一种毒疮,柏应理误以疽为蛆。
② 《新唐书》卷九《本纪第九》:"皇帝崩于咸宁殿,年四十一。"
③ 实际上,昭宗是懿宗的第七个儿子,僖宗的弟弟。

试图夺回政权,但他的努力也是徒劳。

当皇帝谋划如何摆脱宦官的控制时,他被宦官囚禁在一间房内,在地上写罪状。① 阁老崔胤用秘密培养的武装力量杀死这些绑架皇帝的宦官。皇帝被带回皇宫,他下诏杀掉所有宦官,只有30个在无关紧要的职位上的男孩得以幸免。不忠诚的将军朱温杀了最忠诚的阁老崔胤。他迫使皇宫迁移到河南,陕西的皇宫被夷为平地。

第六十甲子第1年三月、第5年五月、第11年一月、第20年七月、第33年九月、第36年四月、第45年三月,皆有日食。

第六十一甲子,公元904年

20.昭宣宗,在位2年。

第六十一甲子第1年,昭宗被国贼朱温所杀,终年38岁。第2年,朱温立昭宗之子昭宣帝为皇帝,朱温想篡夺皇权,自立为帝。第3年,昭宣帝被杀,终年17岁,和他一起的第十三个王朝唐朝也灭亡了。

随后的五个王朝被称为"后五代",这五个王朝的战争、叛乱、弑亲与唐之前的五个王朝没有什么不同,真正不同的只是统治的年份和皇帝数量,前者统治了198年,有24个皇帝;后者在不到53年的时间里有13位皇帝,五国的统治各自为政。被称为契丹的民族扩张到朝鲜某个殖民地,现在被称为"辽东"地区。他们为后来的皇帝制造了诸多麻烦。

---

① 这里应该是指唐昭宗光化元年十一月,宦官刘季述、王仲先等谋划废黜昭宗之事。

第十四个王朝　后梁

1.太祖，在位6年。

第六十一甲子第4年，太祖朱温创立第十四个王朝后梁,该王朝延续了16年,共有两位皇帝。皇宫在河南省汴梁。

2.末帝,又名均帝,在位10年。

第六十一甲子第9年,太祖被其长子杀害①,终年62岁②。第10年,太祖第三个儿子③末帝打败弑父的哥哥,将其处死之后,继承皇位。

从第六十一甲子第13年开始,蛮夷④开始了对北方的长期控制,名字改为"辽"。在209年间,他们连续有9位统治者。

第十五个王朝　后唐

1.庄宗,在位3年。

第六十一甲子第19年,末帝的军队被下一个皇帝打败,他很失望,自杀而亡⑤,终年36岁,其王朝同他一起灭亡了。同一年,前文提到的"独眼龙"

---

① 杀害太祖朱温的是郢王朱友珪。若从直系亲属排行,朱友珪排行第二,朱温长子朱友裕早卒。
② 《五代会要》卷一:"崩于大内之寝殿,年六十一。"
③ 即均王朱友贞。
④ 指契丹。
⑤ 梁末帝实际上是让其亲信皇甫麟杀死的。

的儿子庄宗①建立第十五个王朝后唐,该王朝延续了 13 年,共有 4 位皇帝。

庄宗将皇宫迁到河南省洛阳。

庄宗好战,他不怕战场的艰苦,裹着兽皮,在脖子上挂一个铃铛来阻碍自己休息和睡觉。但是,他热衷于戏剧和游戏,为了让王后和孙女们开心,他自己演戏剧。他做了很多有损中华威严的事情,使人们讨厌并看不起他。最后,在军队中发生起义,第六十一甲子第 22 年,他被箭射中去世,这件事不确定是偶然还是蓄意的,终年 35 岁②。

2. 明宗,在位 8 年。

第六十一甲子第 23 年,明宗继位。他出生于帝国边境,由庄宗之父收养,被权臣们拥立。这位君王对宗教很虔诚,喜欢和平。虽然他不识字,但是支持文人。在他统治时期,印刷技术开始了③。每天晚上,他以这样的词语祈求上天的祝福:"我自己是一个野蛮人,在野蛮人中出生。在这混乱时期帝国被托付给我。我只希望一件事情而已,即上天的权威关心这个统治,派遣贤人和圣人来,用他们的提醒与建议帮助我管理国家。"他禁止太监担任公共职务。在他的统治之下,国泰民安,五谷丰登。

3. 闵宗,在位 1 年。

第六十一甲子第 30 年,明宗崩,享年 67 岁。第 31 年,其子闵宗继位。明宗的女婿石敬瑭找了 5 万契丹人,占领了皇宫,让皇帝下台,将他处死,终

---

① 后唐庄宗李存勖,其父为李克用,属沙陀人。
② 《旧五代史》卷三四《唐书十》:"崩于绛霄殿之庑下,时年四十二。"
③ 应是指雕版印刷术。《资治通鉴》卷二七七:长兴三年,"辛未,初令国子监校定'九经',雕印卖之"。 以唐代开成石经为底本,雕印在"九经"是在宰相冯道的主持下进行的。《旧五代史》卷一二六《周书十七》:"取西京郑覃所刊石经,雕为印版,流布天下,所进赖之。"

年45岁①。

4.废帝，又名潞王，在位1年。

第六十一甲子第32年，明宗养子废帝继位。由于他失去了希望，他逃回到洛阳城内②，在那里，他与家人一起自焚而死。

第十六个王朝　后晋

1.高祖，在位7年。

第六十一甲子第33年，后唐明宗的女婿高祖③建立了第十六个王朝后晋。共历了两位统治者，享国11年。蛮夷契丹人的首领没有把权力交给高祖，而是高祖自己自封皇帝名号。由于高祖更喜欢和平，他把靠近辽东的包括北京地区在内的16个城市④让给契丹人，并且每年交30万匹布帛⑤。契丹人历经400多年获得的势力，在帝国内发起战争与杀戮。

2.齐王，在位4年。

第六十一甲子第39年，高祖崩，终年51岁。第40年，侄子齐王被权臣们选出来，继位。第43年，与契丹人的条约被废除，契丹人入侵。将军刘知

---

① 《旧五代史》卷四五《唐书二十一》："帝遇鸩而崩，时年二十一。"

② 《旧五代史》卷四八《唐书二十四》："帝举族与皇太后曹氏自燔于玄武楼。"但柏应理写的不是洛阳，原文是"Guei cheu"。

③ 即石敬瑭。

④ 即燕云十六州。

⑤ 实际上，石敬瑭以割让燕云十六州给契丹，每年进贡大批财物，以儿国自称为条件，向契丹人求援，从而获得皇位。

远带领军队阻止入侵者。但是,他拖延了,导致皇帝被抓捕并放弃皇位。这个王朝因此灭亡。

第十七个王朝　后汉

1. 高祖,在位2年。

第六十一甲子第44年,高祖刘知远篡夺皇位,建立第十七个王朝后汉,这一王朝在4年内出了两位统治者。北方的蛮夷愈加大胆,他们蹂躏了北方之后入侵南方,但是,他们经常碰到盗贼武装。北方蛮夷的首领说:"我没有想到要控制中国有这么难。"因此,他满载战利品,返回了辽东。

2. 隐帝,在位2年。

第六十一甲子第45年,高祖崩,终年54岁。第46年,他的儿子隐帝继位。隐帝派遣将军郭威领军抵抗蛮夷,并多次取得胜利。

第六十一甲子第47年,隐帝在一次叛乱中被士兵杀害,终年20岁,后汉王朝灭亡。皇后任命隐帝的弟弟为帝,这时将军郭威从北方凯旋归来,被士兵们拥立为皇帝。他们给郭威披上黄色的旗子——这是皇帝专用的颜色——把他迎入皇宫。皇后放弃了她所任命的人,马上承认他。因此,后继的皇帝就像对待自己的母亲一样尊重并侍候她。

第十八个王朝　后周

1. 太祖,在位3年。

第六十一甲子第48年,将军出身的太祖郭威出自第三个王朝周朝,建立第十八个王朝,称为"后周"。这一王朝在三位皇帝统治下延续了9年。太祖来到孔子墓地,赐给他王号,但有一些人反对将这样的荣誉赐给孔子,因为他只是一个王国的臣民而已。太祖说:"我们应该按照这样的方式颂扬他,因为他是君王们和皇帝们的老师。"据记载,那时伊斯兰教进入中国,但也有人说早在第十三个王朝唐朝时就已经进入。

第六十一甲子第50年,太祖崩,终年53岁,没有儿子。

2.世宗,在位6年。

第六十一甲子第51年,太祖的侄子并且也是他的养子世宗继位。他在军事和学问上都受到赞扬。他想要在皇宫里陈列一把犁和一架纺织机,使他不要忘记人民的劳苦。发生严重饥荒时,他下令以低价卖出大米,在灾情缓解之后再交钱。官员们对他说穷人永远不会交钱的,他回答说:"你们不知道我是他们的父亲,他们是我的子女吗?谁见过哪个父亲,只有儿子向他还债他才愿意帮助吃不饱的儿子呢?"好几个君王向他屈服①。因为那时缺少货币,世宗下令将偶像的铜像毁坏,以便铸造货币。

3.恭帝,在位3年②。

第六十一甲子第56年,世宗崩,终年39岁。他7岁的儿子恭帝继位。世宗原来把儿子托给赵匡胤这位在战场上声名显赫并对国家有特殊功劳的将军。贵族们和军队将领们看到天上出现了两个太阳③,他们抓住这个记号和好机会,找到躺在床上的赵匡胤,恭称他为皇帝,在他身上披上黄袍④。

---

① 应指世宗南征北战,西败后蜀,南摧南唐,北破辽国等事。
② 原文有误。据欧阳修《新五代史》记载,恭宗于显德六年(959)六月即位,显德七年(960)正月逊位,实际在位仅1年。
③ 在杜赫德的《中华帝国全志》里,没有提到两个太阳的出现。
④ 即黄袍加身,这次事件被称为"陈桥驿兵变"。

第十九个王朝 宋朝

1.太祖，在位16年。

第六十一甲子第57年，恭帝交出了皇位，后周王朝结束。同年，为了使其母亲在各方面获得首位，太祖接受了皇权。这一王朝享国319年，共历18帝。首先，在前167年间，在北方有9位统治者；然后，在后152年间在南方也出了9位统治者。与此前不幸和动乱的王朝相比，这一王朝幸福得多，也更加太平。在那么多风暴和变化无常之后，接下来的晴天持续了很久，并且如果它像重文一样重武的话，它可以持续得更久①。

太祖生于河南省洛阳。据说他出生之时，他的卧房充满了紫光②。他从士兵变成皇帝之后，他要用紫色作为他的标志。他定都河南省汴梁。他很谨慎和慷慨，对敌人宽容，对臣民又非常仁慈。

第六十一甲子第1年十月、第9年一月、第20年十月、第24年八月、第27年六月、第34年一月、第40年四月、第43年二月、第47年十一月、第57年五月、第58年四月，都发生了日食。

第六十二甲子，公元964年

太祖统一了十个互相不合的小国并纳入帝国③。他命令皇宫朝向四方

---

① 宋朝采取以文立国的国策，中国传统史家认为宋朝重文轻武，并且一致认定这是宋朝灭亡的主因。

② 在杜赫德的《中华帝国全志》里，没有提到这个异象。《宋史》卷一《本纪第一》："后唐天成二年，生于洛阳夹马营，赤光绕室，异香经宿不散，体有金色，三日不变。"若照此处记载，他的卧室里应是赤光而不是紫光。

③ 此指与五代并行的十国。 实际上，建于蜀地的前蜀于925年为后唐所灭，占据福建地方的闽国则于945年为南唐所灭，二者均非为宋所灭。

的门一直开放,他说:"我希望它们跟我的心一样开放,展示给所有臣民。"他禁止华丽的服装,不让自己的女儿们佩戴珠宝。他自己树立榜样,只穿普通和朴素的服装。

太祖追谥自己的父亲、祖父、曾祖父皇帝名号,其母以谨慎谦虚闻名,当所有人都恭贺皇太后时,皇太后没有表现出任何喜悦并说:"据我所知,治国极难。倘若吾儿能治理好他的臣民,将来你们可以恭贺我,否则,对我来说都没有用,我还会回到我原来太夫人的地位①。那时,我就会难过和悲伤。"一年后,在她临死前,她要求他的儿子不要传位给自己的儿子,而是传给他的第三个兄弟,然后是第四个兄弟,她说:"吾儿,你不是凭着功劳而获得皇位,而是因为前朝把统治权给予了一个孩子。"②

到了冬天,太祖忆起并怜悯士兵们在北方跟蛮夷打仗,他把自己皇家的外袍送给军队将领,说他希望能送给每一个士兵一件外套。很难说这一件外袍怎么给予军队里每一个士兵。他命令士兵们要读书,升职之前要通过考试,在考试中要讨论兵法,然后他们要练习跑步、骑马、射箭,这种习惯保存至今。那时,将军曹彬围困了南京城,皇帝知道敌人抵抗不了多久,他就假装生病。焦急的将领们纷纷赶来探望他。他们每个人建议用不同的药。太祖说:"治疗我的病最好的药,是你们发誓避免伤害百姓。"将领们都发誓,他的病就好了。③ 城市被征服了,但难免暴力和死亡,虽然很少。这件事让

---

① 赵匡胤为官时,其母曾被封为南阳郡太夫人,赵匡胤登基后尊为皇太后。

② 《宋史》卷二四二《列传第一》:"建隆二年,太后不豫,太祖侍药饵不离左右。疾亟,召赵普入受遗命。太后因问太祖曰:'汝知所以得天下乎?'太祖呜噎不能对。太后固问之,太祖曰:'臣所以得天下者,皆祖考及太后之积庆也。'太后曰:'不然,正由周世宗使幼儿主天下耳。使周氏有长君,天下岂为汝有乎?汝百岁后当传位于汝弟。四海至广,万几至众,能立长君,社稷之福也。'太祖顿首泣曰:'敢不如教。'"

③ 实际上,假装生病的是曹彬,不过也是奉了太祖的旨意。《续资治通鉴长编》卷一六:开宝八年,"先是,上数因使者谕曹彬以勿伤城中人……于是,彬忽称疾不视事,诸将皆来问疾,彬曰:'余之病非药石所愈,须诸公共为信誓,破城日不妄杀一人,则彬之疾愈矣。'诸将许诺,乃相与焚香约言。既毕,彬即称愈。"

太祖落泪,并说:"战争太可怕了,永远不能避免无辜百姓的死亡!"太祖命令将10万石大米分发给市民①。

为了鼓励文化学习,太祖参观了孔子的出生地,并且写诗赞颂他。他赐给孔子第45代孙孔宜②官职和名号。

在客人面前,他经常否定自己的功劳。有一天,皇帝赐一杯酒给辽东的一位诸侯,他注意到客人怀疑是给他下毒的酒。③ 太祖说:"你怕什么?如果你了解我,我的心在我臣民的心那里,因此,我怎么会用毒去埋葬我的心呢?"说完,他自己先喝了。

2. 太宗,在位 21 年。

第六十二甲子第13年,太祖崩,终年50岁。第14年,太祖之母临死前推荐的弟弟太宗继位。太宗虔诚、温和,喜欢学习。他设立了能收藏8万卷图书的图书馆④。太宗御驾亲征攻打辽东的蛮夷⑤。阁老张齐贤用计谋解决了重要城市的围攻,他命令300名士兵在夜晚每人拿一火把,朝敌人的堡垒前进,由于这火光看上去好像一支庞大的军队突然而至,蛮夷皆落荒而逃,在战场上几乎全军覆没⑥。

---

① 《续资治通鉴长编》卷一六:开宝八年,"十二月己亥朔,江南捷书至……即诏出米十万石,赈城中饥民"。

② 孔宜,字不疑,孔子44代孙。 生于后晋天福六年,卒于北宋太宗雍熙三年,终年46岁。 宋太祖乾德四年上书皇帝述其家世,被召为曲阜县主簿,后迁黄州军事推官。

③ 此处疑作者误。《宋史》卷三《本纪第三》:"南汉刘鋹在其国,好置鸩以毒臣下,既归朝,从幸讲武池,帝酌卮酒赐鋹,鋹疑有毒……啼笑而谓之曰:'朕推赤心于人腹中,宁肯尔耶?'即取鋹酒自饮,别酌以赐鋹。"

④ 宋太宗对于宫廷图书的收集和收藏颇为关心。 此处所谓的图书馆指太平兴国三年(978)建成的崇文院。

⑤ 此处及以下指契丹辽国。

⑥ 指土墱寨之战。《续资治通鉴长编》卷二七:雍熙三年,"齐贤先伏步卒二千于土墱寨,掩击,大败之"。

太宗第 14 年,天旱无雨,太宗向上天求雨,他宣称他自己是这个灾难的原因,并下令释放囚犯,当天就下雨了。① 八月有彗星②。太宗命令禁止酒宴,公开斋戒,赦免罪人,彗星马上就消失了。有诠释者说:"谁说天意、天命不能改?"

3.真宗,在位 25 年。

第六十二甲子第 34 年,太宗崩,终年 59 岁。第 35 年,他的第三个儿子真宗继位。这位好统治者有着典范式的开始。当彗星出现时,他要求有人提醒他是否有罪。他减免赋税中的 1000 万金币。他不断地祈求上帝赐给他一个儿子,上帝回应了他的祈求。

辽东的蛮族围攻一座北京省③的城市,真宗拯救了这座城市。有人建议他乘胜追击,但是他更喜欢百姓太平。他跟蛮族人签订条约④,好像蛮族人打败了他一样,真宗每年送给他们 10 万金币和 20 万匹丝绸。

真宗第 11 年,真宗得到汇报,有一本书从天上掉落到皇城门口。真宗步行过去充满虔敬地接纳了这本书。那时,有一位擅于巫术的道士。虽然大臣们表示反对要烧毁这本书,但轻信的皇帝还是在那里建了一座庙宇。诠释者说:"从此,没有比这更羞辱天主的事情了。"⑤

真宗第 16 年,统计了所有从事农业的男人数量,因为赋税从他们而来。当时有 21976965 男丁。这个数字不包括女人、20 岁之下的男孩和官员、士大夫、太监、军人、僧侣及住在水上的人——他们的数目令人难以置信。

---

① 《宋史》卷五《本纪第五》:"以岁旱、彗星谪见,诏曰:'朕以身为牺牲,焚于烈火,亦未足以答谢天谴。当与卿等审刑政之阙失、稼穑之艰难,恤物安人,以祈玄祐。'"

② 在杜赫德的《中华帝国全志》里,没有提到这个异象。

③ 在杜赫德的《中华帝国全志》里,有更正确的说法"北直隶省"。

④ 此处应是指宋辽达成的澶渊之盟。

⑤ 在杜赫德的《中华帝国全志》里,庙宇称为:玉清昭应宫。

真宗下令重刻古籍,在整个国家发行。

4.仁宗,在位41年。

第六十二甲子第69①年,真宗崩,终年55岁。第60年,由真宗第二个妃嫔所生的第六个儿子仁宗继位。由于仁宗只有13岁,皇后监国。皇后后来不愿意交出统治权,直到11年后她去世,皇帝才开始亲政。

第六十二甲子第2年五月发生了没有被预测到的日食。当时的君王喜欢被赞美。也许有人注意到这一点,为此有一些日食被发现。第5年十二月、第11年二月、第14年十一月(日全食)、第18年九月、第28年闰二月、第39年六月、第43年五月、第46年三月、第49年八月、第51年十二月、第52年六月、第56年三月,皆有日食。

第六十三甲子,公元1024年

仁宗名如其人,相比战争他更热爱和平与人民,他被迫参与了由蛮族发起的战争。他与他们签订了一份与其皇位不相称的和约②。仁宗将所有的偶像扔出皇宫。他禁止外国人送给他贵重的礼物。吕阁老病重,需要用胡须作药引。仁宗刮下自己的胡子,派人送给吕阁老③。

在一次筵席中有28个蚝,每个值1000铜币。仁宗知道后说:"拿走这些蚝,不要让我抱着两个大碗贪吃下28000个铜币。"

仁宗第26年,大旱之后下雨了。那时,大臣们纷纷来恭喜皇帝,皇帝说:

---

① 原文有误,应为"59"。

② 宋仁宗时期与西夏和辽朝都有战争发生,不过,此处的和约可能是指庆历四年宋与西夏的"庆历和议"。 此和约规定:夏向宋朝称臣,宋朝每年赐给西夏银五万两、绢十三万匹、茶两万斤,并开放边境贸易。

③ 《宋史》卷三一一《列传第七十》:"未几,感风眩,诏拜司空、平章军国重事。 疾稍间,命数日一至中书,裁决可否。 夷简力辞,复降手诏曰:'古谓髭可疗疾,今翦以赐卿。'"

"当每个人因缺水而受苦时,我每天烧香祈求上天。有一天晚上我听到了雷声,我马上起床,拿着腰带和帽子,站在天主面前。一下雨,我就马上跪下,虔诚地敬拜上天,感谢它,最后在回寝宫之前我说:'现在,我只请求一件事,请您坦白地告诉我,我或许在哪方面犯了错。的确,我害怕背负皇帝的虚名,更害怕仅凭外在来表现自己。啊,很显然,我一定每天早晚准备好纯洁的心灵,每天都公开和私下地祈求上天。'"

这位虔诚的统治者玷污了他自己的名声,因为他想要个儿子而休了他的妻子,很多人反对,但也有一些人赞同。阁老孔道辅,也是孔子的后裔,他以尧舜作为榜样教导他人。另外,阁老富弼受到赞美,因为他挽救了饱受饥饿之苦的 50 万人的生命①。

第十八个王朝的创立者用武力从辽东收回了北京地区的十个城市,但是辽东的第七位国王兴宗派来大使,要求归还这些城市。仁宗自己派出了他的大使富弼。仁宗保住了这些城市。但是他喜欢和平,答应每年要交给辽东 20 万金币和 30 万匹丝绸。最丢脸的是,仁宗把这些贡物称为"纳"。②

5. 英宗,在位 4 年。

第六十三甲子第 40 年,仁宗崩,终年 54 岁。第 41 年,他兄弟的第十三个儿子英宗继位。皇后管理国家与英宗发生了冲突,然而,富有智慧的阁老韩琦让他们和好了。

阁老司马光,在历史学家当中非常出名。他写的著作有 2000 卷,从中华

---

① 《宋史》卷三一三《列传第七十二》:"河朔大水,民流就食。弼劝所部民出粟……明年,麦大熟,民各以远近受粮归,凡活五十余万人,募为兵者万计。"

② 实际上,宋朝开国皇帝宋太祖赵匡胤并没有收复燕云十六州,但在内府库专置"封桩库"准备用金钱赎回失地。宋真宗时与辽国签订"澶渊之盟",宋每年给辽岁币 10 万两银、20 万匹绢。仁宗时期,辽国要求增加到岁币银 20 万两、绢 30 万匹。

帝国的创立者黄帝开始写起。①

6.神宗，在位 18 年

第六十三甲子第 44 年，英宗崩，终年 36 岁。第 45 年，其子神宗继位，皇帝非常明智，大力支持文化发展，追封中国第二大哲学家孟子公爵的称号②。

在神宗及其下任皇帝的统治之下，新哲学和古书的诠释者周敦颐、程颢、张载、邵雍等得以发展。他们在世和去世之后都获得了各种荣誉名号。当土地贫瘠不产时，伤心的皇帝把自己封闭起来，斋戒、独处、祈求上天。无神论政客王安石说："陛下，您为什么沮丧呢？事情的发生并不是因为您惧怕上天，灾难时有发生，并没有什么计划。"阁老富弼则说："如果一个统治者不惧怕上天，不敬畏上天，那有什么事情是他不敢做的呢？"富弼告诉神宗不要过分苛责自己的错误，他说："因为这会带来很大的坏处。您应该跟上天一样，观察一切好的或坏的事情。它们早晚会显露自己，获得它们的报偿或者惩罚。"

第六十三甲子第 1 年五月、第 5 年三月、第 10 年六月、第 15 年一月、第 19 年六月、第 22 年四月、第 29 年十一月、第 31 年四月、第 35 年八月、第 38 年六月、第 43 年九月、第 46 年九月、第 50 年四月及第 59 年四月，皆有日食。

第六十四甲子，公元 1084 年

王安石位处士大夫的最高阶层，天生的两面派，他设立了十种税赋，人民对此很愤怒。③ 随后发生了饥荒，这些法令和重负都被取消。那时，上天

---

① 此处疑指司马光主持编纂的《资治通鉴》。但该书共 294 卷，从周威烈王二十三年写起。
② 元丰六年，宋神宗赵顼追封孟子为"邹国公"。
③ 指王安石变法。变法以发展生产，富国强兵，挽救北宋政治危机为目的。但在变法推行过程中由于举措的不合时宜，造成了百姓利益不同程度的损害，加之变法触动了大地主阶级的利益，所以遭到他们的强烈反对。

以大雨回报了统治者的仁慈。

7. 哲宗，在位 15 年。

第六十四甲子第 2 年，神宗崩，终年 38 岁。第 3 年，神宗第六个儿子哲宗继位。祖母太皇太后成为哲宗的帝师。有位阁老上奏折，以 20 字提出 10 点建议：畏天、爱民、修身、讲学、任贤、纳谏、薄敛、省刑、去奢、无逸①。

哲宗休妻，为了替自己辩护他举出了前辈的例子。但是，一位阁老对他说："陛下啊，您应该效法祖先的美德，而不是他们的错误。"皇帝发怒了，罢免了劝告者的官职。

8. 徽宗，在位 25 年。

第六十四甲子第 17 年，哲宗崩，终年 25 岁。第 18 年，神宗的第十一个儿子徽宗继位。徽宗努力学习人文艺术，但他更喜欢享受生活，他让皇太后管理国家。他过分支持太监，封给他们王侯的头衔。这样的头衔本来只能封给有皇室血统的人。他也非常喜欢道教。

徽宗统治第 16 年，当时有一位闻名的"正一派"道士②，他源自第五个王朝汉朝，徽宗封他为"上帝"（最高的神）。徽宗自己想要成为道教的最高的领袖③。历史学家把后来所发生的灾难和宋王朝的毁灭，归因于这种穷凶极恶的亵渎，因为上天真正的权威被蔑视和被羞辱致如此地步。

徽宗跟女真或说东鞑靼人联盟来攻击辽国。经过多场战争之后，他打败并毁灭了辽国。辽国在 9 位君王统治下延续了 209 年。剩下的逃亡者到西边成立了王国，不过，在 100 年之后它被东鞑靼人毁灭了。东鞑靼人渴望

---

① 此处的阁老指吕公著，字晦叔，寿州人，北宋时期著名政治家、学者，太尉吕夷简第三子。
② 应是正一派第 30 代天师张继先。
③ 宋徽宗赵佶自称"教主道君皇帝"。

成立自己的国家"金"。他们夺得北京和陕西。徽宗被邀请与鞑靼人会面讨论边界划分问题。讨论完之后,徽宗返回。鞑靼人违反约定,大举南下,徽宗再一次出发了,然而他不幸地被鞑靼人扣留。他被剥夺了皇帝名号,被迫迁至长城之外中国的边界处。

9. 钦宗,在位 1 年。

第六十四甲子第 42 年,被囚困在鞑靼人沙漠里的徽宗驾崩,终年 54 岁。第 43 年,徽宗死前任命他的长子钦宗继位。按照父亲的命令,钦宗判六位大臣叛国罪。鞑靼人侵占河南省,把皇帝及其妃子们虏至鞑靼,只有韦皇后留下了①,因为她自称被休了。为了避免囚禁的侮辱,许多大臣自杀了。30 年之后,作为俘虏的钦宗崩,终年 61 岁。

10. 高宗,在位 36 年。

第六十四甲子第 44 年,徽宗的第九个儿子(他的母亲是被休的韦皇后)高宗继位。他把都城迁至南京,不久之后,被强迫迁至浙江省杭州。因此,被称为"南宋"。

高宗喜爱和平与文化。早年他获得了多次胜利,打败了鞑靼人和流寇。将军宗泽在北方连获 13 次胜利②。然而,高宗忽视了贤人,而是让一些不义的人及恶人作为顾问。因为他喜欢佛教,他把帝国事务托给一个养子,以便他能够花更多的时间在修行上。

为了吸引国家的精英分子,鞑靼王熙宗亲自到孔庙,祭拜追尊孔子。当时有人对他说不应该以皇家荣耀来对待孔子这样的百姓,熙宗回答说:"虽

---

① 韦贤妃,开封人,宋徽宗赵佶妃嫔,宋高宗赵构之母,靖康之难中同被虏往北方,高宗继位后被遥尊为"宣和皇后"。

② 《宋史》卷三六〇《列传第一百一十九》:"(靖康)二年正月,泽至开德,十三战皆捷。"

然孔子无位,然而因为他的教导,他配得上皇家礼仪。"①

第六十四甲子第4年七月、第8年五月、第11年三月、第14年十一月,日食,西方有彗星。第18年四月、第24年十一月、第28年九月、第30年三月、第34年,在南方闪现好像月球的星星。第35年五月、第40年八月、第46年九月、第52年一月、第54年二月、第60年十二月,日食。

第六十五甲子,公元1144年

高宗与鞑靼人签订和约,他不顾及中国的权威,以"臣"和"贡"的身份签字,从而使得8年前去世的父母的尸体被接回他自己的国家。② 这件事成了公共的喜事并发布了赦免。历史学家们皆盛赞这位儿子对父母的孝顺。

高宗统治第35年,和平被破坏,鞑靼王带领60万军队进攻南方。他攻占了扬州。鞑靼王拔出他的剑,威胁他的士兵,不渡过长江就处斩。军队遂发生叛乱,鞑靼王被杀。③ 事后,鞑靼人退回北方。

11. 孝宗,在位27年。

第六十五甲子第19年,高宗传位给养子。25年之后去世,享年84岁,没有留下子嗣。④ 第20年,宋朝创立者太祖的第六世孙孝宗继位。⑤ 孝宗因虔诚而受赞颂,他和平地管理国家,因为那时鞑靼王世宗也很虔诚,有智慧,爱好和平。

---

① 《金史》卷四《本纪第四》:"戊子,上亲祭孔子庙,北面再拜。退谓侍臣曰:'朕幼年游侠,不知志学,岁月逾迈,深以为悔。孔子虽无位,其道可尊,使万世景仰。大凡为善,不可不勉。'"

② 即绍兴和议,但此时高宗生母韦贤妃仍活着,直到绍兴二十九年去世。

③ 此事发生在宋绍兴三十一年(金正隆六年),此时的鞑靼王为金国第四任皇帝海陵王完颜亮,他于金皇统九年弑君篡位称帝,后迁都燕京。海陵王南征时,金世宗完颜雍在辽阳称帝。

④ 《宋史》卷三二《本纪第三十二》:"崩于德寿殿,年八十一。"

⑤ 《宋史》卷三三《本纪第三十三》:"孝宗……太祖七世孙也。"

那时古书最出名的诠释者朱熹正处鼎盛时期。他到 70 多岁才去世,这是钦宗①第 6 年。他曾服务于四任皇帝,谥号为"文公",即文人的领袖②,与其他人一同获得孔子弟子的名号。至今,他们的名字被展示在孔子学校里的牌位上。因为他们的美德、智慧和廉洁,皇帝将他们列入了孔子弟子的名单和序列之中,在每年固定的时间里,地方长官按惯例展示这些牌位以便人们前来敬拜。

12. 光宗,在位 5 年。

第六十五甲子第 46 年,孝宗崩,享年 68 岁。第 47 年,他的第三个儿子光宗继位。

第六十五甲子第 51 年,光宗在大臣面前中风摔倒在地,无法得救。不久就崩逝,终年 54 岁。

13. 宁宗,在位 30 年。

第六十五甲子第 52 年,光宗的第三个儿子宁宗继位,虽然他不太愿意继承皇位。这位统治者有很平静的性格,很虔诚,也很谦虚。他被自己的人控制,也可以说被他们欺骗。他颁布法令,禁止个人修史。

宁宗第 8 年,皇宫发生火灾,大火烧了四天。36 年之后,在都城杭州发生了火灾,烧毁 53 万间房屋。

第六十五甲子第 2 年六月,彗星。第 5 年四月、第 12 年五月、第 15 年三月、第 21 年六月、第 30 年五月、第 33 年三月、第 40 年十一月、第 43 年五月,行星在同一个星座被看到。第 45 年八月、第 52 年三月、第 57 年六月及第 60 年四月,皆有日食。

---

① 原文有误,应为"宁宗"。

② 谥号"文"的意思较多,但并无柏应理这里所说的"文人的领袖"的意思。

第六十六甲子,公元 1204 年

东方的鞑靼即金国,再次破坏条约,入侵中国。

在第五个王朝汉朝,汉武帝通过几次战争彻底打败了西鞑靼人①。在 1300 年里,他们不敢反击中国。但是到了宁宗统治的第 12 年,他们开始奠基他们政权的基础。他们的王朝称为"元",意思是"开始"。从其建国的第 1 年到第 14 年里,这个鞑靼王朝的创立者②杀了 1847 万人。32 年之后,第五任统治者③控制了整个中国。

西鞑靼人在中国人的邀请下发起攻击东鞑靼人的战争。那时,东鞑靼人向中国人求和,然而中国人拒绝了,东鞑靼人说:"今天,西鞑靼人从我手上夺走我的权力,明天,他们也会从你们那里夺走你们的权力。"

据说,西鞑靼人的版图扩大到了伊斯兰王国麦地那,然后,经过印度和撒马尔罕达到铁门堡垒。那时,他们被一只怪物吓到,并被提醒上天对那么多的屠杀感到不高兴。于是,在日落之后日出之前他们把军队的全部力量转向了中国。

14.理宗,在位 40 年。

第六十六甲子第 21 年,宁宗崩,终年 57 岁,无子嗣。第 22 年,宋王朝创立者的第十世孙理宗继位。这个统治者很喜欢道家和文学,虽然他本该花更多时间在政务和战争上。他封给孔子的后代以爵位和名号,使他们至今都不需要交税。

中国和西鞑靼人多次出师攻击东鞑靼人。他们占领东鞑靼在河南的都

---

① 这里指匈奴人。柏应理显然误将匈奴人和蒙古人视为同源。
② 指元太祖铁木真。
③ 指元世祖忽必烈。

城①。然后,围困山东省会,但东鞑靼人顽强抵抗,甚至于他们吃人肉。最后,东鞑靼的君王哀帝自缢而亡②。就这样,东鞑靼,即金国,毁灭了。金国共历9帝,享国117年。但在419年之后,他们的后裔建立了第二十二个王朝清朝,统治了整个中国。

在40年里,南方属于中国皇帝,而北方被西鞑靼的五个君王统治,其中最后一位忽必烈获得了很多胜利,他从第六十六甲子第56年开始统治,并在19年之后创立了下一个王朝,称为"元朝"。

这位统治者非常熟悉中国的事情和文学,这使他能更好地吸引中国人,他以皇家礼仪祭拜了文人的榜样孔子。

第六十六甲子第7年六月、第15年七月、第18年五月、第20年九月、第25年六月、第34年十二月、第39年九月、第42年七月、第46年四月、第49年二月及第57年三月,皆有日食。

第六十七甲子,公元1264年

15. 度宗,在位10年。

第六十七甲子第1年,理宗崩,享年62岁,无子嗣。第2年,他的侄子度宗继位。度宗荒淫无度,允许自己被最虚伪的阁老贾似道摆布。很多人上奏弹劾这个阁老,但都是徒劳。因此,很多人叛逃到想要征服中国的鞑靼人那里去。

鞑靼人占领了最靠近西部边境的云南、陕西、四川(在首府成都,有4万民众被杀)。然后,鞑靼人向湖广省进军。皇帝一无所知,他仅仅控制着领土的三分之一。

---

① 此时金国京城在汴京,即今河南省开封市。
② 指金哀宗完颜守绪。

那时,威尼斯共和国闻名的贵族马可·波罗进入中国。

16. 恭宗,在位2年。

第六十七甲子第11年,度宗崩,终年25岁①,把三个年幼的儿子留给不确定的命运。第12年,度宗的第二个儿子恭宗继位。太皇太后垂帘听政,她在苛刻的条件下想与鞑靼人订立和约,但鞑靼将军伯颜不接受任何条件,他说:"你们宋朝从上一个王朝的儿皇帝手中获得天下,现在很公平,天下要从你们的儿皇帝这儿被夺走。"②

70万鞑靼大军征战南方,获得了胜利。

将军伯颜以智慧闻名,他带领20万军人,如同带领一个人一样。他因多次胜利而出名,但他从不提及自己的事迹与功劳。

17. 端宗,在位2年。

第六十七甲子第13年,恭宗皇帝在沙漠里被伯颜抓住,崩逝,终年10岁。第14年,恭宗之兄端宗继位。他带领13万海军逃亡,先到福建,然后去广东,后来在海上被打败。

18. 帝昺,在位1年。

第六十七甲子第15年,端宗因病驾崩,终年11岁。第16年,弟弟帝昺继位,他也是宋朝皇家最后的香火。鞑靼强大的海军战胜了中国海军。阁老陆秀夫看到没有希望,便抱起8岁的皇帝,和他一起投入大海。皇太后知道后也跳进海里。这一悲剧据载发生在是年二月,在广东省广州城辖下的

---

① 此处有误,宋度宗(1240—1274),终年35岁。
② 《元史》卷一二七《列传第十四》:"尔宋昔得天下于小儿之手,今亦失于小儿之手,盖天道也。"

新会镇的崖山岛。另一位中国将军张世杰带领部分水军从敌军中突围,来到平章山下。飓风把他们从海岸卷入深海,被淹没在风暴之中。据说,那天有十万余人丧命,或被杀死或投海而死。这样,宋朝走向了最不幸的终点。

中华帝国在 19 个王朝统治下延续了 4222 年[①],它第一次开始被外族人征服,屈服于西鞑靼人的控制,不过这控制很轻,因为这些外族人以忠诚、信任、仁爱和仁慈统一了中国,以致今天它通常被称为"圣朝"。

第二十个王朝 元朝

1. 世祖,在位 15 年。

第六十七甲子第 17 年,鞑靼人世祖皇帝忽必烈开始统治。他是太祖成吉思汗的第四个儿子的后裔。他创立了第二十个王朝元朝,共历 9 帝,享国 89 年[②]。

皇城首先定在山西省会太原府,后迁至北京。经过 20 年的征战,世祖统治了整个中国。这位统治者虔诚、智慧、慷慨又很聪明,支持文人。他想要征服日本,但并未成功,虽然派出了 10 万大军,但他们或葬身大海或死于岛上,只有三四个人回来了。[③] 世祖开凿了一条长约 3050 中国里(比利时里 245 里左右)长的运河,每年有 9000 多艘船只,每条船载着约 500 石的大米,从南方经过这条运河运到皇宫——以前要走海运,现在可以走内陆水道。

[①] 柏应理这里并非从第一个王朝夏朝开始计算,而是从伏羲开始计算。

[②] 柏应理是从宋朝灭亡的 1279 年,开始计算元朝的统治时间。

[③] 忽必烈一共组织成两次征讨日本的军事行动,第三次因朝野强烈反对而作罢。此处所谓"只有三四个人回来了"的说法,见《元史》卷二〇八《列传第九十五》:"久之,莫青与吴万五者亦逃还,十万之众得还者三人耳。"

2. 成宗，在位 13 年。

第六十七甲子第 31 年，世祖崩，享年 80 岁。第 32 年，孙子成宗继位。成宗仁慈而爱民，他轻徭薄赋。由于他晚年患病，无法按照自己的意愿管理国家①。

3. 武宗，在位 4 年。

第六十七甲子第 44 年，成宗崩，终年 42 岁。第 45 年，世祖曾孙武宗继位，武宗很虔诚和慷慨。他分封那些有功劳的人为诸侯，赐予孔子王衔②，禁止金银、大米和丝绸运出中国③。

4. 仁宗，在位 9 年。

第六十七甲子第 48 年，武宗崩，终年 31 岁。第 49 年，同母异父的弟弟仁宗继位，仁宗虔诚，稳健，如同人们说的那样，有天赋、严肃、聪明，从谏如流，好学不倦。他禁止在农历五月份至十月份之间打猎，以免扰害了农民。④ 在他的统治之下国泰民安。发生旱灾时，他祈求上天说："都是我的罪过，才会发生这样的大灾难。"第二天，便下雨了。

当他知道有五个兄弟都被判了死刑，他叹息道："起码要让一个人活着，好让他能赡养自己的父母。"⑤

---

① 《元史》卷二一《本纪第二十一》："惟其末年，连岁寝疾，凡国家政事，内则决于宫壶，外则委于宰臣。"

② 即"大成至圣文宣王"。这是孔子在历代王朝中得到的最高级别的封号。

③ 《元史》卷二三《本纪第二十三》："（至大二年九月）诏曰：'金银私相买卖及海舶兴贩金、银、铜钱、绵丝、布帛下海者，并禁之。'"作者所指应是此处，但诏令所禁止出海诸物并无大米。

④ 《元史》卷二四《本纪第二十四》："（皇庆元年）壬寅，诸王脱忽思海迷失以农时出猎扰民，敕禁止之，自今十月方许出猎。"

⑤ 《元史》卷二五《本纪第二十五》："（延祐元年三月）晋宁民侯喜儿昆弟五人，并坐法当死，帝叹曰：'彼一家不幸而有是事，其择情轻者一人杖之，俾养父母，毋绝其祀。'"

5. 英宗，在位 3 年。

第六十七甲子第 57 年，仁宗崩，终年 36 岁。第 58 年，其长子英宗继位。英宗与父亲在各个方面都相似。这个虔诚的统治者经常为自己的父亲将生命献给了上天而痛哭。

第六十七甲子第 60 年，英宗进入帐篷里，他和一位忠诚的阁老被一些意识到自己罪恶的背叛者所杀害，终年 30 岁。① 一个月之后，下个皇帝给予了背叛者们该受的惩罚，彻底诛杀了他们的家族。

同前一王朝一样，元朝经历了很多灾难，诸如地震、滑坡、洪水、干旱、火灾等，我们略过不谈。

第六十七甲子第 2 年一月、第 7 年三月、第 12 年七月，日全食。第 13 年，观察到太阳上有很大的黑点，六月，一颗星星陨落海里，随后有上千颗星星陨落发生巨大声响。第 19 年七月、第 24 年十月、第 27 年八月、第 30 年，皆有彗星。第 31 年六月、第 35 年十二月，彗星延续了 76 天。第 37 年二月、第 40 年闰五月、第 55 年二月和第 58 年，皆有日食。

第六十八甲子，公元 1324 年

6. 泰定，在位 5 年。

第六十八甲子第 1 年，显宗的儿子泰定继位②。他慷慨，爱和平。他禁止从西藏来的和尚（被称为喇嘛）买民田，不想加重百姓的负担。

---

① 即"南坡之变"。至治三年，英宗与宰相拜住从上都返回大都，途经南坡店驻营。以御史大夫铁失为首的一批高官趁夜潜入行帐杀死英宗和拜住。英宗终年 20 岁。

② "南坡之变"后，铁失一党拥立元世祖长房嫡曾孙晋王也孙铁木儿为帝，改元"泰定"。泰定帝追尊其父甘麻剌为显宗。泰定帝及其子天顺帝被视为非法君王，没有上汉文庙号和谥号及蒙古汗号，甘麻剌亦被剥夺"显宗"庙号。

第六十八甲子第 5 年,泰定帝崩,终年 36 岁。少子在群臣会议中被选中,但他拒绝了,因为应该让长子继位。群臣去找长子,拥呼为帝。①

7.明宗,在位 1 年。

第六十八甲子第 6 年,泰定长子明宗继位②。六个月之后,在一次宴会中明宗暴毙,怀疑是被毒死。

8.文宗,在位 3 年③。

第六十八甲子第 7 年,弟弟文宗继位。他只在一个方面犯了错误,他以皇家礼仪接待达赖喇嘛,将其迎入皇宫。文宗当着大臣的面给他敬礼、下跪,赐酒给他时,他自己不动,也不表现出任何礼貌。一位大臣感觉到他很傲慢,对他说:"您是好人,也是佛陀的门徒,还是喇嘛们的老师;或许您不知道,我自己是孔子的门徒,也是全国文人们的老师;因此,我们就不用互相敬礼了。"说完他站起来,把一杯酒送给他。达赖喇嘛微笑起身,把酒喝完。

9.顺帝,在位 35 年。

第六十八甲子第 9 年,文宗崩,终年 29 岁。宁宗继位,但是两个月之后就驾崩了,因此不把他列入帝王名单。

第六十八甲子第 10 年,第七位皇帝明宗的长子顺帝继位。他是宁宗的大哥。他 13 岁时,被从广西接回皇宫。

顺帝很有才能,然而他很懒惰,他沉迷于嬉戏和色欲,不理朝政。阁老

---

① 泰定帝崩后,枢密院事燕铁木儿发动大都政变,拥立武宗子怀王图帖睦尔即元文宗为帝,丞相倒剌沙在上都拥立泰定帝之子阿速吉八为帝,随后为争夺帝位展开两都之战,一个月后上都一方战败。元文宗碍于叔侄相继的原则,而迎回长兄和世㻋即位,是为明宗。
② 《元史》卷三一《本纪第三十一》:"明宗……武宗长子也。"
③ 《元史》卷三六《本纪第三十六》:"帝崩,寿二十有九,在位五年。"

哈麻为取悦顺帝而负责这些事。他从鞑靼地区邀请来一些喇嘛和巫师,并成立了一个16位姑娘组成的舞团,她们的舞蹈被称为天上魔鬼的舞蹈。①

第六十八甲子第23年,有一位姓朱的中国人,他本来为和尚服务的,后来变成了流贼的首领,占据许多地方,然后占领了南方的几个省。最终,他打败了皇帝的军队,很快自己成了新的皇帝。

顺帝第36年,下个朝代的创立者朱将军越过黄河,轻松地征服了很多城市和地区,打败了皇帝的军队,皇帝自己决定逃走。

第二十一个王朝 明朝

1.太祖,按其统治年号又名为"洪武",意为伟大的征战者,在位31年。

第六十八甲子第45年,顺帝逃亡北方,两年之后在那里去世。西方鞑靼人的元朝灭亡了。第六十八甲子第46年,姓朱的太祖继位,成立了第二十一个王朝"大明"王朝,享国276年,共历16帝,定都南京城。

第六十八甲子第47年,元都城北京在一天内被占领。太祖将第四个儿子封为"燕王"。

太祖追尊了自己的父亲、祖父、曾祖父及曾曾祖父。②

王侯们在争夺土地和税收,明太祖禁止他们插手国务,也禁止太监们获得文官或武官的重要职务。他禁止没有丈夫的妇女在40岁之前去当尼姑。

---

① 《元史》卷二〇五《列传第九十二》:"哈麻尝阴进西天僧以运气术媚帝……又选宋女为十六天魔舞。"

② 《明史》卷二《本纪第二》:"洪武元年春正月乙亥,祀天地于南郊,即皇帝位。定有天下之号曰明,建元洪武。追尊高祖考曰元皇帝,庙号德祖。曾祖考曰恒皇帝,庙号懿祖。祖考曰裕皇帝,庙号熙祖。皇考曰淳皇帝,庙号仁祖。"

他下令将古代和当时的法律简化为一部300卷的法典,花了120年才最终修成并出版。① 他允许将为父母服丧27个月的惯例改为27天。明太祖受到附属国40个大使的赞扬,在他们所进贡的礼品中有第一次来到中国的狮子②。这些使节们来自朝鲜、日本、琉球③及南方诸岛屿,例如来自暹罗国的使节带来写在薄金叶上的书。

他的妻子马氏虽然其貌不扬,但因其聪慧与仁慈受到整个国家的尊敬。例如,明太祖天性急躁、粗暴,马氏却温柔地改善了丈夫的毛病,使他稳固了来自上天的至高权力,遵守了上天的意志和誓约——关爱和仁慈。她被尊为皇后之后,从不佩戴珠宝,经常穿着粗布衣服。在她临终之前,皇帝给她喂药,她拒绝了,因为如果这药没有效果,就会给医生带来杀身之祸。明朝统治的第15年皇后马氏薨。她的丈夫非常悲伤,自此之后不再立皇后。

第六十八甲子第 4 年九月、第 8 年八月、第 11 年四月、第 15 年八月、第 19 年八月、第 22 年九月、第 27 年十一月、第 29 年四月、第 33 年三月(能看见两个太阳)、第 35 年六月、第 38 年四月、第 41 年八月,皆有日食。第 45 年彗星持续了 3 个月。

第六十九甲子,公元 1384 年

太祖给予国子监很大的特权,他自己主持考试,在大殿上赋予博士学位。

他下令尊崇孔子为万民师表,不仅是那些朝廷的被提携者即那些通常被皇帝们提拔的人,而且也是那些"先师"们——就像他们尊封活着的人一

---

① 即《大明律》。洪武元年,朱元璋命人着手制定法律,编成《律令》。洪武六年,又命刑部尚书等以《律令》为基础,详定大明律。次年修成,颁行天下。洪武二十二年对此作较大的修改。洪武三十年重新颁布,终明之世未再修订。如此,《大明律》的修成约经三十年时间。

② 其实狮子是在汉代时从西域传入的,这在《史记》《汉书》当中已有记载。

③ 指台湾。

样,这一称呼通常也封给已经亡故的老师——的老师。此外,太祖修改了一些祭孔的礼仪,即崇拜孔子的灵位或者画像,他说:"已经去世的文人们,可以按不同的灵位区分,应该每年要用各种各样荣耀的符号和礼仪来更新对他们的记忆,这礼仪要与原来的处境和过去获得的尊严相匹配。"

太祖禁止铸造和竖立孔子或其弟子们的雕像。在他的众多诏书当中有一段非常有名的理论:"在治理暴乱的人民时,不可急躁;在治理顺从的人民时,亦不可苛刻、琐碎和烦累。"还有,"天地孕育了万物以供人们共同使用和生存,因此明智的君王最关心和为之努力的也应是自己的臣民,他们关爱、帮助和养育的都是自己的臣民。虽然皇帝自己减轻赋税,缩减公共和私人的开支,但他仍然应该担忧和害怕,好使人民有足够的供应和必需品。当必须要下令征收更重的赋税时,他要忍受更多更大的担忧和害怕的折磨。"

一次,恰巧有很长时间没有下雨,皇帝穿上草鞋和丧服,爬上一座山丘,在那里整整守了三天,请求上天的帮助与慈悲,祈求了三天之后大雨滂沱而下。

太祖让其长子陪伴他巡视帝国的领土,下令将马车停驻在大地中间,转头对他的儿子说:"之所以带你随我而来,是为了让你亲眼看看穷苦农民的劳作与汗水,你要学会怜悯他们,减轻赋税。"

作为太祖继承人的儿子意外去世了,打断了好运的延续,他打破习俗哀悼了三年,并宣布其孙子接替继承人之位。

有一位叫徐的人与妻子和父亲一起落入了一伙流贼手中。贼人准备杀老人时,儿子愿意以自己的性命换父亲的。准备杀妻子时,她说:"在这样的丈夫死后苟活着真是罪过。"因此,流贼们将丈夫扔入火堆之中后,她自己也冲入火堆之中,在火堆中与丈夫拥抱而死。皇帝要为这样忠贞的行为竖立一个纪念碑。① 另一个人,为了生病母亲的健康,他向一个偶像祈求并将自己的孩子祭献给他,皇帝惩罚了他。

2. 建文帝,年号"建文",意为建设文化,在位4年。

第六十九甲子第 15 年,洪武帝崩,享年 71 岁。第 16 年,他的孙子 13 岁②的建文帝继位。建文帝是一个天性善良,关爱百姓的君王,他免除了三分之一的税赋。

小皇帝的叔叔们将一个拥有皇室血统的成熟的王子带到年轻的皇帝面前,这些针对小皇帝的公开阴谋,激起了阁老们的嫉恨。明太祖第四个儿子燕王被各种这样的事情所激怒,备好军队,他宣称自己是不公正地操控小皇帝的敌人。朝廷派遣大军去攻打燕王,在一场 8 小时的战争中有 30 万士兵阵亡。燕王拒绝了提出的和议,除非先交出小皇帝的大臣们。最后,燕王想要成为南京的君王。叛徒李景隆打开南京城城门,南京陷落。燕王继承了皇位。小皇帝的尸体被烧焦了③,燕王流下眼泪,下令以皇帝的仪式安葬了他。小皇帝的随从们受到非常残忍的对待,在一天内有八百多人受到各种刑罚,然而有些人提前逃走了,还有些人为了逃跑而削去头发扮成和尚。

3. 成祖,年号"永乐",意为永久快乐,在位23年。

第六十九甲子第 20 年,建文帝在其登基第四年被害,终年 17 岁。第六

---

① 或指徐允让。《明史》卷二九六《列传第一百八十四》:"徐允让,浙江山阴人。 元末,贼起,奉父安,走避山谷间。 遇贼,欲斫安颈。 允让大呼曰:'宁杀我,勿杀我父!'贼遂舍安,杀允让。 将辱其妻潘,潘绐曰:'吾夫已死,从汝必矣。 若能焚吾夫,则无憾也。'贼许之,潘聚薪焚夫,投烈焰中死。 贼惊叹去, 安获全。 洪武十六年,夫妇并旌。"

② 《明史》卷四《本纪第四》:"年十四,侍懿文太子疾……洪武二十五年九月,立为皇太孙……三十一年闰五月,太祖崩。 辛卯,即皇帝位。"所以建文帝即位时应为 21 岁。

③ 关于建文帝的下落有多种说法,或谓其自焚,或谓其乔装成和尚逃离南京。

十九甲子第 21 年,成祖即永乐帝继位,他是建朝者明太祖的第四个儿子。一开始他是一个残酷、勇敢、谨慎的君王,对于自己的兄弟们及其他有功劳的人,重新恢复他们曾经的荣耀和财富。

成祖下令处死被判罪的李景隆,然而李景隆说如果没有他来打开皇城大门皇帝就不能获得皇位。但皇帝说:"是我的好运一直跟随我,因为如果是其他任何人带着同样的武力来到,不管是他还是我,你这叛徒都会打开城门的。"

永乐第 5 年,有 1800 个年龄不到 40 岁的青年人,曾经违背父亲们的意愿而去做了和尚,皇帝下令让他们还俗。①

永乐第 7 年,皇帝将南方南京的皇城迁至北方的北京,留下他的继承人和与北京城相似的官员在南京的皇城里。皇帝授予许多大使团荣誉,他们有来自北方鞑靼的,有来自马六甲的,有来自南海和西域以及骑着犀牛的穆斯林。皇帝下令焚毁那些用于修炼不死仙丹的炼金术图书。当时,在山西省挖到一些昂贵的宝石被献给皇帝,皇帝下令关闭矿山,他说不要让人民为无谓的劳作而疲惫,这些石头在饥荒之时不能果腹,在寒冬之时不能避寒。他下令要建造五个铜钟,每个约 12 万磅重。

永乐第 13 年,第六十九甲子第 32 年,皇帝敦促国子监的 42 位被称为"翰林"的老师们,撰写古代典籍的重要注疏。② 皇帝提醒他们,要遵从特别重要的两位诠释者程子和朱子——他们兴盛于宋朝末年——的诠释。从这些注释中创建了新哲学,关于这新哲学请大家参看《中国学问》的《前言》③。

---

① 据龙文彬《明会要》卷三九《职官十一》"僧道录司"条:"永乐五年正月,直隶、浙江诸郡军民子弟私披剃发为僧,赴京请度牒者千八百余人。 上命赴兵部编军籍,发戍辽东、甘肃。"与此处应指一事。 明初规定,民间男子年不过四十,女子非五十以上,不得出家为僧,所谓"年龄不到 40 岁"应是据此而来。

② 即《四书大全》。

③ 即《中国哲学家孔夫子》的《前言》。

4. 仁宗，年号"洪熙"，意为洪大的和谐，在位数月。

第六十九甲子第 41 年,永乐帝崩,享年 63 岁。第 42 年,其子仁宗继位,仁宗仁慈和善。听说山东省正苦于饥荒,仁宗立即派遣阁老杨士奇去赈灾。因为要征询两位阁老的意见,听听他们认为应该如何去做。阁老拒绝了,他说:"他们的讨论会耽搁时间,就会错过时机,而人民正受饥荒之苦,应该要尽快救助,就如同跑去灭火或者阻止一场泛滥的洪水一样。"其他人说,应该要考虑不同的情况和人们不同的需要。但是杨阁老说:"我们要避免这些细枝末节,要去救助这么大的灾难,我们不应该害怕因为慷慨而犯错。"

仁宗对于天文之事极富热情,在某一天夜里他观察到星星不易察觉的变化,他将几位阁老召到他身边,说:"我命不久也,你们要记住我在东宫的 20 年里受到很多嫉妒,但是你们的信任与合作令我很安全。"说完这些,他赐予他非常信任的两个人一个印章,上面写着两个字:"忠诚。"他们接受了这一至高荣誉的象征并流下眼泪,后来他们用这印章盖在他们的书信上。

仁宗的身体开始虚弱,他们将太子从南方的皇庭接过来,太子悲伤地赶来,但还是晚了,父亲已经驾崩,终年 48 岁。第六十九甲子第 42 年,按照惯例太子继位。

5. 宣宗，年号"宣德"，意为宣扬美德，在位 10 年。

第六十九甲子第 42 年(1426),仁宗之子宣宗继位,他是很仁慈的君王。皇帝喜欢微服私访。他禁止士大夫们在 25 岁之前升为进士。

他释放了被关在天牢里与他父亲争夺皇位的反对者。他自己带领军队顺利地剿灭了突袭的鞑靼军队。皇帝封交趾的一个高官为君王,但是三年后这个君王被谋反的"黎王朝"杀害①。黎王朝派一些大使来祈求宽恕。皇帝听从大臣的意见,为了不使人民受到伤害,似乎也没有什么益处,所以他没有派遣军队远征,而是赐予这些大使荣誉头衔。后来皇宫被火烧了好几天。火势凶猛,金银铜器皆被熔化,以至于这一堆金属可以做成很多兵器。今天,这些兵器被认为具有很大的价值,如同过去哥林多城的青铜②一样。

6.英宗,年号"正统",意为正直的统治。 第一次在位14年。

第六十九甲子第52年,宣宗驾崩,终年38岁。第53年(1436),在皇太后与掌权的太监的监管之下,宣宗9岁的长子英宗继位。英宗皇帝修葺了皇宫的九个城门。

正统第3年,皇帝下令禁止在偶像崇拜的庙里敬拜孔子。鞑靼人在边境不断地以突袭方式抢劫。

第六十九甲子第5年,在同一个星座可以同时看到几大行星。第15年九月,一个朝向东方的星星陨落了,并发出巨响。

第七十甲子,公元1444年

第七十甲子第6年,正统第14年,皇帝自己带领50万军队到长城之外进入鞑靼地区。由于粮草不足很多人死去,大部分人身体虚弱。最终在八月份中国军队各处受到攻击被打败,鞑靼人胜利了,并将皇帝俘虏带到鞑靼境内。③ 皇城因此非常混乱。英宗两岁的儿子代替登上皇位,由被俘虏的皇

---

① 根据史籍记载,此时安南掌权者为黎利,他与明朝谈判,先立越南陈朝后裔陈暠为安南国王。黎利后暗害陈暠,迫使明朝改立他为安南国王。 此事发生在宣德六年。 此后,安南国王由黎氏相袭。

② 西方古典时代一种有名的产于哥林多城的青铜合金,在老普林尼、普鲁塔克和西塞罗的著作中皆有提及。

③ 明英宗正统十四年,蒙古瓦剌部首领也先率众侵犯明境。 在宦官王振等的怂恿下,英宗率兵亲征,却不幸于土木堡为瓦剌所围,英宗被俘。 这次事件被史家称为"土木堡之变"。

帝的弟弟监护。虽然皇帝的弟弟没有获得皇位的继承权,但他获得了头衔与权力。皇后送去大量的金银和丝绸作为皇帝的赎款,鞑靼人接受了这些,但是他们要求得更多。鞑靼人假装放回皇帝,将其送到中国的边界,然后,皇帝再一次受到侮辱,按不符合他身份的方式被关入牢里。

7.景帝,年号"景泰",意为伟大的荣耀,在位7年。

第七十甲子第7年,被俘虏的皇帝的弟弟景帝继位。英宗皇帝的那些随从们被派往鞑靼,但是鞑靼人要求由更高地位和权力的贵族来陪同英宗回国。最终,在大量军队的施压下英宗皇帝被送回到帝国的边界唐家岭山附近。英宗给皇城的景帝写了一封诏书宣布自己下台,想要去修道,并且不要以隆重的礼仪来迎接他,最后为了避免与早已准备好的迎接者们相遇,他从另一个城门进入皇城,在那里兄弟俩见面了,相拥而泣之后,最终哥哥被弟弟及整个朝廷关入了南宫。

与此同时,弟弟继续着帝国的统治,甚至在他儿子生日的那一天,坚持宣布他的儿子为帝国的继承人。那天他对阁老说:"吾儿太子的生日是七月初二。"阁老表现出习惯的礼貌之后说:"但是,托您的福,我的陛下啊,太子(意指哥哥的儿子)的生日是十一月初一。"景帝不再提起此事,放弃了使其子成为太子的计划。① 一年之后,景帝之子薨逝。

8.英宗,新的年号"天顺",意为繁荣而顺利的天,再一次在位8年。

第七十甲子第13年,景泰第7年,皇帝突发疾病。在景帝尚未驾崩之

---

① 《明史纪事本末》卷三五《南宫复辟》:"(景泰三年)先是,上欲易储,语太监金英曰:'七月初二日,东宫生日也。'英顿首对曰:'东宫生日是十一月初二日。'上默然。"实际上,这则材料为诸多明代笔记转相抄录。 有研究者认为这可能是一个广为流传的故事,但其真实性值得怀疑。《明史》卷一一《本纪第十一》:"(景泰三年)夏五月甲午,废皇太子见深为沂王,立皇子见济为皇太子。"这可说明景帝立其子朱见济为皇太子是付诸实施了,而非放弃。

前,哥哥被从南宫救出来恢复祖传皇位,这成为英宗皇帝再次执政的第一年①。第七十甲子第 14 年(1457)一月,英宗大赦全国。二月,景帝崩,英宗掌权。皇帝下了封诏书,篡改了弟弟的名声和记录,英宗皇帝不愿意且拒绝按皇帝的礼仪安葬其弟,而是按亲王的礼仪来安葬②。

9. 宪宗,年号"成化",意为成功转化,在位 23 年。

第七十甲子第 21 年,英宗崩,终年 31 岁③。第 22 年(1465),英宗长子宪宗继位,宪宗乃第二任皇后所生,因为第一任皇后无子嗣。

宪宗非常喜欢和尚,热衷于朝圣之事。④

第七十甲子第 23 年,剿灭湖广省的流寇武装。

第七十甲子第 24 年,皇太后薨。

第七十甲子第 28 年,十一月能清晰看到流星,皇帝发出一些警告。

第七十甲子第 29 年,鞑靼的军队袭击中国,掠夺再次兴起。

第七十甲子第 36 年,鞑靼的军队被中国军队攻击以致惨遭屠杀。

第七十甲子第 37 年,朝鲜国王提出一个比较方便、取消繁文缛节的方式,以受保护为由派遣朝鲜大使到皇宫去,皇帝没有允许。鞑靼人再一次突击和掠夺了辽东地区。

第七十甲子第 38 年,来自撒马尔罕国的大使带来两头狮子。另一个来自小国 Fuen cheu 的大使请求赐予关于治国的书。

第七十甲子第 41 年,京城发生地震。

第七十甲子第 42 年一月,大量星星陨落,发出声响。

---

① 英宗复位应是英宗本人及宦官曹吉祥等人的蓄意谋划。 这次复位被当时的史家称为"夺门之变"。
② 明景帝即明代宗,被英宗废为郕王,是明朝迁都北京后,仅有的一个没葬于明十三陵的皇帝。
③ 《明史》卷一二《本纪第十二》:"崩,年三十有八。"
④ 明宪宗对佛、道均十分崇信。 对于佛教方面,明宪宗主要信奉的是藏传佛教。

10.孝宗，年号"弘治"，意为弘大的治理，在位18年。

第七十甲子第44年，宪宗崩，终年41岁。第45年（1488），长子[1]孝宗继位。孝宗偏爱和尚的迷信和过度的祭拜，喜欢谄媚的人，沉迷于炼金术。

弘治第5年正式宣立继承人。

第七十甲子第52年，交趾君王通过大使祈求大量的支援军队镇压叛乱分子。孝宗派人拒绝了。[2] 在陕西领导叛乱的首领在战斗中被活擒，被带到了京城。在西部地区闹起了大饥荒，以致父子相食。而从南方到东方的几个省份，又闹起了在中国很罕见的大瘟疫。

第七十甲子第53年，太阳比平常更昏暗一些。还能听到天空中的一些声响。发生了可怕的地震，以致50万人被裂开的大地所吞噬。

第七十甲子第54年，在所有的省份都发生了地震。

第七十甲子第55年，一只熊闯入了皇宫，这是个不幸的征兆，皇宫内部发生了大火灾。

第七十一甲子，公元1504年

第七十一甲子第1年，皇后薨。鞑靼人突袭中国边境，掠走大量战利品。

11.武宗，年号"正德"，意为完美的德性，在位16年。

第七十一甲子第2年，孝宗崩，第3年（1506），太子武宗继位，在这一年有彗星出现，有一颗星星伴着电闪雷鸣变成雨水。地震带来了罕见的飓风。借着这个机会，陶阁老向皇帝进谏，好让他严肃地专心治国，抑制过度的暴

---

[1] 《明史》卷一五《本纪第十五》："孝宗……讳祐樘，宪宗第三子也。"
[2] 《明史》卷三二一《列传二百九》："弘治三年，时占城王古来以天朝力得还国，复诉安南见侵。兵部尚书马文升召安南使臣曰：'归谕尔主，各保疆土享太平。不然，朝廷一旦赫然震怒，天兵压境，如永乐朝事，尔主得无悔乎？'"

躁脾气和对狩猎骑射的过分渴望,戒掉玩乐和嬉戏,将奉承者和堕落的男宠逐出皇宫,选用贤能,寻求公共的善,等等。最终,对愤怒的上天的虔敬意志才能重回到他身上。

第七十一甲子第 6 年,鞑靼人再次侵犯中国领土。第 7 年,一位同宗王爷造反,在战斗中被擒,并在皇宫被斩①。第 8 年,在北京、山东省和河南省出现流寇武装,他们部分是因为饥荒,部分因为贫穷的折磨而被迫拿起武器,他们被称为"流贼",因为他们如同快速的流水一样在各地泛滥开来。许多军队被派去镇压他们,阻止并击败了他们,但是并未彻底剿灭,这样只要有机会他们就会再次萌发。

第七十一甲子第 11 年,武宗喜欢偷偷散步,一次被老虎抓伤了,被迫卧床一个月。

第七十一甲子第 15 年,武宗想要自己挥军北上攻打鞑靼人,但是,当然他不会公开打着他自己的名义,而只是挂大将军的头衔。所有的内阁大臣们都劝阻他,这是新的冒险,因为这种状况,会为叛乱制造机会。皇帝执拗地要坚持自己的计划,生气地抓住短剑刺向一位阁老。这位勇敢的阁老伸出他的脖子,皇帝抑制住愤怒,改变了计划。②

第七十一甲子第 16 年,武宗想去南京、浙江等南方诸省巡游,在北方省份也有多条通往鞑靼的道路,大臣们反对,呈上多份恳求的谏书,以此来规劝他,通过这些谏书,他们想要打消皇帝出游的想法。但是,皇帝坚持其固执的疯狂行为,他命令大臣们跪在皇宫门前,持续了整整 5 天;其他同样被警告的大臣受到更严重的惩罚,被关入牢中。随后,出现了非比寻常的厚达 4 肘高的白霜,这一征兆使皇帝觉醒了,他赦免了他皇宫里的每一个人,放弃

---

① 应是指安化王朱寘鐇。

② 《明史》卷一六《本纪第十六》:"(正德十三年)癸丑,敕曰:'总督军务威武大将军总兵官朱寿亲统六师,肃清边境,特加封镇国公,岁支禄米五千石。 吏部如敕奉行。'"作者所言武宗欲亲征应是这次。 文献中的朱寿指的就是皇帝本人。

了去南方巡游的念头。

12①. 世宗，年号"嘉靖"，意为极其安宁，在位45年。

第七十一甲子第18年，正德第16年，武宗当着大臣的面将继承人的选任委托给皇后。他对国家的治理不善，于31岁驾崩。

第七十一甲子第19年（1522），武宗的弟弟13岁的世宗继位。

一开始世宗就树立了好君王的榜样，虔诚而审慎。他自己再三批阅奏折。世宗酷爱诗词。他要求大臣们无论他自己做错了什么事，都可以向他谏言。在饥荒时，他也自责好像是他自己犯的错一样，同时从国库和国家的税务中提供救助。他下令修葺长城。世宗过度沉迷于和尚们的祈求和梦想，他不仅渴求不死仙丹和炼丹术的技巧，而且他还安排人去每一个省搜集这些东西。嘉靖第18年，如果不是大臣们的反对，他就计划伺机放弃皇位，将这些烦恼的事情丢给太子。大臣们再一次上书要求将佛教和道教两派彻底清除掉，但是他们所做的只是徒劳。世宗按照明太祖的法典改正了孔子的封号，他不想要别的称号，只用"先师"。他禁止建造孔子雕像，只允许立一个纪念牌位。有一个穷人要将他的两个女儿卖去做娼妓，两个孩子知道之后双双跳入了河里。世宗下令为她们俩修建坟墓，并题字"贞女"。

第七十一甲子第47年，嘉靖第29年，鞑靼6万大军兵临京城，但是被中国军队打败而逃跑，200名将领及大量士兵被俘。② 第二年，鞑靼派来使者，请求原谅他们的行为，祈求允许每年贩卖马匹给他们。世宗同意了，但是因为一位有经验的人指出，这会在官员和商人之间造成骚乱和冲突，而且隐藏在买卖之下的其实就是掠夺，最终世宗禁止了马匹交易。

---

① 柏应理在文中将明英宗分两次列出，在这里原文中又再次从"11"开始排序，译文按前面的顺序依次排序。

② 实际上明军并未抵抗，任由鞑靼人在皇宫外烧杀掠夺多日之后离去，史称"庚戌之变"。

086　　第七十一甲子第 49 年，嘉靖第 31 年（1552）十二月二日，东方使徒圣方济各·沙勿略长眠于中国广东省上川岛，享年 55 岁。

第七十一甲子第 50 年，海盗头目汪直带领 100 艘战船骚扰中国沿海。

第七十一甲子第 52 年，以前作为附属国通常来中国朝贡的日本人，现在如同强盗和公开的敌人（倭寇）集结 4000 余人活跃在浙江省沿海，其中 1800 余人被杀，其余分散逃跑，当他们返回战船时，被大海吞没。第二年，他们再次集结 10000 余人，但是在 4 次战役中都被谭纶领导的 900 余人的中国军队打败，很快被赶来的大批的中国军队团团包围而剿灭。七年之后，新的倭寇武装再次侵犯福建省沿海地区，戚将军以出人意料的突袭方式一举歼灭了他们。在北方，将军刘汉带领大军在长城之外抗击鞑靼人。但是，这样一次进入鞑靼内部的征战，使他们迷失在鞑靼人的草原里，除俘虏了 28 名鞑靼的将领及带回 170 头骆驼之外，并没有带回来其他的战果。

第七十二甲子，公元 1564 年

第七十二甲子第 3 年，嘉靖第 45 年也即最后一年，有人①向世宗上书，提醒他关心自己和国家，这样就能恢复嘉靖初年的兴盛：20 多年来，祖先的法律和制度越来越差，除非皇帝寻求帮助，否则帝国就会崩溃。太子很少被允许参与父亲的内阁。那些未腐败而忠诚的大臣们或被贬职或受到严惩，并且因为皇帝的不信任和一些微不足道的原因被猜疑而受到不公正的惩罚。皇帝更多时间沉浸在花园的欢愉与闲暇以及宫女的环绕中，某种程度上忽略了其合法妻子皇后。一群无知的、贪恋金钱过于荣誉的武官们管理着军队。皇帝耗尽国库用于建造宫殿与花园，祈求和尚们的咒语以及花在那些伪造长生不老药的道士们身上——他们欺骗皇帝说能帮他升天，就像

---

① 此人很可能指的是海瑞。海瑞，字汝贤，号刚峰，海南琼山人。明朝著名清官。嘉靖四十五年（1566），海瑞向明世宗呈上《治安疏》，批评世宗迷信巫术、生活奢华、不理朝政等弊端。

在尧和舜的时代某位逃脱了死亡的人一样。皇帝对此非常愤怒,将奏折扔到地上,而后叹息一声又将奏折捡起来再读了一遍,感到非常懊悔。但是为时已晚,因为十月里世宗就病倒了,被认为有毒的不死仙丹夺走了他的生命,终年58岁①。

13. 穆宗,年号"隆庆",意为值得尊敬的荣耀,在位6年。

第七十二甲子第4年(1567),太子穆宗继位。他下令释放被他父亲关押的大臣,对于其他被判死罪的大臣,为了抚慰他们悲痛的家人,追封给他们一些头衔。另一些官员受到严厉的警告,并降了他们的官职品级。许多其父亲设立的习俗都被他按照他自己的意愿恰当地做了修改。

因其合法妻子②患疾不孕,穆宗下令将她移居到另一座宫殿,大臣们反对此事,他回答:"夫妇之间的事情不涉及你们和国家,妻子康复之后我会将她召回来。"

按照法律,没有人能在其祖籍地担任公共职务,高阁老③通过上书获得了这样一个职务,以便允许他熟悉当地下层官员并执行公务。这些下层官员或者是文官或者是征税官。

第七十二甲子第9年,隆庆第6年,穆宗突然病倒。他让皇后和阁老张居正共同监护10岁的太子,没几日穆宗崩逝,终年36岁。

14. 神宗,年号"万历",意为历时万年,在位48年。

第七十二甲子第10年(1573),太子神宗继位,他是一位早熟、审慎的君

---

① 《明史》卷一八《本纪第十八》:"十二月庚子,大渐,自西苑还乾清宫。是日崩,年六十,遗诏裕王嗣位。"

② 这是指孝安皇后陈氏,她于隆庆元年被封为皇后。

③ 疑为高拱。高拱,嘉靖二十年(1541)进士,嘉靖四十五年(1566)拜文渊阁大学士,隆庆五年(1571)升任内阁首辅。

王。他非常尊敬他的监护人和老师张居正,因为张居正每天来教导他。若是夏天,就派人用皇家扇子给他纳凉;若是冬天,则令人送两条毯子给他取暖;当他生病时,前去探望,并亲手喂他喝药。张居正的儿子,科举考试中了二甲头名,为了表示对老师的感恩,神宗将他列为一甲第二名即榜眼。

神宗喜爱公平公正,他天性机敏,知书好学。他决定由朝廷出资,让来自15个省的考生参与殿试。他亲自出席博士考试。神宗每天早晨会花4个小时的时间批阅奏折,因而很少现身。他下令将整个帝国的每位文人的姓名按照他们的等级和户籍每4年公布一次,直到现在还是如此。

第七十二甲子第11年,鞑靼人在辽东侵犯,被陈将军打败并屠杀。皇太后喜爱佛教,皇帝为了取悦她决定大赦,但是被阁老阻拦了,他们认为犯罪不受惩罚会打开通往所有罪恶的道路,上天自身要求惩罚罪人,甚至在佛教的地狱里面也是有惩罚的。

第七十二甲子第16年,神宗以隆重的仪式举行冠礼,并娶妻,妻子马上成为皇后。

为了防止洪水,用80万人开凿运河。

第七十二甲子第18年(1581),第一位耶稣会士罗明坚进入中国。

第七十二甲子第19年,因为皇后没有子嗣,神宗的一个妃子生下了皇帝的第一个儿子,他将来做了一个月的皇帝。有彗星出现。山西省闹饥荒,饿死者无数。人们挖了60个左右巨大的坑,称为"万人坑",因为每一个坑里有无数尸体。有一女子看到自己的丈夫被扔进了坑里,她自己也跳了进去,但是有官员命令将她救出来。这女人不想丈夫死后自己还活着,三天后还是去世了。

同一年,有一万多鞑靼人被将军李成梁杀掉。这一年,皇帝的老师阁老张居正去世,获谥号"文忠",神宗下令以隆重的礼仪将其尸体运回他的湖广老家。但是两年后,张居正被嫉妒者提出严重控告,他和他后代的头衔和荣耀都被剥夺,甚至他所有的财产都被收归国库。张居正的儿子为了避免惩罚而自缢。

第七十二甲子第20年(1583),大量鞑靼人通过结冰的河流入侵中国,但是他们几乎都被杀死。

同一年,耶稣会士利玛窦进入中国,将会建立伟大的传教区。

第七十二甲子第22年,再次发生大饥荒,连皇帝自己都很难过,他步行前往天坛祈求上天减小灾难。减免了一半的赋税。后来饥荒再次发生,神宗减免了南京七百万人的税赋。神宗派人去各省巡察,检查官员、食物和人民的财产。

第七十二甲子第29年,有彗星出现。有元老奏请神宗,他表示彗星的出现,是要皇帝赶走谄媚和腐败的大臣,他特别提及其中的三位。因为这个奏折,他被打入大牢并被判死刑。但是,他孝顺的儿子愿意代替父亲服刑,这令皇帝感动,将死刑改成了流放。

第七十二甲子第30年,看到彗星。第31年,在河南省发生大饥荒,以致人人相食。仁慈的皇帝从国库中拿银两赈灾。日本人侵略朝鲜,战火毁灭了一切,征服了很多城市。朝鲜王逃亡,派大使到中国请求派军援助。中国很快派出了援军,双方损失惨重,几乎所有的日本人被杀。日本人派大使团请求皇帝赐给他们封号。第二年,皇帝封他们为"日本王",但是以后不允许他们派使团到中国。①

第七十二甲子第33年,皇帝命令一些不愿意的大臣,到河南、山西、陕西开采银矿和金矿。六年之后,又下令关闭。

第七十二甲子第34年,万历第25年(1597),日本最初的真福殉道者为了信仰被钉死在十字架上。第七十二甲子第38年,万历第28年(1600)十二月,即公历1601年1月,利玛窦神父第一次进入皇城,1月24日,他向皇

---

① 指万历朝鲜战争。此处应是战争第一阶段,在碧蹄馆之战后双方开始议和。封丰臣秀吉为日本国王,诏书现存于大阪博物馆。

帝进献礼物,其中有救世主和圣母的画像。①

女真,或称东鞑靼人,势力已经强大起来,有七个旗或部落,他们之间彼此征战,在几场战争之后,他们统一了。西鞑靼人满足于皇帝给予的礼物,停止了与中国人之间的战争。

神宗皇帝有两个儿子,其中一个说服另一个选他作为继承人。因为这两个儿子都没有合法的继承权(他们都不是由皇后所生)。皇帝选立一个妃子的第二个儿子为太子,这位妃子已过世。大臣们反对,他们认为这完全不符合法律。皇帝坚持他的决定,大臣们也坚持。因此,一些大臣被惩罚,另一些被革职,还有一些革职之后离开了朝廷。最后,皇帝屈从于法律,宣布第一个儿子作为继承者。

第七十二甲子第41年,皇城发生洪水,水淹没了城墙。

第七十二甲子第44年二月朔,日食。第45年,南方发生大水灾,陕西闹饥荒。

第七十二甲子第47年,万历第38年(1610)四月,拥有圣人名望的利玛窦去世,终年58岁。他在中国传教27年,皇帝赐给他一大块地作为墓园②。

第七十二甲子第48年,京城发生大洪水,以至马和马车都不能出行。

第七十二甲子第52年,万历第43年(1615),在南京发生了针对基督宗教的第一次残忍的迫害,这次迫害由一位重要的官员沈㴨发起。一些传教士被鞭罚后关在囚笼里遣回澳门,另一些传教士分散离开,得到中国文人基督徒③的秘密保护。6年之后,基督宗教的事业开始重新发展,因为迫害者被革职并且不光荣地去世了。

---

① [美]夏伯嘉:《利玛窦:紫禁城里的耶稣会士》,向红艳、李春园译,上海古籍出版社,2012年,第216页。

② 即北京滕公栅栏。

③ 在杭州的杨廷筠、李之藻。

第七十二甲子第53年,万历第44年,鞑靼人由于受到多次攻击,他们更加团结,力量也更强大,他们不再只是掠夺,而是要占领城市。由于他们的商人在辽东遭到中国官员的野蛮对待,他们的权利被不公正地剥夺了,所以鞑靼人攻入城市,导致鞑靼王被以最不忠诚的方式抓捕和杀害。鞑靼王之子带领一支强大的军队占领了辽东的一座城市。然后他写信给神宗皇帝,抱怨他自己的臣民没有受到尊重。如果臣民们所受的不公正得到了公正的处理,他会归还这座城市,并放弃武装。神宗皇帝粗心地将这封信交给最高的大臣们,然而大臣们认为不值得回复鞑靼王。由于受到藐视,鞑靼王发怒了,为了祭奠自己的父亲,他许诺要杀死20万中国人。很快,他带领5万精兵占领了省府辽阳及整个辽东地区,再从这里朝北京省进军,他要实现自己许诺的一切。他快要到京城时,遇上一支庞大的军队,鞑靼王被迫带着他们的战利品回到辽阳城。在辽阳城鞑靼王自封为中国人的皇帝,自称"天命"。显然,这是位野蛮和残忍的君王。

第七十二甲子第54年,在南京省的长江上可以看到一些睡鼠漂在水面。这是从未有过的事。

第七十二甲子第55年,鞑靼人假扮成一个使团进入北京地区,被揭穿之后,遭到中国军队的攻击,双方死伤多人。鞑靼王佯装逃跑,然后包围了中国军队,并俘虏和处死了中国的将军。第二年,神宗皇帝派出60万大军,朝鲜王也派了12000名士兵加入了这支庞大的军队当中。战争持续了很久,5万中国人战死,鞑靼王取得了胜利,并兵临京城墙下。在京城里有8万的护卫军。整个京城里的人都很震惊,以致皇帝想要退往南京城,一位阁老阻拦并且指出,逃跑只会助长鞑靼人的士气,整个帝国也会造成严重的混乱。

15. 光宗,年号"泰昌",意为伟大的安宁,在位1月。

第七十二甲子第57年,万历第48年(1620)七月,万历皇帝崩,终年58岁,其子光宗继位。光宗年少时就擅长文学,早熟而谨慎。但是一个月后,九月初一,(据说由于医生的错误和不小心)光宗驾崩,终年 38 岁。

16. 熹宗,年号"天启",意为上天的启示,在位 7 年。

第七十二甲子第 58 年熹宗继位,年号"天启",他是光宗的第一个儿子。熹宗生性腼腆,过于信任宦官,宦官多达 12000 人。熹宗从整个帝国寻求新的帮助,他给朝鲜王送去礼物,感谢后者的祖父派遣的军队,并且要求派遣更多的军队。在这些士兵当中,有一位中国的亚马逊战士①,她来自四川省,她的小儿子留在那如同一个王国的地方(因为这个被大山环绕的王国拥有自己的法律)。同时,海军也做好准备。那时,徐光启和杨廷筠说服皇帝,从澳门引进一些大炮。但在这些大炮到达之前,鞑靼人已经被赶出了辽东地区,省府辽阳城也被收回。城里的百姓都憎恨鞑靼王的残忍,而此时鞑靼王自己忙于在鞑靼地区的其他战争。然而,战争发生之后,他马上赶到辽东,包围了辽阳城。有 3 万中国人和 2 万鞑靼人战死。由于有人背叛,辽阳城被占领了。鞑靼人发布一条法令,要求城里的百姓想要保住性命就要按照鞑靼人的发式理发,仍然有几千人宁愿失去性命也不愿失去头发。这条法令后来在整个中国执行。来自广东的毛文龙将军②,带领新的军队来反击鞑靼人。他巩固了山海关的大门,这是一个易守难攻的地方。凭借山海关,他封锁了鞑靼通往中国的大门。

同一年,天启第 2 年(1622),澳门城,由于葡萄牙人的功劳,剿灭了海盗,皇帝赏赐了他们。如同过去对整个东方及日本的传教团一样,现在澳门成为中国最高贵的贸易中心,荷兰人从海陆包围了澳门,但是他们的威胁被解除了,因为他们的舰队被打败并被赶走。

---

① 指的是古希腊神话中由女战士们组成的一个种族。
② 毛文龙生于浙江杭州,祖籍山西。 后文袁崇焕是广东东莞人,柏应理或许混淆了两人。

第七十三甲子,公元 1624 年

第七十三甲子第 1 年,天启第 4 年,整个国家发生了民众暴乱,流贼以强大的武装占据了 4 个省。

第七十三甲子第 2 年,天启第 5 年(1625),陕西省府附近发现一块纪念碑,记载了神圣法律以及用叙利亚文刻上的 70 位传教士的名字,此碑埋葬了一千多年之后被发现,这令新教友们非常高兴,因为纪念碑为耶稣会所宣传的信仰提供了不可否认的证据。

第七十三甲子第 4 年,天启第 7 年,天启皇帝驾崩,终年 32 岁①。同时,鞑靼人的暴君天命去世,其子天聪继位,与其父的性格完全不同,天聪皇帝温和、仁慈、人道。

17. 怀宗,年号"崇祯",意为幸福的庄严的征兆,在位 17 年。

第七十三甲子第 5 年,天启皇帝的弟弟也是光宗第五子怀宗继位,年号"崇祯"。怀宗爱好文学,尤擅长书法,是最优雅的统治者。他过于喜爱佛教,虽然他对基督宗教也有好感——因为他从他的祖父②那里了解到基督宗教,因而有好感并且支持。他减轻了严厉的法律。他不听从忠诚大臣的劝告。他限制穿着华丽的衣服,禁止穿丝绸。他禁止大臣们与太监之间的交往。崇祯皇帝发给皇宫的护卫们路费,让他们回老家探望亲朋,最后等他们回到家后不允许他们回到皇宫,这些护卫们都是由太监招入皇宫的。有一位士人无条件为合法的继承者服务,他上书皇帝,弹劾势力最大、最残忍的宦官主管(他的名字叫魏忠贤)。魏忠贤傲慢而残忍,危及朝廷和帝国,他为了避免更严重的惩罚,饮鸩而亡。他的尸体被愤怒的百姓们肢解,巨额的财

---

① 《明史》卷二二《本纪第二十二》:"乙卯,崩于乾清宫,年二十三。"

② 即明神宗。

产和珍宝被收入国库,他活着时的谄媚者们为他在全国建立的许多祠堂也都被烧毁夷为平地。

因为皇帝必须同朝廷里像盗贼一样的敌人,进行残酷的斗争,他赋予袁太监①很大的权力,并派他与鞑靼人谈判求和。然而,袁太监是个狡猾奸诈之人,又贪污腐败,签订了不平等的条约。皇帝否认了这一和约,袁为了强迫皇帝接受和约,在一次宴会中将最忠诚的将军也是他最大的对手毛文龙毒死。袁写信给鞑靼人,让他们从另一条路入侵北京。鞑靼人按照计划进军,直达并包围皇城。袁将军被招来解救,他到达后毫无畏惧地进入城门,很快被抓住拷问,被判叛国而绞死。鞑靼人得知此事,解除了包围,带着战利品回到辽东。后来,这内外两场战争,花了大约半年时间解决。

第七十三甲子第 8 年(1631),第一批多明我会修士以及紧随其后的方济各会修士,进入中国。

第七十三甲子第 10 年,崇祯第 6 年(1632②),礼部尚书以及基督宗教之柱石、虔诚地阁老徐光启去世了。为了保护天主教,他在迫害时期著书辩护③,以他的财产、他的家庭和他的性命担保,基督宗教没有不神圣的内容。为了推进和稳固基督宗教事业,邓玉函、罗雅谷、汤若望等神父们成功地向皇帝建议要重修历法。徐光启把同为阁老的李伯德禄李天经当作自己的继承者。通过太监们的努力,宫里的贵妃们获得皇太后的许可,受洗而接受信仰。

第七十三甲子第 12 年,崇祯第 8 年,鞑靼王天聪去世,其子崇德继位④,他是下一个王朝的创建者。他是一位谨慎、善良的君王,孩提时秘密地生活

---

① 柏应理此处有误。 杀死毛文龙的是袁崇焕,但袁崇焕显然不是太监。
② 柏应理此处计算有误,第七十三甲子第 10 年,崇祯第 6 年应为 1633 年。
③ 指在 1615 年南京教案时期,徐光启著写的《辩学章疏》。
④ 实际上"崇德"是皇太极的另一个年号。 天聪十年(1636),皇太极改国号"后金"为"清",同时改元,是为崇德元年。

在中国人当中,很好地学习了中国人的语言、文字、风俗。他以自身的仁慈善待并吸引了中国的将军和大臣们。乖张的统治和皇帝的严苛令大臣们生厌,加上军事上的不幸和可怕的盛怒,令他们心生嫌隙。

这一年及随后几年里,有八个流贼团伙之间相互征战,带来死亡和偷盗,它们过于强大而导致帝国的毁灭。此外,看上去鞑靼人的入侵也加速了帝国的毁灭。这八个团伙的头目之间相互争斗,最后整个流贼武装力量聚集在两个头目李自成和张献忠的手上。

这两位为了避免彼此被对方消灭,相互退让,张献忠盘踞在西边的省份四川和湖广(后文我们会提到的),李自成将他的注意力和军队放在北方。李自成是陕西人,也占据了陕西的一部分,他包围了河南省的省府开封,然而因为灾难他被迫放弃了该地。然后他再一次包围河南省府六个月,以致被围困者为了坚持活下去只能贩卖人肉为食。皇帝的军队带来了给养,但也带来了他们从来没有想到的毁灭,因为皇帝的军队决黄河之堤用黄河水来毁灭围困的军队,这导致整个城市和 30 万百姓被淹没。这场不幸的大屠杀发生在 1642 年十月九日。

李自成控制了整个河南省,随后占据陕西,各地在任的官员都被杀死,已经卸任的官员则被罚款,百姓则得到善待减免了赋税。朝廷的士兵纷纷投降加入他的军队。流贼首领李自成由于势力强大,自称皇帝。陕西省被占领之后,他朝北京进军,顺利抵达皇城,因为很早之前有一个叛徒已经偷偷将几千人放行入城,他们在李自成的军队到达之前制造了混乱。毫无疑问皇城被占领了,因为大臣、士大夫和太监内部彼此之间都充满矛盾。虽然皇城有 7 万的御林军,但是第三天城门就被打开,30 万的流贼军队进入京城,直奔皇宫。

崇祯皇帝忙于斋戒、听和尚们诵经,对所发生的一切毫无所知,也不知道自己被出卖。他试图以 600 个士兵出门迎战,然后光荣地死去,但是所有的计划都破灭了,他被所有的人抛弃,他回到皇宫,在花园里,用自己的血在黄袍上写下这些话："我的臣子出卖了我，对于我你们可以随便处置，但不要伤害我的百姓。"①随后，他用一把短剑想要杀死自己的女儿，以免她落入流贼的手中，当他准备杀她时，女孩因为躲避而伤到了手臂。最终皇帝自己拿绸带自缢而亡，终年34岁。

据说，整个国家这个朱氏家族8万余人被处死。内阁首辅同样自缢而亡，各处的妃子和太监们也都自缢。流贼们第二天找到皇帝的尸体，带到坐在龙椅上的暴君面前，受到野蛮对待。崇祯皇帝的两个儿子被斩首（因为太子已经逃走），所有的大臣被残忍地杀害。整个城市任由流贼们宣泄疯狂和欲望，很快他们去攻打最忠诚的将军吴三桂，将军正带领最强大的中国军队在辽东抵抗鞑靼人。李自成包围了这座离北京70里格远、最稳固的城市和堡垒②。为了强迫吴三桂投降，李自成将吴三桂的父亲带到城墙前，威胁要残忍地杀害他，除非吴三桂投降。儿子吴三桂在城墙上看到自己的父亲，跪下来，请求父亲的原谅，对于父亲来说他更要效忠于君王和国家，宁愿死上千次也不愿意无耻地侍奉一个盗贼。

父亲称赞了儿子，为国家而牺牲了自己。为了替皇帝和父亲报仇，吴三桂派遣使者带着礼物前往鞑靼王那里，用和平条约请求他派兵攻打暴君李自成，鞑靼王迅速带领6万士兵赶到。围困被解除，流贼军队撤走，暴君李自成回到皇城。然而他觉得在皇城不安全，在洗劫了国库之后，他烧毁皇城，带着军队逃回陕西。鞑靼人的骑兵带着武器追赶逃兵。

同一时间，鞑靼王崇德进入中国时去世，在这之前他已宣布他的小儿子继承王位，并将军事和国家的管理托付给阿玛王多尔衮。很快只有6岁但是早熟的小皇帝，胜利进入京城，整个京城的百姓都用祝贺和欢呼来欢迎这位

---

① 《明史》卷二四《本纪第二十四》："御书衣襟曰：'朕凉德藐躬，上干天咎，然皆诸臣误朕。朕死无面目见祖宗，自去冠冕，以发覆面。任贼分裂，无伤百姓一人。'"

② 即山海关。

国家的拯救者。小皇帝坐上龙椅，所有人异口同声，山呼"万岁，万岁，万万岁"。百姓的欢呼声带给他政权。皇帝被称为"顺治"，他是鞑靼人和中国人新王朝的创立者——这个王朝称为"大清"。这个帝国的第一年对帝国来说是吉祥的征兆，同时也是崇祯皇帝的第 17 年，对他来说却是最糟糕的一年。这就是第七十三甲子的第 21 年，即公元 1644 年。

第二十二个王朝　清朝

1. 顺治，即清世祖，年号"顺治"，意为顺利地统治，在位 17 年。

吴三桂(已殁的暴君李自成曾经与他交战过)万万没有预料到，他为了把狗赶走，却把狮子引了进来。他接受鞑靼王赐予的"平西王"封号，而作为分配给他的驻地的陕西省首府西安，已在战火中遭到流寇①的毁灭。鞑靼人成功征服了北方省份，于是把心思和兵力转向南方。第二年，万历皇帝的孙子弘光称帝，建都南京。然而，弘光帝很快就被俘虏，被押送至北京，与崇祯的长子(不确定是真的还是假的)一起被勒死②。鞑靼人继续进军至浙江省首府，在那里，拒绝称帝的潞王看到城市被鞑靼人包围，想到他的臣民将受到残害，他在城墙上跪下哀求道："我本人随便你们处置，我愿为我的臣民牺牲。"说完就离开城墙，向鞑靼人投降。他的责任心虽然没能拯救国君，却拯救了城市和百姓。万历的另一个孙子隆武在福建称帝。然而，整个福建又被鞑靼人平定了，他不久之后就遇害了。

---

① 指李自成的军队。

② 在《鞑靼战纪》里有提到，有人自称是崇祯长子，但弘光皇帝不承认。由《鞑靼征服中国史》《鞑靼中国史》《鞑靼战纪》组成的一本书，在 2008 年由中华书局出版。

出生于福建的海军将军郑芝龙曾在澳门工作和受洗,教名"尼古拉斯"。他与西班牙人和荷兰人开始有一些接触,后来发展到大型贸易,他也从著名的海盗变成强大海军的统帅。他曾是隆武帝的手下,但是此时投靠了鞑靼人,被鞑靼人册封为王,也应鞑靼人邀请去参加隆重的宴会。受鞑靼人的诱骗被带到宫中得到优待,他在皇宫中得到很高的待遇。然而,他儿子"国姓爷"①却比较谨慎,他继承了父亲的整个海军的指挥权,无论是父亲的劝告或是鞑靼人的承诺都无法动摇他对君王与祖国的忠诚。

鞑靼人的军队继续进军至广东,然后到广西,试图征服这两个省,他们通过简单的谈判夺取了一些城市和地区,不过他们的接连胜利在广西受到阻碍。那里的总督是瞿多默和焦路加②,他们是从不同省份逃亡至此的一整支军队的最高指挥官,两人都是天主教徒。战斗很惨烈,最终鞑靼人战败被歼。不久,中国的胜利者们拥立永历皇帝,他是万历皇帝的后裔,他从贵州省首府(他做王爷的地方)被带到广东肇庆建都登基。

太监总管庞亚基楼③为永历皇帝提出很多建议。他是热忱的天主教信徒,在与安德烈亚斯·科夫勒神父的共同努力下,皇帝的母亲、妻子以及儿子太子都接受了洗礼。这位太子,正如他的名字所表明的那样,有望成为中国未来的康斯坦丁④。在皇帝的同意下,皇后派遣使者卜弥格向教宗致敬,使得罗马与全世界都知道这位皇帝的盛名。这次对鞑靼人的胜利以及新皇帝的名声都得到广泛流传。不久,在福建省的王国师(之前是军事统帅),率领由四方强盗组成的队伍,和尼古拉斯的儿子"国姓爷"一起,收复了一些失地,后者收复了沿海城市,前者收复了内陆城市。在江西省,又有金提督背

---

① 郑芝龙之子本名郑森,因蒙隆武帝赐明朝国姓"朱",赐名成功,并封忠孝伯,世称"郑赐姓""郑国姓""国姓爷",又因蒙永历帝封延平王,称"郑延平"。

② 瞿多默即瞿式耜,焦路加即焦琏。 清兵入关后,瞿式耜与焦琏迎立桂王朱由榔于肇庆。

③ 即庞天寿。

④ 太子的教名。

叛鞑靼人。① 鞑靼人没有赢过他们一次。

在北方,有两个将领贺将军与姜将军②起兵。贺将军占据陕西省的大部分城市,包围首府,但最终没有成功。姜将军在陕西省带领14万骑兵和更多的步兵,在两场战斗中击溃鞑靼人的军队,以至于鞑靼人不敢与之正面交锋。然而鞑靼人通过阴谋诡计、金钱利诱、拖延阻挠及利用中国将领之间的不和煽动叛变,最终在三四年的时间内,以武力征服了在南方和北方的几乎所有的城市和敌人。

另一个名为张献忠的强盗首领驻扎在西部的四川省,我们前面已提到他。他是中国的尼禄③,或者更确切地说,是披着人皮的恶魔。尽管他表面上对军人们亲切可敬,他像一个普通士兵一样与他们一起嬉戏宴乐。但他在野蛮地肆虐了湖广、河南、南京、江西几个省份后,最终把所有的疯狂对准了四川。他首先杀害前朝的王爷以及其他贵族。他不止一次因为一个罪犯的小小错误而把他居住的整条街道的人全部杀掉,还因为一个士兵的错误而把整个两千人的军队杀掉,因为一个医生在治疗他手下一个凶徒时犯了错误,他就杀害了上百名医生。他在任的三年里,他的600名官员中最后活着的几乎不到20名,都是因为琐碎小事被他以各种方式处死。他杀了5000名太监,因为在他们之中有人不称呼他为君王,而是直呼他的本名"张献忠"。他因为一个僧人得罪他(他之前是反对基督宗教的严重迫害者)而杀了20000名僧侣作为地狱的献祭。

在利类思神父和安文思神父面前(他有时喜欢他们,也有四次曾想杀死他们),他夸耀自己做了非常伟大的事情说:"那些人想要你们的命,但是天主派我来惩罚他们。"他经常称颂基督宗教,并承诺说,要是他统治了帝国,

---

① 王国师即王祁,金提督即金声桓。

② 贺将军即贺珍,姜将军即姜瓖。

③ 尼禄是古罗马帝国皇帝,公元54—68年在位,历史上有名的暴君。 他将64年罗马大火归咎于基督徒,对教徒施以公开的迫害与残杀。

他将为天主建起宏伟的教堂。他下令召集四方的生员参加科举考试。来了18000人,他却下令将他们全部关在城里的一间学校里集中处死,因为他说,他们的诡辩会煽动民众叛乱①。

顺治三年(1646),张献忠打算进军陕西抗击鞑靼人,他下令把首府成都的百姓绑在城墙外,他自己骑着马到民众中间,百姓纷纷跪地哀号求饶,他在那里停留了好一会儿,好像在犹豫要做什么,然后下令说:"把这些敌人都杀掉。"因此,所有人都在暴君的眼前被屠杀了。有60万人被杀,其中有无数的小孩,他们在神父的帮助下受洗,离开屠夫的双手升往天国。接下来他把士兵们召集起来,下令所有人效仿他杀死自己的妻子,因为她们是出征的负累,他从自己拥有的300名妇女中留下了大概20人侍奉他的三个妻子,其他的都被杀害。全军都服从他的命令,杀了无数的妇女。他在焚毁了诸多城市和宏伟的都城后,向陕西省进军。当他三次被告知有五个鞑靼侦察兵出没时,他不穿铠甲走出军营外亲自观察敌情。随后鞑靼人一箭射穿了暴君的心脏,他立刻堕马身亡。张献忠死后,他的军队也被击溃,留守四川的百姓们开心地迎接鞑靼人,视他们为救星。

在征服了11个省之后,鞑靼人又攻占了南方附属于永历皇帝的四省。顺治帝派出三位王爷率领三支军队。广东省首府城市被包围,这次包围持续了差不多一年,攻守双方都损失惨重,直到1650年11月24日,即第七十三甲子第27年,顺治七年,广州城最终沦陷并遭到长达十天的疯狂洗劫,有大概10万人遇害。接着清军向永历皇帝的驻地肇庆进军,但是永历皇帝对自己的力量没有信心,于是逃往广西,接着又逃到云南。

第二年,顺治皇帝的叔父兼导师"阿玛王"薨逝,他是一个明智而有教养的人,受到中国人的爱戴。鞑靼人之所以能够征服帝国,主要是他的功劳。

---

① 《明史》卷三〇九《列传第一百九十七》:"(献忠)性狡谲,嗜杀,一日不杀人,辄悒悒不乐。诡开科取士,集于青羊宫,尽杀之,笔墨成丘冢。"

阿玛王的兄弟也是一位王爷,他想成为皇帝的监护人,但是所有贵族都认为顺治帝已经14岁,而且已与西鞑靼国王唐努王①的女儿结婚了,因此主张由皇帝亲自治理国家。显要的大臣们把自己的官印挂在宫门上,表示除非是皇帝亲授,否则不会接受这些官印。最终,这位王爷被迫妥协。另外,顺治是一个有天赋而且有所作为的君王,他使中国人都臣服于他,与中国君王不同,人们很容易接近他。

顺治帝愿意保留中国人的法律、文字和政治制度,不做大的改动,同时不允许放弃对鞑靼文字、语言的学习,除非得到特别的豁免。他保留了有四千年之久的六个最高机构——六部。六部由同样多的鞑靼官员和中国官员组成。他把六部的地址,就好像君王的居所那样,设在一座宫殿中,撤销了前朝设立在南方皇城的六部。

他把武官和文官完美地结合在一起,在治国方面一如既往地听从中国的哲学家。这位拥有敏锐的天赋与判断力的统治者知道,真实公正而不腐败的科举考试关系到国家的兴亡。当他发现科举考官中有人收受贿赂时,他毫不留情地下令将其中的36人处斩。考生们无论花了多少钱行贿,都要重新考试。考试胜出者得到宽恕并授予职位,不过,考试失败者则连同其整个家族一起放逐到鞑靼利亚。直到今天,整个帝国每年都有很多罪犯受到这样的惩罚,使得鞑靼利亚这片荒芜之地的人多了起来。他们在那里繁衍生息,他们的子孙后代也渐渐地融为鞑靼人。

顺治皇帝很敬爱汤若望,称他为"玛法"。这在鞑靼语中是"爷爷"的意思。汤若望被授予钦天监的最高职位,并介绍欧洲的天文学,他受到了对手的嫉妒,因为他们失去了三百年来的特权②。顺治皇帝给予汤若望很大的特权,他可以随时不通过任何中间环节直接向皇帝递交奏折。他提交了大概

---

① 唐努即唐努乌梁海。

② 汤若望的政敌是杨光先,他主张的旧历法在汤若望之前沿用了三百余年。

100份,对于促进国家和宗教事务发展起了很大的积极作用。因此,此前默默无闻的天主教现在开始显露并得以四处传播。在1650年,崭新而威严的教堂在皇帝的授权下建成,另一座教堂同样也在皇帝的眷顾下建成。① 皇帝曾亲临汤若望的教堂,天主教在大约两年间变得繁盛起来。

第七十三甲子第33年(1656),第一个由莫斯科大公派遣的使团由于拒绝按照中国人的习俗和仪式来表达对皇帝的尊敬,没有达到他们预期的目的。十年后,他们又成立了另一个使团,荷兰人也派来大型使团,不过他们的愿望都落空了。

第七十三甲子第36年,顺治十五年(1659)②,尼古拉斯的儿子"国姓爷"在付出惨重代价后在沿海地区一路胜利进军。前一年,他在进军至南京岸边的路上损失了500艘战船。这次最终带领3000艘战船一路上攻城略地,最终包围都城南京。郎廷佐③担任南京城和省的最高长官,当时他还是一个年轻的中国人。在作战会议上,鞑靼将领认为南京守不住了,无法保证城内市民的安全,因此要先把他们全部杀死。郎廷佐对这个野蛮的提议感到震惊,他说:"要是没有其他办法确保南京的安全,那就先杀了我吧!"这番话劝阻了野蛮人的决定,同时拯救了市民们的性命。在围困南京之后大概不到二十天,是"国姓爷"的生日,他高兴地与全军嬉戏和宴饮,举行为期三天的庆祝。在此期间,守城士兵在夜色中对他们进行了猛烈的偷袭,这出乎他们的意料,3000人被歼灭,南京城的围困得以解除,郑军被迫放弃战船和所有物资,这些都被胜利者缴获。"国姓爷"这次遭受重大失败,而且很快他的父亲和兄弟们被处死,他要尽力报仇。不久后,他与鞑靼的海军交战,经过惨烈的战斗后,最终鞑靼的战船有些被击沉,有些逃跑,有些被缴获,而且有大

---

① 这两座教堂即在北京的南堂(1650)和东堂(1657)。
② 顺治十五年,应为1658年。 顺治十六年,为1659年。
③ 郎廷佐,汉军镶黄旗人,世籍广宁,清朝大臣。 郑成功攻南京时,郎廷佐任江南江西总督。

约4000鞑靼人被俘虏,"国姓爷"杀了他们的将领,削掉其他所有人的鼻子和耳朵后再送回陆地。这些被送回的士兵,因为他们的友军不能忍受在朝廷中有这种可耻的场面,按照皇帝的命令,全都被杀死了——任何人要么为国争光,要么为国捐躯。

第七十三甲子第38年(1661),"国姓爷"从海陆分两路围攻由荷兰人守卫的美丽岛①上坚固的城市和堡垒。经过四个月的围攻后,守军饱受饥饿的折磨,在绝望无助的情况下,双方达成协议,整座海岛向中国人投降。于是"国姓爷"在岛上建立起他的据点,但只是短时间的据点,因为很快在第二年,"国姓爷"就得知荷兰人和鞑靼人开始联盟,在菲律宾又有数千中国人惨遭西班牙军队屠杀,加上他儿子的丑闻,令他完全陷入了疯狂,以致用牙齿咬断自己的手指,在疯狂中死去。②

同在1661年,前一个皇族明朝残留的火花,即我们前面提到的永历皇帝,也被消灭了。永历皇帝本人逃到了与云南省接壤的王国缅甸(通常称为"骠国"),鞑靼人也带领新的军队迫近。鞑靼人写信给缅甸国王,威胁索要逃亡者。于是永历皇帝及其全家就马上被交出去。不幸的永历皇帝被押解至都城,被绳索勒死。太后和皇后以及其他嫔妃被带到北京,在皇宫中得到礼待和保护,她们坚定地保持着奉献给基督的信仰。

还是在这一年,而且是在这一年的年初,鞑靼人与中国人的皇帝顺治帝驾崩。他过早去世的原因,在于他对一个地位卑微的女子的狂热的爱。为了得到这个女子,顺治帝传召了她的丈夫,辱骂他没有做好自己的工作,并掌掴了他,女子的丈夫回家三天后忧愤而死。得知此事后,顺治帝把该女子召进宫中,并破例下诏册封她为贵妃。皇帝这位新妃子给他生了个儿子,在小皇子出生时为他举行了隆重的皇家庆典。然而小皇子三个月就夭折了,

---

① 即台湾。
② 以上关于"国姓爷"即郑成功的记载,和《鞑靼中国史》中的记载几乎完全一致。

他的母亲不久后也随之而去。这两人的过世令皇帝十分悲痛,据说要不是太后和太监们阻拦,他就因为悲痛过度而举剑自尽了。他想要用30个人殉葬来抚慰妻子的亡灵,这是中国人的丑恶习俗——这个野蛮的习俗被顺治帝的后继者废除。顺治帝宣布,不仅皇亲贵族,而且全国人都要为皇后(他追封她为皇后)服丧,官员服丧一个月,百姓三天。葬礼也超过一般规格。皇后的尸体放置在造价昂贵的棺材中,上面镶嵌着大颗的珍珠,按照鞑靼人的习俗进行火葬,火堆中还投入了大量的金银、丝绸以及皇家的家具,一并焚烧,还发放20万金币给士兵和穷人。君王自己像个女人一样恸哭,亲手把她的骨灰放进一个银罐中,他十分爱这位死去的皇后。

有2000名和尚聚集在一起用悼歌和愚蠢的迷信来蛊惑伤心的君王,他要求宫女、太监们穿上祭祀的服装,甚至他本人也自甘堕落、削发、斋戒、穿上和尚的衣服,而且在皇宫中建起了三座寺庙,用于崇拜他之前蔑视的偶像,有时候他还去京城里其他的寺庙朝拜。

此时汤若望并没有忘记他的职责,他尝试通过奏折使悲伤的皇帝恢复。虽然皇帝大多数时间会听从他的意见,但是在即将过世之时却不听了。在皇帝最后的一段日子里,尽管他被允许面见皇帝,皇帝也不用他下跪,但听完他说的话后,皇帝下令给他上茶,没有说什么就让他离开了。

顺治皇帝倾听了臣子指出的他的过错,而且亲笔写下自己真诚的自责,列出了12点,向全国公布。最后,他感到自己将不久于人世,便召见四位大臣,承认自己没有好好治理国家的过错:对于父亲和祖父,没有好好地因循规则和责任做好守业者;不重视母亲的意见;为了要钱减扣贵族们的补贴;热衷于劳民伤财,无谓的花费甚多;没有视民如子;纵容宦官;对死去的皇后过度宠爱,因为对她的去世感到悲伤,既烦扰了自己,又烦扰了臣民。最后,他把8岁的儿子托付给四位大臣。然后他穿戴好准备去见父辈们,同时与其兄弟们道别,他说"我要离开了"。不久,他因为天花在午夜驾崩,终年24岁。

第二天早晨,所有的和尚都被驱逐出宫。中午,他的遗体被安放在棺材中,待一百天之后进行火化(死于天花的人都要这样)。三天后,他的 8 岁继承者登基称帝。读者可以参考鲁日满神父的《中国传教事业的开始与发展——鞑靼中国的新历史》①,鲁日满记载了顺治皇帝统治的整个过程。

2. 康熙,即清圣祖,年号"康熙",意为安定宁静,现今的统治者。

第七十三甲子第 39 年(1662),顺治帝的 8 岁小儿子康熙帝继位。顺治帝没有采用长子优先继承权,而是根据鞑靼人的习惯,父亲的意愿乃是上天降临的意愿,神圣不可侵犯。

一开始,在四位辅政大臣的治理下国家事务得到稳定、和平的管理。太监的首领,他是万恶罪魁,被处斩。4000 名太监被驱逐出宫,剩下 1000 名留守最低微的职务。朝廷颁布法令,跨越 6 个省份的所有沿海居民都要搬迁,往内陆移居大约 3 里格,沿海的郡县、城堡、市镇一律遵守,同时所有海上贸易都被禁止,违者处斩②。这个法令的实行使得上千万以捕鱼为生的人民生活难以为继,饱受饥饿困苦。不少基督徒的教堂以及偶像崇拜的寺庙都被毁灭。此外,葡萄牙人也接到搬迁的命令,要不是有汤若望对这座处于危险中的城市施以援手,澳门也会被毁灭。沿海的敌人因此得到很大程度的削弱,大概 20 年后海峡另一边的美丽岛也落入鞑靼人的控制下③。

---

① 即《鞑靼中国史》。 本书主要记述了 1665 年北京教案的过程,是研究此次教案的第一手史料。

② 这是指清初的迁海令,其目的是对抗郑成功父子。 严格来说,迁海令实施于顺治、康熙两朝,直到康熙二十二年(1683),迁海令才算解除。 迁海政策涉及地域广泛,各地具体实施的时间并不一致,而且各地沿海民众内迁的距离也不尽一致,文献对此也无较为确切的记载。 根据相关研究,顺治十八年(1661),清廷要求广东、福建以及浙江等地内迁的距离为 30 里,但各地具体执行则略有差异。

③ 康熙二十二年(1683),康熙帝以施琅为福建水师提督,出兵攻台,在澎湖大败郑氏海军,随后明郑纳土归降。 康熙二十三年(1684),清政府在台湾设一府三县,隶福建省。

第七十三甲子第 41 年,康熙三年(1664),发生了广泛而严重的针对基督宗教信徒们的迫害。对此可以参见毕嘉、鲁日满以及聂仲迁等神父们的叙述。当时发布了反对天主教的法令,该法令把天主教视为叛乱邪说的始作俑者,带头人汤若望以及三位同僚被 9 条锁链锁着,从监狱送到不同的法庭。宫廷里的所有欧洲神父都被驱逐。基督徒的书、铜像等都被当作叛乱的标志下令烧毁,不过教堂、圣像以及基督徒们得以幸免。

1665 年 4 月 16 日,汤若望在审判法庭上首先被判绞刑,然后被判最残酷的刑罚凌迟,即一片片地剐下活人的肉的刑罚。这审判是由亲王们以及四大辅臣认可并执行的,然而当时整座城市发生了地震以及数次余震。于是皇帝宣布了大赦,监狱的罪犯被释放,不过汤若望还被关着。一个月后,因为在皇帝生日的前一天皇宫失火,汤若望得以释放。之前进入皇宫的欧洲神父们(3 位来自多明我会,1 位来自方济各会,21 位来自耶稣会),除了 4 人,其余都被驱逐到广东的首府。8 月 15 日,汤若望安详平静地去世了。他后来被平反昭雪,得到隆重的安葬,并且由皇帝恢复了之前的头衔,皇帝也为他写了悼词①。

第七十三甲子第 43 年(1666),四大辅臣中最年长的索尼去世。康熙帝在隆重的仪式中接管帝国,帝国的管理至此在明智公正的荣耀中进行。起初,他在四大辅臣的另一位苏克萨哈的指导下。苏克萨哈在智慧和威望方面都高于其他两位,他因此也是基督宗教更加凶残、更会伪装的敌人。

他被控告 20 条罪状,并且被关押起来,他的财产被收归国库,他被判处最残酷的死刑。皇帝下旨减轻痛苦的刑罚,改为绞刑。于是,在九月九日的前一天,他的 7 个子孙被当众斩首,他的三儿子被凌迟处死,都在父亲面前身首异处。

第七十三甲子第 45 年,葡萄牙使团得到康熙皇帝的友好接待,此行是为

---

① 汤若望的墓碑今天还存于北京天主教墓园。

了支持澳门的事务。

　　第七十三甲子第 46 年(1669),皇帝下令让南怀仁修正中国新历法的错误①。南怀仁之前由顺治皇帝从陕西省传诏进宫。这一历法曾经杨光先编写,那时他担任汤若望的天文学官员职位,并且以他恶意诽谤中伤的书来煽动皇宫的贵族、僧人和穆斯林对抗基督宗教和欧洲天文学,但是基督宗教和欧洲天文学还是通过历法重见天日。而且天主教经过七天帝国会议的检验后被宣布并不是邪恶学说,"跟煽动叛乱也没有关系"。之前被流放的欧洲神父们也得到皇帝的许可被召回原先的教堂,尽管还不允许建造新的教堂,但中国人也可以信仰基督宗教。② 杨光先被贬为庶人,然后又被判死刑,但后来又得以免死,被遣返回乡,几个月后因为他的恶行遭到天主的打击死于路途中③。我们的南怀仁被授予历法官的职位,后来直到今天又得到皇帝的越来越多的封号和眷顾。他做了康熙皇帝 5 个月的数学老师。请参见《无罪获胜》以及南怀仁的《欧洲天文学重见天日》。④

　　第七十三甲子第 50 年(1673),新的纷乱震动帝国。云南省最有权势的王爷吴三桂(前文已提及此人),之前目光短浅地把鞑靼人带进中国,拒绝应诏进宫,除非有 8 万军队陪同。随后又驱逐使节,叛变鞑靼人。康熙帝给邻国藩王颁发《康熙永年历法》。越南北部的君王及其他藩王拒绝接受,并将历法还给皇帝。吴三桂征服了云南、四川、贵州三个省,此外还占领了差不

---

① 南怀仁最终于 1678 年编成《康熙永年历法》。

② 《清史稿》卷二七二《列传五十九》:"是时朝廷知光先学术不胜任,复用西洋人南怀仁治理历法。南怀仁疏劾明烜造康熙八年七政民历于是年十二月置闰,应在康熙九年正月,一岁两春分、两秋分,种种舛误,下议政王等会议。 议政王等议,历法精微,难以遽定,请命大臣督同测验。……(议政王等)又言:'候气为古法,推历亦无所用,嗣后并应停止。 请将光先夺官,交刑部议罪。'"

③ 《清史稿》卷二七二《列传五十九》:"南怀仁等复呈告光先依附鳌拜,将历代所用洪范五行称为灭蛮经,致李祖白等无辜被戮,援引吴明烜诬告汤若望谋叛。 下议政王等议,坐光先斩,上以光先老,贷其死,遣回籍,道卒。"

④ 以上关于对传教士的迫害,参见《鞑靼中国史》第三部分。

多湖广省的一半。他的大儿子在皇宫里被斩首。阴谋败露后,所有罪犯都被杀害。两年后,福建和广东的王爷发动叛乱,由于其中一人的父亲不久前刚去世,他们穿上中国人的服饰。此外,美丽岛及其他沿海诸岛的统治者也加入了他们。如果他们能够齐心协力为国家自由而战的话,那么鞑靼人肯定会失败,但是美丽岛的统治者由于受到福建王的轻视,不久就撤退了。双方交战多次,福建王战败了。同时朝廷也派出鞑靼的王爷带兵出战,皇帝的叔叔亲自到湖广,另一位王爷到浙江和福建,还有一位到广西和广东。福建王屡战屡败,对自己的军队已经失去信心,于是把头发剃掉,向鞑靼人投降,他得到了鞑靼人的优待,还让他继续管理军队。广东王尚之信因为被吴三桂赐予了低级而不匹配的封号,于是就背弃约定,把整个省份献给鞑靼人。

这一年(即1675年)的7月12日,皇帝来到我们的教堂①,并亲笔写下两个汉字"敬天",意思是尊敬上天或上天的主人,这两个字用皇家的图案裱装起来送给我们。这两个字的副本展示在三个修会②在全国的教堂里,这表明对基督宗教的默认。

第七十三甲子第56年,即康熙十八年(1679),吴三桂由于年老体弱去世,他的小儿子洪化称帝。同年9月2日早上10时,皇城以及周边地区发生了可怕的大地震,无数的宫殿、神殿、塔楼以及城墙倒塌,超过400人被掩埋在废墟下,靠近皇宫的城镇通州有超过3万人被掩埋于房屋废墟之下。小地震持续了大概三个多月,有间歇的余震。皇帝本人、皇子们以及贵族们都离开皇宫住在帐篷中,悲惨的百姓们在户外露天生活,尽职的皇帝安抚他们,从国库拨款用于埋葬瓦砾下死去的百姓,并重建倒下的房子。

这一年的最后一个月,也就是1680年1月4日,金銮殿突然起火,几个小时内就被烧毁,财产损失达285万两黄金。火灾后第四天,皇帝到郊外狩

---

① 指今天北京的南堂。
② 三个修会分别是耶稣会、多明我会、方济各会。

猎,这是他非常喜欢的活动。这里顺便谈谈这位统治者所表达的尊敬与追思。在狩猎时,康熙帝眺望到一个很大的墓碑,他听说是前朝崇祯皇帝的,皇帝的父亲顺治帝曾为崇祯皇帝安排隆重的葬礼,并专门去墓碑前跪下,哭喊道:"崇祯帝啊,你要知道,你不幸的死亡不是我们造成的,你的大臣们才是你的敌人,是他们把你逼迫到这种境地的。"康熙帝按照习俗,给崇祯皇帝上香祭拜。在狩猎途中,康熙帝在远离人烟的地方碰到一个陌生的老人,他因为唯一的儿子被一个鞑靼官员暴力抢走而哭泣。皇帝很感动又觉得羞耻,他让老人坐上他的马,赶去抢老人儿子的人那里。走了两个里格的路程。然后他下令将犯人在四处赶来的贵族面前处斩,让那个老人担任他的官职,同时加强了对相似的滥用职权罪行的惩罚。

第七十三甲子第 57 年(1680),广东王尚之信虽然已经臣服,但仍然遭到鞑靼人的怀疑,这个不安分的敌人违背君王的命令,凭借与西班牙人和荷兰人的海上贸易变得十分强大,掌握着 4 万大军,想要摧毁澳门。当他接到皇帝让他征讨广西叛军的命令时,他把分散的兵力集中到一个城市,并狡猾地把他的宫殿迁回到广东。几个月过去后,17 天前朝廷派出的两位高级官员,于 10 月 9 日一早到达广东,并带来了绳索,为表示尊敬让他自缢而亡,112 名党羽也被斩首(其中包括他的三个兄弟)。其实他本来应该是一个有更好命运的君王,因为他很好地理解了天主以及我们的宗教,正如前面谈到,他对天主和宗教的使者也十分友好①。鞑靼人没收了他的巨额财富,并且挖开他父亲的坟墓,想看看他的遗体是否穿戴中国人的服饰,但他们发现其实是按照鞑靼人的习俗安葬的,尚之信的其他兄弟及亲戚(其中包括皇帝

---

① 1672 年,担任广东府总督的尚之信帮助方济各会在广州建立教堂。

的女婿)得以赦免①。

同年年末,来自菲律宾的圣奥古斯丁修会登陆澳门,进入中国。

第二年,即 1681 年,前文提到的福建王(即耿精忠)因为残暴对待他所怀疑的多位将领,当他反叛时被抓,在皇宫中众人面前被凌迟处死,他的尸体碎块被扔去喂狗,他无辜的兄弟们则被斩首。② 云南省的首府被鞑靼人攻陷。洪化皇帝为逃避鞑靼人的惩罚自缢而亡。其父吴三桂的尸骸被挖出来,送到朝廷,部分骸骨被标上屈辱的记号分发各地,以示震慑,部分则被碾成粉末,抛洒在空中,以表羞辱。

1681 年这一年,是耶稣会在中国传播天主教的第 100 年③。

第七十三甲子第 59 年(1682),在高兴地平定三王以及 15 个省份之后,整个帝国的和平得以稳固,皇帝决定前往出生地,拜祭祖先的陵墓。3 月 23 日,他开始了前往东鞑靼的旅途,随行的有太子、三位后妃、一些朝廷要员以及近 7 万人的军队,其中包括他想要的助手南怀仁。南怀仁见证了天主教在中国播下的种子,而且在天主的帮助下,他编写了鞑靼语语法,由皇家书院出版,这对于前往鞑靼的福音使者很有用。

第七十三甲子第 60 年(1683),也就是该甲子最后一年,统治了 22 年之久的康熙皇帝做好充足的准备并带领 7 万人的骑兵队伍开始前往西鞑靼,此

---

① 尚之信之祖父尚学礼,追随毛文龙抗击后金,屡立战功,官至都司。 尚之信的父亲尚可喜,为清王朝的建立和巩固立下了汗马功劳,康熙年间,被晋封为平南亲王。 康熙十五年(1676),平南王尚可喜在广州薨逝,享年 73 岁。 康熙皇帝赐谥曰"敬"。 尚之信,康熙十年(1671)赴广东随父佐理军事,赐公爵,后加封镇南王。 康熙十五年,广州危急之下发兵围困其父府邸,投降吴三桂叛军。 康熙十九年(1680),下旨逮问,缚送北京,随即赐死,家属皆赦免。

② 耿精忠谋反失败而投降,但仍存有谋逆之心,被部下暗中告发。 康熙十九年(1680),被诏入觐,革去王爵。 康熙二十一年(1682),康熙帝下诏将耿精忠及其心腹凌迟处死,但其家属受到妥善安置,他的两个弟弟也得以善终。

③ 1582 年,利玛窦抵达澳门港。 1583 年,罗明坚与利玛窦进入中国,在肇庆建立了第一个传教驻地。 1584 年,利玛窦获准与罗明坚神父入居广东肇庆。

行目的是让他自己和军队在艰难的环境中得到磨炼，教导他们与敌对阵时的规则和秩序。他在狩猎时下令去捕猎老虎等猛兽。最后，为了展现他的慷慨和威严，使野蛮人的统治者们对他产生畏惧，他以皇家的慷慨与仁慈并用礼物与封号把他们统一起来，使得他可以轻松而有力地掌控所有省份以及40个附属的部落。

关于这两次旅途，请参见南怀仁的两封书信，在第二次旅途中，还有闵明我陪伴着他。①

我们的六十甲子纪年的中华帝国年表到此结束，其中包括连续的73个甲子，合计4380年，要是算上两位中华民族创建者伏羲和神农的255年，则合计4635年。②

希望友善的读者可以原谅年表中出现的错误。正如年表《前言》所提及的，甲子纪年的排序非常正确，能修正这些错误。所有计算方面的偏差都应该通过转换到甲子纪年而得以纠正。

愈显主荣

---

① 南怀仁著，梅谦立译：《有关现任中国皇帝学习欧洲科学的情况——摘自一本在中国刊行的南怀仁神父撰写的天文学书》，收入于莱布尼茨主编《中国近事》，大象出版社，2005年。

② 柏应理暗示，中国历史已经把72甲子完成，康熙稳固了他的政权，标志了中国历史的新开始，也标志了基督宗教在中国很顺利地进入新阶段。

附：

1.中华帝国及其大事记

中华帝国被划分为 15 个行省。由于各个省份都是如此的辽阔、富庶且人口众多，与其称之为省，实际上完全可以称之为国。除了这 15 个行省，还应算上面积稍逊于行省的辽东，它和其他的 6 个行省位于帝国的东部和南部沿海；另外的 6 个行省位于内陆；最后还有 3 个行省位于西部，一处连绵的山脉将它们与亚洲其他的国家分隔开。①

为了说明这一帝国及其城市的面积是如何广阔、人口众多且物资丰富——这个帝国就像位于内核之中——在此我借助卫匡国神父在其《中国新地图集》书中的描述，其中也包括他为一些中国图书所做的笔记。我还引用了安文思神父对中华帝国的相关记载，他的手稿从葡萄牙文翻译成法文②。

各个首府城市（每个行省都拥有多座首府城市，其中有一个最为重要指省会）及其下属的城镇都要向帝王缴纳税收，整个帝国共有 155 座首府城市。首府常常是用行省的名字来命名，其下隶属有为数不少的城市、城寨、村庄等。③

---

① 清朝在行省设置方面，基本沿袭明代所置的两京与十三布政使司，亦即南、北二京及山东、山西、河南、陕西、浙江、江西、湖广、四川、广东、福建、广西、云南、贵州，耶稣会士称之为 15 行省。 此外，清朝统治者也为当时的中国版图带来了辽东（东三省）以及之后的外蒙和新疆地区。

② 此处是指安文思的《中国新史》一书。

③ 经译者核对，柏应理下文表格中的各项数据主要源于卫匡国的《中国新地图集》，但卫匡国提供的山西户数为 589949，陕西户数为 831051，山东人数为 6759675，四川人数为 2204170，皆与柏氏的数据不一致。 或是柏应理抄录有误，又或是他当时依据其他文献材料对数据进行了调整，具体原因待考。

	省	府	县	户	人
1	北京	8	135	418989	3452254
2	山西	5	92	589659	5084015
3	陕西	8	107	831051	3934176
4	山东	6	92	770555	6759685
5	河南	8	100	589296	5106270
6	四川	8	124	464129	2204570
7	湖广	15	108	531686	4833590
8	江西	13	67	1363629	6549800
9	南京,现在叫江南	14	110	1969816	9967429
10	浙江	11	63	1242135	4525470
11	福建	8	48	509200	1802677
12	广东	10	73	483360	1978022
13	广西	11	99	186719	1054760
14	云南	22	84	132958	1433100
15	贵州	8	10	45305	231365
	共计	155	1312	10128789①	58916783②

安文思神父在中国宫廷生活了30年并于1677年在宫廷里去世。为了彰显他的德行及功绩,中国皇帝康熙帝专门降旨为他题写了墓志铭。安文思神父是这样描述中华帝国的:

整个帝国的领土上由城墙围起的地方,分为民用和军用,总计4402处。其中只作民用的有2045处,首府城市自然是这里面最重要的地区,它们被统称为"府",共有

---

① 柏应理原表统计数据如此,依据表中此前的各项数据,此处正确的数据总和应是10128487。

② 柏应理原表统计数据如此,此处正确的数据总和应是58917183。此外,表中并未单独列出"辽东"地区的相关数据,卫匡国及安文思在其著述中亦如此处理,原因在于"辽东地区因其广阔本应有省之名,但中国把它包括在山东之内"。参见[葡]安文思著,何高济、李申译:《中国新史》,大象出版社,2004年,第21页。

175 座；次一级的城市被称为"州"，有 274 座；那些面积更小的城镇则被称为"县"，它们被归为第三等级，共有 1388 座①。帝国用于住宿接待并常年有军队驻守于当地的场所被称为"驿"，有 205 处；比它次一级的接待场所则被称为"场站"，有 103 处。

安文思神父所记录的城市数目比卫匡国神父记录的多，因为卫神父只记载那些向中国帝王纳税的城市，而安文思神父还将一部分隶属于藩王的城市算入在内。这些藩王实际上并不归属于中国的统治者，他们只是从中国统治者那里获得头衔——多位于山区，如四川、贵州、云南、广西四省以及一些隶属于辽东地区的城镇。依照惯例，中华帝国只把这些地方登记在特殊的名册上。

帝国里那些用于住宿接待的场所并没有被城墙所围绕，它们被称为"驿"或"站"，也叫"驿站"。它们向总督、传送官方信件的驿卒以及其他由朝廷支付其旅费的公差人员提供服务，共计 1145 处。

整个帝国总计有 11502872 户人家，按人头算全国的男子总数为 59788364 人，其中并不包括女性和未满 20 岁的年轻人，也不包括皇族、朝中大臣、官员、士兵、举人、秀才、进士、佛老僧侣②、乞丐以及不计其数的生活在渔船上的渔民们。

军事用地方面，拥有最优兵力的第一等要塞被称为"关"，共计 627 处；位列第二等的军事要地被称为"口"，计 567 处；第三等军事要地叫作"所"，有 311 处；第四等军事要地被称为"站"，有 300 个；第五等级的军事要地被称为"堡"，有 150 个；第六等级的叫"铺"，有 100 个；第七等级的叫"寨"，有 300 个。

上述的军事要地总共有 2357 个，其中并不包括在长城内外 3000 个高塔及碉堡，这样的防御工事被称为"台"（它们的名称都可以在中国地图上找到）。

中华帝国的长城将帝国与其他的鞑靼部落分隔开，它经过辽东以及北京、山西、

---

① 参见［葡］安文思著，何高济、李申译：《中国新史》，大象出版社，2004 年，第 22 页。 如其所述，柏应理沿用了安文思提供的关于中国的一系列数据，唯独此处柏应理提供的"县"的数目为 1388 座，与安文思给出的"288 座"不同。

② 此处柏应理的意思是"两个教派的僧侣"。 此处依据文义柏应理应是兼指佛、老两派的和尚与道士。 安文思在其《中国新史》中给出的说法似乎仅指"和尚"。

陕西三省，自东向西直线延伸，长约 400 葡萄牙里格①，而按照卫匡国神父的观点，他认为长城的直线长度为 300 德国哩②（每 15 德国哩合 1 度）。蜿蜒起伏的长城被群山所环绕，在部分地方长达 500 里格、高 30 尺③、宽 12 尺，在有些地方甚至宽达 15 尺。

整个中华帝国境内可供航运的河流以及知名的大湖泊有 1472 处。

著名的桥梁有 331 座。

广为人知的山峰有 2099 座。

用于军事防御的高塔、标志着胜利凯旋的拱门以及其他形形色色为了纪念王侯及名人豪杰而修建的建筑物，共计 1159 处。

坐拥大量藏书的知名藏书阁有 272 处。

传授知识的书院，或者说那些由中华帝国的先师孔子所创立的学府，它们分布在中国的许多城镇。在中国拥有"秀才"这一头衔的人（学生的人数更是不计其数）已升至 9 万人。

祠堂，亦即修建专门的庙堂用于永远纪念自己家族中那些建功立业的伟大先人，有 709 个。

后人专门为逝者修筑的建筑物，亦即陵墓，有 688 处。

德行出众或是成就了英雄事迹的名人志士，他们的事迹都被记载在书卷及诗篇中，共有 3636 位。

有 208 名德行出众的妇人，她们因为勇敢、恪守贞洁、忠于自己的丈夫而被广为称颂。

除 32 名王侯所拥有的宫殿之外，他们因自己手下官员的官阶及其所建功业，分赏给他们的府邸，共计 32167 处。

---

① 里格为中古时期欧洲的长度单位，可用于陆上及海上的测量。早期西、葡、法等国都使用该长度单位，但在各国该单位长度的具体数值略有差异。概言之，1 里格在陆上相当于 3 英里，在海上相当于 3 海里，单位长度约合 5—6 公里。

② 德国哩是中古时期德国用于地理学测量的长度单位，1 德国哩约合 7500 米。

③ 拉丁语原意为"手肘"，亦可作长度单位使用，"1 肘长"约合 50 厘米。

除神堂以外,敬奉真主的教堂约有 240 处。①

1681 年,中国基督徒的人数约为 26 万人。②

因其富丽雄伟的建筑,又或是因其偶像崇拜对象的显灵之说,信众云集的著名寺院庙观有 480 处。

在其他较小的寺院庙观以及信奉上帝的教堂里,聚集的神职人员人数听起来相当不可思议,共有 35 万名僧道获得朝廷准许在此居住的文书。③

此外,还有大量没有获得许可文书、未被登记在案以行乞为生的人。

仅北京城就有 10668 名独身的和尚。获得朝廷文书许可的和尚中有妻室的达 5022 人。④

全国来自不同教派的僧道以及神父的总人数已接近 100 万人。

伊斯兰教徒迄今已进入中国 700 年,他们的人数已超过 100 万。

年老体弱的人们在中国的人口比例中只占少数,国家会根据长期以来各大城市及城镇中这些人固定的居住地,将每年的收成拨给他们一部分作为赡养费。关于这部分人口的确切数字我们所知甚少。

伏羲是中华民族的始祖,从他开始到 1683 年为止,中国已有 4635 年的历史。

若以 60 年为一甲子,迄今为止中国已经历 73 个甲子来计算,它的历史也有 4380 年。

---

① 清朝天主教的圣殿分为神堂及教堂。神堂主要用于天主教徒的聚会祈祷,教堂则是神父做弥撒的圣所。

② 柏应理此处给出的基督徒统计人数,高于同一时期的相关记录。1684 年 1 月,伊大仁在其信函及传教报告中给出的中国基督徒人数为 10 万人,低于柏应理的"1681 年的 26 万人"的统计数据。安文思在其著述中并未给出这一数据。

③ 柏应理此处提及的大小"庙观"以及下文提到的获得朝廷许可文书的"僧道",结合前文应是指佛、老两派。安文思在《中国新史》中,则明确指出该许可文书由礼部颁发,称为"度牒",亦即官府发给出家僧道的凭证。

④ 柏应理在这两处都使用 Bonzii 一词,依据前文应译为"和尚及道士"。但因其数据皆直接引自安文思,安文思在《中国新史》中明确指出这两处都是指"和尚",据此笔者统一译为"和尚"。

历史上统治中国的王朝,持续时间较长的朝代有 10 个,短的亦有 12 个。在中华帝国 4380 年的历史上,从黄帝开始到现在的康熙帝总计有 235 位帝王。

倘若加上被历代中国史官排除在正史之外的另外两位民族创建者①、两位违背了帝国的律法强行称帝的皇后②以及其他 14 名帝王(有些是自封为王,有些则在实际上并未统治过中国),中华帝国的帝王总数会是 253 个。

穿着长袍官服的总督,或者说地方的行政长官,按照惯例每三年就会被重新调配一次。中国的官制分为九种,为了明确各自的等级,官员的官服上绣有不同的飞禽作为区分的标志。地方行政长官的人数共计 13647 人。

他们每个人的名字、籍贯、科举中获得的功名乃至军队将领的相关信息都被登记在不同的名册之中(跟欧洲一样,这些名册也使用活体字来排版印制),朝廷每三个月便会将这些信息在全国通传更新。类似的,每一年的历法信息也都会在全国公布,包括这一年将会发生日食和月食的相关情况,来自朝中最高的六部以及其他部门的提议都会由帝王向全国公布。如果地方上出现异象或是灾害,一旦这些消息被证明真实无误,朝廷便会派遣信差在规定的时间内向全国各地进行通传。

军事将领也分为六个等级,通过各自官服上的猛兽图案以及不同颜色的军旗来进行区分,总计 18520 名。

一本题为《九边图》③(亦即九个边界图)的中文著作介绍了 170 年以来一直都有中国军队最高统领镇守的九处边疆要塞。该书通过 132 幅地图——大多是从宇宙学角度④进行绘制——向帝王呈现中华帝国为抵御鞑靼人驻守在长城内外的军队情

---

① 指伏羲和神农。

② 指吕雉和武则天。

③ 《九边图》由明朝兵部尚书许论所绘,首绘于明嘉靖十三年(1534),已佚。 其地图采用青绿重彩的传统绘图方式,分别绘制了明朝在长城东西沿线所设的辽东、宣府、大同、榆林(延绥)、宁夏、甘肃、蓟州、太原(偏关)、固原这九个北部边防要塞,直观且实用地反映了这九处边塞的地形情况及其军事布局。 围绕该图流传下来多种"图志"及"图说",例如隆庆年间兵部尚书霍冀绘著的《九边图说》以及之后孙应元根据新资料对《九边图说》所作的修改补充,皆以图文结合的方式进一步介绍边关形势。

④ 指鸟瞰式视角。

况，驻军人数（不包括骑兵部队）约有 902054 人。

为士兵配备的战马有 389167 匹。

帝王每年发放给这些士兵的俸禄——除小麦是由边境省份提供——以及提供给马匹的成千上万粮草，其总值折合为 2517357 个金币。

这里尚不包括负责守卫省会边界、海防以及看守城镇、军事要塞的士兵人数，这些士兵的俸禄比起那些看守各地城门的士兵要多。而每年朝廷用于支付 5 万士兵的粮饷开支高达 150 万金币，约合 600 万比利时金币①。

和平时期夜以继日负责守卫的士兵人数总计 767920 人。

为这些士兵所配备的马匹有 564900 匹。

据曾德昭神父统计，负责看守长城的士兵有 682882 人，看守城镇及军事要塞（不包括海防）的士兵人数为 594000 人。②

据卫匡国神父统计，每年作为纳税进贡给帝王（不包括那些经过关卡免征税收的部分）的大米、小麦有成千麻袋，每袋都有 120 罗马磅③重，总计约有 40155490 磅。

从 11 个省份进贡来的加工过的熟丝，每袋约重 20 盎司，总计 191530 磅。

未加工过的生丝则有 409896 磅。

已加工及未加工的棉麻总计 295308 磅。

由 7 个省份所进贡的盐，每袋重 124 磅，总计 1994261 磅。

7 个省份进贡来的喂马用的稻草总计有 34418625 捆。

依据上文提到过的《九边图》一书第五卷，安文思神父这样写道：每年进入帝王

---

① Florenus 是欧洲中世纪的流通货币，最早是指在意大利佛罗伦萨所铸造的金币，该金币也因此得名。后来以此为模板，比利时、德国等地也铸造有同等类型的金币。

② 明末来华葡籍耶稣会士曾德昭神父，又名谢务禄，著有《大中国志》，此处柏应理提及的负责看守长城及中国内陆城镇的士兵人数，皆引自该书。

③ 罗马磅是古罗马的一种重量单位，一磅约合 12 盎司，亦即 330 克。

国库的纯银赋税收入价值 2790 万金币,其中缴纳到皇后名下的有 2823962 金币。①

此外还有从其他地方收缴到的钱财、关卡税收、家宅房产、森林木材、皇家园林及其他财政收入。据卫匡国神父统计,帝王从全国各地藩王那里收缴的所得高达 1.5 亿金币。

那些用于支付税收的一袋袋大米是通过 9000 艘大船(每艘都能装载 500 麻袋大米),经由著名的大运河从南方运到京城,其总数超过 450 万袋。

大米、小麦,43328834 袋;   盐和面粉,每袋重 50 磅,共计 1315937 磅;
纯朱砂,258 磅;   雄黄,94737 磅;
较为厚实的丝绸,1655432 磅;   较为轻薄的丝绸,466270 磅;
生丝,272093 磅;   布匹,396480 磅;
未加工的棉花,464217 磅;   麻布,560280 磅;
成袋的蚕豆,210470 磅;   成捆的稻草,22598583 磅。

在英勇好战的鞑靼人统治下,以上物资的进贡数量都比此前崇尚和平的汉人统治时期翻了一倍。在此我还省略了进贡给朝廷的四足家禽的可信数据,据说每日分配给朝中文武官员(共计约有 5000 名)以及皇室家族的物资都是充足的。朝廷按照他们各自的官衔爵位发放俸禄,并指定供应有明确份额的肉类、鱼、豆荚及豆制品。每月盐、米、木材、煤炭以及马匹饲料的发放都会获得仔细有序的安排,帝王就像一家之主,将每日所需的份额发放给自己的儿子和臣民,这里尚未计入庞大的皇宫本身每日所需消耗的物资。那些被传诏入宫的人以及由朝廷任命的或是由于其他事务获得外派的地方行政官员,都会有专人守护,以此展示朝廷的权威。朝廷也会向行政官员及其随行提供粮饷及日常物资,或者——如果他们更愿意这样的话——提供同等价值的金银、款待及马匹;又或者在出行时随从们会沿着河道驻扎,朝廷会提供船只和装备,并且还有各种乐器的演奏及表演来为其助兴。在整个出行过程中(每次通常为期 5—6 个月),以上这些都会被妥善地安排好,直至他们抵达目的地赴任。

---

① 安文思的《中国新史》一书有相关记载,但与柏应理所提供的数据不一致。 安文思给出的国库年收入是 1860 万银制埃居,缴纳给皇后名下的赋税收入为 1823962 埃居。

那些领取朝廷俸禄的人，或者说大官、小官、士兵、哨兵、史官、仪仗队（在京师没有这样的排场）以及声势浩大的随从，常常出现在公众眼前。这样的队伍有传令官、击鼓的乐师、铸有地方官员的等级和头衔以及其他徽章标记的金色牌位位于队伍的最前方；纷乱的旗帜，地方官员的随从们都带着廷杖，其他人则用大棍撑起丝质的大遮阳伞；负责保管帝王印章的官员会将它放置在金盒中，犹如圣物一般用双臂托捧；还有人举着金色的大扇子用于遮阳避雨。抬着金色轿子的轿夫则跟在举伞人的后面，他们红色的穿戴都很相似，按规定是4、6、8人或者更多的人一起，按照一定的顺序及等级进行排列，仆人和骑兵则围守在轿子及随从周围。各省的总督、太守、财政官、刑判官、护卫队以及各个城镇的最高官员和军事将领，这些人的陪同人数是上述的三倍，另外还有吹喇叭和长笛的乐师站在府邸的大门前，在特定的日子里他们会分成两列站在高高的神庙里演奏乐曲。此外，在府邸前庭大门前会设置三门大炮，或者聚集有小炮，通常是没上弹药的。那些掌管审判的长官，他们平日都是端坐着面向百姓，他们要么忙于划定围观者所在区域的界线并时常进出府邸迎来送往，要么派人送信到宫中给皇帝汇报情况。在皇帝诞辰以及每月初一，不同等级的文人例如进士和秀才会在御座前，那上面雕刻着鎏金的皇帝姓名的牌位，在老师的率领下一起行礼，跪在地上叩首九次以示敬畏，此时很多的王侯也都在场（在朝上）一同祈求皇帝万寿无疆。

整个帝国每时每刻都在耗费如此多的火药，朝廷有那么多的人员要耗费如此多的口粮，剩下的则会发放给——这会被仔细地考量——中华帝国民用及军用的众多城镇，共计4402个，管理这些地方的官员不分等级大小共有32167名。

1687年，耶稣会士柏应理

2.中华帝国耶稣会士的教堂及住所汇总

北京行省有首府城市8座,城镇135座,418989户人家,在这里有皇帝批准建立的耶稣会学院及2座天主堂①,在宫廷外另有4座天主堂及传教区。

山西行省有首府城市5座,城镇92座,689659户人家,天主堂5座,传教士住所3处,讲经堂及传教区29个。

陕西行省有首府城市8座,城镇107座,831051户人家,天主堂6座,传教士住所2处,讲经堂及传教区27个。

山东行省有首府城市6座,城镇92座,770555户人家,天主堂2座,传教士住所1处,讲经堂及传教区11个。

河南行省有首府城市8座,城镇100座,589296户人家,并有天主堂及传教士的住所。

四川行省有首府城市8座,城镇124座,464129户人家,天主堂3座,这里的传教士住所曾有2处。

湖广行省有首府城市15座,城镇108座,531686户人家,天主堂4座,传教士住所1处,传教区8个。

南京行省有首府城市14座,城镇110座,1959816户人家,设有耶稣会学院,传教士住所5处,在城里有天主堂18座,在乡镇有天主堂103座,传教区65个。

浙江行省有首府城市11座,城镇63座,1242135户人家,设有耶稣会学院及初学院②,天主堂5座。曾经还有过其他的2座天主堂以及传教士住所。

江西行省有首府城市13座,城镇67座,1363629户人家,天主堂7座,传教士住所3处,传教区15个。

福建行省有首府城市8座,城镇48座,509200户人家,天主堂24座,有传教士住所5处及传教区。

---

① 即现在北京的南堂及东堂。

② 当时加入耶稣会的初学生需先在初学院里修行两年。

广东行省有首府城市 10 座，城镇 73 座，483360 户人家，天主堂 7 座，这里的传教士曾有 3 处住所并有传教区。

广西行省有首府城市 11 座，城镇 99 座，186719 户人家，曾有天主堂及传教士住所。①

云南行省有首府城市 22 座，城镇 84 座，132958 户人家。

贵州行省有首府城市 8 座，城镇 10 座，45303 户人家。

15 个行省共计有首府城市 155 座，城镇 1312 座，此外还有屯兵驻扎的营地 2357 处。全国共有 10128789 户人家，按人头计算男丁有 58916783 人。耶稣会士在一百年里所建的教堂约有 200 座②，有 24 处正式获得官府许可的住所，此外还成立了 3 所学院及多处讲经堂和传教区。

愈显主荣

中国传教团代理人耶稣会士柏应理③

巴黎，由 Joannus Nolin 于雅各布路（临近维多利亚大街的路标）印制

---

① 曾有一些耶稣会士，例如瞿纱微、卜弥格等跟随南明王朝的永历皇帝流亡至广西开教，当时瞿氏亦成功使两宫太后及王后母子等人受洗入教。此后随着卜弥格出使请兵失败，南明王朝最终归于败落，此地的教务活动亦难以为继。

② 按照上文提供的数字统计，当时耶稣会教堂共有 173 座。

③ 柏应理的报告集中反映了从 1672 年来华传教士结束广州流放被允许回到他们各自的堂区，直至 1681 年柏应理被选为中国传教团代理人返回欧洲汇报教务工作，这一时期中国教务的具体情况。

附录:拉丁文原文

TABULA CHRONOLOGICA
Monarchiae Sinicae

JUXTA CYCLOS ANNORUM LX.

Ab anno ante Christum 2952. ad annum post Christum 1683.

Auctore R. P. PHILIPPO COUPLET Belgâ, Soc. Jesu,

Sinensis Missionis in Urbem Procuratore.

Nunc primùm in lucem prodit
è BIBLIOTHECA REGIA.

PARISIIS,

M. DC. LXXXVI.
CUM PRIVILEGIO REGIS.

[iii]
PRAEFATIO AD TABULAM CHRONOLOGICAM SINICAE MONARCHIAE

PARAGRAPHUS I.
Unde sumat exordium Sinica Chronologia.

Qui *Annales Sinarum conscripserunt*, *omnes ferè ab eo*, *qui Imperii Conditor fuit*, Fohi *dictus*, *ordiuntur. Hic autem coepit imperare anno ante Christum* 2952. *Quae verò nonnulli Historicorum commemorant ante dicta* Fo hi *Regis tempora contigisse*, *pleraque ut apocrypha nulliusque fidei*, *ab ipsis quoque Sinicis Interpretibus et gravioribus Historicis rejiciuntur.* Certe Tai Su Cum *primae auctoritatis Scriptor disertis verbis testatur*, *ea quae ante* Xinnum *secundi Conditoris tempora acciderunt*, *ab se ignorari. Auctor quoque magnorum Annalium*, *qui centum quinquaginta ferè voluminibus constant*, *tametsi ea referat quae ante* Fo hi *tempora contigerunt*, *nolle tamen his à quopiam fidem adhiberi*, *satis innuit cùm dicit*, *se quidem non credere omnibus*, *quae non alio quàm famae popularis ejusque variae testimonio de remotissimis illis temporibus ad posterorum aures pervenerunt*; *credere autem se libris* Kim *utique authenticis*, *adeoque non esse sibi dubium quin ordiri debeant historiam ab ipso* Fo hi *Conditore Scriptores omnes. Nec immeritò*, *cùm pleraque eorum quae* [iv] *ante* Fo hi *memorantur accidisse*, *primâ statim specie fabulosum quid prodant. Memorant enim quòd Caelum horam noctis undecimam inter et duodecimam conditum fuerit*; *Terra verò horam noctis primam inter et secundam. Quòd primus Homo conditus sit inter tertiam et quartam matutinam*; *Faemina pòst meridiem tertiam inter et quartam. Item primum illum Hominem (quem* Puon cu *nominant, et sepultum dicunt in urbe* Yam cheu *provinciae* Nan kim, *aut, ut alii, in provincia* Pe kim *in territorio ubis* Ho kien) *ex sterili terra prognatum, et admirabili rerum scientiâ fuisse intructum, dominatumque omnibus; originem tamen illius ignorari. Narrant denique tres Imperatores extitisse, primum caeli, secundum terrae, tertium hominum; et horum quidem fratres alios alliis successisse per annos ampliùs 49000. pòst quos aliae rursum 35. familiae perpetua serie per aliquot annorum millia imperarint. Quae omnia tametsi etiam Sinae, ut dixi, respuant uti falsa, negare tamen non possumus Europaeo homini studiosiùs singula consideranti, nescio quid rursus priscae veritatis inter fabulas istas, ceu densas inter tenebras, pauxillum tenuissismae lucis intermicare: quod eo fidentiùs affirmo, quòd omnes ferè fabulae ortum suum habeant ex eo quod fabulosum non est. Certè mihi prorsus credibile est à* Noëmi *nepotibus accepisse aliqua de prima rerum creatione, et quàm vivaces ac longaevi essent primae aetatis homines: quae cùm deinde ad filios et nepotes quasi per manum tradita pervenirent, utique pronum erat paulatim ceu deteri priscam illam veritatem, vel etiam mendaciorum et fabularum accessione vitiari. Et verò quòd creationem caeli et terrae, maris ac faeminae, determinatis temporibus assignent, jam satis clare fatentur non existisse Mundum ab aeterno, ut plerique Philosophorum et ipse Aristoteles olim* [v] *docuerunt: adeoque facile est ratiocinando hîc conficere Numen aliquod supremum Sinenses cognovisse, à quo haec omnia tam certis temporum intervallis procreata sint. Ad haec non ignaros fuisse longaevae aetatis primorum hominum, hinc licet intelligere, quòd aliis majorum suorum octo aut decem tribuant annorum millia, et supra decem millia aliis. Cùmque Sinici Interpretes centum pro mille numerandos esse, aut (ut alii) Lunâres menses pro annis solaribus computandos dicant, non equidem in omnibus à vero longe aberrasse dici possunt. Adde quod tertius Sinarum Imperator, cui* Hoam ti *nomen fuit, et imperare coepit anno pòst* Fo hi 256. *librum illum, quem de pulsibus & de medendi arte conscribi jussit (fuit enim artis quoque medicae Princeps ac Magister) sic ordiatur, ut hanc ante omnia quaestionem instituat: Cur cùm prisci homines tam vivaces et longaevi extiterint, tam brevis tamen sit vita hominum aetatis suae. Constat denique ex vetustioribus Sinarum libris, virum fuisse sapientiae famâ, et imperante secundâ* Xam *familiâ, gesto magistratu clarum,* Lao pum *vulgò nominatum, cujus et* Confucius *meminit, qui annos omnino septingentos vixisse perhibetur.*

Ad universale Diluvium quod attinet, nihil adhuc quidem certi vel explorati in Sinarum libris ac monumentis inveni: tamen hujus quoque notitiam quamvis rudem perturbatamque habuisse, fortassis erit qui probet ex iis libris qui inscribuntur Sim li Ta ciuen; *qui quidem libri editi sunt trecentis circiter abhinc annis, regnante* Mim *familia, quando jussu tertii Imperatoris (qui coepit imperare anno Christi 1402.) coatus fuit litteratorum aliquot coetus, quorum opera ii quos dixi libri conflati sunt; verùm uti pleni figmentis ipsorum, ita mendaciis quoque erroribusque pleni: quod haudquaquam* [vi] *mirandum, cùm non pauci eorum priscae veritatis vitiatores fuerint potiùs quàm commentatores. Caeterùm quia ad id, quod agebamus, adstruendum, suam qualemcumque auctoritatem habere potest, verbo referam quid isthic de Mundo et Cataclysmo dicatur. Primò totum hoc Universum merâ aquâ (quam et Auctor quidam supra ipsos Caelos constituit) constitisse, quae assiduo motu tandem ipsam Terram confecerit crassiori materiâ paulatim ad centrum subsidente: montes quoque ex vehementiori earumdem aquarum agitatione et fluxu refluxuque sparsim exortos; hos quidem coopertos aquis fuisse aliquando, convinci putant ex conchis marinis, quae, unde tandem advectae fuerint ad montium cacumina, ubi tamen passim reperiuntur, nisi dicantur montes sub aquis aliquando latuisse.*

Sed esto vim nullam habeat hoc, quo nituntur, argumentum; huic certe quod subjungo ad probandam interruptionem generis humani per Diluvium universale, vis sua quorumdam judicio fortassis inerit. Narrant, ante Regem Fo hi *complures extitisse Reges, familiasque regias, viros item insignes, quorum alii distinxerint anni tempora, alii caelestes motus observarint, Kalendarii et Cycli sexagenarii, aliarumque artium auctores extiterint: Cùmque primis illis temporibus mortales in silvis ac montibus ritu ferarum viverent, herbis et ferino sanguine vescerentur, concubitus essent promiscui, aliaque huiuscemodi, viros extitisse prudentiâ ac ingenii sagacitate insignes, à quibus domita fuerit agrestis illa barbaries, sic ut vagi ferique homines paulatim formati ad humanitatem jam suis quoque legibus in officio continerentur. Porro cùm Historiographi prope omnes denuò à Regibus* Fo hi *et* Xin num *historiam suam veluti certam et indubitatam ordiuntur, memorant iis quae modò memoravi quàm* [vii] *simillima iisdemque ferè verbis de illa aetate quâ duo dicti Reges vixerunt: atque eandem forte ob causam, quando totius Monarchiae summarium annorum computum conficiunt, huic vix unquam inserunt annos illos, qui ante* Fo hi *tempora numerantur; quâ re non obscure declarant, aut fidem iis derogatam velle, aut si qui omnino non derogent, quasi interitum quemdam ortumque gentis hîc extitisse, adeoque et interruptionem generis humani. Illa autem interruptio quid aliud fuerit quàm universale Diluvium, cujus cùm octo dumtaxat homines testes extiterint, quàm pronum erat alios nepotum et abnepotum oblitos quae ab avis narrabantur, alios nec fidem narrantibus dedisse, atque adeo nihil praeter spissas altasque tenebras, sed tamen non sine illa, quam modò elicuimus, lucis ac veritatis scintilla, ad posteros pervenisse.*

Caeterùm quia nonnulli Sinensium in hoc erroe sunt, quòd putent eos Reges familiasque revera extitisse, neque ullis tamen aquarum eluvionibus periisse genus humanum, facillimè nos et unica tantùm ratiocinatione errorem tollimus, et cogimus eos aut admittere commune totius Orbis Diluvium, aut fateri fabulosa prorsus esse quae de priscis illis temporibus traduntur. Etenim cùm à Fo hi *ad hunc usque annum* 1683. *quo haec scribimus, per annos quater mille duntaxat sexcentos et triginta, tot millionibus hominum propagatum in China fuerit humanum genus; quanto majori numero necesse est propagatum fuisse maximo illo ante dictum Regem temporum spatio, quo supra quadraginta annorum millia effluxisse affirmant. Item si ab eodem Rege ad hanc usque aetatem tot artes inventae fuerint, tam brevi temporis spatio, si cum altero comparetur, qui fieri potuit, ut non tantùm eaedem, sed longè plures per immensa tot saeculorum spatia mortales excogitarint? et tamen, nisi mendaces esse fateamur* [viii] *in ipso statim exordio Sinicos annales, temporibus* Fo hi *Conditoris et summa fuit mortalium ruditas, et ipsi quoque mortales perquam rari. Unde autem manaverit quorumdam error, qui existimarunt in Sinicis annalibus de communi Orbis Diluvio mentionem fieri, planè jam liquet: nam temporibus* Yao *quinti, aut, si à* Fo hi *numeraveris, septimi Imperatoris, (coepit hic imperare anno ante Christum* 2357.) *imperii ipsius anno* 61. *Cycli septimi* 41. *memorantur ingentes aquarum eluviones extitisse, quae plurimas terras per annos omnino novem longè latèque inundarint. Cùm itaque dictum Diluvium à sexcentesimo Noëmi anno quàm proximè abfuerit, siquidem Vulgatae computum sequamur, utique pronum erat Europaeum hominem, tum praesertim cùm necdum tota annalium ratio perspecta esset, in errorem huiusmodi incidere. Sed haec hactenus.*

Caeterùm quòd historia Sinica, ut ab ipso Fo hi *gentis Conditore sumit exordium, digna sit cui fides detur, argumento esse possunt, primò quidem quod hodieque apud Sinas est primae auctoritatis, monumentum illud litteris (si tamen litteris, et non lineolis potiùs) exaratum, quod* Ye Kim *dicitur, et ipsi* Fo hi *à tota posteritate nullo refragante tribuitur,quas quidem lineolas seu figuras 64. (quarum singulae sex lineolis constant partim integris partim interruptis) commentatus fuit 1800.fere pòst annis* Rex Ven vam,*et hujus filius* Cheu cum,*et sexcentis fere pòst annis ipse* Confucius.*Item Herbariolum* Xin num *secundi gentis Sinicae Conditoris. Libri item primi Monarchiae Conditoris et una Imperatoris* Hoam ti *de pulsibus,et arte medendi, cuius operis adjutores necnon scriptores fuerunt* Lui cum, Ki pe *et* Souen *tres nobilissimi Medici,quorum libri tot ubique Interpretum commentariis ad haec usque tempora* [ix] *leguntur illustrati. Accedit quod et ab ipso Principe Philosophorum* Confucio *in Commentariis in librum* Ye Kim, *necnon in libris Officiorum,horum trium expressa mentio habeatur.*

Secundò nomina locorum ubi nati sint, et quibus nati parentibus primi illi Imperii Fundatores; ubi aulam constituerint, ubi sepulti. Quid? Quod praecipui eorumdem Administri suis quique nominibus produntur posteritati;qui item,quarum artium rerumque inventores extiterint, litterarum imprimis: harum etenim prima rudimenta ipsum Fo hi *dedisse narrant, (nam litterarum loco nodis antea utebantur) quas litteras exinde consecuti Reges aliis atque aliis litterarum earumdem figuris, quas in* Sina *illustrata descriptas habes, expresserunt et exornarunt.* Hoam ti *porro usum fuisse ad eam rem perficiendam operâ* çam kie, *cuius et natale solum, oppidum scilicet* Cham ngan *in provincia* Xen si,*et is ubi sepultus est locus, memoriae produntur; cui proinde et institutio, et litterarum ordinatio et compositio quaedam ab omnibus tribuitur. Musices verò, adeoque musicorum instrumentorum ipsum quoque* Fo hi;*aratri autem,aliorumque quae ad agros colendos spectant, inventorem fuisse docent* Xin num *primum ipsius* Fo hi *successorem,et qui hunc secutus fuit* Hoam ti *Monarchiae conditorem, maximis encomiis prosequuntur, quòd inventor extiterit tot rerum artiumque,quas in* Tabula Chronologica *obiter enumeramus. Et verò si posteriorum temporum Imperatores aut*

Sapientes, *earum quas dixi rerum invenissent aliquam*, *num credibile est*, *quod illorum temporum Scriptores*, *qui minutissima quaeque tam studiosè prosecuti sunt*, *sua laude eos fraudavissent?* At *ignorabant*, *inquies*, *posteri rerum artiumque istarum inventores*; *cùmque non invenirent quibus potissimum attribuerent*, [x] *idcirco laudem hanc ex pia magis conjectura*, *quam scientia Fundatoribus attribuere*: *esto*, *ignorarint*; *esto*, *laudem forte non debitam tribuerint*: *at hoc certe non ignorabant*, *laudem eiusmodi non aliis quam qui aliquando extitissent*, *tribui posse. Denique argumentum illud*, *in quo plurimum video inesse roboris ad opinionem hanc adstruendam*, *peti debet potissimum ex eâ*, *quam inseruimus Tabulae* huic nostrae Chronologicae, *et quae à Sinis accuratissimè texitur*, Genealogiâ *trium Regum* Yu, Tam, *et* Vu vam; *qui quidem Reges Conditores et Principes fuerunt trium praecipuarum familiarum*, *petitis ab ipso inde* Hoam ti *nobilissimae stirpis suae principiis per annos bis mille 457. et 86. Imperii successores.*

Erit fortè qui contendat, *omnino non extitisse tres illos*, *quos historiae commemorant Imperii Fundatores*, *scilicet* Fo hi, Xin num, Hoam ti, *propterea quod actis eorum inserantur quaedam plane falsa et fabulosa. Exempli gratiâ*, *quod mater* Fo hi *dicta* Hoa si, *dum forte premeret gigantis vestigium*, *et lucidâ iride cingeretur*, *eum conceperit*; *quod huic deinde caput humanâ quidem forma fuerit*, *sed corpus serpentinâ*: *quod Regi* Xin num *caput item fuerit bovinâ specie*; *quòd is uno eodemque die duodecim herbarum venenatarum genera repererit*, *totidemque singularum antidota*: *quod dum agriculturam instituere meditaretur*, *Caelum pluerit triticum et orizam*, *quae humo deinde mandarentur*: *quod mater* Hoam ti *dicta* Fu pao *faetum ediderit quatuor et viginti pòst mensibus quàm conceperit*; *quod cùm dictus Imperator octoginta et unum fratres rebelles debellare non valeret*, *submissa è Caelo virgo eos commisso praelio extinxerit*; *et alia huiusmodi. Sed enim quamvis haec meritò censeantur fabulosa*, *non ausim tamen ob eam causam fidem omnem derogare Sinicae antiquitati*, [xi] *asserendo huiusmodi homines numquam extitisse. Quis enim neget extitisse quondam Saturnum, Janum, Jovem, Herculem, Bacchum, Orpheum, Romulum, et c. Tametsi res plurimas quae nunquam extiterunt, eisdem non tatùm Poëtae affinxerint, sed Historiographi quoque gravissimi tribuerint?*

Adde quod ea ipsi quoque Sinenses, alii ne commemorent quidem, alii vel rejiciant ut apocrypha, et à reliquo quod sincerum est secernant. Unde Nan hien *auctor meritò dicit, multa ex iis quae referuntur ante tempora* Yao et Xun *accidisse, esse* pu kim, *hoc est, non authentica; vel certè usitato prisci temporis stylo figuris quibusdam hieroglyphicis depicta, et posteritati proposita fuisse contendunt: exempli gratiâ, primum Conditorem* Fo hi *serpenti comparatum propter prudentiam, callidumque viri ingenium, fortassis et propter cutem corporis, quae maculosa fuisse scribitur: successoris verò* Xin num *industriam in agricultura, et mittendis sub jugum bobus commendatam. Quòd si nequaquam videatur tantum fidei atque auctoritatis tribui posse Sinicae antiquitati, age, tollantur sanè, uti à quibusdam tolluntur, duo illi gentis Atavi primique Conditores* Fo hi et Xin num; *certè quidem Imperatorem* Hoam ti *quis extitisse neget? Quis ab hoc Monarchiam Sinicam non ordiatur securus, cùm praesertim, ut paulò ante dixi, eius stirpis series per tot saecula tam accuratè tantaque cum fide recenseatur, ut infrà videre est in serie genealogica trium familiarum principum, cùm libri item eiusdem medici aliaque monumenta à tota posteritate unanimi consensu eidem attribuantur?*

[xii]

PARAGRAPHUS II.
Quâ regulâ temporum, & quo annorum numero,
velut aureo, utantur Sinenses.

Ut autem Chronologiam Sinicam texamus quàm possumus certissimam, secundùm Cyclum seu periodum annorum sexaginta, qui unica sunt gentis regula, procedendum est. Illam igitur ab ipso Hoam ti, *sive ab anno ante Christum 2697. auspicamur, quando et hic Cyclum illum perfecit: nam tametsi ante* Yao *tempora Historiographi quoque annos omnes Imperii praecedentium sex Imperatorum uniformiter fere assignent, per Cyclos tamen plerique non supputant, exceptis paucis, qui à tertio Imperatore* Hoam ti, *propterea quod is dictum Cyclum à* Fo hi *excogitatum perfecit, rationem hanc numerandi ordiuntur. Ut ut fuerit, saltem ante* Yao *Imperatoris tempora in usu fuisse dictum Cyclum, vel hinc saltem liquet, quod primum huius imperantis annum non à primo Cycli anno, sed à quadragesimo primo,* Kia xin *dicto, Sinarum annales omnes uniformiter incipiant. Quid autem Sinae per suum sexaginta annorum Cyclum velint intelligi, item quos usus inde petant, breviter declarandum est.*

Sciendum igitur, dictum Cyclum nihil esse aliud quàm periodum, seu aureum quemdam, ut ita loquar, numerum sexaginta, qui binis singuli characteribus ceu nominibus sunt insigniti, quibus semel exactis, denuò illos à capite seu unitate, quoad sexaginta confecerint, et sic iterum iterumque ordiuntur; non aliâ prope ratione, quàm quâ, exactâ primâ Olympiade, sive quatuor, ex quibus haec constabat, annis, ad alios quatuor annos, [xiii] *adeoque secundam Olympiadem, et sic ad tertiam quartamque Graeci procedebant, cum ea tamen disparitate, quod Graeci quidem, cùm unaquaeque Olympias quatuor duntaxat annis constaret, adeoque crebras admodum Olympiades esse necesse foret; ipsi non tantùm quoto Olympiadis anno res aliqua fuisset gesta, sed etiam quota esset ipsa Olympias, solicitè significarent, ne alioquin prorsus incerta confusaque redderetur temporum ratio. Sinae verò tametsi in summario computo significent Cyclorum ipsorum numerum, haudquaquam tamen laborant, ut in decursu historiae suae identidem id Lectori revocent in momoriam, annum currentis Cycli duntaxat, eiusque nomen indicare contenti, ex quo nomine quotus is sit Cycli annus, facilè conjicitur: cùm is enim aetatem ferè aequet hominis, et satis numerosam quippe sexaginta annorum seriem comprehendat, supervacaneum scilicet videbatur identidem rememorare quotus ipse Cyclus esset: in fine tamen suorum annalium summam Cyclorum omnium exactam Scriptores plerumque subducunt. Nos autem in hac Synopsi Chronologica, quò clariores simus, significabimus etiam quotus sit quisque Cyclus, uti et apud aliquos Scriptores legimus, et Olympias, ut ita loquar, Sinica. Porro singulis annorum suus, ut dixi, character est, suumque nomen, quod binis duntaxat litteris constat: litterae autem partim sunt duodecim illae, quibus ipsi diei noctisque duodecim horas distingunt: tot etenim horas numerant, non uti nos quatuor et viginti: partim decem aliae litterae, quas nos radicales seu cardinales vocabimus. Jam verò et his et illis sic utuntur, ut primam numero horariam adjungant primae cardinali, deinde secundam horariam secundae cardinali, et sic deinceps: exacto denario numero, rursus primae cardinali adjungunt undecimam horariam, secundae duodecimam, tertiae deinceps cardinali horariam [xiv] primam, etc. atque ita cùm horariae duabus litteris seu numeris superent cardinales, sit ut quaevis horaria diversae semper cardinali adjungatur, quoad exhaustis sexaginta annorum numeris, singuli ad primum situm et quasi pristinam societatem revertantur: quod ut magis perspicuum sit Lectori, nos hîc Paradigma Sinicum, seu potiùs Europaeum, quod Sinico respondet, subjicimus; hoc autem ex decem primis Alphabeti litteris sexies redeuntibus, nec nisi duodecim notis numeralibus seu horariis quinies redeuntibus contexetur.*

PARADIGMA CYCLI SEXAGINTA ANNORUM

ex decem alphabeti litteris,

et duodecim horarum numeris concinnatum.

10.	A I.	B II.	C III.	D IV.	E V.	F VI.	G VII.	H VIII.	I IX.	K X.
20.	A XI.	B XII.	C I.	D II.	E III.	F IV.	G V.	H VI.	I VII.	K VIII.
30.	A IX.	B X.	C XI.	D XII.	E I.	F II.	G III.	H IV.	I V.	K VI.
40.	A VII.	B VIII.	C IX.	D X.	E XI.	F XII.	G I.	H II.	I III.	K IV.
50.	A V.	B VI.	C VII.	D VIII.	E IX.	F X.	G XI.	H XII.	I I.	K II.
60.	A III.	B IV.	C V.	D VI.	E VII.	F VIII.	G IX.	H X.	I XI.	K XII.

Atque hic est aureus ille, quem exhibemus, Sinarum numerus, ipsis lo xe hoa kia *dictus, id est, sexaginta conversionum constructio: qui quidem numerus perennis instar fluvii suum semper cursum tenens, quaecumque tandem incidant mutationes rerum, adeoque ipsos inter ortus atque occasus Regalium familiarum volvitur et volvetur, ut aiebat ille, in omne volubilis aevum. Illo autem non anni tantum, sed et menses, et dies, et horae sua cum proportione per totum signantur Imperium.*

Ut igitur aptè dilucidéque texatur haec Chronologia, [xv] *et sic, ut deinde nullum sit erroris periculum, pro regula nobis esse debet Cyclus ille, quem dixi, sexaginta annorum; hoc enim Cyclo ceu manu ducunt Lectorem Historiographi ad propria cuiusque Imperatoris tempora, tam ea quibus ipse est auspicatus Imperium, quàm ea quibus idem tenuit atque administravit. Quòd si observetur aliqua varietas Scriptores inter, dum supputant annos quibus quisque imperavit, Cyclus iste litem mox dirimit; et si quid fortè temporis vitio, vel negligentiâ Typographorum irrepserit, ceu accuratus Censor castigat emendatque. Exemplis res patebit.*

In more positum est apud Sinas, ut annus iste quo moritur Imperator, tametsi primo anni mense mortuus sit, totus tamen eidem etiam mortuo adscribatur; adeoque is qui in Imperium successit, non nisi à primo mense proximè sequentis anni annos ordiatur Imperii sui; ubi è contrario, annum quo nati sunt, totum aetati suae vulgò Sinae adscribunt, tunc etiam quando postremo die anni nati sunt. Ita dicimus quòd CHRISTUS *natus sit anno sexto Imperatoris ex* Han *familia,* Hiao ngai ti *dicti (quae voces obedientem et misericordem Imperatorem sonant) cùm hic tamen eiusdem anni mense sexto obierit; atque ita quinque ante mensibus quam Salvator nasceretur. Salvator enim revera natus fuit sub eius successore, cui* Hiao pim ti *cognomentum erat; quae duae voces seu literae obedientem et pacificum Imperatorem significant. Cùm ergo nono mense eiusdem anni Princeps ille pacificus adierit Imperium, sequitur natalem Regis Regum verique Pacifici incidisse in tertium mensem novi Imperatoris, qui Decembri Europaeo exacte respondebat, et erat mensis undecimus anni sexti, qui totus tribuitur defuncto Imperatori. Atque haec etiam est causa, cur plerumque Historiographi, tametsi mentionem faciant eorum Imperatorum, [xvi] quos non nisi diebus aliquot aut mensibus eiusdem anni, quo decessor obierit, contigit imperasse, à serie tamen Imperatorum eos excludant, quandoquidem nequeat iis adscribi iste annus quo orsi sunt Imperium.*

Caeterùm non rarò accidit, ut aliqui Imperatores, praeter morem jam dictum, pro arbitrio adscribi sibi voluerint annum illum quo eorum decessor obierat, tunc praesertim quando extinctâ veteri familiâ, nova et victrix Imperium suum auspicabatur, sive id felicitatis novo dominatui suo captandae gratiâ, sive aliis de causis fecerint, uti planè nostris temporibus usuvenit; nam ei qui auspicatus est Monarchiam Tartarico Sinicam, Imperatori Xun chi *dicto anni tribuuntur octodecim, cùm tamen septemdecim tantùm tribuendi sint, siquidem morem stylumque modò dictum rigidè observemus: sed nimirum vindicavit sibi Tartarus annum illum, quo postremus ex* Ta mim *familia Imperator* çum chim *dictus, laqueo sibi vitam et imperium finivit; adeoque cùm dicitur hic* çum chim *imperasse annis septemdecim, et Tartarus octodecim, hic tamen revera nisi septemdecim imperaverit, eosque non integros, patet duos annos pro unico mendosè numerari: dixi non integros, quia* Xun chi *diem obiit secundo mense anni decimi octavi, qui pro antiquo usu totus ei tribuitur, prorsus ac si* Cam hi *eius filius non nisi anno proximè sequenti patri successisset. Quocirca Lector perturbari non debet, si fortè in uno Scriptore aliud anni Cyclici nomen quo quis coepit imperare, reperiat, in alio item aliud: quod enim decessoris annis exempli gratia adnumeratur, annis successoris detrahitur; unde errorem hunc aliosque huiusmodi Cyclus perenni semper cursu volvens corrigit: quo neglecto, si quis omnes annos caece computet, qui unicuique Imperatorum plures ab aliis, ab aliis pauciores adscribuntur, à iusto annorum computo* [xvii] *pronissimum est aberrare; cum è contrario siquidem illa Cyclorum normâ se rexerit, nullo negotio quidquid superfluum vel inaequale fuerit, mox tollet vel aequabit.*

Imò ne tunc quidem errare periculum erit, cùm plurium annorum hiatus, vel alia quaepiam Scriptores inter diversitas occurrerit: etenim factum est subinde, ut priore familiâ nondum penitus extinctâ (propterea quod huius Imperator quamvis obscurus jam victusque, adhuc tamen superstes esset) victor annos victi praeter morem sibi vindicaret. Sic primo Imperatori duodecimae familiae Sui *dictae tribuuntur à quibusdam Historicis anni viginti quatuor, cùm tamen tantùm sexdecim tribui debeant, quippe non ante septimum eiusdem annum extinctus fuit praecedentis familiae* Chin *dictae Imperator: quos septem annos cum iisdem Scriptores familiae quae victa fuit non demant, et eosdem tamen rursus adscribant victrici, utique pronissimum erat errare, nisi bis repeti novem annos Cyclus illico doceret.*

Rursus omittunt aliquando Historiographi non tantùm Imperatores illos, qui per dies aliquot aut menses imperarunt, sed et illos qui per aliquot annos Imperium tenuere. Sic ante Yao *Imperatorem per octo aut novem annos imperasse dicitur* Chi *Imperatoris* Ti co *dicti filius; sed quia is deinde à paternis exemplis atque institutis degener deflexit, à Regulis Imperio suo privatus est, subrogato in ejus locum* Yao *Rege; quod alibi quoque non rarò usuvenit.*

Atque hisce de causis inter Scriptores haud exigua quandoque varietas existit, illos praesertim qui compendia sectantes, magis de rerum et sententiarum pondere, quàm de exacta illa temporum ratione laborant: unde si unum duntaxat alterumve scriptorem Europaeus hic consulat, utique periculum erit ne is in annis supputandis erret; contrà si plures consuluerit, conciliare omnes inter se nullo propè negotio poterit.

[xviii] *Sed aliud quoque hic indicare operaepretium fuerit, quod erit Lectoribus Annalium Sinensium studiosè observandum: instituerunt enim quintae familiae* Han *Imperatores characteres quosdam seu potiùs cognomenta annorum ex duobus characteribus conflata, praeter ea quae à Cyclo, ut suprà diximus, suo singuli ordine sortiuntur. Porro non illo tantùm anno quo quisque auspicabatur Imperium, sed et aliis deinde annis pro cuiusque Principis arbitrio nova nomina imponebant, priore scilicet cognomento cum suis annis relicto; atque ita novis quodommodo auspiciis imperare incipiebant, sive id captandae novae felicitatis gratiâ facerent, sive renovandi in se suisque imperii. Huiusmodi cognomenta de multis sunt sequentia: aeternum principium, aeterna fortitudo, tranquillitas, veritas,*

laetitia, concordia, sanctitas, gloria, felicitas: *item*, summa virtus, belli virtus, mars inundans, suprema lex, suprema pax, gubernatio, concordia, prosperitas, pietas longaeva; caeli auxilium, caeli lex, caeli thesaurus, caeli opus, caeli decus, caeli favor, caeli gaudium, caeli fortitudo, caeli firmitas, caeli prosperitas, *et c. Fuerunt igitur qui decies mutarunt anni cognomentum pro ratione annorum plurium quibus imperavere: ad haec cognomentis singulis alii annum unicum dederunt, alii quatuor, alii sex vel septem, alii denique omnes, quibus imperabant annos uno eodemque cognomento insignitos voluere.*

Cùm igitur Historiographi in actis Imperatoris cuiuspiam commemorandis, quoad temporis computum, illius praecipuè cognomenti, quod proximè ab eo institutum erat, rationem habeant, ab illo numerantes annos Imperii, non aliter quàm si isto revera anno auspicatus Imperium fuisset, pronissimum utique est Lectorem in supputandis istius Imperii annis haesitare identidem, quin et errare, [xix] (*quamvis ipsi Cylo suus constet numerus et cursus imperturbatus*) *nisi institutionis huius conscius reddatur. Res tota exemplo fiet clarissima.* Dicimus CHRISTUM *Dominum natum fuissse* Han¹ Ngai² Ti³ Yuen⁴ Xeu⁵ Lh⁶ Nien⁷, *id est,* Han¹ *familiae* Ngai² *Imperatoris*³ *originalis*⁴ *longaevitatis*⁵ *secundo*⁶ *anno*⁷, (*binae litterae* Yuen Xeu, *seu originalis longaevitatis anni cognomentum sunt*) *sive postquam dictum cognomentum in usu esse coepit anno secundo. Porro secundus hic annus revera sextus est dicti Imperatoris, siquidem annos supputemus ad infallibilem Cycli calculum; sed hic Imperator bina scilicet regnatui suo cognomenta instituit: primum fuit* Kien pim, *ab erigenda pace dictum, quod cognomentum cum ipsis Imperii auspiciis ortum suum habuit, et per annos quatuor fuit in usu, quibus exactis aliud istud* Yuen xeu, *quod originalem logaevitatem sonat, anno Imperii sui quinto imposuit, à quo tamen anni Imperii eius denuò coepti sunt numerari à capite prorsus ac si alii quatuor non praecessissent. Porro hoc cognomentum duobus annis duntaxat* (*neque enim pluribus ipse vixit*) *duravit*; *cumque secundo eiusdem cognomenti anno natus sit* CHRISTUS, *si supputes iuxta Cyclum sexagenarium, erit is sextus illius annus et postremus, qui est instituti ab ipso cognomenti secundus. Atque hic mos jam inde à quarto Imperatore familiae* Han, *anno ante Christum 196. inductus usque ad haec tempora nunquam interruptus perseveravit. Ex penultima tamen familia* Mim *dicta, et hac Tartaro-Sinica, Imperatores singuli unicum duntaxat cognomentum suo quisque regnatui assignaverunt.*

Et haec quidem de Sinicae Chronologiae epocha, seu sexaginta annorum Cyclis eorumque usu dicta sufficiant, nunc ad ipsam Tabulam Chronologicam progrediamur.

[xx]

PRIMI SINARUM CONDITORES.

FO HI Sinicae gentis Conditor, oriundus ex provincia *Xen si*, unde sedem transtulit in *Chin cheu* oppidum prov. *Ho nan*. Victimas offert Spiritui caeli & terrae, in quem finem alebat animalia. Ex contemplatione caeli & rerum sub Lunârium commentus librum seu tabulam *Ye Kim* dictam, hoc est, Mutationum, cui commentandae Rex *Ven vam* 1800. ferè pòst annis, & eius filius *Cheu cum*, & 600. rursus pòst annis *Confucius* Philosophus operam dedêre. Orientis extremi incolas à barbara & agresti vita ad humanitatem FO HI paulatim reducit. Connubia stabilit eâ lege, ut non ineantur nisi inter diversi nominis familias; quae lex hodieque viget. Litterarum (quarum loco nodis utebantur) fundamenta sex jacit. Musica quoque instrumenta, alterum 27. alterum 36. fidium invenit. Draconem vult esse gentis insigne, quod deinde *Vu vam* tertiae familiae Fundator sanxit ut esset quinque unguium pro solis Imperatoribus. Regnasse fertur centum & quidecim annis.

XIN NUM matre matre *Ngan tem* oriundus, placidi vir ingenii, & qui clementia sua vicinos sibi barbaros conciliavit. Aulae sedem ex *Ho nan* transtulit in *Yen cheu* in prov. *Xan tum*. Invenit aratrum, & docet agros colere & serere. Medicum agit. Die uno fertur duodecim herbas venenatas, ac totidem antidota invenisse Herbariolum conflat. Ex aqua marina sal conficit. Mercimonia instituit, forum ad nundinas designat. Dicitur obiisse dum ditiones *Hu quam* lustraret. Regnasse traditur 140. annis, & sepultus esse in civitate Cim.

Recensentur huius posteri seu successores septem per annos 380. an & quam privatim ditionem administrarint, incertum. Memorant certè XIN NUM posteros à tertiae *Cheu* familiae Conditore *Vu vam* donatos dynastiâ *Ciao* 1700. circiter pòst annis. Scribunt item aliqui XIN NUM fratrem extitisse proximè sequentis HOAM TI Imperatoris ex patre scilicet Regulo *Yeu hium*.

[1]

TABULA CHRONOLOGICA Monarchiae Sinicae ANTE CHRISTUM

Juxta Cyclos annorum 60.

CYCLUS I.Annus ante Chr.2697.

1. HOAM TI, alio nomine *Hiuen yuen*, regnat annis 100.

HOAM TI, hoc est, flavus Imperator, matre *Fu pao* natus, & Fundator Monarchiae, duodennis coepit imperare, electus à Regulis. Aulam habuit *Cho cheu* in provincia *Pe kim*. Templum Pacis dedicat *Xam ti*, id est, supremo Imperatori seu Deo, etsi dein sub dio sacrificari solitum. Rebellem *chi yeu* è stirpe *Xin num* tertio praelio debellat. Majestas Imperii sub hoc coepit; diadema, color flavus solis Imperatoribus permissus.

Usus operâ *Ta nao* Cyclum sexagenarium perficit.

Astronomiam & Arithmeticam tabulam, necnon Musicam & musica instrumenta invenit, item arma, arcum, retia, currus, navigia, artes fabrilem & figulinam, mensuras ac pondera.

Fundit 12. aera campana, 12. anni menses referentia.

Ciu cum & *çam kie* (qui & characteres invenit) Chronistas creat.

Colaos, seu supremos regni Ministros sex creat.

Rebelles Principes quinque debellat.

Regina *Luy su* docet bombyces alere, sericum texere, & coloribus intingere.

CYCLUS II.Annus ante Chr.2637.

HOAM TI artem quoque medicam de pulsibus huc usque usitatam pluribus libris conscribit, adjutoribus *Ki pe*, *So ven*, *Luy cum*.

［2］Avis Solis in palatii fastigio,& in sylva Unicornis conspicitur, utrumque magnae felicitatis augurium.

Filios mares habuit 25. à quibus series nepotum longissima: quin & trium Imperialium familiarum Imperatores 85. per annos 2457. ab HOAM TI ceu rami à trunco ortum ducunt.

2.XAO HAO, aliàs *Kim tien*, regn.84.

Anno secundi Cycli 40. HOAM TI moritur aet. III. sepultus in prov. *Xan tum*. Anno 41. succedit XAO HAO decessoris filius ex *Luy su* Regina: huius natale solum, aula & sepulcrum, *Kio feu* civitas prov. *Xan tum*.

CYCLUS III. Annus ante Chr. 2577.

Imperante XAO HAO Avis Solis rursum visa, quam vult esse insigne Imperii.

Pax sub hoc diuturna. Coetus hominum muris claudit, urbesque constituit.

Auctor est novae musicae. Trahendis curribus boves jungit.

Per varia volucrum genera distinguit Praefectorum civilium gradus novem: per belluarum symbola, militarium Praefectorum sex ordines; qui mos hodie durat.

Hujus 4. filii magistratum gerunt sub sequenti Imp.

Kieu li seu novem Dynastae ordinem sacrificiorum perturbant, plebem spectris & larvis dementant: hinc initia superstitionum, ex quo periclitatur Imperium.

CYCLUS IV. Annus ante Chr. 2517.

3.CHUEN HIO, aliàs *Cao yam*. regn.78.

Anno huius Cycli 4 moritur XAO HAO aetat. 100. Anno 5 succedit CHUEN HIO nepos HOAM TI ex matre *Kiu kiue*.

Aula in oppido *Hoa* prov. *Pe kim*.

Princeps pius & religiosus, debellat 9 Regulos, sacrificiorum ritus ad pristinum reducit, sublatis abusibus.

Statuit ut supremo coeli Imperatori solus Imperator in terrâ solenni ritu sacrificet.

Fuit auctor & parens Calendarii, quod quotannis à solâ aulâ solenniter per Imperium hodieque distribuitur.

Principium anni statuit à Novilunio principio Veris proximo, quod respondet in Sina quinto Aquarii gradui; quae ratio temporis subinde fuit immutata, & uno alterove mense anticipata, ac tandem sub 5^{ae} familiae *Han* 5° Imperatore *Hiao uu* revocata usque hodie observatur.

5. Planetarum conjunctio tum ab eo observata eo ipso die, quo Solis & Lunâe conjunctio fuit.

CYCLUS V. Annus ante Chr. 2457.
4. TI CO, aliàs *Cao sin*. regn. 70.

Anno Cycli 22 moritur CHUEN HIO aet. 91. sepultus in oppido *Hoa* prov. *Pe kim*. Ejus epitaphium hodie extat. Anno 23. succedit TI CO ejus nepos ex Chao kie patre.

Aula *Yen su* civitas, prov. *Honan*.

Princeps obediens coelo, spirituum quoque venerator, gravis & beneficus, forma Imperio digna.

Eodem quo sapientes habitu & cultu utitur.

Pax sub hoc diuturna. Fratres eorumque filios Dynastas creat in prov. *Su chuen*.

[3] Quatuor Reginas novo exemplo habuit. Prima pòst votum Deo factum impetravit *Cie* filium, de re agraria optimè apud posteros meritum. Secunda dicta

Kim tu, decimo quarto à conceptu mense enixa est *Yao*. Tertia pòst oblatum Deo sacrificium suscepit *Sie*. Quarta *Chi* filium habuit.

CYCLUS VI. Annus ante Chr. 2397.

Chi regn. 8.

TI CO constituit publicos preceptores edocendis populis.

Vocalem musicam instituit, ad unionem mutuam & virtutum studia provocantem.

5. YAO, aliàs *Tam* & *Tao*, regn. 100.

Anno Cycli 32. moritur TI CO aet. 105. sepultus in *Pe Kim*. Anno 33. succedit *Chi* filius è quarta Regina, sed quia exlex & degener, anno Cycli 40. à regulis privatur Imperio. Hic à numero Imperatorum excluditur.

Anno 41. YAO filius TI CO Imperio praeficitur. Solus regnat annis 72. & insuper cum XUN Collega 28. an. Aula urbs *Tai yuen* in prov. *Xan si*.

Fuit hic Imperator simul & legislator uti & XUN successor, uterq; totius posteritatis Principibus norma & exemplar; erga pauperes pius, & aetate grandaevos reverens: quòd eorum certus numerus in singulis urbibus hodieque annonâ regiâ alatur, hinc manasse creditur.

CYCLUS VII. Annus ante Chr. 2337.

YAO cùm opibus abundaret, vulgari victu, vestitu, domo, strato contentus imperat. Suorum culpas & publicas calamitates sibi uni adscribit.

Astronomis *Ho* & *Hi* adjutoribus ordinat 12. lunâres menses, sex 30. dierum, & totidem 29. quin & intercalares menses, qui intra annos 19. septies recurrunt.

Sex tribunalia suprema instituit, quae hodieque perseverant, uti & quinque ordines Nobilium titularium.

Adeò suaviter per 50. annos regit, ut regere non sentiretur.

Anno Cycli 40. ingens diluvium novennale. Ejus aquis educendis praefuit *Quen*. Hic inertiae suae poenam capite luit. Ejus filius Yu substituitur, qui 13. annos educendis in mare & aliò aquis feliciter impendit, sceptrum pro meritis obtenturus.

Anno 50. XUN ex agro ad praefecturam evehitur ab YAO solâ obedientiae famâ commoto. Eidem duas filias nuptui dat.

Anno 53. ad Imperii per annos 28. societatem evehitur XUN. Hic quoties lustrat Imperium, priùs *Xam ti* seu Deo sacrificat. Domat rebelles quatuor è stirpe *Hoam ti*. Quinque genera suppliciorum instituit, in iis exequendis commiserationem commendans. Vide *Xu kim*.

CYCLUS VIII. Annus ante Chr. 2277.

XUN Sphaeram 7. planetarum construit ex pretiosis lapidibus; Imperium in 12. dividit regiones.

Anno Cycli 20. moritur YAO aet. 118. relictis 9. filiis, sepultus in *Kio feu* in prov. *Xan tum*. Eum per triennium luget populus, velut patrem matremque.

[4]

6. XUN, aliàs *Yu*, solus regn. 50.

Anno 21. succedit XUN à decessore designatus. Aula *Pu cheu* in prov. *Xan si*. Tria examina instituit ad Praefecti cujusque merita & demerita exploranda.

Anno 36. novae stellae visae, quorum una instar semi Lunâe, nubes item visae insolitis coloribus variegatae.

Musicam novam instituit, canit ipse tam voce quam fidibus.

Hisce temporibus aut fasce lignorum cadavera involvebant, aut testaceis usi sarcophagis, hos seq. Imperator jussit è ligno compingi, qui mos hodieque viget.

Anno 54. seligit *Yu* in Imperii Collegam per an. 17.

In tabula palam exposita notari à quovis permittit, si quid à se peccatur. Sunt huic à consiliis octo è stirpe CHUEN HIO, & totidem è stirpe TI CO. Optimatum ejus *Cao tao*, *Pe ye* & *Cie* praeclara monita extant in libro *Xu kim*.

CYCLUS IX. Annus ante Chr. 2217.

1. YU, solus regn. 10.

Anno Cycli 10. XUN moritur aet. 110. sepultus in prov. *Xen si*. Anno 11. succedit YU seu TA YU, id est, *magnus* YU, CHUEN HIO ex quinta stirpe nepos, à XUN electus relictis filiis. Fundat primam Imperialem familiam *Hia*, quae tenuit annis 458. sub 17. Imperatoribus.

Aula, oppidum *Ngan ye* in prov. *Xan si*.

Pius & misericors. In 9. provincias Imperium dividit, annotans cuique ditioni quaenam (ex 28.) constellatio respondeat V. in lib. *Xu kim* quae de agrorum divisione & agricultura conscripsit.

Novem vasa ingentia fundit velut 9. Provinciarum monumenta. Musicam instituit in laudem 2. Legislatorum *Yao* & *Xun*. Vinum vetat, inventore *Y tie* castigato. Tympanum & campanam ad palatii valvas erigit, cujus pulsu suos auditurus prodeat: qui usus hodieque viget.

2. TI KI regn. 9.

Anno 20. YU moritur aetat. 100. Anno 21. succedit TI KI filius, à Regulis ob merita patris electus, relicto *Ye* Colao, quem YU praedecessor coelo proposuerat in successorem. Ab hoc haereditaria per filios successio & nepotes. Novem ordines musicae & tripudiorum instituit.

3. TAI CAM regn. 29.

Anno 29. moritur TI KI, an. 30. succedit TAI CAM fil.

Anno 31. quinque fratres suos dynastiis donat: ipse vero luxui & venationi deditus, Imperii res negligit.

Anno 47. venationi ultra fluvium *Lo per* 100. dies vacanti intercipitur ab *Y* Regulo ad aulam reditus, assumitur in solium frater minor CHUM CAM, qui titulum regium recusat vivente fratre.

4. CHUM CAM regn. 13.

Anno 58. TAI CAM moritur, pergit regere CHUM CAM prudens & modestus Princeps.

CYCLUS X. Annus ante Chr. 2157.

Anno Cycli 2. aut ut alii, 6. Eclipsis Solis, quam quia *Hi* & *Ho* Astronomicae rei Praefecti vino immersi non detexere, morte mulctantur.

5. TI SIAM regn. 27.

Anno 13 CHUM CAM moritur. Anno 14. succedit TI SIAM filius.

[5] A patris institutis degenerat: aulam mutat in *Xam kieu*.

Committit temere regimen Imperii *Y* regulo; hic *Hanzo*, à quo paullò pòst è medio tollitur.

Hanzo intrusus regn. 40.

Anno 38. TI SIAM occiditur à *Hanzo*, qui usurpat tenetque Imperium per 40. annos. Regina ad patrem Regulum regni *Gem* praegnans fugit, paritque *Xao cam*, qui pòst 40. annorum interregnum imperabit.

CYCLUS XI. Annus ante Chr. 2097.

Xao cam adhuc privatus degens, per plures annos ditionem *Yu*, cui maternus avus eum praefecerat, cum laude regit.

6. XAO CAM regn. 22.

Anno Cycli 18. in praelio occiditur rebellis *Hanzo* à Regulo *Mi*, qui anno seq. XAO CAM generum suum ad Imperium paternum reducit, quod 22. an. administrat.

Sub hoc pristina Imperii resurgit norma. Barbari legatione funguntur. Comitia Regulorum veteri more peraguntur.

Filium *Vu yu* creat Regulum ditionis *Yue*, alterum *Kio lie* creat Regulum ditionis *Vm*.

7. TI XU regn. 17.

An. 40. moritur XAO CAM. An. 41 succedit TI XU filius.

Anno 44. maris Eoi rebelles domat.

8. TI HOAY regn. 26.

An. 57. TI XU moritur. An. 58. succedit TI HOAY filius.

Anno 60. novem barbarorum Orientalium Legati clientelam agnoscunt.

CYCLUS XII. Annus ante Chr. 2037.

TI HOAY Imperator otio & veneri se dedit, res Imperii Ministris tradit administrandas.

9. TI MAM regn. 18.

Anno Cycli 23. TI HOAY moritur. Anno 24. succedit TI MAM filius.

Hic lustrat Imperium ad mare eoum.

Aulae sedem mutat ad Crocei fluminis occidentem.

10. TI SIE regn. 16.

Anno 41. TI MAM moritur. Anno 42. succedit TI SIE filius.

Primus titulis donat Barbarorum Dynastas.

11. TI PU KIAM regn. 59.

An. 57. TI SIE moritur. An. 58. succedit TI PU KIAM fil.

CYCLUS XIII. Annus ante Chr. 1977.

Debellatis novem Dynastis, pacificè gubernat.

12. TI KIUM regn. 21.

Anno Cycli 56. TI PU KIAM moritur. Anno 57. succedit TI KIUM frater, expulso scilicet per nefas haerede filio CUM KIA dicto, posteà regnaturo.

CYCLUS XIV. Annus ante Chr. 1917.

13. TI KIN regn. 21.

Anno Cycli 17. moritur TI KIUM. Anno 18. succedit TI KIN filius.

Deditus veneri & superstitionibus. Multi reguli rebellant, hinc Imperii res pessum eunt.

14. CUM KIA regn. 31.

Anno 38. TI KIN moritur. Anno 39 succedit CUM KIA filius TI PU KIAM.

Luxui & veneri totum se dedit, hinc Imperio impendet ruina. Ad Comitia Reguli venire detrectant.

Anno 57. duo dracones mas & femina capti, & cuidam comissi ad alendum.

[6] CYCLUS XV. Annus ante Chr. 1857.

Anno Cycli 5 nascitur CHIM TAM futurus familiae sequentis Conditor.

15. TI CAO regn. 11.

Anno 9. CUM KIA moritur. Anno 10. succedit TI CAO filius, luxui & veneri deditus.

16.TI FA regn.19.

An.20.TI CAO moritur.An.21.succedit TI FA filius.

Reguli beneficiarii Imperatorem de more adeunt.

17.KIE regnavit 52.

Anno 39.TI FA moritur.Anno 40.succedit KIE filius, tyrannus & lascivus.

Princeps magnis naturae dotibus instructus, iis corporis viribus, ut ferrum manibus frangat.

In pellicis *Muy hi* gratiam turrim è lapide pretioso construit: monitores clientes occidit, alii aulam deserunt.

Lacum vini efficit, in quo 3000.hominum lasciviant.

CYCLUS XVI.Annus ante Chr.1797.

A *Tam* regulo mittitur Sapiens *Y yn*, ut KIE Regem ad frugem reducat: hic desperatâ ejus correctione quarto anno rediit.

Anno Cycli 21. *Tam* in carcerem à KIE mittitur, mox solvitur. Tam ab 800. Dynastis & populo contra KIE incitatur, cogitur vel invitus arma capere.

Anno 31. KIE à suis copiis desertus, & extra fines Sinicos fugitivus pòst triennium moritur.Prima familia Imperialis extinguitur.

1.CHIM TAM regn.13.

Anno 32.CHIM TAM nepos HOAM TI ordine 17.Imperium adit anno aet.87. & fundat familiam *Xam*, quae tenuit annos 644. sub 28. Imperatoribus. Aula urbs *Quei te* in prov.*Ho nan*. Princeps pius & modestus.

Annum inchoat à Lunâ quae hyemali solstitio vicinior, & respondet Januario. Colore albo in vexillis & insignibus utitur, quemadmodum nigro praecedens *Hia* familia, & purpureo sequens familia *Cheu*.

Sub hoc fames septennalis, fortassis eadem quae in sacris Litteris in universo orbe fuisse scribitur Gen.41.

CHIM TAM pro populo se in victimam Deo offert, oranti coelum annuit effusis imbribus; aurifodinas aperit; laetitiae publicae musicam instituit.

2.TAI KIA regn.33.

Anno 44.CHIM TAM moritur aet.100. Anno 45.succedit TAI KIA nepos ex primogenito TAI TIM vita functo. *Y yn* Colaus degenerantem Principem horto avi sepulchrali includit, donec resipiscens ad solium pòst triennium reducitur.

CYCLUS XVII.Annus ante Chr.1737.

TAI KIA pii Principis & morigeri speculum fuit.

3.VO TIM regn.29.

Anno Cycli 17.TAI KIA moritur. Anno 18.succedit VO TIM Conditoris alter nepos. Is Colai *Y yn* consiliis utitur.

Anno 25. *Y yn* Colaus moritur aetat.100. Parentat ei apparatu regio Imperator; hujus deinde filius *Y pu* quinque Imperatoribus à consiliis fuit.

4.TAI KEM regn.25.

Anno 47.VO TIM moritur. Anno 48.succedit TAI KEM frater.

[7] *CYCLUS XVIII.Annus ante Chr.1677.*

5.SIAO KIA regn.17.

Anno Cycli 11.TAI KEM moritur. Anno 12.succedit SIAO KIA filius.

6.YUM KI regn.12.

Anno 28.SIAO KIA moritur. An.29.succedit YUM KI frater.

Initia collabentis Imperii. Regulorum aliqui ad Comitia detrectant venire.

7.TAI VU regn.75.

Anno 40.YUM KI moritur. Anno 41.succedit TAI VU frater.

Eo ipso anno arbor morus 7.dierum spatio frondes explicat, mox tridui spatio prorsus exarescit: hinc sinistrum augurium.

Colaus *Ye pu* docet inferiora esse virtute auguria.

Imperii res restaurantur.

CYCLUS XIX.Annus ante Chr.1617.

Aulam transfert in *Ho nan* provinciam ob frequentes eluviones fluvii Crocei, quod saepius factitatum, aula jam trans, jam cis fluvium translata.

Magna sub hoc Imperatore pax per 70.circiter annos.

Comitiis intersunt 76.regnorum Legati.

Priscas leges de senibus sustentandis, & justis erga mortuos persolvendis restaurat.

8.CHUM TIM regn.13.

Anno 55.TAI VU moritur.An.56.succedit CHUM TIM filius.

Sub hujus auspiciis domantur latrocinantes barbari.

Ob eluviones aula ex *Po* prov. *Xan si* tranfertur in *Ngao* prov. *Ho nan*, & deinde in prov. *Pe kim*.

CYCLUS XX.Annus ante Chr.1557.

9.VAI GIN regn.15.

Anno Cycli 8.CHUM TIM moritur.Anno 9.succedit VAI GIN frater.

Aulae sedem mutat. Ab hoc tempore filios inter & fratres pro Imperii jure bellorum initia per an.fere 200.

10.HO TAN KIA regn.9.

Anno 23.VAI GIN moritur.Anno 24.succedit HO TAN KIA frater.

Aulam transfert *Ngao* in *Siam* ditionem prov.*Ho nan*.

11. ZU YE reg. 19.

Anno 32. HO TAN KIA moritur. Anno 33. succedit ZU YE filius.

Aulam transfert in *Kem*, nunc urbem *Xun tu*; dein ob eluviones ad Ortum.

Res Imperii collapsas restaurat; hinc pax alta.

Reguli ad Comitia celebranda ventitant.

12. ZU SIN regn. 16.

Anno 51. ZU YE moritur. Anno 52. succedit ZU SIN filius.

CYCLUS XXI. Annus ante Chr. 1497.

13. VO KIA regn. 25.

Anno Cycli 7. ZU SIN moritur. Anno 8. succedit VO KIA frater.

14. ZU TIM regn. 32.

Anno 32. VO KIA moritur. An. 33. succedit ZU TIM filius ZU SIN.

CYCLUS XXII. Annus ante Chr. 1437.

15. NAN KEM regn. 25.

Anno Cycli 4. ZU TIM moritur. Anno 5. succedit NAN KEM filius VO KIA.

In Imperio ortae dissensiones. Aula transfertur in *Ho nan*.

[8]

16. YAM KIA regn. 7.

Anno 30. succedit YAM KIA filius ZU TIM.

Reguli Comitia negligunt.

17. PUON KEM regn. 28.

Anno 36. YAM KIA moritur. Anno 37. succedit PUON KEM frater.

Aulam Conditoris in prov. *Xan si* eligit, Imperii statum renovat. Pax alta.

Comitia frequentantur, familiam *Xam* dictam vult deinceps nominari *Yn*.

CYCLUS XXIII. Annus ante Chr. 1377.

18. SIAO SIN regn. 21.

Anno Cycli 24. PUON KEM moritur. Anno 25. succedit SIAO SIN frater, otio & luxui deditus.

Incipit rursus Imperium ruinam minari.

19. SIAO YE regn. 28.

Anno 25. SIAO SIN moritur. Anno 26. succedit SIAO YE frater, socordiae mancipium.

Tai pe & *Chum yum* fratres, filii Reguli *Cu cum*, quod hunc viderent plus affici natu minimo *Kilie*, sponte ei regnum cedunt, & in Austrum pergentes regni *Nan kim* fundamenta jaciunt.

Tai vam Regulus ex ditione *Pin* migrat in *Ki* ditionem: nomen indit familiae *Cheu* pòst hanc imperaturae.

20. VU TIM regn. 59.

Anno 53. SIAO YE moritur. Anno 54. succedit VU TIM filius, Princeps religiosissimus & pacis amans.

CYCLUS XXIV. Annus ante Chr. 1317.

VU TIM in sepulchrali horto patris per triennium de reformando Imperio meditatur: offertur ei à Deo in somniis species viri, quem coloribus, prout viderat, expressum conquiri jubet; inventum inter caementarios Colaum creat, *Fu yue* is dicitur, cujus praeclara monita vide in lib. *Xu kim*.

Pax magna in toto Imperio, & regimen prosperum.

Dum majoribus de more parentat, phasianus advolans insistit ansae vasis

Imperialis, mox crocitat, unde felicitatem sibi auguratur; sed Colaus *Zu ki* à solâ virtute capiendum docet felicitatis augurium. Vide *Xu kim*.

21. ZU KEM regn. 7.

Anno 52. VU TIM moritur. Anno 53. succedit ZU KEM filius.

22. ZU KIA regn. 34.

Anno 59. ZU KEM moritur. Anno 60. succedit ZU KIA frater.

CYCLUS XXV. Annus ante Chr. 1257.

ZU KIA perditis moribus Princeps, arrogans, suorum contemptor, hinc rebelliones, ex quibus Imperium rursus ruinam minatur.

Anno Cycli 27. nascitur ex *Ki lie* laudatissimus ubique *Ven vam*.

23. LIN SIN regn. 6.

Anno 32. ZU KIA moritur. Anno 33. succedit LIN SIN filius patri non absimilis.

24. KEM TIM regn. 21.

Anno 38. LIN SIN moritur absque prole, anno 39. succedit KEM TIM frater.

Anno 50. VU VAM, aliàs *Fa*, nascitur, familiae sequentis fundator.

25. VU YE regn. 4.

Anno 59. KEM TIM moritur. Anno 60. succedit VU YE filius, blasphemus & scelestus: suspensam utrem plenam [9] sanguine sagitta petit, dicens: *Iaculor in coelum*, seu spiritum coelestem: in scacchulorum ludo nomina indit spirituum, quibuscum ludens, per ludibrium victis insultat. Orientales populi per insulas maris eoi disperguntur; hinc fortè Japonia aliaeque insulae habitatae.

CYCLUS XXVI. Annus ante Chr. 1197.

Anno Cycli 3. VU YE blasphemus, fulmine ictus perit in venatione.

26. TAI TIM regn. 3.

Anno 4. succedit TAI TIM filius.

Orditur bellum cum Regulo regni *Yen*, nunc *Pe kim*.

27. TI YE regn. 37.

Anno 6. TAI TIM moritur. Anno 7. succedit TI YE filius.

Sub hujus auspiciis *Ki lie* debellat Regulum regni *Yen*, unde ab Imp. titulo *Heu pe* (hoc est Marchionis) donatur. Hic pòst triennium, seu anno Cycli 13. moritur, succedit *Ven vam* filius.

TI YE Imperatori tres erant filii; natu minimus designatur haeres, eo quod duos natu majores ante peperisset uxor, quam reginae titulo esset donata.

28. CHEU regn. 33.

Anno 43. TI YE moritur. Anno 44. succedit CHEU filius tertius, tyrannice imperat, pellicis *Tan Kia* amori & furori indulgens.

Novum supplicii genus columnam aeneam ignitam instituit, quam dein suasu *Ven vam* Reguli sustulit. Anno 54. in vincula conjicit *Ven vam* Regulum, quo tertio anno solvitur.

Optimates monitores è medio tollit.

Ab *Tan kia* pellice manasse creditur studium foeminarum in extenuandis pedibus.

Festum lucernarum, quod quotannis 15. primae Lunâe celebratur, ab hoc tempore ortum creditur, quod perpetuos sine nocte dies congestis luminibus in Palatio aemularetur Imperator.

CYCLUS XXVII. Annus ante Chr. 1137.

Anno Cycli 3. per 5. dies terraemotus, quo anno Ven vam, principatus sui anno 5. moritur, aetat. 97. relictis filiis 12. quos inter VU VAM, qui cum 700.

millibus debellat tyrannum CHEU.

1. VU VAM regn. 7.

Anno 16. CHEU voluntario incendio, & cum eo secunda familia *Xam* extinguitur. Eodem anno VU VAM fundat tertiam familiam *Cheu*, quae tenuit 873. annis sub 35. Imperatoribus.

Aula *Cham Ngam* in prov. *Xen si*.

Inito Imperio, more veteri sacrificat Deo; patrem, avum, atavum, de more Imperatoris titulis ornat. Collapsas familias restaurat; 70. & amplius dynastias inter propinquos & bene meritos distribuit, futurorum bellorum semina. Principium anni statuit eum mensem qui respondet circiter Decembri nostro.

Ki zu patruum *Cheu* tyranni Coreae Dynastam creat absque onere clientelae; huius monita V. in *Xu kim*.

[10] *Cheu cum* vitam suam coeli numini devovet pro fratris VU VAM salute, & exauditur.

2. CHIM VAM regn. 37.

Anno 22. VU VAM moritur aet. 93. Anno 23. succedit CHIM VAM filius.

Tutor hujus *Cheu cum* patruus ob invidiam multorum ab aula se subtrahit; revocatur cum honore. Ejus praeclara consilia vide in *Xu kim*.

Dum Imperator in horto fratrem suum joco dynastia donat, Colaus *su ye* pro serio haberi vult, addens non esse regium jocari. Legatio sit à *Cochinchina*: inter munera, alba fuit Gallina. *Cheu cum* magneticum indicem ad reditum austrum versus dirigendum donat.

Anno 33. moritur *Cheu cum*, aet. 100. ritu & sepultura regiâ honoratur.

In Comitiis de vini moderato usu statuitur.

3. CAM VAM regn. 16.

Anno 59. CHIM VAM moritur aet. 50. Anno 60. succedit CAM VAM filius, pacis amans & fautor. Comitia celebrat, visitat Imperium, agriculturam reformat, ejus curâ *Chao cum* commissâ.

CYCLUS XXVIII. Annus ante Chr. 1077.

Alta pax & concordia tanta, ut emissi è carceribus ad agros colendos ex pacto redeant omnes.

4. CHAO VAM regn. 51.

Anno Cyclii 25. CAM VAM moritur. Anno 26. succedit CHAO VAM filius, venationi immodicè deditus, hinc regiminis neglectus.

Anno 41. Imperatoris autem 16. nascitur in India ex Regulo *Cim fan* & matre *Mo ye*, auctor sectae Bonzyorum & transmigrationis Pythagoricae, *Foe* dictus. Haec pòst annos 1060. anno pòst Christum 65. in *Sinam* regiâ auctoritate primùm introducetur.

Lustrat Imperium Imperator.

Colores prodigiosi observati in Lunâ.

CYCLUS XXIX. Annus ante Chr. 1017.

Anno Cycli 16. Rustici redeuntem à venatu Imperatorem navi malè agglutinata dolosè excipiunt, quâ in medio alvei dissolutâ Rex unà cum suis mersus perit.

5. MO VAM regnavit 55.

Anno 17. succedit MO VAM filius, aequi & recti amans.

Equorum & rhedarum immodicè amans, quibus vectus Imperium lustrat.

Domat Australes barbaros provinciae *Hu quam*, ab expeditione redit cum quartuor lupis albis & cervis.

Belli Ducem *Cao fu* creat Regulum regni *Chao* in prov. *Xan si*.

Bellum movet in Tartaros, genero frustrà dissuadente. Tartari fugâ sibi consulunt; unde infectâ reaulam repetit.

CYCLUS XXX.Annus ante Chr.937.

Anno Cycli 9.moritur in India *Foe*, auctor Metempsycosis, aet.79.

Praeclara monita *Kiun ya* & *Pe kiun* vide in libro *Xu kim*.

[11]

6.CUM VAM regn.12.

Anno 11. MO VAM moritur. Anno 12. succedit CUM VAM filius. Ob tres puellas ejus oculis subductas populum *Mie* regionis insontem delet; facti mox poenitet.

7.YE VAM regn.25.

Anno 23.CUM VAM moritur aet.84.Anno 24.succedit YE VAM filius.

Nil dignum Imperatore egit, hinc multorum satyricos calamos contra se provocavit.

8.HIAO VAM regn.15.

Anno YE VAM 48. moritur aet.50. Anno 49. succedit per vim HIAO VAM frater.

Equis adeò deditus, ut *Fi xu* praefectum equilis dynastiâ *Cin* donarit, hujus posteritas per nefas Imperatoriam ab hac familiam fundabit.

Inusitatus grando boves & equos mactat.

CYCLUS XXXI.Annus ante Chr.897.

9.Y VAM reg.16.

Anno Cycli 3.HIAO VAM moritur aet.63.Anno 4.succedit Y VAM filius, adeò hebes, ut vix Legatos aut Regulos prae pudore admitteret. Advenientes ad Comitia Regulos uno gradu descendens primus excipit cum majestatis regiae dispendio.

10. LI VAM regn. 51.

Anno 19. Y VAM moritur aet. 60. Anno 20. succedit LI VAM filius.

Princeps re & nomine crudelis, superbus, & exhaustis civium opibus prodigus.

Publicis dictis scriptisque sugillatur. Capite sancit, ne quis subditorum inter se loqueretur aut mussitaret. Triennium tenuit durum silentium.

An. 52. à furente plebe ad necem quaeritur Imp. fugit hic; familia à furente populo occisa, excepto filiolo, quem *Chao cum* Colaus occuluerat. Re cognitâ plebs filiolum reposcit; Colaus filiolum suum tradit, qui à populo fraudis ignaro laniatur. Colaus frustrà tentat reducere Imperatorem per 17. annos vagum & exulem.

CYCLUS XXXII. Annus ante Chr. 837.

11. SIUEN VAM regn. 46.

Anno Cycli 10. LI VAM exul moritur. Anno 11. succedit SIUEN VAM filius.

Hic sub *Chao cum* & *Cheu cum* tutela est per annos 15. Boni Principis specimen praebet, sapientes profugos undique convocat.

Ritum quo prisci Reges agri partem suis manibus colebant, negligit, obnitente frustra Colao.

Hac aetate quatergemini sapientes florent, quos una mater quaterno partu ediderat. Redeunt ad obsequium clientelare Reguli & Dynastae.

Rebelles populos Australes *Hoay ngan* & *Hu quam* ad leges Sinicas armis adigit.

Regina *Kiam* prudentissima librum scribit de Gynecaei institutione.

12. YEU VAM regn. 11.

Anno 56. SIUEN VAM moritur. Anno 57. succedit YEU VAM filius, degener à paternis virtutibus.

Bella cum Tartaro Occidentali infeliciter gerit. Pellicis *Pao su* amore captus Reginam cum filio repudiat.

Anno 57. terraemotu montis *Ki* pars ruit.

[12] *CYCLUS XXXIII. Annus ante Chr. 777.*

Anno Cycli 2. Lunâ 10. Eclipsis Solis.

13. PIM VAM regn. 51.

Anno 7. YEU VAM occiditur in praelio. Anno 8. succedit PIM VAM filius legitimus.

Hic aulam transfert ab Occidente *Xan si* prov. In Orientem prov. *Ho nan*, hinc alienatio animorum.

Reguli *Ho nan*, *Hu quam* & *Kiam sy*, *Xan tum*, *Xen si*, *Xan si*, quisque pro suo regno decertat.

Reguli Comitia venire detrectant: sunt qui & ritus à solis Imperatoribus fieri solitos sibi usurpant: quod idem est ac Imperium ambire.

Duce *Ven cum* variis praeliis victi Tartari Occidentales coguntur remeare ad propria.

Ab anno 56. hujus Cycli historiam Regulorum *Chun cieu*, id est *ver* & *autumnus*, dictam, orditur *Confucius*.

14. HUON VAM regn. 23.

Anno 58. PIM VAM moritur. Anno 59. succedit HUON VAM nepos, vir bellicosus.

CYCLUS XXXIV.Annus ante Chr.717.

Armis tentavit ad obsequium reducere Regulos, sed frustrà.

Anno Cycli 9. Lunâ 7. totalis Eclipsis solis.

Anno 11. HUON VAM in conflictu à rebellium exercitu victus, accepto à tergo vulnere.

15.CHUAM VAM regn.15.

Anno 21. HUON VAM moritur. Anno 22. succedit CHUAM VAM filius.

Conjuratio detecta.

Anno 23. Lunâ 10. Eclipsis Solis.

Quen chu Colai opera Rex *Ci* ad magnam potentiam excrescit.

16.LI VAM regn.5.

Anno 36. CHUAM VAM moritur. Anno 37. succedit LI VAM è *Ci* Regis familia, è stirpe Imperatoria.

Principis Regulorum titulus *Pa* assumitur à *Huon cum* regni Ci Regulo, deinde ab aliis. Pòst 100. annos hic titulus aboletur.

17.HOEI VAM regn.52.

Anno 41. LI VAM moritur. Anno 42. succedit HOEI VAM filius, ardearum aucupio deditissimus.

Eodem anno Lunâ 3. Eclipsis Solis.

Tartari ultra *Xan si* fines debellantur.

Cladem accipit à Regulo regni *Ci*, qui & Regulorum Comitia celebrat tanquam caput ipsorum. Jurerando mutuam obstringunt fidem, hausto de more Galli occisi sanguine.

Anno 49. Lunâ 6. Eclipsis Solis.

Anno 50. Lunâ 12. Eclipsis Solis.

Anno 54. Lunâ 9. Eclipsis Solis.

Anno 58. Imp. 16. anno ante Christum 660. coepit Japonia habere Reges. Hi usque ad annum hujus saeculi 1608. numerantur 108.

CYCLUS XXXV. Annus ante Chr. 657.

18. SIAM VAM regn. 33.

Anno Cycli 3. Lunâ 9. Eclipsis Solis

Anno 6. HOEI VAM moritur. Anno 7. succedit SIAM VAM filius natu major.

Reguli Comitia frequentant: pristina Imperii norma [13] non nihil revocatur.

Anno 10. Lunâ 3. Eclipsis Solis.

Anno 13. Lunâ 5. Ecilipsis Solis.

Anno 17. Imperator praelio victus à fratre *Xo tai*, fugit, sed à *Ven cum* Regulo restituitur, interfecto *Xo tai*.

Anno 32. Lunâ 2. Eclipsis Solis.

19. KIM VAM regn. 6.

Anno 39. SIAM VAM moritur. Anno 40. succedit KIM VAM filius, sapiens, charus omnibus.

Legati assistunt exequiis patris, sed absque solitis muneribus.

20. QUAM VAM regn. 6.

Anno 45. KIM VAM moritur. Anno 46. succedit QUAM VAM filius, patri per omnia similis.

Eodem anno Lunâ 6. Eclipsis Solis.

21. TIM VAM regn. 21.

Anno 51. QUAM VAM moritur. Anno 52. succedit TIM VAM frater, pacis studiosus.

Anno 54. mense 9. die 14. natus in prov. *Hu quam Lao kiun* auctor sectae immortalium, quin & Epicuraeae; Deum videtur agnovisse, sectarii ejus dogmata depravarunt, obiit aet.84.

Anno 57. Lunâ 7. Eclipsis totalis.

CYCLUS XXXVI. Annus ante Chr. 597.

Anno Cycli 6. Lunâ 6. Eclipsis Solis.

Eodem anno ingens terraemotus.

22. KIEN VAM regn. 14.

Anno 12. TIM VAM moritur. Anno 13. succedit KIEN VAM filius.

Circa haec tempora haereses ortae, *Yam & Me*. Hic docet omnes aequaliter amandos, nullo ne parentum quidem discrimine: *Yam* curam sui dumtaxat habendam, ne Regis quidem ratione habitâ.

Anno 23. Lunâ 6. Eclipsis Solis.

Anno 24. Lunâ 12. Eclipsis Solis.

Nankinensis regni in *Su cheu* initia.

23. LIM VAM regn. 27.

Anno 26. KIEN VAM moritur. Anno 27. succedit LIM VAM filius cum barbâ natus.

Multa inter Regulos bella & caedes.

Imperator prudentiâ & virtute pollens rectè administrat Imperium.

Anno 38. Lunâ 2. Eclipsis Solis.

Anno 40. Lunâ 8. Eclipsis Solis.

Anno 45. Lunâ 10. Eclipsis Solis.

Anno 47. Imperatoris verò 21. mense 11. die 4. nascitur in prov. *Xan tum* Confucius Princeps Philosophorum.

Anno 48. Lunâ 2. Eclipsis Solis.

Anno 49. Lunâ 7. totalis Eclipsis Solis.

Anno 50. moritur *Xo leam he* pater Confucii, Praefectus ditionis *Ceu*.

Anno 52. Lunâ 10. Eclipsis Solis.

24. KIM VAM regn. 25.

Anno 53. LIM VAM moritur. Anno 54. succedit KIM VAM filius.

[14] *CYCLUS XXXVII. Annus ante Chr. 537.*

Anno cycli 3. Lunâ 4. Eclipsis Solis.

Anno 11. Lunâ 6. Eclipsis Solis.

Anno 13. Lunâ 6. Eclipsis Solis.

Anno 17. Lunâ 7. Eclipsis Solis.

Mem vam **regn. paucismens.**

25. KIM VAM regn. 44.

Anno 18. KIM VAM moritur, succedit minimus filius *Mem vam*, sed mox occisus. Anno 19. succedit vi armorum KIM VAM filius secundus.

Anno 20. Lunâ 5. Eclipsis Solis.

Anno 27. Lunâ 12. Eclipsis Solis.

Anno 33. Lunâ 3. Eclipsis Solis.

Confucius discipulorum numerat tria millia, hos inter 72. selectiores, & hos inter decem selectissimos.

Anno 38. *Confucius* Praefectum agit regni patri *Lu*, reformat omnia juxta priscorum regulam.

Anno 40. Lunâ 11. Eclipsis Solis.

Anno 43. Lunâ 8. Eclipsis Solis.

Inter Regulos R. *V* (modò *Nan kim* australior) & R. *Yue* (modo *Che kiam*) ardet bellum; *V* Regulus occisus.

Anno 52. à Regulo *Sum* extincta familia *çao*, quae sub 25. Regulis steterat annis 636.

An.57.Unicornis in saltu regio apparet.

Hic terminat *Confucius* historiam bellorum inter Regulos per 200.an.

Eodem anno 57.Lunâ 5.Eclipsis Solis.

Anno 59.Imperatoris 41.Lun.4.moritur *Confucius* Philosophus aet.73.

Anno 60. à Regulo *Zu* extinguitur regnum & familia *Chin*, quae numeravit 24.Principes per an.645.

CYCLUS XXXVIII.Annus ante Chr.477.

26.YUEN VAM regn.7.

Anno Cycli 2.KIM VAM moritur.Anno 3.succedit YUEN VAM filius, pius & charus.

Proscribit Regem *Lu* ad Comitia venire detrectantem.

A Regulo *Yue* extinguitur regnum *V*, quod sub 20.Regulis steterat 650.annis.

27.CHIM TIM VAM regn.28.

Anno 9. YUEN VAM moritur. Anno 10. succedit CHIN TIM VAM filius, Princeps castus dictus, quod mortua conjuge coelebs manserit.

Anno 31.à Regulo regni *Zu* extincta dynastia *çai*, quae sub 25.Principibus steterat annis 676.

Anno 35.totalis Eclipsis Solis sic ut stellae apparerent.

28.CAO VAM regn.15.

Anno 37. moritur CHIN TIM VAM tribus relictis filiis. Anno 24. succedit primogenitus *Ngan*, qui tertio mense à fratre *Su* occiditur, & hic quinto mense occiditur à fratre minore CAO VAM, qui succedit in Imperio.

Fratrem alterum creat Dynastam in prov.*Ho nan*, nomen ei est *Huon cum*, cujus abnepos erit hujus familiae *Cheu* postremus Imperator.

Anno 43. Lunâ 6. Eclipsis Solis.

Anno 45. Cometes apparet.

29. GUEI LIE VAM regn. 24.

Anno 52. CAO VAM moritur. Anno 53. succedit GUEI LIE VAM filius.

Ab hoc tempore rursus bella inter Regulos per 300. [15] ferè annos; *Chen que* dicta, id est, bellantia regna.

Hic & sequentes nomine tenus erant Imperatores, paulatim & majestate & terris exuti.

CYCLUS XXXIX. Annus ante Chr. 417.

Anno Cycli 8. Eclipsis Solis.

Dicuntur 9. vasa Imperialia olim ab YU primae familiae Conditore conflata spontè contremuisse.

Regni *Chao* Regulus bello victum Ducem *Chi siam* occidit, ejus cranium pro cyatho confici jubet.

30. NGAN VAM regn. 26.

Anno 16. GUEI LIE VAM moritur. Anno 17. succedit NGAN VAM filius.

Eodem anno 17. Eclipsis Solis.

Regulo regni *Guei* glorianti de regno suo natura munitissimo *V ki* Colaus respondit; firmitatem in virtute, non in praeruptis saxis constituendam.

Anno 36. totalis Eclipsis Solis.

Anno 42. NGAN VAM moritur.

Eodem an. 42. à tribus Regulis *Han*, *Chao*, *Guei* extincta dynastia *Cin*, quae sub 38. Principibus steterat an. 741.

31. LIE VAM regn. 7.

Anno 43. succedit LIE VAM filius; huic potentissimus Regulus *Ci* solus defert obsequium clientelare.

Eodem anno à *Han* Regulo extinguitur regnum *Chim*, quod sub 23. Dynastis steterat annis 432.

Eodem anno 43. Eclipsis Solis.

Anno 46. nascitur *Memcius* Philosophus secundus.

Anno 49. Eclipsis Solis.

32. HIEN VAM regn. 48.

Anno 49. LIE VAM moritur. Anno 49. succedit HIEN VAM frater minor. A nullo Regulorum ferè agnoscitur.

Anno 57. Cometes in Occidente.

CYCLUS XL. Annus ante Chr. 357.

HIEN VAM cùm sciret vasa 9. Imperialia ambiri seu sacra Imperii pignora per 1970. annos conservata, jussit demergi in lacu *Su* profundissimo, unde nulla arte extrahi potuere.

Anno 22. *Memcius* ad Regem *Guei* pergit, & multò pòst ad *Ci* Regem, de recta ubique Imperii administratione disserens: numeravit 17. discipulos. Extant septem ejus libri morales.

33. XIN CIN VAM regn. 6.

Anno 37. HIEN VAM moritur. Anno 38. succedit XIN CIN VAM filius, ignavus & socors.

Hiao cum Regulus regni *Cin* praeclara administratione omnes excellit, qua ratione ad Imperium viam sternit.

Anno 42. *Cin* familiae potentia adeo crevit, ut quinque Regulorum exercitus penitus deleverit.

34.NAN VAM regn.59.

Anno 43. XIN CIN VAM moritur. Anno 44. succedit NAN VAM filius, princeps probus & modestus.

Regni *Zu* Colaus *Kiue yen* vir rectus, invidia aemulorum dejectus, se in fluvium *Colo* praecipitat. Ejus desiderium produnt Sinenses, dum ludicris navigiis toto imperio quotannis die 5.Lunâe 5.mersum quaeritant.

Annis 53.& 55.Cometes.

Anno 57.totalis Eclipsis Solis.

[16] *CYCLUS XLI.Annus ante Chr.297.*

Anno Cycli 9. moritur *Memcius* secundus Philosophus, aetatis 84. hujus posteritas uti & Confucii usque hodie perseverat, gaudetque privilegiis regiis in aula.

Anno 12. à Regulis *Ci*, *Zu*, *Guei* extinguitur regnum *Sum*, quod sub 32. Dynastis steterat per annos 381.

Subactis variis regnis duo praecipua *Cin* & *Ci* inter se depugnant pro Imperio toto.

Chao siam Regulus regni *Cin* Imperatorio ritu sacrificat *Xam ti* seu Deo, quod idem est ac Imperium ambire.

A regni *Zu* Regulo extinguitur regnum *Lu*, quod sub 34. Regulis steterat. A *Cin* Regulo extinguitur regnum *Guei*, quod sub 37.Principibus steterat.

Cin Regulus duos potentissimos Reges occisis 60.millibus delet.

Anno 42. NAN VAM victus, se cum copiis dedit clientis in morem; in ordinem redactus, anno pòst in *Xen si* prov.obiit.

35.CHEU KIUN regn.7.

Anno 43. subrogatus CHEU KIUN *cao vam* 31. Imperatoris ex fratre pronepos, exigui territorii dominus, qui re desperata se abdicat, & vitam privatam inglorius duxit. Cum hoc familia *Cheu* extincta.

Quarta Familia.

1. CHUAN SIAM VAM regn. 3.

Anno 49. CHUAM SIAM VAM filius *Hiao ven vam* (qui triduò dumtaxat imperitaverat) fundat familiam *Cin* dictam, quae tenuit annos 43. sub 4. Imperatoribus.

Anno 50. Eclipsis Solis.

Anno 51. CHUAM SIAM VAM moritur 37. & ultimus familiae *Cin*, & regni, quod sub Reguli titulo administraverat.

2. XI HOAM TI regn. 37.

Anno 52. succedit XI HOAM TI filius adoptivus, duodecimo à conceptu mense natus, bellicosus, crudelis, moneri impatiens; unde 20. &ампliùs Magnates neci dedit.

Aulam in *Si ngan* Metrop. prov. *Xen si* constituit.

Principium anni statuit primam lunarem in Sagittario conjunctionem.

Titulum HOAM TI (qui hodieque viget) instituit, estque eadem vox quâ totius Monarchiae fundator est usus, at non idem character; nam *Hoam* littera ibi *Flavum*, hic verò *magnificum & augustum* significat.

CYCLUS XLII. Annus ante Chr. 237.

XI HOAM TI extinctis sex regnis & horum familiis *Han*, *Guei*, *Zu*, *Yen*, *Chao*, *Ci*, Dynastas omnes cum titulis abrogat. Ingentem classem *Bengalam* usque expedit, aliam classem cum trecentis puellis ad mare eoum mittit, ut medicinam immortalitatis reportent: tempestate dissipatur classis, aliis in aliàs insulas distractis. In 36. provincias Imperium distribuit; fundit ex aere 12. heroum statuas staturâ giganteâ, quarum singulae 120. mille libris constant.

Anno Imperii 24. murum celeberrimum 400. & ultra leucarum extruit contra Tartarorum irruptiones.

[17] Anno 25. libros omnes praeter medicos & judiciarios cremari jubet. Anno 26. plurimos litteratos vivos sepeliri mandat.

Anno 28. XI HOAM TI lustrans Orientem moritur. A morte varia rursus regna insurgunt.

3. UL XI regn. 3.

Anno 29. succedit UL XI filius secundus, cùm tamen pater primogenitum designasset, qui à fratre jussus sibi vitam adimere.

Lieu pam gregarius miles copias cogit. Physionomus Imperium ei prognosticatur, traditâ in conjugem filiâ tyrannicè postea imperaturâ.

4. IM VAM regn. 45. diebus.

Anno 31. UL XI occiditur aet. 24. succedit IM VAM è fratre nepos, qui occiso patricida pòst 45. dies victori se tradit *Lieu pam*, cum quo familia *Cin* extinguitur.

Quinta Familia.

1. CAO ZU regn. 12.

Anno 32. CAO ZU, aliàs *Lieu pam*, fundat quintam familiam *Han* dictam, quae tenuit annis 426. sub 25. Imperatoribus. 17. praellis victus, tandem victor evasit.

Aulam habuit in *Xen si*, seu Occidente, 230. annis, sub 13. Impp. Deinde transtulit in *Ho nan*, seu Orientem, per annos 196. sub 12. Impp.

Anno 34. Lunâ 10. aut 12. Eclipsis Solis.

Anno 39. Lunâe 6. die ultimo totalis Eclipsis Solis.

2. HOEI TI regn. 7.

Anno 43. CAO ZU moritur aet. 52. Anno 44. succedit HOEI TI filius, pius, pacificus, obediens, quod *Hiao* sonat. Matri regimen imprudens committit, quae proximè per nefas imperat.

Anno 50. Lunâ 1. Eclipsis Solis.

LIU HEU intrusa, regn. 8.

Eodem anno 50. HOEI TI moritur aet. 50. Anno 51. succedit contra jus regium LIU HEU Physionomi filia, crudelis & versipellis. Consanguineos omnes dynastiis & praefecturis donat.

Anno 52. Lunâ 6. die ult. Eclipsis Solis.

Anno 57. Lunâ 1. totalis Eclipsis Solis.

Anno 58. LIU HEU moritur. Mox tota ejus familia in convivio ludo gladiatorio subornato funditus deletur.

3. VEN TI regn. 23.

Anno 59. VEN TI filius Fundatoris è privato suo regno ad imperium evehitur.

Anno 60. Lunâ 11. die ult. Eclipsis Solis.

CYCLUS XLIII. Annus ante Chr. 177.

Anno Cycli 1. Lunâ 10. die ult. Eclipsis Solis.

VEN TI frugalis ac modestus, victu, vestitu, strato humili contentus: in Gynecaeo ad exemplum Reginae nec acu pictis vestibus & humum verrentibus uti fas est. Cognomenta annis Imperii variis varia primus tribuit, qui mos hodieque viget. In publica calamitate de culpis suis commoneri vult.

In sacrificiis coelo factis preces ac vota primo pro populi, deinde pro sua unius incolumitate fundit. Pium priscorum morem agri regiis manibus colendi renovat. Salem publici juris facit. Sub hoc duae provinciae *Quam tum* & *Quam si* ultro se subjecere virtuti legibusque Sinicis. Papyrus item hoc tempore inventa. [18] Monetam cupream in solâ aulâ cudi solitam, ubique cudi permittit.

Anno 6. Cometes ab ortu.

Anno 18. Lunâ 4. die ult. Eclipsis Solis.

4. KIM TI regn. 17.

Anno 21. VEN TI moritur aet. 46. Anno 22. succedit KIM TI filius, sincerus, clemens, mitigat suppliciorum acerbitatem. Primus filiam Tartaro in matrimonium tradit. E decimo hujus filio exurget 16. hujus familiae Imperator. Tres Regulos debellat. Septem Regulorum exercitus uno conflictu vincit.

Anno 24. Cometes ab Occidente.

Anno 25. Lunâ 10. die ult. Eclipsis Solis.

Anno 28. Lunâ 11. Eclipsis Solis.

Annis 29. & 36. terraemotus.

Anno 30. Lunâ 10. Eclipsis Solis

Anno 32. Lunâ 10. Eclipsis Solis

Anno 35. Lunâ 7. die ult. Eclipsis Solis.

5. VU TI regn. 54.

Anno 37. KIM TI moritur aet. 48. Anno 38. succedit VU TI filius, bello & litteris clarus; fragmenta & reliquias incendii librorum undique colligi jubet, & in ordinem redigi quinque libros classicos. Immortalis vitae potioni nimium credulus, serò poenituit.

Tartaros multis cladibus quater afficit, ultra murum & desertum *Lop* arma proferens usque ad vicina Indiae regna *Pegu*, Siamum, Cambojiam, Bengalam, &c. classes etiam ad insulas eoi maris. Vini fontes populo exhilarando erigi jubet: statuit ut Reguli inter filios aequaliter terras suas distribuerent; quòd si prole caruerint, ditiones Imperio restitui.

Filium Regis Tartarorum, qui in aulam venerat, stabuli Praefectum creat, deinde militiae Ducem; nomine novo *Kin* illum impertit, quod nomen Tartari Orientalis familia Regia, quae dum scribimus, Chinae imperitat, conservat. Occidentalis barbari statuam ingentem auream offerunt Imperatori.

Anno 59. stella instar Solis apparet.

Anno 43. magnus Cometes ab ortu.

CYCLUS XLIV. Annus ante Chr. 117.

Idem superstitionibus & spiritibus immortalibus mirè addictus, quibus proinde & templa erigit.

Magos qui eum dementarant, promiserantque uxorem sibi charissimam à morte videndam exhibere, elusus occidi jubet: alios qui philtris & maleficiis mulieres in amores illicitos provocabant, aulâ & Imperio exesse jussit.

Filium è concubina sibi prae caeteris charum, quòd 14 à conceptu mense natus esset, Imperatorem octennem designat, matre mori jussa, ne, ut aiebat, impotentia muliebri perturbaretur rursus Imperium.

Annis 8.9.10. & 11. ingens sterilitas.

Anno 14. principium anni ad pristinam normam revocat, quae hodieque perseverat, & Februario respondet.

[19]

6. CHAO TI regn. 13.

Anno 31. VU TI moritur aet. 71. Anno 32. succedit CHAO TI filius natu minor, super aetatem prudens, erga egentem populum munificus, tributa remittit, pacem cum Tartaris init, amnistiam more veteri indicit.

7. SIVEN TI regn. 25.

Anno 44. CHAO TI moritur aet. 22. Anno 45. succedit SIVEN TI nepos HIAO TI repudiato demortui patruo, quod crapulae & veneri deditus esset, & ad suam dynastiam remisso.

SIUEN TI Princeps placidae indolis & piae erga omnes, praecipuè pauperes.

Bis à morte decreta servatus à carceris custode, quem deinde è carcere ad solium revectus Regulum creat. Indiae regna ab VU TI debellata rebellant: dissuadetur contra eos bellum velut res parvi momenti & populo onerosa.

Anno 48. Lunâ 4. terraemotus.

CYCLUS XLV. Annus ante Chr. 57.

Tartarus Rex *Tan yu* legationem mittit, quâ se clientem agnoscit.

Anno Cycli 4. Lun. 4. Eclipsis Solis.

8. YUEN TI regn. 16.

Anno 9. SIVEN TI moritur aet. 43. Anno 10. succedit YUEN TI filius, moderatus, frugalis: splendorem sumptusque immodicos resecat.

Belli Duces amicitiae jure violato occidunt duos Tartariae Reges. Tartarus ultionem parat, sed datâ in uxorem è regio sanguine puellâ reconciliatur.

Anno 18. Lun. 6. die ult. Eclipsis Solis.

Anno 21. & 23. terraemotus.

Anno 24. Lun. 6. die ult. Eclipsis Solis.

Anno 26. Lun. 12. Eclipsis Solis & terraemotus.

9. CHIM TI regn. 26.

Anno 26. YUEN TI moritur aet. 43. Anno 27. succedit CHIM TI filius, Princeps veneri & vino deditus: repudiat Imperatricem, Comoedi filia saltatrice assumptâ. Monentes de lege regni violata necari jubet.

Leam familiam è qua erat Regina mater, ad summas praefecturas evehit. Ab hac deinde secuta plurima in Imperio mala, & caedes innocentum. A *Tan yu* Rege Tartaro invisitur.

Anno 28. Lun. 12. Eclipsis Solis & terraemotus.

Anno 30. Lun. 4. die ult. Eclipsis Solis.

Anno 32. Lun. 8. Eclipsis Solis.

Anno 34. Lun. 2. Eclipsis Solis.

Anno 42. Lun. 9. die ult. Eclipsis Solis.

Anno 44. Lun. 1. die ult. Eclipsis Solis.

Anno 46. Cometes ad ortum.

Anno 51. CHIM TI derepente moritur aet. 45. nullo relicto haerede.

Eodem anno, terraemotus per 30. & amplius urbes.

10. HIAO NGAI TI regn. 6.

Anno 52. succedit HIAO NGAI TI, id est, obediens & misericors, decessoris ex fratre nepos.

Anno Imperii quinto vox insolita totâ aulâ personat.

Excipitur Rex Tartarorum *Tan yu* regiâ pompâ.

[20] *Anno 56. Lun. 1. die 1. Sol deficit.*

Anno 57. NGAI TI moritur Imperii anno sexto, Lunâ 6. aetat. 25.

Lun. 5. ejusdem anni Solis Eclipsis.

Eodem anno SALVATOR MUNDI Lunâ 11. quâ regnabat successor dictus *Pacificus*, etsi more Sinico annus 6. totus attribuatur decessori.

11. HIAO PIM TI regn. 13.

Anno 58. succedit HIAO PIM TI, id est obediens, pacificus, ex YUEN TI nepos novennis. Hic idem annus 58. hujus Cycli 45. primus est à Christo nato.

[1]

TABULA GENEALOGICA TRIUM
FAMILIARUM IMPERIALIUM
MONARCHIAE SINICAE

à HOAM TI primo gentis Imperatore

per 86. successors. & annos 2457. ante Christum.

E *Sinico Latinè exhibita* à R.P.PHILIPPO COUPLET

Belgâ, Soc. Jesu, Sinicae Missionis

in Vrbem Procuratore.

[2]

SEX PRIMORUM IMPERATORUM,

& primae Familiae Imperialis *Hia* Tabula.

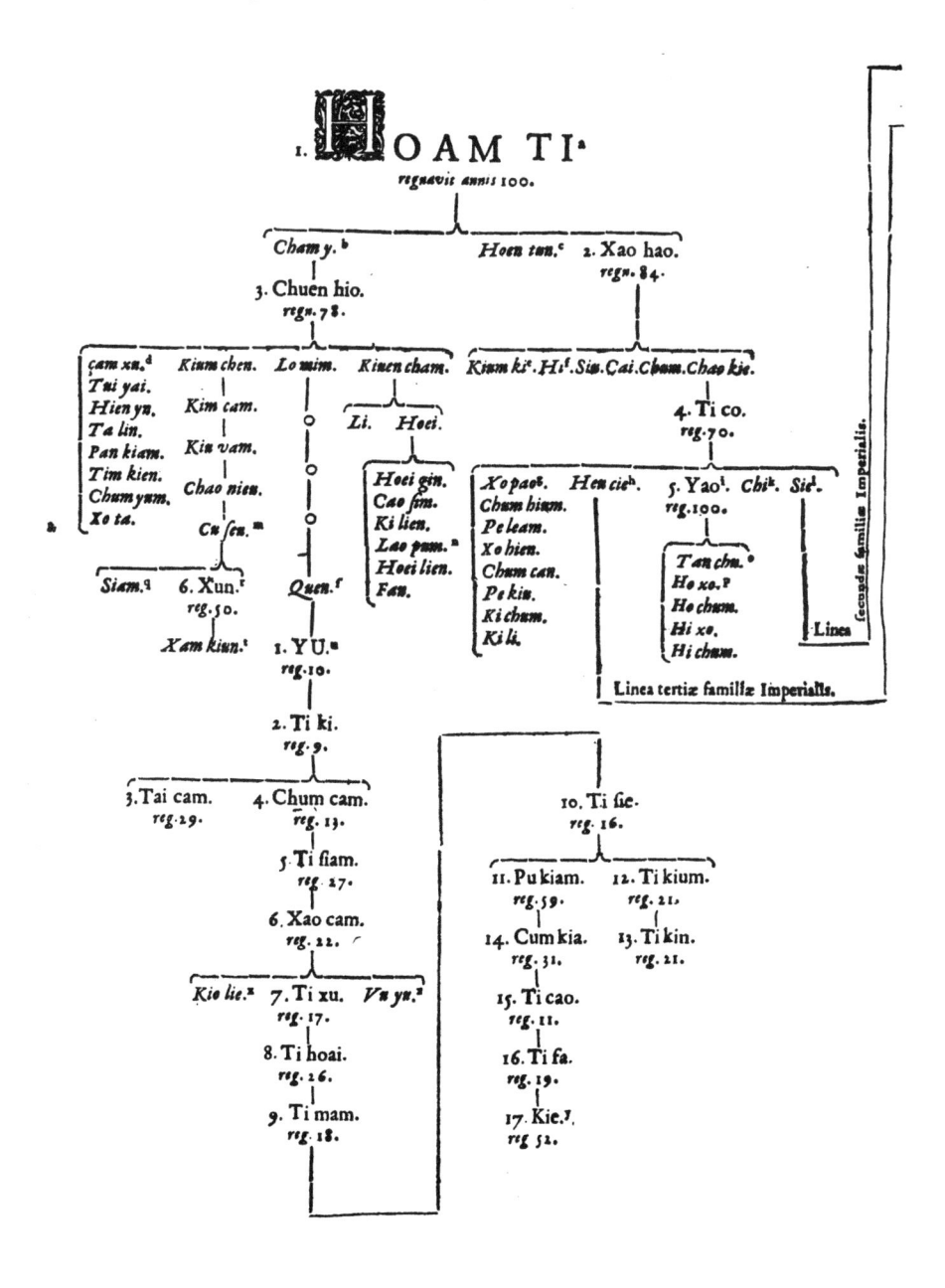

1. **HOAM TI**[a]
regnavit annis 100.

- Cham y.[b]
  - 3. Chuen hio.
    reg. 78.
    - çam xu.[d]
      Tui yai.
      Hien yu.
      Ta lin.
      Pan kiam.
      Tim kien.
      Chum yum.
      Xo ta.
    - Kium chen.
      Kim cam.
      Kiu vam.
      Chao nieu.
      Cu feu.[m]
    - Lo mim.
      ○
      ○
      ○
      Quen.[f]
      1. YU.[u]
      reg. 10.
    - Kiuen cham.
      Li. Hoei.
      Hoei gin.
      Cao sim.
      Ki lien.
      Lao pum.[n]
      Hoei lien.
      Fau.
- Hoen tun.[c]
  - 2. Xao hao.
    regn. 84.
    - Kiam ki.[e] Hi.[f] Sin. Cai. Cham. Chao kie.
      - 4. Ti co.
        reg. 70.
        - Xo pao[g]. Hen cie[h].
          Chum hium.
          Pe leam.
          Xo hien.
          Chum can.
          Pe kiu.
          Ki chum.
          Ki li.
        - 5. Yao[i]. Chi[k]. Sie[l].
          reg. 100.
          - Tan chu.[o]
            Ho xo.[p]
            Ho chum.
            Hi xo.
            Hi chum.
          Linea tertiae familiae Imperialis.

(secundae familiae Imperialis.) Linea

Siam.[q] 6. Xun.
reg. 50.
Xam kiun.[r]

2. Ti ki.
reg. 9.

3. Tai cam.   4. Chum cam.
reg. 29.   reg. 13.
                5. Ti fiam.
                reg. 17.
                6. Xao cam.
                reg. 22.

Kie lie.[x] 7. Ti xu. Vu yu.[z]
             reg. 17.
             8. Ti hoai.
             reg. 16.
             9. Ti mam.
             reg. 18.

10. Ti fie.
reg. 16.

11. Pu kiam.   12. Ti kium.
reg. 59.   reg. 21.
14. Cum kia.   13. Ti kin.
reg. 31.   reg. 21.
15. Ti cao.
reg. 11.
16. Ti fa.
reg. 19.
17. Kie.[y]
reg. 52.

[3]

Notae in prima Tabulam.

A. HOAM TI primus Imperator, à quo perpetua haec series genealogica trium familiarum Principum ducit exordium Coepit imperare an. ante Christum 2697. imperavit an. 100. Ex hujus quoque stirpe 1500. ferè pòst annis à VU VAM creati sunt Reguli regni *Cho*, in Prov. *Xan tum* propagati per 700. circiter annos.

B. *Cham y* filius HOAM TI Hujus filios ac nepostes TI CO quartus Imper. donavit ditionibus regni *Xo*, nunc prov. *Su chuen*.

C. *Hoen tun* filius HOAM TI, vir improbus & ferox, cujus filium aut nepotem certè, ejusdem cognomenti, extinxit XUN sextus Imperator.

D. *Pa cai*, hoc est, octo concordes, filii CHUEN HIO, qui imperante XUN praecipuis muneribus perfuncti sunt.

E. *Kiun ki* filius XAO HAO, vir improbus; hujus stirpem extinxit XUN Imper.

F. *Hi*, *Siu*, *Cai*, *Chum*, quatuor filii Imperatoris XAO HAO munus publicum obierunt imperante CHUEN HIO.

G. *Pa yuen*, hoc est, octo probi, filii TI CO, qui imperante XUN inter Primates Imperii recensentur.

H. *Heu cie* filius TI CO, tertiae familiae Imperialis *Cheu* truncus; huic à XUN Imp. demandata rei agrariae cura. Creatus fuit Regulus regni *Tai* in prov. *Xen si*.

I. YAO quintus Imperator & unà Legislator, fuit filius TI CO; hujus deinde posteri 1200. ferè pòst annis à VU VAM creati Reguli regni *Ki* in prov. *Pe kim*, & 700. ferè pòst annis extincti.

K. *Chi* filius TI CO, mortuo patre imperat an. 8. sed quia veneri & luxui deditus, à Regulis ejectus, substitute YAO fratre. Non ponitur in serie Imperatorum à scriptoribus.

L. *Sie* filius TI CO, secundae familiae Imperialis *Xam* truncus. Imperantibus

YAO & XUN praecipuum magistratum gessit, donatus ditione *Xam* dicta; quod nomen ad Imperatoriam familiam transiit.

M.*Cu seu*, pater XUN sexti Imperatoris, vir improbus.

N.*Lao pum*, aliàs *Cien kien*, cujus meminit Confucius, filius erat *Hoei*, pronepos Imperatoris CHUEN HIO. Magistratum gessit sub variis Imperatoribus. Vixisse traditur 700. annis, filios genuisse 54. sepultus in *Mui cheu* oppido prov.*Su chuen*, aut *Siu cheu*, prov.*Nan kim*.

O.*Tan chu* filius YAO Imper. ob pravam indolem à patre exclussus à successione.

P.*Ho xo*, *Ho chum*, *Hi xo*, *Hi chum*, quator filii YAO Imperatoris, per singulas anni tempestates Praefecturam gesserunt, sic ut primus magistratum gereret verno tempore, alter aestivo, tertius autumnali, quartus denique brumali.

Q. *Siam* filius *Cu seu*, frater XUN ex noverca. Vitae fratris quondam insidiatus, ab eodem tamen deinde regni potito donatus ampla ditione.

R.XUN sextus Imperator & unà Legislator. Hujus posteri 1100. ferè pòst annis à VU VAM creati Reguli regni *Chin* in prov.*Ho nan*.

S.*Quen* tertii Imp.CHUEN HIO è quintâ (ut aliqui scribunt) stirpe nepos. Pater fuit YU primae familiae conditoris, vir improbus, quique ob expensas publicas in aquarum eluvionibus aliò derivandis inutiliter factas à XUN Imperatore interfectus est.

T.*Xam Kiun* filius Xun, à successione exclusus à patre inutilis ac degener.

V.YU seu *Ta yu*, filius *Quen*, è quinta stirpe nepos CHUEN HIO tertii Imperatoris. Fuit primae familiae *Hia* dictae Princeps & Conditor; quae familia per annos 458. sub 17. Imperatoribus stetit. Posteri illius à CHIM TAM sequentis familiae Conditore creati Reguli regni *ki* in prov.*Ho nan*, propagati per 700. ferè annos.

X. *Vu yu* & *Kia lie*, filii XAO CAM, creati Dynastae, hic ditionis *Hoèi*, ille ditionis *Vm*.

Y. KIE ultimus Imperator primae familiae *Hia*, quam justitiâ & pietate inchoatam, tyrannide & libidine pessumdedit. Huic successit secunda *Xam* familia.

Secundæ Familiæ Imperialis *Xam* Tabula.

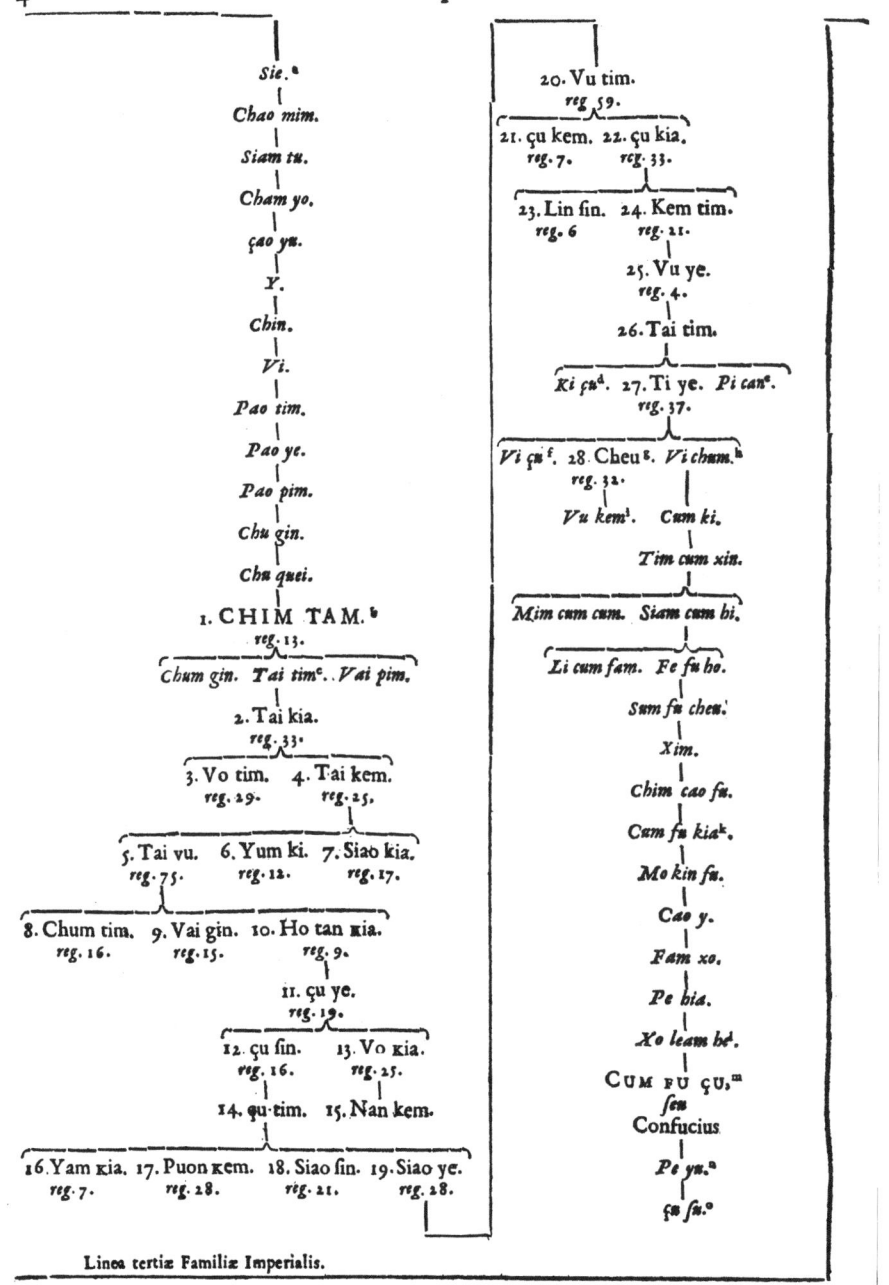

Sie.[a]

Chao mim.

Siam tu.

Cham yo.

çao yu.

Y.

Chin.

Vi.

Pao tim.

Pao ye.

Pao pim.

Chu gin.

Chu quei.

1. CHIM TAM.[b]
reg. 13.

Chum gin. Tai tim[c]. Vai pim.

2. Tai kia.
reg. 33.

3. Vo tim.   4. Tai kem.
reg. 29.   reg. 25.

5. Tai vu.   6. Yum ki.   7. Siao kia.
reg. 75.   reg. 12.   reg. 17.

8. Chum tim.   9. Vai gin.   10. Ho tan kia.
reg. 16.   reg. 15.   reg. 9.

11. çu ye.
reg. 19.

12. çu sin.   13. Vo kia.
reg. 16.   reg. 25.

14. çu tim.   15. Nan kem.

16. Yam kia.   17. Puon kem.   18. Siao sin.   19. Siao ye.
reg. 7.   reg. 28.   reg. 21.   reg. 28.

Linea tertiæ Familiæ Imperialis.

20. Vu tim.
reg. 59.

21. çu kem.   22. çu kia.
reg. 7.   reg. 33.

23. Lin sin.   24. Kem tim.
reg. 6   reg. 21.

25. Vu ye.
reg. 4.

26. Tai tim.

Ki fu[d]   27. Ti ye.   Pi can[e].
              reg. 37.

Vi çu[f]   28. Cheu[g].   Vi cham.[h]
reg. 32.

Vu kem[i].   Cum ki.

Tim cum xin.

Mim cum cum.   Siam cum bi.

Li cum fam.   Fe fu ho.

Sum fu cheu.

Xim.

Chim cao fu.

Cum fu kia[k].

Mo kin fu.

Cao y.

Fam xo.

Pe hia.

Xo leam he[l].

CUM FU ÇU,[m]
seu
Confucius

Pe yu.[n]

çu su.[o]

[5]

Notae in secundam Tabulam.

A. *Sie* filius est TI CO quarti Imperatoris, & HOAM TI è quarta stirpe nepos. Ab hujus stirpe continuator series secundae familiae Imperialis.

B. CHIM TAM Princeps & Conditor secundae familiae *Xam* dictae, & deinde yn quae per annos 644. à 28. Imperatoribus propagata est.

C. *Tai tim* primogenitus CHIM TAM, patre superstite obiit, relicto haerede filio.

D. *Ki çu* filius TAI TIM 26. Imperatoris, dimissus è carcere, à VU VAM Imperatore creatur Rex Coreae, planè dominus & juris sui, & obsequio clientari liber.

E. *Pi can* filius TAI TIM Imperatoris, à CHEU postremo Imperatore qui monentem non ferebat, crudeliter interemptus.

F. *Vi çu* filius primogenitus TI YE Imperatoris, imperante tyranno *Cheu* in sylvas fugerat; unde revocatur, à CHIM VAM tertiae familiae secundo Imperatore creatur Regulus regni *Sum* in prov. *Ho nan*, exemptus onere clientelari, & ritu familiae suae proprio regere permissus. Porrò familia haec filio praematurè morto, & ad *Vi chum* fratrem translata, per 32. Regulos propagata, tandem fuit extincta à Dynastâ regni *Ci*. Regni autem *Ci* caput & princeps deinde à VU VAM creatus fuit *Tai cum vam*. Propagata hujus familia à 28. Regulis, donec à Colao *Tien ho* dicto extincta. *Tien ho* deinde creatus Regulus ejusdem regni *Ci* à familiae *Cheu* 30. imperatore NGAN VAM. Haec fuit stirps propagata per 7. Regulos, ac demum à Regulo regni *Cin* extincta.

G. CHEU filius tertius TI YE Imperatoris: ob cujus tyrannidem extincta familia *Xam*, succedente tertiâ *Cheu* familiâ.

H. *Vi chum*, aliàs *Chum yen*, secundus filius TI YE penultimi Imperatoris; in regno fratern *Sum* degit, ubi ejus filii & nepotes publicis perfuncti muneribus. Ab hoc continuatam describunt stirpem *confucii* Sinarum Philosophi.

I.*Vu hem* filius *Cheu* ultimi ex familia *Xam* Imperatoris, cùm temere multa spargeret in vulgus contra CHIM VAM secundum novae jam familiae *Cheu* Imperatorem, occisus fuit à *Cheu cum*.

K.*Cum fu kia* filius *Chim cao fu*; à quo familiae *Confucii* nomen *Cum* inditum, quod hodieque in familiâ, conservatur.

L.*Xo leam he*, filius *Pe hia*, Praefectus ditionis Ceu dictae. Hic cùm novem filias, marem nullum genuisset, jam septuagenarius puellam Chim duxit, oriundam ex familia *Yen*, quae tunc praecipuae nobilitatis erat; & quamvis obscurior ipse censeretur, quod tamen constaret, stirpem ex Imperatoris sanguine quamvis remotam ducere, expetitis nuptiis potitus est: ex his natus est *Confucius*.

M. *Cum fu çu*, seu *Confucius*, filius *Xo leam he*, natus an. 12. *Lim vam* Imperatoris, ante Christum 551. vir, uti morali nobilitate, quae à virtute litterisque petitur, inter Sinas nobilis; ita sanguinis quoque nobilitate nemini fortassis aliarum Gentium secundus. Praeterquam enim quòd à HOAM TI primo gentis Imperatore per rectam lineam descendat, ipsiusmet quoque filii & nepotes per annos bis mille ducentos & amplius splendorem domus suae conservant in hodiernum usque diem, quo ejus nepos ordine 67. (aut fortè 68.) cum titulo *Que cum*, hoc est, Ducis, solus è Sinis à tributo liber residet in natali urbe *Kio feu* in prov. *Xan tum*, propriâ & perantiquâ familiae istius sede. Itaque ab Imperatore HOAM TI supputando annnos usque ad natum *Confucium*, sunt 2146. his si addas 2237. qui sunt à nato *Confucio* usque ad saeculi hujus 1683. fatendum erit unam eamdemque stirpem annis omnino 4383. per filios & nepotes numquam interrupta serie fuisse propagatam, siquiden Sinensium fastis fides adhibenda.

N.*Pe yu* filius unicus *Confucii* obiit aetatis suae anno 50. cùm pater ageret aetatis annum 69.

O.*çu su* filius *Pe yu*, magnis in Imperio perfunctus muneribus, scripsit librum *Chum yum*, seu de medio, ex mente avi sui *Confucii*, cujus adeo censeri potest interpres. Magister & ipse secundi Sinarum Philosophi, cui *Memcius* est nomen; cujus posteritas tametsi in ortu suo obscura, tamen huc usque perseverat, & in aulâ suis quoque honorum titulis ab Imperatoribus decoratur.

Tertiæ Familiæ Imperialis *Cheu* Tabula.

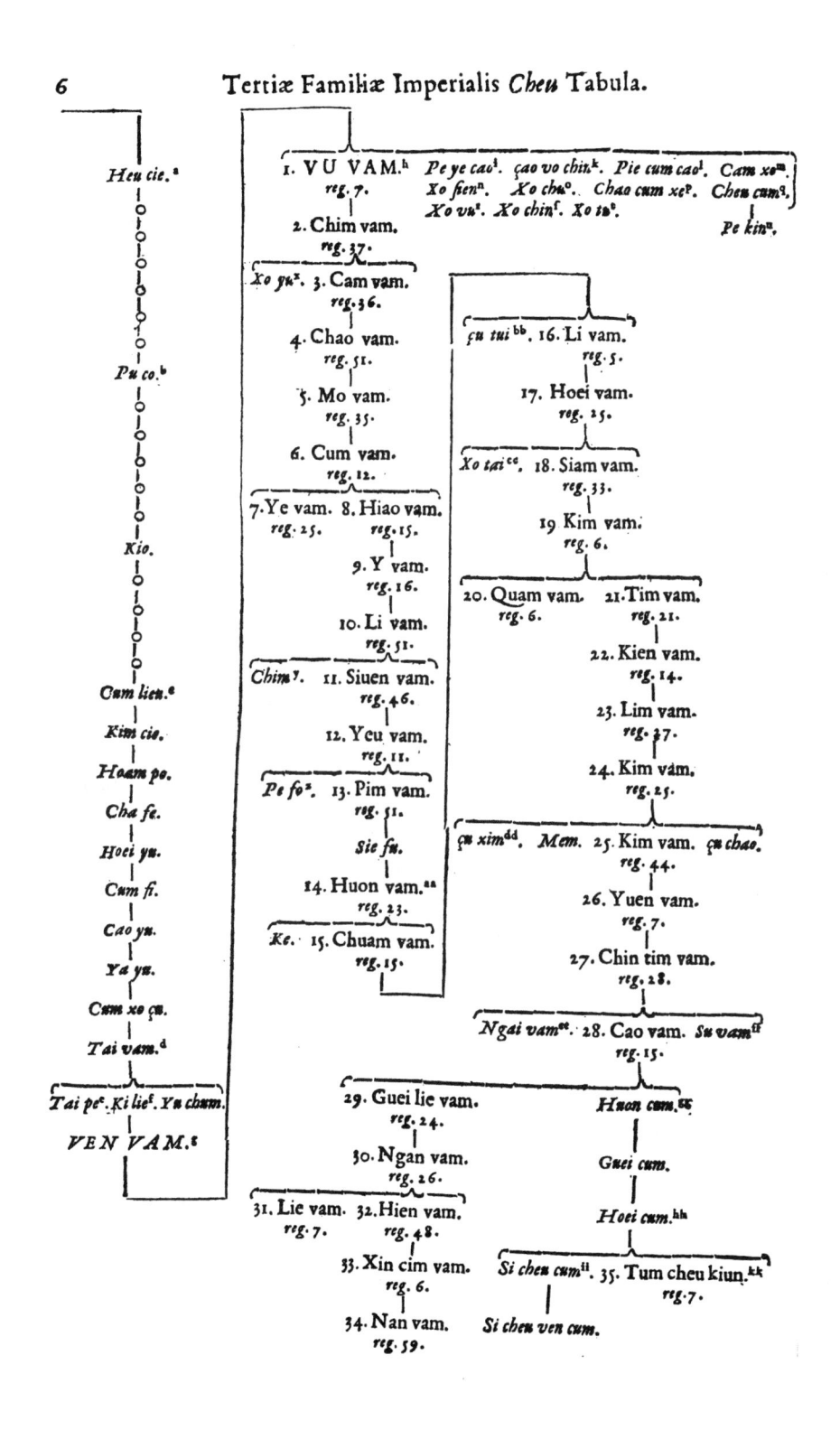

6

Heu cie.[a]

Pu co.[b]

Kio.

Cum lien.[c]
Kim cie.
Hoam po.
Cha se.
Hoei yu.
Cum fi.
Cao yu.
Ya yu.
Cum xo cu.
Tai vam.[d]

Tai pe[e]. *Ki lie*[f]. *Yu cham.*
VEN VAM.[g]

1. VU VAM.[h] *Pe ye cao*[i]. *çao vo chin.*[k] *Pie cum cao*[l]. *Cam xe*[m]
   reg. 7. *Xo sien*[n]. *Xo chao*[o]. *Chao cum xe*[p]. *Cheu cum*[q].
            Xo vu[r]. *Xo chin*[f]. *Xo ta*[s].   *Pe kin*[n].

2. Chim vam.
   reg. 37.

Xo yu[x]. 3. Cam vam.
   reg. 36.

4. Chao vam.   *çu tui*[bb] 16. Li vam.
   reg. 51.   reg. 5.

5. Mo vam.   17. Hoei vam.
   reg. 35.   reg. 25.

6. Cum vam.   *Xo tai*[cc]. 18. Siam vam.
   reg. 12.   reg. 33.

7. Ye vam. 8. Hiao vam.   19. Kim vam.
   reg. 25.   reg. 15.   reg. 6.

9. Y vam.
   reg. 16.

10. Li vam.   20. Quam vam. 21. Tim vam.
    reg. 51.   reg. 6.   reg. 21.

Chim[y]. 11. Siuen vam. 22. Kien vam.
    reg. 46.   reg. 14.

12. Ycu vam.   23. Lim vam.
    reg. 11.   reg. 27.

Pe fo[z]. 13. Pim vam. 24. Kim vam.
    reg. 51.   reg. 25.

Sie fu.   *çu xim*[dd]. Mem. 25. Kim vam. *çu chao.*
14. Huon vam.[aa]   reg. 44.
    reg. 23.   26. Yuen vam.
                              reg. 7.

Ke. 15. Chuam vam.   27. Chin tim vam.
          reg. 15.   reg. 28.

                          Ngai vam[ee]. 28. Cao vam. *Su vam*[ff]
                                              reg. 15.

29. Guei lie vam.   *Huon cum.*[gg]
    reg. 24.

30. Ngan vam.   *Guei cum.*
    reg. 26.

31. Lie vam. 32. Hien vam. *Hoei cum.*[hh]
    reg. 7.   reg. 48.

33. Xin cim vam.   *Si cheu cum*[ii]. 35. Tum cheu kiun.[kk]
    reg. 6.   reg. 7.

34. Nan vam.   *Si cheu ven cum.*
    reg. 59.

[7]

Notae in tertiam Tabulam.

A. *Heu cie* quarti Monarchiae Imperatoris TI CO filius, & tertiae familiae *Cheu* deinde dictae truncus. Huic à XUN demandata rei agratiae cura & ob merita creatus Dynasta ditionis *Tai* in prov. *Xen si*. Hujus stirps sub duabus familiis regiis *Hia* & *Xam* per 40. generationes continuata recensetur: hic verò eorum ferè nomina qui rem memoriâ dignam reliquerunt, à scriptoribus afferuntur, etsi recenseantur fortè in aliis libris qui hic desiderantur.

B. *Pu co* è stirpe *Heu cie* magistratum gessit sub primâ *Hia* familiâ. Cùm autem videret leges & jura regni pessumdari, & familiam regiam ad interitum vergere, deposito Magistratu clam confugit ad terras barbarorum, ibique rem agrariam (antiquum & proprium familiae munus) coepit instituere, qua re omnium animos sibi devinxit. Ab hoc rursus propagata familia per filios & nepotes usque ad *Cum lieu*.

C. *Cum lieu* cùm ditionem barbaris cinctam obtineret, sic tamen suos instituit, ut vicinis quoque amori esset ac venerationi; unde crescente in dies populi multitudine, in amplam ditionem *Pin*, nunc *Pin cheu* dictam, in prov. *Xen si* sese contulit anno 22. Imperatoris KIE, qui è prima famiia *Hia* 17. fuit & postremus. A *Cum lieu* verò usque ad *Tai vam* recensentur 9. generationes.

D. *Tai vam* seu *Cu cum*, collapsum nonnihil familiae statum restauravit, & debellatis deinde barbaris in loco *Ki xan* (ubi modò est *Fum ciam* urbs prov. *Xen si*) ibidem stabilem fixit sedem, & novum familiae suae nomen *Cheu* indidit, quod idem nomen perseveravit deinde in familia Imperiali. Facta est autem ea ex *Pin* ditione in *Ki xan* transmigratio anno 26. SIAO YE Imperatoris decimi noni ex familia *Xam* secunda.

E. *Tai pe*, & *Yu chum*, aliàs *Chum yum*, (laudati ambo à *Confucio*) filii *Tai vam* majores natu, cùm scirent minorem natu fratrem *Ki lie* à patre amari impensiùs, eique destinari regnum, in utriusque gratiam spontanei exules barbarorum Australium ditiones ultrò petunt: quos ut celent genus suum tonsa caesarie, nec non maculis servilibusque notis corpus suum deformant: *Tai pe* tamen à barbaris illis electus fuit Regulus regni *V*, fundavitque nobilem urbem *Su cheu*, ubi ejus sepulchrum hodieque extat, in prov. *Nan kim*. Scribunt item à VU VAM creatum Regulum ejusdem regni *V* pronepotem hujus *Chum yum*.

F. *Ki lie*, seu *Vam hi*, patri *Tai vam* succedit in ditiones. Insigini pietate & justitia Regulorum animos sibi devinxit. Barbaros *Pekinenses* jussu TAI TIM & TI YE duorum Imperatorum feliciter domuit. Obiit imperantis TI YE anno septimo, relicto filio *Ven vam* 47. annos tunc agente.

G. *Ven vam*, filius *Ki lie*. Imperiali familia *Xam* in ruinam vergente, 40. Reguli se illi subdunt. E. tribus Imperii partibus duas benevolentiâ & veneratione virtutum devinctas sibi habet. Non ponitur tamen in serie Imperatorum. Reliquit filios 12. quos inter VU VAM tertiae familiae *Cheu* fundator.

H. VU VAM filius praepotentis Regis *Ven vam*, ipse Princeps & Conditor ampliffimae *Cheu* familiae, quae per annos 873. à 35. Imperatoribus propagata est. Hic Imperator fratribus suis varia contulit regna: filios quoque suos ac nepotes, prout quisque virtute caeteris praecellebat, dignitate quoque voluit praecellere.

I. *Pe ye cao*, filius *Ven vam* natu maximus, ex optimatibus Imperatoris CHEU, qui postremus fuit familiae *Xam*. Hic eundem *Pe ye cao* (patre in vinculis detento) interfecit, & carnes interfecti frixas apteque conditas *Ven vam* patri ceu edulium è mensa Regia offerri jussit, addens, siquidem ipse vir sanctus esset, jam proculdubio praesciturum cujusmodi edulium istud esset.

K. *çao vo chin* filius *Ven vam* praematrurè obiit.

L. *Pie cum cao* filius *Ven vam*, ex optimatibus Imperii unus; creatus ab fratre suo VU VAM Regulus regni *Pu*, quae nunc est Metropolis prov. *Xen si*, dicta *Si ngan*.

M. *Cam xo* filius *Ven vam*, creatus à fratre VU VAM Regulus regni *Guei* in prov. *Ho nan*. Post 800. & amplius an. extincta ejus familia à Regulo R. Cin post quam fuerat per 37. Regulos propagata.

N. [8] *Xo sien* filius *Ven vam*, à fratre VU VAM creatus Regulus regni *Quon* in prov. *Ho nan*: sed mox imperante CHIM VAM cùm rebellionem moliretur, à *Cheu cum* fratre occisus est.

O. *Xo chu* filius *Ven vam* creatus à fratre VU VAM Regulus regni *Ho* in prov. *Xen si*, nunc urbs *Pim yam*: quia verò imperante CHIM VAM visus est rebellionem moliri, in ordinem plebeiorum redactus fuit à *Cheu cum*: ejus tamen familiae Reguli per 700. ferè annos propagati sunt; & tandem extincti à Regulis regnorum *Cin* & *çu*.

P. *Chao cum xe* filius *Ven vam*, ex Imperii primatibus unus, & à fratre VU VAM creatus Regulus regni *Yen* nunc prov. *Pe kim*. Per 28. Regulos propagata hujus familia, demum à Regulo regni *Cin* extincta est.

Q. *Cheu cum* filius *Ven vam*, omnium scriptorum *Confucii* imprimis encomiis celebratus, à fratre suo VU VAM creatus primus Regulus regni *Lu* nunc prov. *Xan tum*.

R. *Xo vu* filius *Ven vam*, à fratre VU VAM creatus Regulus regni *Chim* in prov. *Xan tum*, quod deinde collapsum Imperator SIUEN VAM, hujus familiae Cheu undecimus, dedit fratri suo *Chim* dicto.

S. *Xo chin* filius *Ven vam*, à fratre VU VAM creatus Regulus regni *çao* in prov. *Xan tum*. Hujus familia propagata fui per 25. Regulos, donec à Regulo regni *Sum* extincta.

T. *Xo tu* filius *Ven vam*, creatus Regulus regni *çai* in prov. *Ho nan*, at quia suspectus rebellionis contra CHIM VAM, ejectus fuit à *Cheu cum*: familia tamen ejus per 22. Regulos propagata fuit, ac tandem à Regulo regni *çu* extincta.

V. *Pe kin* filius *Cheu cum*, revocato à CHIM VAM in aulam patre, huic in regnum *Lu* successit; & cum perpetua deinde serie 32. Reguli consecuti, donec à *çu* regni Regulo *Cao lie vam* dicto extincta est haec familia. Porrò à CHIM VAM creatus erat *Hium ye* caput & Princeps regni *çu*. Propagata hujus familia per 25. Regulos, ac demum extincta à Regulo regni *Cin*.

X. *Xo yu* filius secundus CHIM VAM, à quo creatus Regulus regni *Tam*, ac deinde regni *Cin* dicti, in quo familia propagata fuit à 29. Regulis, donec à tribus Regulis regnorum *Han*, *Guei* & *Chao* fuit extincta. Haec autem tria regna à GUEI LIE VAM 29. Imperatore familiae *Cheu* inter Optimates distributa sunt: & demum à Regulo regni *Cin* extincta: postquam regnum *Han* numeraverat 10. Regulos, regnum *Guei* octo, & regnum *Chao* 12. Hujus postremi regni olim à MO VAM 5. Imperatore familiae *Cheu* creatus Regulus *çao fu* fuerat.

Y. *Chim* filius LI VAM, à fratre SIUEN VAM creatus Regulus regni ejusdem cognomenti *Chim*: hujus familia per 22. Regulos propagata, extincta tandem fuit à Regulo regni. *Han*.

Z. *Pe fo* filius Imp. YEU VAM ex *Pao su* pellice. Hunc destinaverat pater Imperii haeredem; sed occiso patre & pellice, successit legitimus filius PIM VAM.

AA. *Ke* patre mortuo regnum affectat: detect conjuratione fugit.

BB. *çu tui*, patre mortuo regnum affectat; sed tandem cum rebellibus occisus.

CC. *Xo tai* filius secundus HOEI VAM, quem pater Imperii haeredem destinat, quo tamen potiri non potest, Regulis jurejurando fidem obstringentibus majori natu SIAM VAM postea dicto: itaque post multa bella tandem occiditur à *Ven cum* Regulo regni *Cin*.

DD. *çu xim*, *Mem*, & *çu chao* filii Imper. KIM VAM praematurè obierunt.

EE. *Ngai vam* filius CHIM TIM VAM, patre sub initium anni mortuo imperare vix coeperat, cùm tertio mense à fratre interfectus est.

FF. *Su vam* filius item CHIM TIM VAM, & fratricida, usurpavit Imperium, quod quinto post mense amisit, interfectus à minore fratre CAO VAM, qui 15. deinde annis Imperium administravit.

GG. *Huon cum* filius CAO VAM, à fratre GUEI LIE VAM creatus Regulus in prov. *Ho nan*, cui dein successit *Guei cum* filius.

HH. *Hoei cum*, nepos *Huon cum* Regulus *Ho nan*, filium minorem *Tum cheu kiun* dictum creavit Regulum ditionis *Cum*, nunc urbs est *Ho nan* prov. *Ho nan* item dictae.

II. *Si cheu cum* primogenitus *Hoei cum* sic dictus, quia fuit regionis Occidentalis Regulus in eadem prov. *Ho nan*.

KK. TUM CHEU KIUN ultimus & 35. familiae *Cheu* Princeps, filius hic fuit *Hoei cum*, & è quinta stirpe nepos CHIN TIM VAM Imperatoris 27. Extincta fuit hac familia à Regulo regni *Cin*, dicto *Chuam siam vam*: erat autem dictus Regulus oriundus ex stirpe *Fi çu*, quem 8. Imperator familiae *Cheu* HIAO VAM regno *Cin* donaverat: cujus stirpas à 37. Regulis propagata, tandem sub XI HOAM TI Imperio quoque potita fuit, verùm tribus & quadraginta post annis extincta familia, ad eam quae *Han* dicitur, translatum Imperium.

Atque haec demum est trium familiarum Imperialium series genealogica, quam idcirco placuit hic exhibere, quòd eae familiae reliquas omnes quae consecutae sunt, decem & novem & annorum diuturnitate & felici administratione, nec non virtutum & pietatis laude (si postrema tertiae familiae tempora exceperis) longè superaverint; reliquarum verò familiarum series genealogicas accurate conscriptas qui voluerit, consulat, si placet, Sinenses Historiographos.

Tabula Chronologica
Monarchiae Sinicae

JUXTA CYCLOS ANNORUM LX.

Ab anno post Christum primo, usque ad
annum praesentis Saeculi 1683.

Auctore R.P.PHILIPPO COUPLET *Belgâ, Soc. Jesu,*
Sinensis Missionis in Urbem Procuratore.

Nunc primùm in lucem prodit
è BIBLIOTHECA REGIA.

PARISIIS,

M.DC.LXXXVI.
CUM PRIVILEGIO REGIS.

[23]

PRAEFATIO

Summatim exhibetur perpetua series Familiarum Imperialium.

Antequam Tabulam alteram Chronologicam Monarchiae Sinicae post Christum hîc subjiciam, juvat praemittere, et sub unum quasi aspectum Lectori offerre Imperialium Familiarum Monarchiae tam quae ante, quàm quae post Christum floruere, quoddam summarium. Rectè notant Sinenses Interpretes, quòd sicut Elementis totique Mundo sublunari suae sunt rerum temporumque vicissitudines, ita suis sint etiam regnis atque imperiis, adeoque familiis illis, penes quas sunt ipsa imperia, sic ut dum una occidat, oriantur aliae; dum hae vigent ac florent, marcescant illae et consenescant, nec quidquam ferè constantius sit quàm ipsa rerum vicissitudo et inconstantia. Locupletissimae veritatis hujus testis est Sinarum Monarchia.

Primus itaque gentis Sinicae Conditor *Fo hi* vagos et agrestes homines ad quandam vitae societatem primùm adduxit, mox etiam conjugiis blandè vinctos, ad humanitatem informare coepit. A *Xin num* deinde agriculturam docti sunt, atque aliis vitae tuendae praesidiis muniti. Postea verò celebrem illum *Hoam ti*, à quo periodum sexaginta annorum orsi fuimus, et tres ejusdem successores (scilicet *Xao hao*, *Chuen hio*, et *Ti co*) duces et magistros nacti, ac cultioris vitae rudimentis imbuti, adolevere paulatim in Regnum hoc et Imperium ultimi Orientis.

[24] Sex gentis Sinicae Conditores ac Principes secuti sunt celeberrimi duo Imperatores iidem et Legislatores *Yao et Xun*. Quod autem *Confucius* in libris suis, et qui huic proximus censetur, centum annorum intervallo, *Memcius*, horum

duorum Principum mentionem potissimum faciant, non item sex praecedentium, non alia, ut opinor, causa fuit, quam quod ambo isti et Reges fuerint et Legislatores, quod ab iisdem praecipui quique ritus civiles et institutiones politicae sint profectae. Horum verò duorum Imperatorum seu Legislatorum tempora annos 150., explent, qui si ad annos 587., praecedentium sex addantur, universim existent 737.

Duos gentis Conditores et sex Imperatores secutae sunt Imperiales Familiae, penes quas ad haec usque tempora suprema dignitas fuit, et monarchica Sinarum administratio. Universim duae et viginti numerantur, novem scilicet majores, minores tredecim; si tamen his omnium postremam familiam, et quae jam maximè adolescit, Orientalium dico Tartarorum, sub qua haec scribimus, adjungamus.

Porro tres illae Familiae, quae reliquas antecesserunt, tempore, famâ quoque et laudibus antecedunt; quippe morum integritate, pulcherrimis institutis, ad haec clementiâ, aequitate et fide administrantium Rempublicam, aliarum omnium verè principes. Has inter prima, quae *Hia* dicitur, Imperatores 17. numerat, quae per annos 458., imperium tenuere: altera *Xam* ac deinde *Yn* dicta, Imperatores 28. per annos 644. tertiam denique, quae vulgò *Cheu* nominatur, Imperatores 35. per 873. rexerunt; vicitque haec omnes et Principum numero, et annorum. Trium verò familiarum annos conficiunt 1975.

Quae tempore trium Familiarum gesta sunt, partim referuntur [25] in toto libro *Xu kim* à variis illorum temporum Historiographis Regiis, partim in aliis haud minoris fidei libris classicis atque authenticis, quos ipsemet *Confucius* Philosophus singulari studio atque operâ collegit: multa quoque à *Tai su cum* commemorantur, qui plusquam duobus saeculis vixit ante *Confucium*; et à *Lao kiun*, qui coaetaneus ejusdem fuit, tametsi senior: quin et Philosophus ipse sub vitae exitum functus Historiographi munere, non pauca memoriae posterorum prodit in eo libro qui *Chun cieu* dicitur; atque in libris Scientiae Sinicae, quos in lucem damus, multa quoque reperiuntur à *Confucio Memcioque* inspersa, quae ad aetatem trium Familiarum spectant.

Caeterùm familia *Cheu* trium principum familiarum, uti jam diximus, postrema, uti fuit primis maximè temporibus florentissima, ita copiosiorem quoque scribendi materiam praebuit: annis tamen labentibus et ipsa labi coepit, et fallentia rerum humanarum decreta paulatim experiri. Certè quo tempore Philosophus vivebat, multum jam de antiquis suis moribus, priscaque integritate et severitate amiserat. Laboravit ille quidem per annos complures, et incenso planè studio tam verbis quàm scriptis egit, ut auream illam Priscorum aetatem innocentiamque revocaret, sed nullo vel perexiguo certè quidem successu laboravit. Perierunt ergo tandem tres familiae principes, postquam ex eis octoginta Imperatores per annos omnino 1975. Imperium Sinense tenuerunt, et, quae humanae conditionis infelicitas est, periit unà cum illis prisca fides, candor, innocentia: quin et haereses ab ipso Confucii tempore invalescebant, nec multis post saeculis execrabilis idolorum pestis ab India invecta cultissimam gentem foedis insanisque superstitionibus miserandum in modum contaminare coepit. Et quamvis aliquae familiarum, [26] quae tres modò memoratas consecutae sunt, impensè hoc egerunt, ut instituta Majorum ac disciplinam, pristinosque mores revocarent, nunquam tamen perficere potuerunt, ut non labes aliqua vitiatae semel aetatis, et quasi rugosum quid ac senile persisteret, multumque priscae integritatis atque severitatis (quemadmodum observant omnes) desideraretur. Est interim memoriâ sanè dignum quod *Yam cie* gravissimus inter Sinas auctor animadvertit in Prologo suo, qui quidem omnibus omnino annalibus praescribi solet, ruinam scilicet trium familiarum tam illustrium ex tribus maximè pellicibus, quarum singulae singulis familiis damno fuerint, extitisse. Quod tametsi non sine causa vir prudens animadverterit, aliam tamen quoque rem tertiae huic familiae damno fuisse atque exitio multi observarunt: quippe cùm Fundator illius *Vu vam*, Princeps militari Gloriâ clarissimus, idemque mirificè liberalis erga suos, septuaginta Regna seu Dynastias, eoque amplius, eis qui bene de Imperio meriti fuerant, nec non consanguineis suis largitus fuisset, haec munificentia cupiditati, sicut fit, ambitionique materiam praebuit, adeoque bellis sanè diuturnis ac luctuosis. Certè cùm procedente tempore octodecim majora Regna mutuis inter se bellis arderent, tandem imperante *Yeu vam*, qui duodecimus ex familia *Cheu* Imperium moderatus est, ad septem Regnorum Principes seu Regulos spes tota victoriae bellique moles devenerat, sic prorsus ut septem postremi Imperatores praeter augustum nomen Filii Caeli, sive caelitùs dati, et sigillum, et novem vasa Imperialia, praeter imagines denique et umbras imperii vix aliud quidquam retinerent: ei verò, qui postremus fuit omnium, ex amplissimo terrarum imperio nihil jam superesset praeter exiguam septem oppidorum ditionem.

Tribus ergo familiis *Hia*, *Xam*, *Cheu*, quarta successit [27] *Cin* dicta, quae postquam per annos omnino ducentos ac decem cum aliis sex Regnis pro suprema dignitate decertaverat, omnium tandem victrix votis suis amplissimoque Sinarum Imperio potita est: sed enim brevissimo potita tempore. Certè tertio post die quàm solium occupavit, in tumulum est illatus; filius exacto mox triennio, spe pariter ac vitâ spoliatus, secutus est patrem, et cum eo stirps omnis familiaque concidit. Usque adeo scilicet brevis et caduca fuit felicitas, imò spes mera felicitatis, ad quam ambitio tot annorum per tot caedes ac vulnera sibi viam fecerat. Quamvis autem qui deinde successit *Xi Hoam ti* dictus, atque omnium tandem victor nomen familiae *Cin*, in quam aliena ex stirpe adoptatus fuerat, per annos 37. quibus imperavit, tutatus sit, atque usus consilio sanè perapposito Monarchiae suae non solùm conservandae, sed etiam perpetuandae, Regulos omnes factionum bellorumque duces in ordinem, Regna verò in Provincias redigeret; tandem tamen unà cum illo ipsum quoque nomen extinguitur: immortale quidem futurum apud posteros, nisi rerum suarum gloriam, quas utique gessit maximas, et muri propè immensi contra Tartaros extructi merita, inaudito quodam litterarum hominumque litteratorum odio, nec minùs tyrannide saevitiâque suâ foedè commaculasset: qui adeò cùm se jam plurimis exosum esse cognosceret, insidias veritus ac vim suorum, non arma tantùm, sed aes omne ferrumque privatis ex aedibus jussit auferri. Verùm brevi didicit nequidquam iis tela adimi, quos odium et furor armat. Certè versâ tandem in furorem patientiâ, cannis igne duratis praeustisque tyrannum aggressi, cum caesis ac fugatis non semel exercitibus, nisi mortem natura praevenisset, imperio tandem ac vitâ exuissent. Dux autem facti, vir ignobilis è plebeiorum turba, cui *Lieu pam* [28] nomen, qui indolem regiam toto corporis proceri habitu praeferebat, mox Sinarum Dominus, atque Imperialis familiae *Han* vulgò nominatae Conditor ac Princeps. Haec autem multò quàm praecedens fortunatior, et sago togâque nobilis, militarem gloriam sic est sectata, ut litteras haudquaquam aspernaretur: harum itaque studiosos, in quos familia praecedens ferro flammâque saevierat, benignè complexa, tenues librorum reliquias, quorum infinita copia communi fuerat absumpta incendio, sollicitè collegit: fortunata hoc quoque nomine, quòd in medio fere illius cursu SALVATOR MUNDI nasci dignatus est; fortunata, inquam, tanta si bona nosset; sique homines ii, quos ad exquirendam veram Legem in Occidentem legaverat, ex Indiis doctrinam potiùs Thomae Apostoli inibi tunc versantis, quàm nefarias idoli *Fe* superstitiones in partiam suam reduces attulissent. Turbavit autem non mediocriter, et interrupit quodammodo prosperum familiae hujus cursum per octennium Imperatrix una et Usurpator quidam Imperii, qui familiae suae *Sin*, id est novae, qualis revera erat, cognomentum indidit. Verùm quatuordecim post annis antiquata mox novitas fuit, ac familia *Han* cursum suum prosecuta, quinque et viginti Imperatores (non recensitâ Imperatrice et Usurpatore) per annos 426. numeravit. 230. quidem in Occidente *Xen si* sub tredecim Principibus, et sub duodecim in Oriente *Ho nan* per annos omnino 196. suis quoque Historiographis, qui quindecim numero fuerunt, illustris, et hos inter praecipuae auctoritatis Praefecto *Su ma cien*, (floruit is 100. fere ante Christum annis) qui historiam suam orditur ab *Hoam ti* Monarchiae Sinicae Conditore.

Quae huic deinde successit *Heu han*, sive posterior *Han* familia, idem nomen sortita est, quia ex eadem stirpe, [29] quamvis remotiùs, oriunda. Porro regnavit illa in provincia *Su chuen* per annos 44. nec nisi duo Imperatores pater et filius solium tenuere; si tamen solium tenuisse dici possunt, quando eodem tempore duae aliae praepotentes familiae *Guei* et *V*, haec in Australi China, illa in Boreali nomen atque insignia Imperatoris usurpabant. Multa igitur bella per annos 40. et bellorum successus varii, quos et octo aetatis illius Historiographi multis libris complexi sunt, quoad tandem bellis pariter ac Triumviratui finem dedit septimae familiae *Cin* Fundator. Hic autem rerum potitus aulam in Oriente constituit, unde eam deinde posteri Principes in Occidentem transtulerunt. Sed hujus quoque familiae non admodum diuturna felicitas fuit, quippe quae 155. annorum spatio quindecim numero successivè Principes numeravit, quatuor scilicet dum in Occidente aulam habuit per annos 52. undecim verò cum in Oriente aulam tenuit per annos 103. Nimirum hac tempestate tota bellis civilibus ardebat China, Regnis omnino sexdecim inter se commissis: quò minus est mirandum, quinque familias, quae deinde scenarum propè ritu aliae aliàs consecutae sunt, tam brevi tempore constitisse. *U tai*, seu quinque familiae, dicebantur; item *Nan pe chao*, quae voces Australem Borealemque Dominationem sonant. At verò sub his familiis tam in Austro quàm in Septentrione modò haec, modò illa Regna supremum sibi jus atque imperium vindicarunt, ambitione scilicet per fas nefasque aditum sibi parante ad solium. Quid multa? Fuit tempus, cùm novem simul nomine tenus Imperatores videret China. Quinque porro familiarum in Austro regnantium sunt haec nomina, *Sum*, *Ci*, *Leam*, *Chin*, *Suy*. *Sum* igitur nomen octavae fuit familiae, et per annos 59. sub octo Imperatoribus stetit. Nona *Ci*, quam per annos 23. [30] Imperatores quinque tenuerunt. Decimam *Leam* nominavere; haec per annos 55. quatuor Imperatores Sinensibus dedit. Undicima *Chin* est dicta, ex qua, 32. quibus stetit annis, quinque Imperatores prodierunt. Tres denique ex duodecima, cui et *Suy* nomen: fuit haec autem totius Imperii domina, sed brevi temporis spatio, ut quae post novem ac viginti annos finem accepit. Itaque si nos annorum Principumque numerum, qui ad quinque familias pertinent, summatim colligamus, comperiemus Imperatores quatuor et viginti, per annos 196. in Austro imperitasse, quando interim in Septentrione tres familiae *Guei*, *Cheu* & *Ci* per annos 170. imperitabant. Historiographi interim aetatis illius decem extitere.

Excepit hanc Imperialium scenarum varietatem stabilior aliquantò familia *Tam* vulgò nominata, si tamen in humanis rebus quidquam dici potest stabile. Fuit illa domus, caeteras inter, rerum gestarum gloriâ perillustris ac felix, verâ etiam gloriâ summâque felicitate longè omnes superatura, si beatissimam sortem, quae ipsis nascentis exordiis divinitus oblata fuit, tueri voluisset: ipsa nimirum est, cui septuaginta duo Praecones Evangelici à Judaeae finibus profecti, verae sapientiae lumen attulerunt: quo tametsi per annos circiter ducentos gaudere visa est, tandem tamen magis amavit ipsa spissas Atheorum suorum atque idololatriae imprimis tenebras, quàm lucem Christianae veritatis. Annis autem stetit 289. Imperatores viginti recensuit: in his excludimus Imperatricem unicam, quae Imperium, à quo per leges excludebatur, per vim et nefas usurpavit.

Post haec civilia rursum bella, novique Regnorum ortus et occasus. Quinque rursus familiis *Heu u tai* dictis, jus Imperii vi et armis sibi vindicantibus, Colai ferè vel armorum Duces erant quicumque ad imperium adspirabant; [31] cùmque totius imperii administratio ex nimia Imperatorum indulgentia et facilitate penes eos esset: ad haec, opes, arma, militumque et eorum quos ad dignitates evexerant favor, viam panderent, promptissimè scilicet capessebat ambitio quod totis votis expetebat: sed enim cùm paria essent multorum vota, Martisque rota nunc hos evehentis, nunc illos, et mox etiam pro sua levitate, quâ unâ constans est, deprimentis quos evexerat; sic prorsus, ut trium et quinquaginta annorum spatio China duodecim viderit Imperatores; quodque multò fuit mirabilius, quinque Domorum Imperialium ortus partier atque occasus. Harum porrò singulis proprium nomen regni seu ditionis, quam Conditor suus antè obtinuerat, inditum de more fuit, unâ tamen adscitâ *Heu* litterâ, quae posteriores esse significaret; ejusdem quippe nominis familiae itidem rerum potitae fuerant.

Ne quid autem deesset ad publicas imperii calamitates, per eadem fere tempora Regulorum alii in Australi, alii in Boreali China inter se mutuò dimicabant, quoad unius tandem familiae (*Sum* nomen fuit) victrix ambitio ambitiosis aliarum studiis atque contentionibus finem attulit. Haec ordine decima-nona per annos 319. octodecim Imperatores Sinis dedit; plures etiam datura, si placuisset uti probis rerum suarum Administris, et Martis armorumque studia cum studiis litterarum, quibus impensissimè favebat, prudenter conjungere: sed enim dum his totam se tradit, illorum propè oblita, factum est ut pacificam Sinarum Palladem armata Tartarorum invaderet; et qui utriusque praesidio imperium ac libertatem tueri poterant, alterius neglectu in servitutem devenirent. Servitutis ac ruinae principium à Sinis fuit, si tamen par est Sinas dicere, qui soli ex Sinis omnibus abhorrentes à litteris, et venationis armorumque studiis dediti, [32] Tartari veriùs censeri poterant: Barbari certè quidem vulgò censebantur, ac terras

Leao tum dictas ipsi Tartariae Orientali finitimas incolebant, vicinis suis robore militari, morumque ferocitate perquam similes. Hi ergo sive Praefectorum injuriis (uti fit) lacessiti, sive aliis de causis sumptis armis rebellionem movent; nec mora, jam non cives, sed hostes rapinis grassantur ac caedibus, finitimas quasque ditiones infesti populantur: obrui opprimique poterant solis litteratorum calamis, si quantum his litterarum erat, tantum fuisset animorum: sed enim qui otio, qui umbrae et solis Musarum cantibus assueverant, solo propè armorum strepitu lituorumque cantu exanimati sunt. Quid hic ageret Sinarum Imperator? erat is octavus ordine, *Hoei çum* ei nomen, barbaros ope barbarorum domiturus Tartaros Orientales invitat, lupos, scilicet imprudens, ut canes abigat. Advolant Tartari, feritur foedus, arma cum Sinis sociant, rebelles domant; sed his domitis, imperii quoque societatem petunt, quae ubi negatur, bellum denunciant, geruntque eo successu, ut Imperatore totâque aulâ in Australem Chinam migrare coactâ, ipsi provincialium Borealium jam domini non dubitarint imperii jus atque titulum sibi vindicare: quò magis fuit mirandum, posteros tanto majorum suorum malo nihilo cautiores factos, nostris rursum temporibus in eundem errorem atque eandem calamitatem lapsos fuisse. Per annos igitur 150. Principes novem ex illa Tartariae Orientalis gente Chinae Borealis Imperatores appellari se voluerunt, Australis etiam Chinae futuri domini, nisi per eadem fere tempora multò numerosior ipsis fortiorque Tartarus Occidentalis spes conceptas et victoriarum cursum intercidisset. Hunc Sinarum Imperator contra Orientalem invitarat concitaratque: adest alacer, usurpatorem Tartarum feliciter tandem debellat, [33] ac procul è China ejicit, gratulantibus scilicet triumphantibusque Sinis, quando ecce quod his sui quondam hostes vaticinati fuerant, victor Tartarus stipendium militiae suae praemiumque sanè magnum poscens, et armatis, ut aiunt, precibus Septentrionem totum vindicat sibi; nec contentus hac quamvis immensâ propè ditione Barbarus, ex ambitioso cupidoque socio apertus jam hostis, cum milite exercitatissimo atque armis vincere assuetis, in Meridionales opulentasque Sinarum venit Provincias, et spem non inanem imperii totius. Ab ortu igitur et occasu perpetuis hostium irruptionibus ac latrociniis exhaustum et labefactatum Imperium tandem ruinam fecit: unum hoc acerbi casus solamen à litteris suis ferens, quod cum superioribus quinque familiis unus duntaxat Scriptor obtigisset, ipsius res gestae per duos et sexaginta Historiographos, ut jam de veterum librorum Interpretibus non agam, posterorum memoriae commendatae fuerint.

Victrix ergo quae ad occasum degit Tartaria, quae familiae suae *Yuen* nomen dedit, per annos novem et octoginta Sinis dominata est, cùm totidem ferè annos in expeditione sua consumpsisset; quod nulli quidem mirandum videri debet: fuit enim luctandum illi non tam cum sinis quam cum affinibus cognatisque Tartaris, qui, uti modo narrabam, Pekinensem Provinciam bellicosam imprimis, armis ac ditione obtinebant: cùm autem rara sit gratia fratrum quoque, ne dicam affinium; tum quidem maximè, cùm de corona sceptroque agitur, adspirantibus eodem et his pariter et illis, bello tandem vicêre qui opibus numeroque vincebant Occidentales Tartari. Prodierunt Imperatores novem ex hac Tartarorum familia, quam adeo non sunt aversati Sinae, ut fidem candoremque gentis experti mirè etiam charam habuerint; iamque etiam desiderium illius non rarò prodant, hoc quidem [34] tempore, quo Orientali Tartaro parere coguntur. Usque adeo scilicet tolerabile redditur vel ipsis servire Tartaris, si modò fides et clementia regnarit. Coelum interim Sinense ac solum multò fuit apud victores inclementius, quàm hi erga victos erant: plerisque certè Principum (si primum ac postremum excipias) brevis admodum dignitatis ac vitae usura fuit. Nimirum extra silvas suas ac nives aegrè gens ista vel in deliciis vitam trahit, nisi revera dicamus, idcirco brevem fuisse, quòd in deliciis eam ducerent. Hoc quidem certum poenis istis Asiaticis suam hic quoque fuisse Campaniam, et deliciis tandem fractos ac voluptatibus perdidisse militares spiritus, Martiumque robur, quo pauci multis Sinarum quondam pares erant. Ab his ergo quamvis imbellibus facilè potuerunt vinci atque opprimi, praesertim cùm libertatis amor vires animosque subderet, nec ipsi virtute bellica jam vincerent, à quibus numero longè vincebantur. Incrementa porro decrementaque rei Tartaricae octo aetatis illius Historiographi conscripsere; ad quos è sequenti familia nonus accessit, qui unus belli pacisque res omnes ducentis ac decem voluminibus est complexus: hos autem decimum quoque his jungimus, Marcum Paulum Venetum, expeditionis Tartaricae spectatorem et socium, qui multum dedit lucis rerum Sinicarum studiosis.

Is interim qui Tartarosè China pepulit infimae conditionis homo, de famulo sacrificulorum latronum dux, ad extremum maximorum Imperator exercituum Chinaeque Dominus evasit. Ab hoc fundata *Mim* familia, quae per sexdecim deinde Principes, ducentorum septuaginta sex annorum spatio feliciter est propagata. Ab ea redactum divisumque Imperium in tredecim Provincias, et binas Provincias aulicas *Pe kim* in Septentrione, et in Austro *Nan kim*: ab hoc Monarchia firmissimè stabilita, [35] Regulis Dynastisque omnibus nihil praeter titulum censumque titulo dignum relinquens. Verumtamen quae humanae felicitatis est inconstantia, haec quoque Monarchia, quâ nihil stabilius esse videbatur, nihilque florentius, aliquando corruit. latronum civiumque beneficio caput extulerat, latronum civiumque incuriâ depressa fuit atque extincta; quippe dum robur omne militiae Sinis procul ad Imperii et Tartariae fines occupatur, seditiosorum perditorumque hominum manus in ipsis Regni visceribus numero viribusque paulatim aucta, tandem eluvionis instar Boreales aliquot Provincias occupavit; inde grassari barbarum in morem incendiis, rapinis, caedibus: jamque adeo Pekinensem aulam crudeliter atque avarè diripere, ipsomet Imperatore sibi ultro conscisente necem, quo se crudelitati suorum graviorique probro eriperet: quorum omnium factus certior, qui tunc regio exercitui summa cum potestate imperabat, in ultionem tanti sceleris exardescens, et poenas utique justissimas de perduellibus illis sumpturus, repente cum Orientali Tartaro, quocum tunc maximè bellum gerebatur, pacem init, jamque adeo in ultionis quoque et belli contra latronem societatem vocat.Adfuerunt mox alacres Tartari; itur in latrones, fugantur, caeduntur, Tartaris non minùs famâ et terrore nominis sui, quàm manu ferroque pugnantibus: et hi quidem jam ovantes, maximis onusti spoliis revertebantur, atque ut Sinae autumabant, in Tartariam suam; cùm ecce non ultra Pekinum progressi, suum esse scilicet Sinarum Imperium, nec uno tantùm titulo, declarant.Quid plura? Paucorum annorum spatio, vi, metu, dolo, virtute, nec non Sinensium discordiâ perfidiâque Provinciae subactae omnes, extincta funditus *Mim* familia.

Successit igitur clausura nobis Imperiale agmen nova Tartarorum Orientalium familia *Cim* dicta, cujus quidem [36] imperantis anno quadragesimo, nostrate verò Orbis Christiani 1683.quo haec scribimus, imperante *Cam hi*, qui secundus è gente Tartarica vigesimum-secundum jam annum Tartaricum pariter et Sinense moderatur Imperium.

Atque haec demum est series Familiarum Principum Sinicae Monarchiae; quas ut ego summatim offeram: fuerunt illae quidem duae supra viginti, Imperatores verò omnium, annumeratis octo primis gentis Principibus, universim ducenti triginta quinque, omissis scilicet iis qui quòd brevi tempore vixerunt, vel aliis de causis, in serie non ponuntur. Perstitit autem Monarchia in Familiis Imperialibus per annos 3898.ad quos additis 737.annis, quibus octo primi gentis Principes vixisse perhibentur, conficientur à primo anno *Fo hi* ad hunc Salutis humanae 1683. inclusivè, anni 4635. ex his subtrahe annos 255. quibus duo Conditores *Fo hi* et *Xin num* regnarunt, residui erunt 4380.qui conficiunt Cyclo sexaginta annorum omnino tres et septuaginta.

Tabula numerica XXII. Familiarum

Imperalium, Imperatorum, Annorum

	Familiae.	Impp.	Anni.
I.	Hia.	17.	458.
II.	Xam.	28.	644.
III.	Cheu.	35.	873.
IV.	Cin.	3.	43.
V.	Han.	27.	426.
VI.	Heu han.	2.	44.
VII.	Cin.	15.	155.
VIII.	Sum.	7.	59.
IX.	Ci.	5.	23.
X.	Leam.	4.	55.
XI.	Chin.	5.	32.
XII.	Suy.	3.	29.
XIII.	Tam.	20.	289.
XIV.	Heu leam.	2.	16.
XV.	Heu tam.	4.	13.
XVI.	Heu cin.	2.	11.
XVII.	Heu han.	2.	4.
XVIII.	Heu cheu.	3.	9.
XIX.	Sum.	18.	319.
XX.	Yuen.	9.	89.
XXI.	Mim.	21.	276.
XXII.	Cim.	2.	40.

[37]

TABULA CHRONOLOGICA Monarchiae Sinicae
POST CHRISTUM

Juxta Cyclos annorum LX.

CYCLUS XLV. Annus 58. Post Chr. primus.

11. HIAO PIM TI regn. 5. annis.

Anno Cycli 58. & primo à Christo nato succedit in Imperium HIAO PIM TI, hoc est, obediens pacificus, è quinta *Ham* familia numero undecimus, ex octavi Imperatoris *Yuen Ti* stirpe nepos novennis.

Avia Imperatrix committit imprudens totum regimen Colao *Vam mam*, vafro, ambitioso, crudeli. Hic sublato aemulo solus rerum potitur: 117. suae factionis Dynastas creat: nomine Imperatoris coelo solenni ritu sacrificat: fictis prodigiis id agit, ut credatur à coelo missus.

CYCLUS XLVI. Anuus post Chr. quartus.

12. JU ÇU YM regn. 3.

***Vam Mam* regn. 14.**

Anno Cycli 2. HIAO PIM TI veneno perimitur à *Vam mam*, qui simulatè vota offert & vitam coelo devovet pro Principis salute.

Anno 3. à *Vam mam* substituitur JU ÇU YM biennis infans, è stirpe septimi Imp. SIUEN TI.

Anno 5. JU ÇU YM Imperio exuitur à *Vam mam*, qui anno 6. depositâ jam larvâ palam Imperium usurpat, & Imperator proclamatur. Plurima renovat: nomen familiae suae indit *Sin*, id est, novum quod 14. annis duravit. In novem provincias

Imperium dividit, & in regiones 125. in quibus urbes 2203. Dynastas creat 796. Toparchas 1551.

[38] *Anno 13. Lunâ 7. die ult. Eclipsis Solis.*

Anno 16. Cometes.

Varii conflantur exercitus confoederatorum, qui *Che muy* dicti, quod minio tinctis superciliis à reliquis distinguerentur, alii exercitus à duobus fratribus *Lieu sieu* & *Liu ym* è *Ham* familia oriundi. Hinc varia & cruenta bella.

Anno 19. locustarum tanta copia, ut solem obducerent: hinc fames ingens, adeoque hic plerumque ansa rebellionum & latrociniorum.

13. HOAI YAM VAM regn. 2.

Anno 20. caeso exercitu, alulâ direptâ & incensâ, occiditur *Vam mam*, corpus in frusta discerptum & sale conditum, caput in foro suspensum populi telis configitur. Subrogatur eodem anno à victore exercitu HOAI YAM VAM, è quarti Imp. KIM TI stripe oriundus.

14. QUAM VU TI regn. 33.

Anno 21. HOAI YAM VAM, quòd luxui deditus, ab exercitu rejicitur, subrogato *Vam Lam*, qui se filium noni Imp. CHIM TI esse mentiebatur; sed paulò pòst detectâ fraude obtruncatus.

Anno 22. succedit QUAM VU TI (aliàs *Lieu sicn*) è decimo filio KIM TI quarti Imperatoris oriundus.

Aulam ex Occidente *Xen Si* in Orientem transfert *Seu Lo yam* urbem provinciae *Ho nan*. Hinc deinceps Orientalis *Han* familia nominatur. Princeps bello & pace clarissimus, ruri educatus, & plebis labores expertus, ejus misereri novit; comis, liberalis, & amans litteratorum, quos undique accersitos evehit. Corporis habitus vulgaris: lustrans Imperium in natali solo cum popularibus agricolis epulatur. Piscatori *Nien quam* sodali olim suo ad se accersito obviam procedit, primas defert, & in eodem secum strato cubare jubet, ubi noctem pristinae vitae res commemorando traducunt. Sub noctem semel à venatione redux Regiae portas occlusas offendit, vigilum Praefectus aperiri vetat; quare ad aliam pergens admittitur: postridie eum, à quo admissus erat, uno dignitatis gradu dejectum plectit, auget alterum.

Annos 12. impendit rebellibus domandis, & pacando Imperio. Rubris tincti superciliis copias suas in 30. cuneos seu 300. millia dividunt. Sibi eligunt in Imperatorem *Puon çu* è familiâ Han, ad bubulci sortem redactum, qui victus ultrò se dedens, & vitâ & dynastiâ à victore donatus.

Dux belli *Ma yuen* Cochinchinae rebelles domat, deinde in praelio contra boreales barbaros occumbit.

Anno 24. Lun 3. die ult. Eclipsis Solis: item anno 27. Lun. 9. die ult.

Anno Cycli 28. Imperii verò 7. Lun. 3. die ultimo memorabilis Eclipsis totalis, cujus occasione vetat in codicillis imposterum uti nomine *Xim*, id est sanctus. Cùm dicant annales Eclipsim praevenisse tempus; an fuerit [39] ea, quae in morte Christi contigit, Astronomis examinandum relinquitur.

Anno 37. Lun. 3. Eclipsis Solis, item anno 38. Lun. 2. die ult. Item 43. Lun. 5. item 46. Lun. 1. die ult. 51. Lun. 2. item 52. Lun. 5. die ult. et 53. Lun. 11. die ult.

15. MIM TI regn. 18.

Anno 54. QUAM VU TI moritur aet. 61. Anno 55. succedit MIM TI filius ex decem: Princeps prudens, sagax, clemens. Academiam instituit in ipsa Regia pro filiis optimatum etiam barbarorum, quorum exercitationibus interest. Heroës bello & pace claros pingi jubet, & in aula appendi. Visitat aedes Confucii Philosophi. Imperatrix (filia memorati Ducis *Ma yuen*) modestiae speculum fuit in Gynecaeo, vestibus acu pictis constanter abstinet.

Anno 57. Lun. 8. Eclipsis Solis.

Crebras eluviones fluvii *Hoam ho* operâ centum mille hominum objectis per mille stadia aggeribus coercet.

CYCLUS XLVII. Annus post Chr. 64.

Anno Cycli 2. occasione somnii, quo oblata fuerat species aurata viri gigantaei, & memor dicti, ut putatur, à *Confucio* prolati, *in Occidente existit sanctus*, quaeri jubet Imperator per suos legatos veram legem ex Indiis; at enim idoli *Foe* pestifera secta cum metempsychosi (proh dolor!) invecta est anno imperii sui 8. Lun. 10. (quâ & Sol defecit) anno post Christum 65. Dirè exagitant hoc factum scriptores omnes.

Anno 7. Lun. 10. die ult. et anno 10. Lun. 5. die ult. Eclipses Solis.

16. CHAM TI regn. 13.

Anno 12. MIM TI moritur aet. 48. Anno 13. Succedit CHAM TI filius, probus & sapiens, pacis amans & literarum: vectigalia moderatur, magistratibus suis elegantiorum vestium usum interdicit, veterum parsimoniam imitandam dictitans.

Anno eodem 13. terraemotus Lun. 8. Cometes, anno 14. sterilitas. Lun. 12. Cometes.

Anno 17. Lun. 2. Eclipsis Solis, item 18. Lun. 6. die ult. Item 24. Lun. 8. die ult.

17. HO TI regn. 17.

Anno 25 CHAM TI moritur aet. 31. Anno 26. succedit HO TI filius & decennis, sub tutela Imperatricis.

Anno 27. Lun. 2. Eclipsis Solis.

Anno 28. *Pan chao* Dux celeberrimus jus Imperii clientelare profert longissime cum victore exercitu terrestri 200. dierum itinere, 50. amplius regna missis obsidibus clientelam profitentur: ad 40. millia stadiorum usque *Ta çin*, id est Judaeam, refertur progressus; 30. anni circiter in his expeditionibus insumpti.

Anno 29. Lun. 6. Eclipsis Solis.

Anno Imperii 14. conjugem repudiat suspectam insidiarum, haec moerore contabescit, *Tem yu* Ducis neptem Reginam creat, modestiae speculum, litterarum [40] imprimis perita: ab ei gratulantibus nil munerum accipit praeter penicillos, & novum papyri genus tunc inventum.

HO TI primus Eunuchos publicis muneribus admovet, à quibus postmodum crebrò perturbatum Imperium, creatis etiam ex eorum numero Dynastis ac Regulis à sequenti Imperatore.

Anno 32. Lun. 4. Eclipsis Solis, item 34. Lun. 3. item 37. Lun. 7. item 40. Lun. 4.

18. XAM TI regn. 1.

Anno 42. HO TI moritur aet. 27. Anno 43. succedit XAM TI, secudus filiolus 100. dierum, qui mox moritur.

19. NGAN TI regn. 19.

Anno 44. succedit NGAN TI nepos CHAM TI. Tredecennis loco Regina mater Imperium administrat, sed ultra tempus: in publica sterilitate adit ipsa per se carceres. Imperium ne mole sua viribusque fatigetur, arctioribus finibus circumscribitur, multarum gentium & Principum clientelis renuntiatis.

Per haec tempora grassatur insignis pyrata *Cham pe lu*, qui post quinquennium obtruncatur.

Eodem anno 44. Lun. 3. Eclipsis Solis.

NGAN TI concubinam unam Imperatricem creat; haec sterilis cum esset, alterius concubinae filium (clam veneno sublatâ matre) sibi vendicat.

Singulis propè annis terraemotus; maximè terribilis fuit decimus quintus, qui anno Imperii 8. Lunâ 2. contigit, quando tellus hiatum fecit longum stadiis 182. Latum 56. (13. Stadia Sinica leucam Germanicam conflant) Amnistia toto Imperio indicitur, missis de more ad singulas provincias legatis Regiis.

Anno 46. et 17. sequentibus annis terraemotus, fames, inundationes.

Anno 48. Lun 1. Sol deficit. Anno 51, Lun. 3. anno 52. Lun. 9. die ult. et anno 56. Lun. 12. totalis Eclipsis.

CYCLUS XLVIII. Annus post Chr. 124.

Anno Cycli 1. Lun. 9. die ult. Eclipsis Solis.

20. XUN TI regn. 19.

Anno 2. NGAN TI lustrans Imperium moritur, aet. 32. Anno 3. succedit XUN TI filius.

Imperatrici mortuae, quod sciret ab eâ veneno sublatam matrem, vetuit justa fieri.

Alios atque alios Barbaros domat.

Anno 4. Lun. 7. Eclipsis Solis.

Sancit, ut nemo gerendo Magistratu adhibeatur ante quadragesimum aetatis annum, nisi virtus aetatem superet. Nutricem suam titulo donat heroinae, & sigillo more Sinis usitato: sed postmodum eidem veneficii convictae cum infamiae notâ sigillum cum titulis eripitur.

Anno 8. Lun. 4. in vico regiae suburbano terra hiavit cubitis 850. in longum in terra Leam cheu.

Anno 9. latronum cunei 49. urbes Australes vastant Duce *Ma mien*, qui post 12. annos Imperatoris [41] nomen usurpabit, & proximo post anno occidendus.

Anno 12. Lun. 18. mense intercalari Eclipsis Solis, item an. 15. Lun. 12. et an. 17 Lun. 2. die ult.

Anno 18. Terra centies octogies concutitur.

Bis Amnistia indicitur.

21. CHUM TI regn. 1.

Anno 21. XUN TI moritur aet. 32. Anno 22. succedit CHUM TI biennis filius, qui Lunâ primâ moritur.

22. CHE TI regn. 1.

Anno 23. succedit CHE TI octennis, è stirpe CHAM TI, prudens suprâ aetatem. Visit gymnasium, in quo supra 30. millia Scholasticorum.

Cum in conventu publico fratrem Imperatricis *Leam ki* torve intuens mussitabundus diceret, *ô ferocem hominem*! ab eo mox veneno sublatus est Lunâ 6.

23. HUON TI regn. 21.

Anno 24. Succedit HUON TI frater natu major.

Eodem anno 24. Lun. 1. et anno 26. Lun. 4. die ult. Eclipses Solis.

Sub hoc Imperatore venales fiunt magistratus, & sub hujus successore etiam dynastiae: sectae *Lao kiun* & Eunuchis impensiùs favet: multi litteratï muneribus quoque invitati venire detrectant. *Leam ki* ad summa evehitur; ejus uxor titulo heroïnae & duarum urbium censu, seu 500. aureorum millibus donatur. Anni Kalendis de more Regem veneraturus, cum contra leges accinctus gladio curiam introisset, gladio per vim mox erepto, veniam tamen tanti criminis impetrat; non multò pòst omnibus exosus, repente ab Eunuchorum turbâ cinctus, desperatâ fugâ, cum uxore sibi manus infert. Amici & propinqui ejus suprà 300. magistratu privantur; tanta vis opum ejus fisco ad dicta, ut mediam partem vectigalium aequaret.

Amnistiâ indictâ *Puon* Praefectus in carcerem innocens detrusus cum vincti solverentur, solvi renuit: *nam si exiero*, inquit, *ubique circumferam culpae infamiam, et vivens ero malus Praefectus, et moriens malus daemon.*

Anno 28. et 52. tam horrenda extitit fames, ut carne humana homines vescerentur.

Anno 29. Lun. 7. anno 31. Lun. 9. anno 34. Lun. 4. intercalari, die ult. et anno 42.

Lun.1.die ult.Eclipses Solis.

Anno 43. Croceus fluvius semper turbidus, limpidissimis fluxit aquis, quod illis mali ominis instar est.

Anno 44.Lun.5.die ult.Eclipsis Solis.

Eodem Anno 44. HUON TI moritur aet.36.sine prole, cumtamen supreâ sex mille concubinas numeraret.

24.LIM TI regn.22.

Anno 45.Succedit LIM TI è stirpe CHAM TI.Studiosissimus Eunuchorum, moneri impatiens, avarus, jocis deditus: nundinas domesticas instituit, gaudens audire concubinas inter se licitantes & jurgantes.Ipse in rheda quam asinis jungit, obit palatia & gynecaea, unde equi asinis viliores extiterunt, orbe Sinico ad exemplum Regis se componente. Unâ re laudandus, quod Regum documenta quinque libris classicis contenta [42] marmori insculpi, & praeforibus Academiae erigi jusserit.

Conjuratio contra Eunuchos detegitur.100.Senatores occiduntur, & ex aliis Praefectis 700.

Emergunt novi latronum cunei à flavo pileo dicti ducibus tribus fratribus *Cham* dictis è sectâ *Lao kiun*: potu lustralis aquae veneficiis infectae morbis medentur.Per octo provincas serpit malum, donec duo fratres in praelio victi 80. millibus partim ferro partim flumine pereuntibus, & altero praelio 100. millibus partim caesis, partim captis, tertius demum frater in obsidione moritur.

Anno 46.Lun.10.die ult.anno 48.Lun.3.anno 50.Lun.12.die ult.anno 54.Lun. 10.anno 55.Lun.2.et anno 58.Lun.9.Eclipses Solis.

CYCLUS XLIX.Annus post Chr.184.

Post 80. praelia tandem domiti Barbari ductore *Tuon kium*, de quo memoratur, quod in decennali expeditione numquam culcitrâ ad somnum fuerit usus.

Anno hujus 21. sanguis pluit in Palatio.

Anno 3. Lun. 5. die ult. Eclipsis Solis.

Anno Cycli 5. rursum emergunt rebellium cunei à flavo pileo dicti.

Anno 6. LIM TI moritu aet. 34. haerede necdum nominato.

Eodem anno 6. Lun. 4. Eclipsis Solis.

25. HIEN TI regn. 31.

Anno 7. Succedit HIEN TI filius secundus novenis, fratre *Pien ti* natu majore post menses aliquot abdicato.

Hebes & segnis: hinc bella tam externa quam intestina. Imperii in tres ac deinde in 4. partes & capitae divisio hinc coepit. Orientalis China penè tota conspirat contra *Tum cho* Imperatoriae militiae ductorem. Hic occiso HIEN TI & fratre ejus natu majore, aulam in Occidentem *Xen si* tranfert, incenso priùs Palatio, & è Regum sepulchris effossis thesauris; verùm anno sequenti trucidatur, & cadaver in foro cum plausu & ludibrio populi suspenditur.

Ejusdem tricies auri millia, argenti 90. millia fisco addicta. Sub hoc nova secta vulgò *Mi kiao*, sic dicta ab orizâ, cujus certa mensura exigebatur ab iis, quorum morbos magicis carminibus curabant.

Recrudescit flavorum pileorum rebellio, 300. militum millia numerantur: paulatim deleti à *çao çao* invasore Imperii: ab hujus deinde filio *çao poi*, anno Cycli 37. è solio dejectus Imperator, & Dynasta *Xan yam* creatus, quatuordecim post annis inglorius obiit aetatis 54.

Anno 11. Lun. 6. die ult. et anno 17. Lun. 9. Eclipses Solis.

Annis 21. 23. et 24. Cometes.

Anno 25. Lun. 10. anno 27. Lun. 2. anno 29. Lun. 6. die ult. et anno 36. Lun. 2. die ult. Eclipses Solis.

[43]

Sexta Familia.

1. CHAO LIE VAM regn. 3.

Anno 38. succedit CHAO LIE VAM (aliàs *Lieu pi*) ex quarti Imper. KIM TI stirpe: fundat familiam Imperialem *Heu han*, id est, posteriorem, *Han* dictam: haec sub duobus Principibus stetit annis 44. Vir erat procero admodum corpore, magnanimus, parcus verborum, in omni eventu sui similis: morti jam proximus, *Quisquis*, inquit, *quinquagenarius moritur, non habet cur de vitae brevitate expostulet cum coelo, quantò minùs ego quinquagenario major.* Inde filium Imperii haeredem Colao suo *Co leam* commendans, *Si consiliis tuis*, inquit, *non acquiescit flilius meus, eum de solio dejice, & tu ipse regna.* Mox conversus ad filium: *Macte animo*, inquit, *fili mi, peccatum quamvis leve tibi videatur, cave commiseris: quod rectum est, quamvis exile videatur, cave neglexeris. Sola virtus mortales subjugat. Noli modicam virtutem meam imitari. In uno* Co leam *patrem invenies.*

Anno 39. Lun. 11. die ult. Eclipsis Solis.

2. HEU TI regn. 41.

Anno 40. CHAO LIE VAM moritur aet. 63. Anno 41. succedit HEU TI filius, paternae laudis, quamdiu *Co leam* vixit, aemulus. In Occidente aulam habuit *Chim tu* metropolim prov. *Su chuen*. Triarcha tunc erat in Septentrione familiae *Guei*. In Austro familia *V* aulam tenuit in *Kien cam* metropoli, (dein *Nan kim*, nunc *Kiam nhim* dictâ) haec 4. Reges tenuit per annos 59. donec à familiâ *Cin* extincta.

Familia verò *Guei* borealis & duabus reliquis potentior, Reges per annos 46. numeravit, & extincta à *Sum chao* belli duce, à cujus filio familia sequens *Cin* sumet exordium. *Cham fi* & *Quan yu* sub HEU TI duces belli strenuissimi in praelio occumbunt. Post aliquot secula *Quan yu* in idolorum numerum adoptatus, uti *Mars* Sinicus adoratur.

Laudatur *Co leam*, quòd acceptâ saepius clade à Rege boreali Guei, suos tamen tam ordinatè nosset reducere, ut non videretur victus esse.

Rex borealis cum maximo exercitu Meridiem petit, aemulos Reges *Han* & *V* confoederatos debellaturus, sed ubi ad ripam magni fluminis *Kiam* tumescentes undas conspicatus, *Ab ideo*, inquit, *caelum hos limites statuit, ut mortalium cupiditatem limitaret*! Quare damnato belli consilio Boream repetit.

Anno 41. Lun. 11. die ult. Eclipsis Solis, item anno 48. Lun. 11. die ult. item anno 50. Lun. 5. intercalari, item anno 6. Lun. 5. totalis Eclipsis.

CYCLUS L. Annus Post Chr. 244.

Anno Cycli 1. Lun. 4. Eclipsis Solis, item anno 4. Lun. 2.

Sum chao Regis *Guei* cliens & copiarum ductor rebellat; in dominum suum arma movet cum successu.

Filius HEU TI Imperatoris desperatâ salute Imperii, *Moriamur*, inquit, ô *Pater, gloriosè in bello, ut patres nostros videamus*. Detrectat praelium pater, quare filius in funebri majorum aulâ, occisâ priùs uxore se perimit.

[44] *Anno 17. Lun. 1. Eclipsis Solis.*

Anno Imperii sui 40. Cycli huius vígesimo, coeso exercitu & direptâ aulâ HEU TI dedit se victori, à quo creatur Dynasta *Nganlo*, ubi privatus post septennium moritur aet. 65.

Septima Familia.

1. XI ÇU VU TI reg. 25.

Anno Cycli 21. XI ÇU VU TI belli Ducis *Sum chao* filius fundat familiam *Cin* dictam (sed diverso ab quartâ familiâ *Cin* & charactere & accentu.) Habuit haec quindecim Imperatores per annos 155. Aulam in *Lo yam* urbe prov. *Ho nan* constituit ad Occidentem. Princeps magnamimus, sagax, verique amans.

Hac familiâ imperante 18. Reguli inter se pro Imperio decertant: Meridionales plerumque à Borealibus victi, quos & foedus cum Tartaris & nativum robur armabat.

Anno 23. Lun 6. die ult. Eclipsis Solis.

Anno 25. Lun 7. ingens numerus stellarum cum fragore versus Occidentem ruit, & ut pluviae dissolvitur.

Pacato Septentrione Imperator cum 200. milibus Regis *V* Australem regionem aggreditur, spatiosum flumen *Kiam* catenis quae verubus ferreis connexae spatiosum *Kiam* flumen jungebant, perruptis, regia *Nan Kim* invaditur. Rex portis egressus victori se dedit, à quo ditionis *Vam* dominus creatur.

Anno Imperii 17. totius Imperii jam dominus milites & arma improvidus dimittit, otio interim & luxui indulgens, cum gregibus feminarum hortos suos curru obiens, quem oves trahebant.

Anno 28. Lun. 10. Eclipsis Solis, item anno 31. Lun. 1. & 3. Item anno 34. Lun. 1. item anno 40. Lun. 3. item anno 42. Lun. 8.

Anno 45. XI ÇU VU TI moritur aet. 55. relictâ prole numerosissimâ, post hujus obium novae rebelliones & bella.

2. HOEI TI regn. 17.

Anno 46. succedit HOEI TI primogenitus, stupidus & hebes. Initio operâ quatuor optimatum satis feliciter rexit; postmodum ex occasione secundae Reginae, quae primam ejecerat, & unicum ejus filium veneno sustulerat, occisis ejusdem fautoribus, multa praelia & caedes consecutae: occisâ secundâ Reginâ & ejus factionis sociis fugit Imperator. Regulus regni *Ci* victoriis tumidus Imperium affectans in praelio occiditur. Alter Regulus è familiâ *Han* in Septentrione rebellans decimo post anno extinguitur. Alter in Occidentali prov. *Su chuen* regium usurpat titulum.

Invaluit hoc tempore nova secta ex *Lao kiun* orta, dicitur *Vu guei kiao*. Doctrina de nihilo & inani: Sectatores statum quemdam quietis immotae affectant, quo functiones animae velut in extasi ad tempus suspendantur.

Anno 56. Lun. 11. Eclipsis Solis, item anno 57. Lun. 4. item anno 54. Lun. 8. intercalari.

[45] CYCLUS LI. Annus Post Chr. 304.

Anno 3. Lun. 1. Eclipsis Solis.

3. HOAI TI regn. 6.

Eodem anno 3. HOEI TI veneno sablatus moritur absque liberis, aet. 48. Anno 4. succedit HOAI TI vigesimusquintus filius Conditoris à primoribus electus. Speciem praebet boni Principis.

Regulus *Lieu yuen* occiso fratre, affectat Imperium, & biennio pòst moritur: hujus filius *Lieu çum* aulâ captâ filium Imperatoris interficit, & dein patrem ipsum, quem priùs jusserat servili habitu in convivio ministrare.

Anno 5. Lun. 1. & anno 9. Lun. 2. Eclipses Solis.

4. MIN TI regn. 4.

Anno 10. HOAI TI occisus aet 30. Anno 11. succedit MIN TI nepos conditoris, à primoribus electus; anno 13. aulâ direptâ se dedit *Lieu yao* victori, à quo creatur Dynasta in *Xan si*.

Anno 13. Lun. 6. eclipsis Solis.

5. YUEN TI regn. 6.

Anno 14. MIN TI à Regulo *Han* occisus aet. 48. succedit YUEN TI conditoris nepos, gravis, modestus, sapientum fautor. Cùm trium Imperatorum Colaum *Vam tao* in eodem secum subsellio sedere vellet, hic modestè recusans, *Si sol* inquit, *se demittat ad inferiora quae collustrat, jam haec non habebunt quod suspiciant.* Aulam ex Occidente in Orientem seu *Nan kim* transfert. Hinc Orientalis *Cin* familia dicta.

Anno 15. Lun. 4. Eclipsis Solis.

6. MIM TI regn. 3.

Anno 19. YUEN TI moerore confectus moritur aetat. 46. Anno 20. succedit MIM TI filius decessoris.

7. CHIM TI regn. 17.

Anno 22. MIN TI moritur aet. 27. Anno 23. succedit CHIM TI filius; pro quinquenni puero Regina mater regit. Quidam Reguli inter se pro Imperio decertant.

Anno 22. Lun. 11. anno 24. Lun. 5. anno 28. Lun. 3. & anno 32. Lun. 10. Eclipses Solis.

Anno 33. Commetes, & anno 38. Lun. 2. Eclipsis Solis.

8. CAM TI regn. 2.

Anno 39. CHIM TI moritur aet. 21. Anno 40. succedit CAM TI frater.

9. MO TI regn. 17.

Anno 41. CAM TI moritur. Anno 42. succedit MO TI primogenitus; biennis tutelae Imperatricis committitur; adolescens virtute & prudentiâ, & suorum consiliis aliquas provincias recuperat.

A *Huon ven* Imperialium copiarum ductore borealis aula familiae *Han* rebellis diripitur & incenditur. Varia inter Regulos bella.

Anno 43. Lun. 4. anno 48. Lun. 1. anno 53. Lun. 10. Eclipses Solis, item anno 57. Lun. 8. totalis eclipsis.

10. NGAI TI regn. 4.

Anno 58. MO TI moritur aet. 19. Anno 59. succedit NGAI TI septimi Imperatoris filius, ab Imperii primoribus electus.

CYCLUS LII. Annus post Chr. 364.

11. TI YE regn. 5.

Anno 2. NGAI TI moritur aetatis anno 25. Anno 3. seccedit TI YE frater minor, à primoribus electus.

Anno 5. Lun. 3. & anno 7. Lun. 7. eclipses Solis.

[46] Colaus *Huon ven* praelio vincit Regulum *Yen* in Septentrione; sed hic auctus copiis Reguli *Cin* aggreditur *Huon cum*, caeditque ad 30. millia.

12. KIEN VEN TI regn. 2.

Anno 7. TI YE à Colao *Huon ven* dejectus è solio, creatusque Dominus arcis *Hai si*, ubi 15. post annis moritur aet. 43. Anno 8. succedit KIEN VEN TI filius minor YUEN TI quinti Imperatoris, à primoribus electus.

13. VU TI regn. 24.

Anno 9. KIEN VEN TI moritur aetat. 53. Anno 10. succedit VU TI filius.

Fu kien Borealis Imperator meditatur Austrum bello petere; dissuadetur, quòd familia *Cin* ex coeli mandato imperet, neque ita peccavit ut ejusdem gratiam amisisset. Spretis consiliis cum 600. equitum millibus, peditum 270. millibus Austrum petisse scribitur, 700, & stadia agmine perpetuo occupasse. Imperator Australis priusquam tota vis hostium conflueret, repente cum solectioribus aliquot millibus ex 80. quos habebat millibus armatorum castra aggreditur tantâ vi &

fortitudine, & panico terrore correptos hostes adeo fregit, ut ex tanto exercitu vix 30. millia evaserint. Postmodum à ductoribus suis metipse *Fu kien* Imperator debellatur, capitur, ac tandem captus in fano proximo strangulatur.

Alia deinde ex aliis regna in Septentrione rebellant. Imperator Australis vino luxuique se dedit, omnia facturus ditionis suae, si victoriam prosequi voluisset.

Anno 12. Lun. 10. anno 18. Lun. 6. anno 21. Lun. 10. & anno 28. Lun. 5. Eclipses Solis.

Anno Imperii 20. Cometes apparet, eï propinat alter belli Imperator Borealis, ut omen sinistrum à se avertat.

14. NGAN TI regn. 22.

Anno 33. VU TI clam suffocatus in lecto moritur. Ansam dedit jocus quidam, quo secundae Reginae 30. annos agenti sibi vetulam videri dixisset.

Anno 34. succedit NGAN TI filius hebes & obtusus.

Rebellant regna tam minora quàm majora omnino septem.

Topa quei Reguli regni *Tai* post sextam stirpem abolitam nepos residuus debellat funditus Regem regni *Yen* Borealis, direptâ aulâ ubi familiae suae per annos 149. sub 13. Principibus duraturae nova rursus fundamenta jacit.

Lieu yu è circumforaneo calceorum venditore miles, dein Dux belli, multis clarus victoriis gradum sibi sternit ad Imperium, mox futurus sequentis familiae conditor.

Anno 37. Lun. 6. anno 40. Lun. 4. anno 44. Lun. 7. anno 51. Lun. 9. & anno 54. Lun. 1. Eclipses Solis.

Anno 55. NGAI TI à *Lieu yu* occiditur aet. 37. *quo anno Cometes.*

15. CUM TI regn. 2.

Anno 56. substituitur CUM TI decessoris frater uterinus.

[47] *Eodem anno 56. Lun. 11. Eclipsis Solis.*

Anno 58. CUM TI suffocatus aet. 37. familia *Cin* extinguitur. Eundem annum sibi attribuit regicida *Cao çu vu ti*.

Octava Familia.

1. CAO ÇU VU TI regn. 2.

CAO ÇU VU TI (aliàs *Lieu yu*) octavae familiae *Sum* fundator, quae sub 8. Principibus stetit annis 59. è gregario milite Dux, ac dein Imperator, proceritate, & formâ corporis Imperio dignâ, magnanimus & gravis, in vestitu & epulis moderatus, aulam habuit *Nan kim* è quâ erat oriundus.

Imperiales quinque familiae quae ordine sequuntur, dicuntur *V tai*. Fuit autem per haec tempora diarchia seu duumviratus dictus *Nan pe chao*, hoc est Australe & Boreale Imperium.

2. XAO TI regn. 1.

Anno 59. moritur CAOÇU VU TI aet. 67. Anno 60. succedit XAO TI, aliàs *Ym yam vam* dictus primogenitus decessoris, jocis & oblectamentis immodicè deditus.

CYCLUS LIII. Annus post Chr. 424.

3. VEN TI regn. 30.

Anno 1. XAO TI è solio dejectus à Colao *Tan tao ci*, ac paulò pòst occisus aet. 18.

Eundem annum sibi vindicat successor VEN TI filius natu tertius conditoris.

VEN TI Princeps pius, rectus, modestus, at Bonziorum fautor. Publicos magistratus ultra sexennium prorogari vetat. Arma movet in Borealem Imperatorem, cui 16. Dynastiae se subjecerant: primo praelio vincitur, at deinde triginta praeliis victor duce *Tan tao ci* Colao: at hic in praemium mortem tulit, ob nimiam potentiam suspectus: quo audito, Boreales animos rursum & arma movent.

Non uno praelio victi Australes. Anno Imperii 26. tanta utrimque caedes extitit, ut campi sanguine stagnarent, avesque aliò migrarent. *Tai vu ti* Borealis Imperator jubet omnes Bonzios regnorum suorum interfici, fanis idolisque cremari jussis, quod aliàs deinde non semel factitatum.

Anno Cycli 4. Lun. 6. anno 12. Lun. 1. anno 15. Lun. 11. anno 17. Lun. 4. & anno 23. Lun. 6. Eclipses Solis.

4. VU TI regn. 11.

Anno 30. VEN TI à primogenito suo occiditur aet. 47. Anno 31. succedit VU TI filius natu tertius, occiso fratre primogenito & parricidâ. Princeps litteratus, equitandi & sagittandi peritus imprimis, adeoque venationi immodicè deditus; prodigus tamen & oris soluti, nec suos, ut par erat, tractans.

Anno 31. Lun. 7. Eclipsis Solis, item anno 38. Lun. 9.

5. FI TI regn. 1.
6. MIM TI regn. 3.

Anno 41. VU TI moritur aet. 35. Anno 42. succedit FI TI filius natu major, moxque ob crudelem indolem quam foedavit innocentium sanguine, occiditur. Succedit MIM TI undecimus filius VEN TI, ingenii ferocis. Tredecim juvenes regios, fratrum suorum filios (fuerunt ei 28.) jubet interfici: ipse liberis carens, certos homines ad pellices suas submittit, quae si masculum pariant, [48] matre interemptâ, sterili Imperatrici educandum tradit.

Anno Imperii 3, memorandam cladem accipit.

Promovet *Siao tao chim* ad primam dignitatem, hic per duplex regicidium ad proximae familae solium viam sternet.

Anno 46. Lun. 10. Eclipsis Solis.

7. ÇAM NGU VAM regn. 4.

Anno 49. MIM TI moritur aet. 34. Anno 50. succedit ÇAM NGU VAM filius primogenitus, immorigerus. Imperator Borealis à justitia laudatus, quòd carceri mancipatos diù retineret, ut longâ poenitudine ducti ad frugem redirent.

Eodem anno 50.Lun.12.Eclipsis Solis.

8.XUN TI regn.2.

Anno 54. ÇAM NGU VAM occisus anno aet.15. à *Siao tao chim*. Anno 55. succedit XUN TI filius tertius MIM TI.

Eodem anno 55.Lun.9.Eclipsis Solis.

Nona Familia.

1.CAO TI regn.4.

Anno 56. XUN TI à *Siao tao chim* perfidè obtruncatus aet. 14. Anno 57. succedit CAO TI duplex regicida, Colai *Siao ho* ex stirpe vigesimaquarta nepos: familiam *Ci* fundat, quae sub quinque Imperatoribus tenuit annos 23. Aula *Nan kim*. Princeps litteris quàm bello clarior, dicere solebat, si per decem annos gubernaret, se effecturum, ut idem esset auri quod glebae pretium: indutus aliquando vestem fulgentem auro & rari pretii lapillis, repente jussit omnes comminui, dicens, ex illis morbum gigni cupiditatis insaturatae.

2.VU TI regn.2.

Anno 59. CAO TI moritur aet. 54. Anno 60. succedit VU TI filius natu maximus. Magistratus non nisi ad triennium vult prorogari: connubia vetat inter ejusdem cognominis familias, juxta priscorum leges.

CYCLUS LIV.Annus post Chr.484.

Fan Chin conatur persuadere mero casu fortuitoque omnia agi, animam item cum corpore interire, nec quidquam post hanc vitam superesse. Fuit qui novam & impiam sectam scripto refelleret.

Siao yen bello & pace clarus, Colaus creatur: usurpabit proximè Imperium.

Borealis Imp. translaturus aulam in *Lo yam* prov. *Ho nan*, cùm suos abhorrere sciret, expeditionem fingit in Austrum, quò florem Imperii cum exercitu ducit. Transeundum erat per *Lo yam*, percunctatur ibi suos malint-ne belli aleam tentare, an ibi sedem figere; at memores cladium praeteritarum, volentes ac laeti sua castra in aulam commutarunt.

3. MIM TI regn. 5.

Anno 10. VU TI obiit aet. 45. Anno 11. succedit MIM TI frater conditoris. Hujus fidei ac tutelae binos suos filiolos commiserat conditor: at *Mim ti* ambos in Imperio ad breve tempus collocatos intra quadrimestre è medio sustulit.

In Septentrione alta pax. Borealis Imperator adeò litteris deditus, ut sive equitans, sive vectus rhedâ, [49] nunquam libros è manu dimitteret.

Anno 11. Lun. 5. Eclipsis Solis.

4. HOEN HEU regn. 2.

Anno 15. MIM TI obiit aetat. 40. Anno 16. succedit HOEN HEU filius decessoris tertius, crudelis & lascivus, monitorum impatiens, Eunuchorum fautor. *Siao yen* Colaus & unà Regulus regni *Leam* aulam *Nan kim* invadit: ejicitur Imperator. Incenso palatio novum extruit longè magnificentissimum, sic ut pavimentum auratis floribus insterneretur.

5. HO TI regn. 1.

Anno 17. HOEN HEU occiditur aet. 19. à Colao *Siao yen*, cujus fratrem HOEN HEU priùs occiderat.

Anno 18. succedit HO TI frater, à *Siao yen* positus in solio, & mox depositus, ac dein occisus aet. 15.

Nona familia *Ci* extinguitur.

Decima Familia.

1. CAO ÇU VU TI regn. 48.

Anno 19. succedit CAO ÇU VU TI (aliàs *Siao yen*) duorum Impp. & sex Regulorum parricida: fundat decimam familiam *Leam*, quae sub quatuor Regibus tenuit annos 55. Fuit hic ex pervetusta familia *Siao ho* oriundus. Princeps impigerrimus, negotia per se omnia expedit, excultus disciplinis propè omnibus, etiam militari, adeò parcus, ut eodem lectulo & pileo ad triennium usus scribatur; caeterùm Pythagoricis Bonziorum somniis adeò addictus, ut abjectis curis publicis ipse factus sit Bonzius. Edicto vetuit mactari boves & oves tam in sacrificiis quàm civilibus oblationibus, victimarum loco farinam offerri jubet.

Anno Imperii sui 15. obsidet urbem *Xeu yam* provinciae *Xan si*. Decennio tenuit obsidio, quo tempore aliquot centum hominum millia partim aquis, partim fame & ferro periere. Sub hoc corruit Imperium Boreale *Guei* dictum, quod annis 149. sub 13. Regulis steterat, atque in duos dein divisum dominos, duplex quoque nomen sortitur Orientalis & Occidentalis, quae deinde ad Reges transiit regnorum *Ci* & *Cheu*. Imperatrix Borealis *Hu* dicta Monasterium mille Bonziorum, quale Sina haud unquam vidit, extruit cum turri 180. orgyarum altitudine. *Yum nhim* seu aeternae pacis speciosum nomen coenobio inditum.

Anno Imperii 26. se venundans idolo *Fe* in mancipium, relictâ aulâ, in fano Bonziorum degit, raso capite & vili habitu, solisque herbis & orizâ contentus, donec à primoribus mille myriadibus nummorum cupreorum redemptus, ad aulam reluctans reducitur, ubi quoque Bonziorum lege rituque degit; erant tum 13. fanorum millia in Imperio.

Colaus *Kien quen* cùm servire nollet usurpatori, spontaneâ fame (non infrequenti apud Sinas lethi genere) se necat. Re cognitâ Imperator: *A Coelo*, inquit, *mihi venit, non à Dynastis Imperium, quorsum perimit se miser*? Cùm non auderet criminum noxios ad mortem damnare, hac spe impunitatis passim aucta latrocinia & caedes.

[50] *Heu kim* hujus cliens & Regulus *Ho nan* rebellat. *Nan kim* invaditur. Ipse Imperator captus & productus in conspectum victoris, nullum turbati animi signum dedit. Rebellis autem, quamvis ferocis ingenii, hic tamen non sustinens vel intueri os Imperatoris & domini sui, adeò commotus est animo, ut sudor ei ex vultu manaret, *Ah*, inquiens, *quàm difficile est collatae à coelo majestati resistere*! Tandem non ausus senem perimere, jussit, quae ad victum petebat, parcè malignèque suppeditari.

Celebratur pietas adolescentis *Kie fuen* 15. annos nati, erga patrem capitis damnatum ob enormia crimina in magistratu suo patrata: re cognitâ puer principem adit, & pro vitâ patris suam offert: multis tentata pueri pietas fuit, an sponte, an aliorum impulsu, seriòne, an specie tenus id faceret. Ubi pietas diù explorata constitit, huic donatur vita patris, ipsique filio eximii cujusdam honoris donatur insigne: at ille constanter recesans, *Absit*, inquit, *ut ego id geram, quod rei quondam patris assiduè memoriam renovet*.

Anno 23. Lun. 3. Eclipsis Solis, item anno 33. Lun. 2. item anno 39. Lun. 5. totalis, item anno 40. Lun. 11.

Anno 47. Lun. 9. Cometes.

Anno 51. Lun. 4. & anno 57. Lun. 5. Intercalari Eclipses Solis.

CYCLUS LV. Annus post Chr. 544.

Anno Cycli 4. Lun. 1. Eclipsis Solis.

2. KIEN VEN TI regn. 2.

Anno 6. CAO ÇU VU TI flagitans pauxillum mellis, quo oris amaritudini mederetur, cùm id negatum fuisset, repente moritur anno aet. 86. Anno 7. KIEN VEN TI succedit, filius natu tertius, captus, & anno 8. occisus aet. 49. ab eodem *Heu kim*, qui titulum Imperatoris sibi vindicat, mox cum vitâ amittendum.

3. YUEN TI regn. 3.

Anno. 9. succedit YUEN TI septimus filius conditoris. Stultè improbèque addictus sectae *Lao kiun*. Colaus & Regulus R. *Chin*, *Pa sien* dictus, invasorem *Heu kim* deleto exercitu capit, & capite truncari jubet. Mox etiam rebellans, *Nan kim* aulam obsidet. Imperator muros urbis armatus circumit. Re tandem desperatâ ensem diffringit pretiosissimum, & Bibliothecam 140. millium voluminum concremari imperat, dicens: *Ars omnis proh*! *interiit tam militaris quàm litteraria*. Urbe captâ, vectus equo albo habituque vulgari victori se dedit, à quo anno 11. occiditur. aet. 47.

4. KIM TI regn. 2.

Anno interim 12. substituitur KIM TI nonus filius decessoris.

Anno 13. KIM TI occiditur aetat. 16. & cum eo familia *Leam* extinguitur. Borealis *Cheu* Imperator idola omnia & fana cremari jubet.

Undecima Familia.

1. CAO ÇU VU TI regn. 3.

Anno 14. CAO ÇU VU TI (aliàs *Chin pa sien*) regicida, undecimam familiam *Chin* fundat, quae quinque [51] Principes tenuit per annos 33. Fuit is è stirpe Ducis *Chin xe* sub *Han* quintâ familiâ bello inclyti oriundus. Litterarum & Bonziorum amans.

Anno 16. CAO ÇU VU TI moritur aet. 59.

Eodem anno 16. Lun. 5. Eclipsis Solis.

2. VEN TI regn. 7.

Anno 17. succedit VEN TI frater, qui diù privatus vixerat, subditorum amans, quorum lites per se decidit. Saepe noctu obit ac lustrat palatium. In aula noctium horas & quadrantes distingui jubet tympanorum pulsu, qui mos toto imperio hodieque observatur. Fratrem Regulum *Ngan chim* imperii haeredem declarare statuit, quòd filius imbecillior esset. Resistente Colao & Senatu, ab incepto destitit. Borealis *Cheu* Imperator renovat priscum morem, quo viri grandes natu ac bene meriti alebantur expensis regiis in domiciliis ad id destinatis.

Anno 20. Lun. 3. & anno 23. Lun. 1. Eclipses Solis.

Anno 23. moritur VEN TI aet. 45.

3. LIM HAY VAM, aliàs *Fi ti*. regn. 2.

Anno 24. succedit LIM HAY VAM filius decessoris à Regulo *Ngan chim* depositus.

Anno 25. LIM HAY VAM moritur aetat. 19.

4. SIUEN TI regn. 14.

Anno 26. succedit per vim SIUEN TI Conditoris ex fratre nepos, naturâ festivus & hilaris. Musices imprimis & pacis, & sapientum studiosus. *Chin tao* clientum unus pretiosa munera offert Imperatori; at hic, ut spes ejus ambitiosas eluderet, palam & coram se cremari jubet omnia.

Borealis Imperator Colaum creat *Yam kien*, cujus filio filiam suam nuptui dat; Colaus dein auctus dynastiâ regni *Suy*, imperium brevì invadet.

Anno 27. Lun. 10. anno 31. Lun. 2. anno 34. Lun. 11. die ult. & anno 37. Lun. 10. Eclipses Solis.

Anno 39. SIUEN TI moritur aet. 42.

5. CHAM CHIM CUM, aliàs *Heu chu*. regn. 7.

Anno 40. succedit CHAM CHIM CUM filius decessoris. Baccho & veneri jocisque immodicè indulget. *Yam kien* in Septentrione Imperatoris titulum usurpat. Cum 500. millibus Austum petit, fluvium *Kiam* impunè trajicit, aulam occupat. Ipse Australis Imperator se in puteum praecipitat, unde vivus extractus.

Anno 46. CHAM CHIM CUM è solio dejicitur, & 24. post annis privatus moritur aet.52.

Anno 42. Lun.1. Eclipsis Solis.

Duodecima Familia.

1. CAO ÇU VEN TI regn.15.

Anno 47. CAO ÇU VEN TI, aliàs *Yam kien*, fundat duodecimam familiam *Suy* dictam, quae numeravit tres Imperatores per annos 29. Imperium Australe, quod à Boreali per 300. annos fluvius *Kiam* diviserat ceu limes, anno Cycli 54. Imperii nono, uni domino parere coepit. Quod ipsum ab Astrologo praedictum fuerat. Erat is ex illustri domo, de quinta *Han* familia optimè merita oriundus. Aulam tenuit *Cham ngan* in prov. *Xen si*. Princeps rudis quidem litterarum, sed ingenii sagacis & profundi, temperans ciborum, populi amans, [52] musicam veterem & leges reformat. Compositiones floribus verborum adulatoriis comptas prohibet. Horrea publica per imperii totius urbes extrui jubens, vult ut quaeque familia pro statu & conditione certam orizae & tritici mensuram inferat, ut tempore sterilitatis succurri possit pauperibus, & ita tollatur ansa latrociniis.

Sanxerat ut furtum 8. assium capite plecteretur, sed hortatu suorum legem antiquat. At in judices muneribus corruptos inexorabiliter severus. Ad publica munia promoveri vetat eos qui mercimonia & artes aliàs exercent.

Anno 48. Lun.2. die ult. Eclipsis Solis.

Anno 57. motus terrae universalis. Anno 58. Lun.2. Eclipsis Solis.

CYCLUS LVI.Annus post Chr.604.

Anno 1.CAO ÇU VEN TI, eò quòd destinasset primogenitum, etsi inutilem, haeredem imperii, occisus in aula à filio secundo, aet.64.

2.YAM TI regn.13.

Anno 2. succedit YAM TI filius natu secundus, parricida & fratricida: vir magnis dotibus inclytus, prodigus, luxui immodicè deditus. Aulam paternam ex prov. *Xen si* in provinciam *Ho nan* transfert. Duo excitat horrea prodigiosae magnitudinis, alterum caveis ter mille & ambitu leucarum duarum. Septum curat extrui 15. leucarum ambitu, palatia & hortos, ubi obequitantem numerosi pellicum equitantium greges sequuntur cum cantu & musicis instrumentis. Fluvium *Hoam ho* trajicere parantem, classis ornatissima per 40. & campliùs stadia seu 4. leucas disposita deducit.

44. Satrapiae & regna Barbarorum Occidentalium & Borealium clientelam deferunt. Armorum usum plebi interdicit, qui mos hodieque viget. Ad muri Sinensis restaurationem millio hominum adhibitus scribitur.

Operâ 100. litteratorum libros de re militari, politicâ, medicâ, rusticâ castigari, & denuò recudi jubet: de sortilegiis verò & sacris Bonziorum 17. millia voluminum prodierunt. Gradum doctoratus instituit, qui huc usque perseverat tam in civilibus quàm militaribus. Lustrans per se ditiones comitatum habet 80. millium. Coreanos 12. centenis millibus tam mari quàm terrâ domare frustra tentat, desideratis ferè omnibus & residuis dumtaxat bis mille 700. Renovatâ in Coreanos expeditione, hi tandem clientelare obsequium missis legatis deferunt. Praefectum in prov.*Xan si* creat. Hic sequentis familiae erit conditor.

Anno 13. YAM TI dum lustrat Austrum occiditur, aet. 39. à plebeio *Hoa kie* dicto, in urbe *Yam cheu* prov. *Nan kim*. *Li yuen* Dynasta exercitu 120. millium comparato imperium usurpat votis communibus.

3.CUM TI regn.1.

Anno 14.succedit CUM TI nepos CAO ÇU VEN TI à [53] *Li yuen* in solio collocatus,& paulò pòst depositus.*Suy* duodecima familia extinguitur.*Li yuen* filius natu secundus paternis auspiciis bellum gerens, aulam capit. Ibi contemplatus aedes regias inusitati splendoris & majestatis, ingemiscens, ait: *Opus, quod hominis animum dissolvit ac pessumdat, & exhausisse videtur cupiditatem cordis humani, utique nefas est diutius persistere.*Sine morâ igitur totum in favillas redigi jubet.

XIII. Familia.

1.XIN YAO TI regn.9.

Anno 15. XIN YAO TI (aliàs *Li yuen*) è Reguli *Si leam* nepos ordine septimus fundat, familiam decimam-tertiam *Tam*, cujus ditionis erat Dynasta; hæc tenuit 20. Imperatores per annos 289. Suppliciorum acerbitatem & vectigalium onera moderatur.Erigit templum *Lao Kiun* tanquam idolo.

Anno Imperii 6. debellatis rebellibus, totius Monarchiae dominus evadit. Ex unâ æris unciâ decem nummos cudi jubet, cum binis litteris *tum pao*: hæc moneta unica hodieque in usu est.*Fu ye* Colaus auctor est, ut 100.Bonziorum millia cogat uxores ducere ad militiæ sobolem: annuit Imperator.

2.TAI ÇUM regn.23.

Anno Cycli 23. XIN YAO TI Imperium filio resignat, novem post annis moritur æt.70.Anno 24.succedit TAI ÇUM filius natu secundus, de quo plura hîc afferimus, quòd ipso imperante lex Christiana Sinam sit ingressa. Princeps fuit omnibus numeris absolutus, pius, prudens, amans moneri, frugalis. Octo tantùm edulia mensæ adhibet.Tria millia fœminarum è palatio dimittit.

Libros undique conquiri jubet.Academiam in aulâ restaurat, in quâ octo mille discipuli, & hos inter exterorum Principum filii numerati sunt. Magistros inter eminebant *Xe pa hio su*, id est, octodecim studiorum praefecti; imò & militarem Academiam, jam ante ab Rege Boreali introductam, instituit. Quin & militare Gymnasium, ubi ars jaculandi exerceretur, ibidem extrui & ipse frequentare voluit; verùm cùm non probaretur id Colais, quòd dicerent inusitatum esse, & alienum videri à tanta Majestate, necnon cum periculo conjunctum; *Ego*, inquit, *hoc Imperium meum considero, sicut pater quispiam familiam suam; subditos vero omnes, velut tenellos infantes ex me progenitos sinu meo complector; quid igitur, pertimescam?* Ad latrocinia impedienda volebat populo omnia affatim esse ad vitam; *Regnorum salus*, inquiebat, *pendet à populo, hunc deglubere et exhaurire ut Rex abundet, tantundem est ac si quis suam ipsius carnem in frusta conscindat, ut eâ ventrem impleat; venter augescit, ac impletur; at corpus minuitur, marcescit, perit.* Quam deinde sententiam declarans, *Multi Regum*, inquiebat, *à se non ab aliis pereunt; cupiditas exitio est; etenim dum huic saturandæ sumptus sunt immensi, protinus oritur augendorum vectigalium necessitas; ex hac populi totius afflictio; afflicto vexatoque populo, quis neget periclitari* [54] *Regnum? Periclitante Regno, quid pronius quàm perire Regem? caput unà cum suo corpore; hæc ego dum considero, non audeo laxare fraena cupiditatibus meis.* Constitutos ab se Judices ac Magistratus munera vetuerat accipere, poenâ capitis propositâ; exploraturus ergo suorum fidem, hominem adornat, qui munus Praefecto offerat. Hic admittit, fit ipse certior, jubet interfici; verùm Colaus, *Est ille quidem nocens*, inquit, *O Rex, sed neque tu innocens, qui eum per insidias ad violandam Legem pellexisti.* Pepercit reo Imperator.

Altero post anno cùm praefectus militum supremus, munus è veste serica accepisset, cognitâ re Imperator ei magnam vim misit vestis sericae, mirantibus verò aliis, & ad supplicium deposcentibus hominem; *Supplicium*, inquit, *acerbius ipsa morte suus illi rubor erit, hoc eum lentè cruciari volo.* De minimis quibusque rebus vult commonefieri dicens, *Ab his ad majora gradum fieri, adeoque à minimis pendere Imperii conservationem.* De argenti fodinis factus certior, illas vetat aperiri, dicens, *Auro & argento cariora mihi sunt meorum verba & consilia, quae ad Reipublicae emolumentum suggeruntur.*

Quotiescumque vel coeli siccitas, vel imbrium copia famem & vastitatem minabatur, exemplo priscorum Regum edicto jubet enuntiari quid abs se, quibusve in rebus peccetur: auguriis interim nullam dat fidem; itaque cùm fortè ciconiae nidificantes coram ipso, alâ rostroque plausissent, quibusdam procerum felicitatem ei inde augurantibus, subridens ipse, *xui cai te bien*, inquit, id est, *Auguriorum felicitas in hoc sita, ut sapientes habeam*; quo dicto protinus jussit nidum dejici. Audiens laudari armamentarium suum, & ei, quod praecedens familia *Suy* instruxerat, anteponi, *Mihi*, inquit, *subditi mei pro armis sunt, quandiu suo Principe & pace gaudent; ubi haec duo familiae* Suy *defuerunt, nec arma fuerunt usui.* Cùm praeceps & inconsideratior fuisset in uno clientum suorum ad mortem condemnando, legem condidit, ne quis antè plecteretur quàm datis ter codicillis causa rei iterum atque iterum fuisset cognita.

Secundo Imperii anno cùm locustae grassarentur, jamque fames timeretur, ingemiscens Imperator, *Ex messa*, inquit, *quam vos absumitis pendet vita meorum? Ah! Quantò malim consumi à vobis viscera mea.* Haec fatus unam locustarum vivam deglutivit. Narrant locustas eo anno stragem vix ullam messi intulisse. Audierat *Li hium* clientem suum aegrotare, & morbo curando pilos barbae redactos in pulverem praescriptos à Medico, Imperator ex suâ ipsius barbâ pharmacum parari jubet, & aegroto offerri, qui illo usus convalescit. Didicerat ex libris medicis HOAM TI Imperatoris, quòd laesis humeris ac dorso nobiliores quoque partes ex interioribus facilè offenderentur; itaque Legem [55] tulit, ut qui rei essent, non in dorso, sed in femoribus vapularent, quae Lex hodie viget.

Anno quarto & c. cùm floreret ubique messis, & magnae quies à finitimis barbaris, *Haec duo*, inquit, *magnae quidem mihi sunt voluptati, sed angit me res una, quòd diuturna felicitas negligentiae superbiaeque mater sit.* Eum qui capesseret Imperium, docebat *similem esse aedificanti domum, quam ruinae periculo expones, si jam fundatam et bene constitutam denuo velis immutare: ita Imperio jam constituto, bonisque firmato legibus, à novitatibus abstinendum.* Aliàs, *Rex*, inquit, *morbo medentis est instar: discordia, pertubatio, bellum, Imperii est morbus, qui tametsi jam sit depulsus ab Imperio meo, magna tamen populi convalescentis habenda est cura, ne relabatur in pristinum morbum, et cui deinde nullâ queat mederi industria: pax alta nunc terras obtinet; parent nobis Barbari, nec tamen sollicitus esse desino ut primis ultima respondeant, quocirca vos docete me, monete, reprehendite.* Ad haec Colaus *Guei chim*, *Ego quidem, ô Rex, non tam gaudeo de pace florentis Imperii, quàm quod* Kiu ngan su guei, hoc est, *pacis tempore, periculi vivas memor.*

Aliàs item, *Vulgò*, inquit, *dicitur Imperatorem maximè verendum esse, nec habere quod pertimescat: at ego sanè vereor providentiam Imperatoris Coeli, quae ad nos usque pertingit, et simul vereor oculos omnium subditorum ad me unum conversos: itaque sic angor, et sic invigilo mihi ipse, ut qui nec Coeli voluntati, nec desiderio populi adhuc responderim.* Aliàs rursus, *Audivi*, inquit, *in Occidente reperiri Barbaros, qui si gemmam pretii majoris invenerint, haud dubitent eam convulnerato corpore intra cutem recondere, nos autem ridemus illos & meritò: verùm si nos ipsi dum servivimus cupiditatibus nostris, regnum amittimus, si clientes nostri dum fidem justitiamque vendunt muneribus, in ultimum vitae discrimen se conjiciunt, nonne majori jure vel ab ipsis Barbaris ridemur?* Siccitatis tempore solaturus afflictum populum, recludi jubet carceres, & communem noxarum veniam promulgari: docet tamen rariùs hoc clementiae genere utendum esse

Principi, ne cùm proborum damno foveatur, & invalescat improbitas: zizania, segeti ne noceant, utique eradicanda.

Anno septimo custodias adit publicas & per se lustrat; è vinctis trecenta & nonaginta, qui omnes capitalis noxae rei erant, ad tempus dimittit, jussos, ubi messem collegissent, ad statum reverti: revertuntur ad unum omnes praestituto tempore; admirabundus ac laetus Princeps vitam omnibus cum libertate donat.

Tredecim viros idoneos ad cuncta coram inspicienda per omnes Regni partes amplissima cum potestate dimittit, mandans ut severè in Praefectos Urbium & Provinciarum inquirant.

Memorant Chronica anno Imp. octavo pervenisse ex longinquis regionibus variarum gentium legatos, [56] oris habitu corporisque admodum peregrino, & nunquam antea Sinis viso: quin adeo gloriatum fuisse Imperatorem, quòd suis primùm temporibus homines capillo rufi, oculisque viridibus (glaucos interpretor) Ditionem Sinicam adiissent. Certum videtur eos ipsos fuisse, quos lapideum in provinciâ *Xen si* monumentum effossum anno 1625. aetati nostrae prodidit, disertè referens & annum eundum, & imaginem S. Crucis, & legis Christianae compendium charactere Sinico, & nomina 72. praeconum Syriacis litteris insculpta lapidi. De hoc consule Kircheri Sinam illustratam, & vetus Manuscriptum Arabicum quod asservatur in Regiâ Galliarum Bibliothecâ, ubi disertè scribitur circa idem tempus missos esse Evangelii praecones in Sinam à Catholico Patriarcha Indiae & Sinae, qui in urbe *Mossue* degebat.

Anno 9. dicti legati in urbem Regiam *Cham ngan* hospitum ritu deducti sunt à Colao *fan Hiuen lim*, de quo & in Chronicis & in dicto Lapide fit mentio honorifica.

Anno 10. obiit Regina *Cham sun*, litterarum peritiâ, pietate ac prudentiâ celebris; itaque dum vixit, in nullum ex domesticis regiis graviùs animadversum est, raro prorsus exemplo. Offenderat aliquando Principis animum Colaus *Guei chim*, crebriùs importuniùsque eum monens, jamque ab illius aditu & conspectu arcebatur; inaudiit Regina, adit ex templo conjugem, sed inusitato cultu ornatuque corporis, & instar gratulabundae. Audivi, inquit, saepenumero, mi Rex, quod ubi datur Imperii gubernator sapiens atque perspicax, subditi quoque dentur veraces et recti: rectus et verax est Colaus tuus, nimirum quia tuipse tam eximiâ es sapientiâ et perspicacitate, hunc ego tibi gratulatura venio. Placavit offensum opportuna dilectae conjugis gratulatio. Librum ipsa conscripserat de recta Gynecaei institutione triginta constantem capitibus; hunc postquam extincta est, lacrymabundus Imperator coram suis accipiens in manus: *Norma*, inquit, *centum saeculorum continetur hoc Volumine; scio quidem luctum hunc tam acerbum coeli nutu mihi evenisse, neque jam esse quo illi medear; sed enim dum reminiscor adjutricis tam fidae, cuius praeclara monita consiliaque nunquam posthac auditurus sim, an ego ferre desiderium, an temperare lacrymis possim*? Amoris interim ac doloris magnitudinem Mausolaeum declaravit ipso illo, quod extruxerat suo patri, magnificentius (uno quippe antè anno pater decesserat.)

Cùm itaque die quodam Colaum *Guei chim* in editiorem ducens locum, Mausolaeum conjugis eminùs conspicuum digito monstravisset, Colaus dissimulans ab se visum esse: *Existimabam*, inquit, *o Rex, contemplari te et indicare sepulchrum patris: nam conjugis quidem diu est quod vidi*. Lacrymas elicuit Principi vox ista, qui non ignarus quid illâ carperet, destrui jussit Reginae [57] Mausolaeum. Usque adeo filiorum pietas vincit apud Sinas amorem conjugalem!

Anno Imp. 11 puellam familiae *Vu xi* quatuordecim annos natam, quòd admodum praestantis esset formae & ingenii, in Aulam admittit, & titulo de more donat honorifico. Post annos aliquot tyrannidem exercebit haec puella imperandi jure contra fas sibi vindicato.

Anno 12. mense septimo, Imperator (uti constat ex monumento supradicto) dato diplomate Divinam Legem per Imperium totum promulgari permittit; fundum largitur extruendo Templo in urbe regia.

Anno 17. moritur Colaus *Guei chim*. Elogium fidissimi Clientis scribit ipsemet Imperator, & sepulchro jubet incidi; conversus deinde ad suos, *tria sunt*, ait, *specula mortalibus, unum ex are, ad quod pileum suum vestemque suam aptè componunt; alterum ex veterum libris et monumentis, in quo contemplantur ortus Regnorum et incrementum, et occasus; tertium sunt mortales ipsi, quos si consideres attentiùs, facilè disces quid ipse pecces, quid te fugere, quid prosequi par sit: et ego tribus hisce speculis adhuc quidem sum usus, & nunc (proh dolor) amisi tertium functum vitâ*; Colaum designans. Aliàs, *Est*, inquit, *Principi cor unicum. Sed qui hoc oppugnant plurimi: et alii quidem studio quodam fortitudinis gloriaque bellicae id oppugnant; alii deliciis et cupiditatibus; hi doctis contentionibus et cavillationibus, adulatione et blanditiis; illi dolis item mendaciisque non pauci; tam variis artibus machinisque pugnantium una ferè cura est, ut gratiam Principis acquirant, adeoque opibus et honore augeantur: quisquis ergo de perpetua quadam cordis vigilantia paulum remiserit, quàm pronum erit à se vinci et perire*!

Anno 19. contra Coreanos qui defecerant, expeditionem suscipit, sed conatu irrito. De via sepulchrum vidit Colai *Pi can*, qui olim tuendae veritatis causâ ab impio *Kie* fuerat occisus: ornat ipsum perhonorifico titulo *Yn tai su*, id est, Magni Magistri familiae *Yn*.

Anno 21. puellam *Sin hoei* dictam, Colai filiam, litteris & ingenio claram, in consortium thori sui admittit, & sapientis titulo exornat. Narrant eam quinto post ortum mense coepisse fari; quarto aetatis anno libros *Confucii* tenuisse memoriâ; octavo scripsisse appositè variis de rebus: hoc certum, in legendis libris fuisse assiduam. Eodem anno trecenta millia militum rursus in Coream destinat, verùm cùm ipse paulò pòst diem obiret, optimatum consilio intermissa expeditio est. Rara fuit huius Principis & cura & industria in liberis instituendis, ex obviis quibusque rebus apposita petens ipsis documenta. Cùm orizâ vescebatur, meminisse jubebat quanto sudore illa colono constitisset, [58] sic enim fore ut nunquam eis deesset. Cùm navigabat, *Aqua, ut videtis*, inquit, *sustentat naves, et ea potest navem submergere; aqua populus est, Rex navis.* Aliaque his similia.

Uno ante mortem anno duodecim monita, quae litteris viginti-quatuor continebantur, filio dedit; monita haec erant: *Tutè, fili, fac regas*, inquit; *honores quos conferre par est, in propinquos confer; accerse sapientes; examina Magistratus; audi monentes; repelle detractores; fastu abstine; moderatio parsimoniaque cordi sit; praemia suppliciaque meritis respondeant; curae sint res agraria, res militaris, civilis & litteraria. Tu, ô Fili, petes à priscis Regibus exempla gubernandi; nam ego is non sum qui tibi ad exemplum sufficiam: medium ut attingas, summum pete; excides medio, si collimaris dumtaxat in medium. Multis in rebus à me peccatum est ex quo imperare coepi: sed tu vires contende, ut quae ages, agas recte, et constabit Imperio pax sua: quòd si fueris superbus, si iners, si prodigus et dissolutus, non Imperii modò, sed tuiipsius jacturam facies.*

Anno 23. mense quarto, cùm morbus ingravesceret, haeres Imperii filius diu noctuque assidebat patri, cibo etiam aliquot per dies abstinens & canescens prae cura & moerore, quod obsevans pater, lacrymas tenere non potuit, filiumque intuens: *Quorsum*, inquit, *mori me pigeat, Fili mi, quando tanta est erga me pietas tua?*

3. CAO ÇUM regn. 34.

Eodem anno qui fuit Cycli 46. TAI ÇUM moritur aetat. 53. Anno 47. succedit CAO ÇUM decessoris filius nonus. Anno Imperii 5. ardet Imperator studio visendae *Vu xi* puellae, quam pater in concubinam admiserat: illo autem mortuo coenobiticam Bonziorum vitam cum aliis ejusdem sexûs professa degebat in fano: fanum adit, puellam reducit ad palatium; & quòd prole masculâ careret, repudiat reginarum alteram, & ipsam Imperatricem, frustra obnitentibus Colais, etiam propositâ capitis & fortunarum jacturâ,& officii sui abjectis insignibus.Publicè ad solium evecta cùm observasset Imperatorem earum adhuc meminisse quas repudiarat, praecidi jubet ambabus & manus & pedes, & aliquot post diebus utriusque caput, quo facto feralibus umbrarum manibus, furiarum prope ritu quocumque se verteret terrorem noctu diuque ingeminantibus, loci mutatione remedium petere cogitur: transactis interim sex annis, Imperii regimen, suis Imperator committit amoribus, eò quoque insaniae deveniens, ut ei *Tien heu*, hoc est reginae coeli, hactenus inauditum nomen contulerit.Ad solium evecta, filium ex se primogenitum veneno sustulit, id unum agens, ut fratris filios adeoque familiam suam ad Imperium si posset eveheret, quod secus accidit.

Anno 13. Lun. 5. anno 17. Lun. 8. anno 24. Lun. 3. intercalari, anno 27. Lun .7. anno 31. Lun. 5. anno 35. Lun. 2. [59] *intercalari, anno 40. Lun. 6. anno 45. Lun. 8. & anno 54. Lun. 5. die ult. Eclipses solis.*

CYCLUS LVII. Annus post Chr. 664.

Anno Cycli 6. à Coreanis tandem defertur clientelare obsequium. Ex monumento lapideo constat fuisse hunc Principem legis Christianae fautorem, pluribus locis exstructa templa vero Numini; per decem item provincias fides propagata; confertur quoque titulus honorificus cuidam *Olo puen* dicto.

Vu heu intrusa, regn. 21.

Anno 20. CAO ÇUM moritur aet 56. Anno 21. succedit per vim *Vu heu* Regina, vafra, crudelis, litterarum tamen studiosa; filium suum eundemque haeredem designatum repudiat, creatque Regulum in prov. *Hu quam*, tertio filiolo in ius locumque fratris nomine tenus subrogato. Crudeliter saevit in praecipuas quasque familias, quòd suspicaretur sibi non favere; fuit dies quo 850. neci dati.

Anno huius 15. impium coepit bellum contra legem Christi, uti constat ex lapideo monumento; duravit 15. circiter annis persecutio. Eodem anno *Tie* Colaus gravibus verbis Reginam monet, ut à 14. annorum exilio revocet filium à CAO ÇUM Imperatore nominatum haeredem, causam afferens, quòd inauditum sit ut in aulâ parentali majorum, ex aliena prosapia oriundi Imperatoris nomen inferatur à posteris non agnoscendum; ex prov. *Hu* quam revocatur itaque, & per 7. annos in palatio Orientali residet, donec defunctâ matre solium conscendat.

4.CHUM ÇUM regn.5.

Anno 41. *Vu heu* moritur aet. 81. Anno 42. succedit CHUM ÇUM filius CAO ÇUM, otio & veneri deditus. Imperatrici *Guei* exilii sui fociae fideli regimen committit; haec autem auctore *san su* aulae Praefecto, cum quo turpiter vivebat, filium suum *Xam* dictum molitur subrogare. Non tulerunt hoc Reguli & Principes, sumuntur arma.

Anno Cycli 46. Imperii 6. CHUM ÇUM veneno sublatus moritur aet. 55.

Xam in solio collocatur. Regulus patruus aulam invadit. Regina *Guei* cum filiâ obtruncatur. *Xam* adolescens ultro se dedit, & patruo cedit Imperium, à quo Dynasta ditionis *Ven* creatur.

5.JUY ÇUM regn.2.

Anno 47. Succedit JUY ÇUM filius CAO ÇUM, decessoris frater ex *Vu heu* Reginâ.

6.HIUEN ÇUM regn.44.

Anno 48. JUY ÇUM moritur aet 55. Anno 49. succedit HIUEN ÇUM decessoris filius natu tertius, bonae indolis Princeps, rara moderatione animi, publicique boni studiosus, valde item religiosus. Familiam suam *Tam* propè collapsam quadantenus restaurat, hinc magna pax per 30. ferè annos. Eunuchorum unum *CAO lie su* palatii Praefectum primus creat, ignarus scilicet quanta & suae & aliis Imperialibus familiis mala pareret tot Eunuchorum ad publica munia evectorum potentia.

[60] Divina quoque lex denuo vigere coepit, & frui pace per tres deinde, qui successere Principes continuata, uti testatur monumentum lapideum, quo insuper Praefectum *Cao lie su* cum muneribus missum (inter quae imagines erant quinque Philosophorum Regum) ut ea in templo quod Evangelici praecones vero Numini consecrarant, offerrentur.

Anno 2. Lun. 3. intercalari, die ult. anno 6. Lun. 6. anno 11. Lun. 3. anno 17. Lun. 11. anno 22. Lun. 2. anno 28. Lun. 4. anno 31. Lun. 9. anno 37. Lun. 5. anno 40. Lun. 9. Titalis, anno 44. Lun. 12. anno 49. Lun. 9. & anno 56. Lun. 5. Eclipses Solis.

CYCLUS LVIII. Annus post Chr. 724.

Aurea argenteaque vasa, vestes auro textas & alia ejusmodi nimium luxum praeferentia, ante fores palatii flammis aboleri jubet, ut crescentem in dies cupiditatem extingueret, exin Imperatrix & Reginae vulgari vestis usu tunc usae, unionum piscationem interdicit, usque adeò fidens & amans quatuor fratrum Regulorum, ut in eodem secum strato dormiret, noctesque confabulando transigeret. Hinc lectus ille stratum quinque Regum dictus. Aegrotante fratre potionem medicam coquebat ipse, & dum fortè ad foculum barba ambureretur, adstantibus, *sinite*, inquit, *dummodo convalescat frater, jactura barba quid refert?* Regium Collegium *Han lin yuen* dictum eminentium Scholae Doctorum 40. instituit, qui veluti Magistri Regii in aulâ resideant, & è quibus seliguntur Historiographi Regii, Visitatores provinciarum, Praetores & Proreges, &c. Libros veteres de militari scientia conquiri jubet, & novos edi. Visit natalem domum

Confucii, cui titulum *Ven siuen vam*, id est, *rei litterariae illustris regis*, impertitur. Discipulos ejusdem Philosophi nec non heroes inclyros variis honorum titulis ornat.

Colaus *Yuen chao* monita Regi offert, quae inter erant, ut Eunuchos à publicis muneribus removeat, ut consanguineos ad dignitates cum potestate conjunctos non evehat, ut duas sectas *Foe & Tao* idololatricas prorsus extinguat, &c. Imperator non audit.

Duces bello claros & optimè de Imperio meritos, etsi non essent è sanguine regio, primus titulo Reguli donat. Lustrat Imperium quod *Tai cum* in decem diviserat, ipse in 15. provincias vult divisum. Praecipui Praefecti è toto numerati 17686. minoris verò notae Praefecti 57416. *Van yu* Regulus auctor est fratri, ut pro vestibus pannisque sericis & massis argenti in exequiis idololatricis pro alterâ vitâ consumi solitis, deinceps è papyro factae crementur, qui usus à Bonziis & sectariis *Lao kiun* (cuius statuam solenni pompâ in palatium introduxerat) hodieque observatur.

Sub finem omnia in pejus ruunt, fuerant cum uno praelio 40. altero 70. Item altero 200. (si fas est credere) [61] Sinarum millia desiderata, nec erat qui tantae cladis certiorem faceret Imperatorem, Eunuchis aditus omnes occupantibus. Prae aliis rebellat *Ngan lo xan* exterus Princeps, ab Imperatore ad summa quaeque & armorum quoque praefecturam evectus. Hic victoriis insolens, partem magnam Septentrionis occupat, titulo Imperatoris per nefas usurpato.

Anno 33. magna latronum vis emergit, à quibus stragem accipit Imperator, desideratis suorum 40. millibus. Unde compulsus fugere in *Su chuen* provinciam. Damnatur Imperator, quòd uxorem repudiaverit, & nurum nuptam suam fecerit, occisis etiam levi de causâ filiis tribus.

7.SO ÇUM regn.6.

Anno 34.SO ÇUM decessoris filius, vivo etiamnum patre capessit Imperium: Princeps bellicosus & saepius victor, delevit latronum exercitus duce *Co Çu y Colao*.Patrem è *Su chuen* ad aulam magno cum honore reducit, qui anno Cycli 38. moritur aet 78.*Ngan lo xan* diripit aulam *Chan ngan*, & regios thesauros in *Lo yam* deportari jubet: elephantes quoque & equos centum, ad numeros musicos saltare edoctos, & craterem, quem bucca praeferebant, Imperatori quondam offerre solitos inter convivia: quod cùm coram se ut facerent, adduci non possent, jussit omnes interfici: sed ipsemet non diu pòst à filio interfectus in lecto, perfidiae suae poenas dedit. Parricida mox à belli Duce *Su mum* occisus, sed & hic, quòd minorem natu haeredem dynastiae suae nominare vellet, à primogenito obtruncatur.

8.TAI ÇUM regn.17.

Anno 39.SO ÇUM moritur aet 52.Anno 40.succedit TAI ÇUM filius, indolis liberalis.Initia sub hoc prospera, sed postmodum quinque Dynastae contra jus suam sibi vindicant & tuentur ditionem, Fana mille Bonziorum & totidem Bonziarum visit Imperator.

Fu hu cien Praefectus morti proximus caput radi jubet, more Bonziorum & habitu sepeliri volens: quod exemplum alii dein sunt secuti sub familiâ *Sum* decimânonâ.Fuit qui offerret Imperatori glirem simul cùm felicula, ambo sugentes lac ex eadem fele.Gratulantur munus adulatores, ad quae *Yen fu* Colaus: *quae res, inquit, ô Rex, naturae ordinem haud sequuntur, justum gratulandi argumentum non praebent.Hoc age ut cum barbaris & latronibus clàm non ineatur commercium; adulteria caeteraque flagitia non sint impunita, tollantur monstra, tunc gratulandi erit locus.*

Anno Imperii 8.Supra 200.Milia Tartarorum Borealem Chinam invadunt, ac tandem onusti spoliis domum redeunt. Imperator è fuga in aulam reducitur à *Co Çu y.*

In monumento lapideo fit honorifica mentio *Co Çu y* belli Ducis. Refertur ibidem Imperatorem pretiosa odoramenta in natali Salvatoris obtulisse, simul etiam [62] dapes ad templi ministros misisse.

9. TE ÇUM regn. 25.

Anno 56. TAI ÇUM moritur aet 53. Anno 57. succedit TE ÇUM filius, minutiis intentus, naturâ timidus, suis diffidens, adulatione gaudens. Peregrina munera quibus felix omen captabatur, admitti vetat, dicens, *optima peti auguria ex viris sapientibus.*

Anno Imperii secundo sculptum erectumque monumentum lapideum, de quo suprà.

Anno 1. Lun. 12. intercalari, anno 6. Lun. 10. Anno 9. Lun. 8. Anno 15. Lun. 9. Anno 19. Lun. 7. Anno 23. Lun. 5. Anno 33. Lun. 10. Totalis, anno 36. Lun. Totalis, anno 45. Lun. 3. & anno 52. Lun. 10. Eclipses Solis.

CYCLUS LIX. Annus post Chr. 784.

Co Çu y belli Dux natus annos 85. diem obit. Quatuor Imperatoribus servivit, adeo bene meritus de Imperio, ut scribant per annos 1300. paris fidei nullum extitisse. Evectus ad summa, nullius sensit invidiam, inter summas opes non fuit qui in eo crimen notaret. Has opes liberalissemè expendebat. Habebat tria millia famulorum. Octo filios reliquit gesto magistratu claros. Mortuum luxit China per triennium.

Ob nimiam tot Eunuchorum potentiam & insolentiam rebelliones insurgunt. *Li hoai quam* belli Dux ab Imperatore deficit, qui mox fugere compulsus est in *Han chum* urbem prov. *Xen si*; sed tandem domiti rebelles & barbari cis & ultra

Croceum fluvium. Cùm Imperator tot bella & calamitates fatis attribueret, diceretque à judiciariis multa sibi praenuntiata, Colaus *Li mie : Alii*, inquit, *ô Rex, de fato disserant licet, at te certè nosque ipsos haud par est sermones huiusmodi usurpare : etenim prout nos rempublicam vel justè recteque vel perperam administramus, ita fabricamus ipsi nobis ac populo fatum vel fortunatum vel infortunatum.*

10.XUN ÇUM regn.1.

Anno 21. TE ÇUM moritur aet 64. Anno 22. succedit XUN ÇUM filius, qui specimen boni Principis dedit ; sed quòd morbo immedicabili & sordido laboraret, filio committit Imperium.

11.HIEN ÇUM regn.15.

Anno 23. XUN ÇUM moritur aet 46. Eodem anno succedit HIEN ÇUM filius, prudens, & prompti consilii. Fame laboranti populo liberaliter opitulatur, in hunc finem varios per Imperium ministros legans. Conquiri jubet vitae immortalis herbam per sectatores *Lao kiun*.

Anno 36 excipit regio apparatu os digitale idoli *Fu è Xen si* allatum, nequidquam adversante Senatu Rituum supremo & ad flammas deposcente ; quod dum tuetur pervicaciùs, indignabundus Princeps aliquos ad inferiorem dignitatis gradum dejicit, poenâ Sinas inter usitatissimâ.

Anno 37. HIEN ÇUM repente moritur aet.43. ab Eunuchis, ut creditur, veneno sublatus.

12.MO ÇUM regn.4.

Anno 38. succedit MO ÇUM filius. Amnistiâ indictâ incautè militem dimittit, qui ad latrones transit. [63] Paulatim Imperium vergit in ruinam.

13.KIM ÇUM regn.2.

Anno 41. MO ÇUM auream potans medicinam moritur aet 30. Anno 42.

succedit KIM ÇUM filius, ab Eunuchis electus, dissolutis moribus, & totus effusus in jocos: quare Reginae matri ab Eunuchis commissa Imperii cura.

Anno 44. KIM ÇUM à venatione redux, dum mutandae vestis causâ in conclave se recipit, extinctis repente luminibus occiditur ab Eunuchis aet 18.

14. VEN ÇUM regn.14.

Anno 45. succedit VEN ÇUM filius MO ÇUM, electus ab Eunuchis. Litterarum & sapientum amans. Eunuchi subodorati insidias contra se, ferociter invehuntur in ministros militesque Regios. Ex his ceciderunt amplius mille, & familliae complures stirpitus extinctae.

15. VU ÇUM regn.6.

Anno 57. VEN ÇUM moerore contabescens moritur aet. 33. Anno 58. succedit VU ÇUM filius MO ÇUM, natu quintus, ab Eunuchis electus, relicto decessoris filio. Bellicosissimus Princeps ac prudens. Latrones & Barbaros domat. In seligendis idoneis ministris perquam vigil & accuratus. Sub hoc instituta aut renovata videtur lex, quae hodieque viget, ut singulis quinquenniis aut septenniis jussu Regio inquiratur in mores & vitia Mandarinorum qui in aulâ degunt: quin in more jam positum est, ut quotquot in aulâ munus aliquod gerunt; cum omni humilitate & veniae deprecatione debeant scripto confiteri quaecumque toto illo officii sui tempore delicta commiserunt, & hac occasione contingit, ut vel quia quid celarunt, aut ob asperitatem aut rusticitatem, ab officio aut gradu, dejiciantur aliqui; dissimulatis interim quandoque peccatis aliorum gravissimis, dum vel aurum & gratia vincit jus & aequitatem, & indulgentiam regiam provocat.

Anno 4 Lun. 8. Die 1. Anno. 9. Lun. 11. anno 13. Lun. 8, anno 18. Lun. 5. Anno 24. Lun. 7. Anno 32. Lun. 8. Anno 39. Lun. 4. Anno 53. Lun. 1. & anno 60. Lun. 2. Eclipses solis.

CYCLUS LX.Annus post Chr.844.

16.SIUEN ÇUM regn.13.

Anno 3. Moritur VU ÇUM aet. 33. Anno 4. succedit SIUEN ÇUM undecimi Imperatoris HIEN ÇUM nepos, praeterito decessoris filio electus ab Eunuchis, fortè quia à puero stupidus audiebat: at suscepto Imperio rara enituit in eo prudentia, consilium, moderatio, & quòd aemularetur virtutes secundi Imperatoris, dictus possim parvus TAI ÇUM.

Clam consulit de Eunuchis extinguendis. *Hu tao* Colaus oblato libello suadet primò ut noxios gravioris culpae inexorabiliter plectat, deinde verò neminem in locum mortuorum substituat, sic paulatim extingui posse eunuchos: verùm non multo post res fit palam, inde dissensiones inter eos & Praefectos Regios.

17.Y ÇUM regn.14.

Anno 16. SIUEN ÇUM haustâ ambrosiâ immortalitatis & vermibus scatens moritur aet. 50. Anno 17 [64] succedit Y ÇUM decessoris filius, ab Eunuchis electus, superbus, prodigus, veneri luxuique deditus.

Anno Imperii 14.Cycli autem 30.reliquias *Fœ* idoli in palatium deferri curat mense quarto: mox ejusdem anni mense septimo Y ÇUM moritur aet. 31.

18.HI ÇUM regn.15.

Anno 31. succedit HI ÇUM filius decessoris duodennis; ab Eunuchis electus, penes quos summa rerum est. Crebrae defectiones Borealium, & latronum undique eruptiones, quae omnia scriptores isti accepta referunt reliquiis istis: offendit enim graviter litteratos, cùm intelligunt ossa demortui vel membra inter se separari aut dissociari, & hinc inde per partes distrahi, quod idem est ac violari corpora mortuorum: quae etiam ratio est, quod honoratiùs nobiliùsque reputent laqueo vitam finire, quàm capite minui.

Hoam ciao latronum dux aulam *Cham ngan* invadit, ferro & flammâ ubique saeviens. Fugit Imperator. Anno 45. *Like yum*, ditus *To yen lum*, id est, monoculus draco, 28. annorum juvenis & Dux copiarum Imperialium, cum latronum Duce confligit: primò victus, tandem eodem die tribus praeliis victor evadit. Ad aulam reducit Imperatorem: idem postmodùm alios rebelles armis feliciter domat, unde dynastiâ donatus regni *Cin*. Huius filius fundabit familiam decimam-quintam *Heu tam* dictam.

19. CHAO ÇUM regn. 16.

Eodem anno 45. tertio post reditum in aulam mense HI ÇUM moritur aet 27. Anno 46. succedit CHAO ÇUM filius sextus HI ÇUM, ab Eunuchis in solio positus, ingenio non mediocri & fortitudine. Conatur Imperii res restituere, sed irrito conatu.

Cùm deliberat de tollendis è medio Eunuchis, ab his in conclavi includitur Imperator, scriptis humi ejusdem peccatis: à Colao *çu yu* clam submissis armatis caeduntur Eunuchi, qui aliò priùs Imperatorem abduxerant. Reducitur hic in aulam: edicto Regio jubentur omnes interfici, triginta duntaxat pueris ad officia viliora reservatis. *Chu wen* Dux perfidus fidissimum Colaum *çu yu* perimit. Cogit Imperatorem aulam mutare in *Ho nan*, & aulam *Xen si* aequari solo.

Anno 1. Lun. 3. Anno 5. Lun. 5. Anno 11. Lun. 1. Anno 20. Lun. 7. Anno 33. Lun. 9. Anno 36. Lun. 4. Anno 45. Lun. 3. Eclipses solis.

CYCLUS LXI. Annus post Chr. 904.

20. CHAO SIUEN ÇUM regn. 2.

Anno Cycli 1. CHAO ÇUM à perduelli *Chu uen* occiditur aet. 38. Anno 2. substituitur CHAO SIUEN ÇUM filius, qui se ultrò & Imperium usurpatori defert, à quo dynastiâ donatur, & anno 3. occiditur aet. 17. & cum eo decimatertia *Tam* familia extinguitur.

Sequuntur posteriores quinque familiae Imperiales *Heu u tai* dictae, bellis, rebellionibus, parricidiis non dissimiles quinque familiis quae *Tam* familiam antecesserant, dissimiles verò annorum Principiumque [65] numero: priores namque annos 198. Principes vero 24. posteriores verò numerarunt sub 13. Principibus annos dumtaxat 53. quinque regna majora pro suo quaeque arbitrio dominantur. Gens *sie tan* dicta, coloniis Coreanorum quodam aucta, nunc *Leao tum* dicta, prae reliquis bello acris, sequentibus Principibus facesset negotium.

XIV. Familia.

1. TAI ÇU regn. 6.

Anno 4. TAI ÇU, aliàs *Chu uen*, fundat decimam-quartam familiam *Heu leam*, quae dos Imperatores & 16. Annos tenet. Aula *Pien leam* metropolis prov. *Ho nan*.

2. MO TI, aliàs KIUN TI regn. 10.

Anno 9. TAI ÇU à filio primogenito occisus aet. 62. Anno 10. succedit MO TI filius, natu tertius, postquam patricidam fratrem in praelio vicit & interfecit.

Ab anno Cycli 13. ordiuntur annos dominationis Boreales barbari, mutato nomine *Leao* dicti. Novem Principes succesivè numerarunt per annos 209.

XV. Familia.

1. CHUAM ÇUM regn. 3.

Anno 19. MO TI (caeso exercitu ab sequenti Imperatore) rebus desperatis se sponte perimit aet. 36. & cum eo perit familia. Eodem anno succedit CHUAM ÇUM filius monoculi, de quo suprà. Fundat decimamquintam familiam *Heu tam*, quae habuit 4. Imperatores per annos 13.

Aulam transfert in *Lo yam* prov.*Ho nan*.

Princeps bellicosus, & qui ad aerumnas bellicas jam callum obduxerat, otii & somni adeò impatiens, ut humi cubans campanam excitatricem è collo suspensam gestaret; at deinde comoediis ludisque se dedit, factus ipse quandoque comoedus, ut Reginas & neptes suas oblectaret, unde quod multa committeret indigna majestate Sinicâ, suis odio & contemptui fuit: tandem cùm orta esset inter milites seditio, anno Cycli 22. sagittâ ictus interiit aet. 35 casune, an industriâ, incertum.

2. MIM ÇUM regn. 8.

Anno 23. succedit MIM ÇUM, extra fines Imperii natus, & à patre decessoris adoptatus, & à Satrapis electus. Princeps admodum religiosus, amans pacis, & cùm litteras ignoraret, tamen fautor litteratorum. Sub hoc Typographia coepit. Vespertinis horis quotidie coeli opem implorat his verbis: *Ego barbaros inter et ipse barbarus sum natus. Turbatis temporibus mihi collatum Imperium: unum desidero, ut coelestis Majestas cor applicet huic administrationi, et submittat viros sapientes et sanctos, qui monitis suis atque consiliis mecum hoc moderentur Imperium.* Eunochos vetat ad officia publica evehi. Pax sub hoc Principe, & magna agrorum ubertas.

3. MIN ÇUM regn. 1.

Anno 30. MIM ÇUM moritur aet. 67. Anno 31. succedit MIN ÇUM filius decessoris. *Xe kim tam* gener Imperatoris MIM ÇUM convocatis auxiliaribus copiis *Sie tan* barbarorum 50. millium, aulam occupat, è solio dejicit Imperatorem, ac deinde occidit anno aet. suae 45.

4. FI TI, aliàs LO VAM, regn. 1.

[66] Anno 32. succedit FI TI decessoris filius adoptivus, qui rebus desperatis mox fugiens in oppidum *Gui cheu*, inibi eodem incendio & gazas & sese cum familiâ absumpsit.

XVI. Familia.

1.CAO ÇU âregn.7.

Anno 33. CAO ÇU gener MIM ÇUM, usurpato Imperio fundat familiam decimamsextam *Heu cin* dictam, quae sub duobus Principibus annis 11. stetit. *Sie tan* barbarorum ductor victori CAO ÇU Imperium non defert, sed sibi titulum assimit Imperatoris, quare CAO ÇU pacis amantior 16. civitates regionis Pekinensis *Leao tum* finitimas barbaris cedit praeter annuum munus 300. millium sericorum voluminum. Ex hac barbarorum potentiâ consecutâ 400. & amplius annorum bella & strages in Imperio.

2.CI VAM regn.4.

Anno 39. CAO ÇU moritur aet. 51. Anno 40. succedit CI VAM è fratre nepos, electus à Satrapis. Anno 43. rupto foedere barbari irrumpunt: mittitur belli Dux *Lieu chi yuen* cum exercitu, quo sistat irrumpentes. Hic moras nectens capi sinit Imperatorem, qui dynastiâ donatur, atque ita familia extinguitur.

XVII. Familia.

1.CAO ÇU regn.2.

Anno 44. usurpat solium CAO ÇU, aliàs *Lieu chi yuen*. Fundat Familiam 17. *Heu han* dictam, quae per quatuor annos duos principes numerat. Boreales barbari insolentiores facti, vastato Septentrione Austrum invadunt, sed cùm ubique occurerent frequentes latronum cunei, *non putabam*, inquit Dux ipsorum, *tam difficile esse domare Sinas*: quare spoliis onusti, in *Leao tum* redeunt.

2.YN TI regn.2.

Anno 45. CAO ÇU obiit aet. 54. Anno 46. succedit YN TI filius decessoris. Mittitur *Co guei* Dux belli cum exercitu contra barbaros, quos praelio non uno fundit.

Anno 47. YN TI in seditione à militibus occisus anno aet. 20. familia perit. Regina fratrem interfecti nominat, sed ductores exercitus victorem *Co guei* è Septentrione reducem, Imperatorem proclamant, & vexillis regiis flavi coloris, qui solius Imperatoris est proprius, Principem cooperiunt, & in aulam adducunt, ubi à Reginâ, abdicato eo quem nominaverat, mox agnoscitur, cui deinceps veluti matri obedit & servit Imperator.

XVIII. Familia.

1. TAI ÇU regn. 3.

Anno 48. TAI ÇU, aliàs *Co guei*, belli Dux Imperator è familiâ tertiâ Cheu oriundus, fundat 18. familiam, quam *Heu cheu* dictam voluit. Tenuit haec 9. annos sub tribus Imperatoribus. Adit *Confucii* sepulchrum, regios ei titulos delaturus, quibusdam negantibus deberi hujusmodi honores homini, qui etiam reguli fuisset subditus, *imô verò*, inquit, *non alio ritu celebrandus*, *qui & Regum & Imperatorum Magister est*. Sub hac, aut, ut alii multo ante, sub familiâ *Tam* 13. ingressi scribuntur Sinam Mahometani.

Anno 50. TAI ÇU moritur aet. 53. absque liberis.

[67]

2. XI ÇUM regn. 6.

Anno 51. succedit XI ÇUM filius adoptivus, progenitus autem è fratre Imperatoris. Laudatur à virtute militari & studiis litterarum. In palatio suo vult exponi aratrum & machinam textoriam, ne sudoris suorum oblivio subeat. Cùm ingens esset sterilitas & annonae penuria, jubet vendi orizam regiam vili pretio, nec nisi postea per solvendo: dicentibus praefectis numquam adeo pauperes fore solvendo: *at*, inquit Imperator, *nescitis me patrem esse, ipsos verò mihi filios*? *quis autem vidit patrem, qui filio fame laboranti opitulari nolit, nisi cum onere pretii rependendi?* Dynastae aliquot illi se subdunt: statuas aeneas idolorum comminui jubet, ut nummi, quorum penuria tunc erat, cudantur.

3. CUM TI regn. aliquot mensibus.

Anno 56. XI ÇUM moritur aet. 39. succedit CUM TI filius septennis, à patre commissus tutelae *Chao quam yu* viri bello inclyti, optimeque de Imperio meriti. Proceres & belli Duces cùm duos soles in coelo observassent, omen & ansam hinc petunt, jacentem in lecto tutorem, & nihil minus cogitantem salutant Imperatorem, vestemque flavam corpori circumdant.

XIX. Familia.

1. TAI ÇU regn. 17.

Anno 57. CUM TI è solio depositus, dynastiâ donatur. Familia Imperatoria *Heu cheu* desinit. Eodem anno TAI ÇU suscepit Imperium eâ conditione, ut mater sua primas ubique obtineat. Numeravit 18. Imperatores, ann. 319. primò in Septentrione per annos 167. sub 9. Principibus, & sub totidem in Austro per annos 152. Familia haec tot praecedentibus familiis adeo infaustis & turbulentis successit multo felicior ac magis pacata, unde post tot turbines & vicissitudines secuta serenitas diuturna, ac multò diutius quoque duratura, si aequè amasset armatam ac togatam palladem.

TAI ÇU ex *Lo yam* aulâ & urbe provinciae *Ho nan* oriundus erat. Hoc nascente ferunt refulsisse cubiculum purpureo lumine, unde ex armorum praefecto factus Imperator, insignia sua voluit esse coloris purpurei. Regiam constituit in *Pien leam* Metropoli prov. *Ho nan*. Princeps prudentiâ, liberalitate, clementiâ erga victos & pietate erga subditos singulari.

Anno 1. Lun. 10. anno 9. Lun. 1. anno 20. Lun. 10. anno 24. Lun. 8. anno 27. Lun.

6. *anno 34. Lun. 1. anno 40. Lun. 4. anno 43. Lun. 2. anno 47. Lun. 11. anno 57. Lun. 5. & anno 58. Lun. 4. Eclipses Solis.*

CYCLUS LXII. Annus post Chr. 964.

Decem regna inter se discordia cum Imperio conciliat. Quatuor valvas palatii quatuor mundi partibus obversas patere jubet assiduè, dictitans *velle se suas aedes cordi suo esse consimiles, quod pateret oculis omnium subditorum.* Fastum vestium suis vetat, usu gemmarum filiabus etiam suis interdicto, exemplo praeit ipse habitu vestium modesto ac propè vulgari contentus.

[68] Patrem, avum, atavum, tritavum titulis imperatoriis donat, uti & matrem prudentiâ & modestiâ celebrem. Huic cùm gratularentur omnes, & mirarentur quòd nullum laetitiae sensum proderet: *audivi*, inquit ipsa, *quod regnare sit perdifficile. Filius si rectè se suosque regat, erit quòd gratulemini; si secus, non erit mihi tunc integrum, ne ad priorem quidem vulgaris foeminae conditionem reverti. Hinc angor ac moereo.* Uno post anno moriens filio praescripsit, ut nullâ filiorum habitâ ratione haeredem Imperii nominaret fratrem natu proximum, & ab hoc tertium, & deinde quartum: *quod enim*, inquit, *Imperio potiaris ô fili, non tam tuis meritis debetur, quàm quod familia superior Principem infantem reliquerit.*

Cùm in hyeme subiret memoria ac miseratio suorum, qui in Septentrione contra barbaros dimicabant, misit Praefecto armorum vestem regiam suam pelliceam, optare se dictitans ad singulos mittere. Dici non potest quantum animorum castris attulerit haec una vestis. Viros militares litteris operam dare jubet, & antequam ad gradum evehat, examini sisti, ubi de arte militari scribant, ac deinde etiam cursu, equitatuque & jaculo sese exerceant, qui mos hodieque viget. Obsidebat *Cao pin* belli Dux urbem *Nan kim*, vidensque non diu posse resistere, morbum simulat. Anxii praefecti visunt decumbentem. Ibi remedia, ut sit, alii alia coram suggerunt.*Non aliud*, inquit, *morbo meo remedium magis praesens, quàm ut juramento vos obstrigantis, à civium caede prorsus abstinere.* Juratum est. Convalescit, urbs capitur, nec sine vi & caede, tametsi modicâ: sed haec ipsa Imperatori quoque elicuit lachrymas & hanc simul vocem: *miseranda conditio bellorum, qua numquam vacant caedibus etiam innocentium!* Jussit exemplò dispertiti in cives, 100. mille modios orizae.

Ad litterarum acuendum studium, *Confucii* natale solum adit Imperator, ejusdem conscribit panegyrim. Nepotem *Cum y* dictum ex stirpe jam quinta & 40. titulo dynastae donat.

Convivio saepe suos bene meritos excipit. Cùm die quadam *Lieu* Dynastae jam supplici facto poculum vini offerret Imperator, adverteretque vultu prodi suspicionem veneni, *quid trepidas*, inquit, *ego, si nescis, cor meum intra viscera meorum collocatum habeo, quo pacto igitur illud obruam veneno?* quae dicens ipsemet prior exhausit.

2. TAI ÇUM regn. 21.

Anno 13. TAI ÇU moritur aet. 50. Anno 14. succedit TAI ÇUM frater à matre moriente commendatus. Princeps pius, moderatus, amans litterarum. Bibliothecam 80000. voluminum constituit. *Leao tum* barbaros armis aggreditur vario eventu. Obsidionem urbis praecipuae stratagemate solvit *Cham chi chien* Colaus militaris. Noctu trecentos milites unâ singulos [69] taedâ instructos appropinquare jussit castris hostium, & repentino isto lumine speciem praebere magni exercitus eminùs advenantis, ingens pavor barbaros occupat, sit fuga, & caedes penè ad internecionem.

Anno Imperii 14. cùm pluviarum defectus esset, coelum supplex deprecatur, seseque reum calamitatis, profitetur, jubet dimitti incarceratos, & ecce ipso die pluit. Lun. 8. Cometes apparet. Jubet dapes iminui, publico abstinet, amnistiam indicit, & mox disparet Cometes. *Ecquis hic dicat*, (inquit Ethnicus interpres) *coeli voluntatem & decretum esse irrevocabile*?

3. CHIM ÇUM regn. 25.

Anno 34. TAI ÇUM moritur aet. 59. Anno 35. succedit CHIN ÇUM filius natu tertius. Boni Principis specimen initio praebet; cùm Cometes appareret, vult de more moneri si quid peccet. Decem milliones aureorum remittit de vectigalibus, efflagitat identidem filium à *Xam ti* seu supremo coeli Imperatore, à quo tandem fuit exauditus.

Liao tum Barbari urbem obsident in prov. *Pe kim*. solvitur obsidio, suadetur prosequi victoriam, maluit populi pacem, & foedus cum victis, haud secus ac si vicissent, eâ scilicet conditione, ut quotannis 100. millia aureorum, & 200. millia sericorum voluminum dono mitterentur.

Anno Imperii 11. nuntiatur librum è coelo delapsum esse ad portam urbis regiae: pedes Imperator illum excipit venerabundus: erat is ex sectâ *Tao*, sortigeliis plenus; credulus Imperator fanum ibidem exstruxit, frustra obnitentibus Praefectis, qui cremandum suadebant. *Ad hoc tempore*, inquit interpres, *nihil fuit praeter illudere supremo coeli Domino.*

Anno Imperii 16. recensita sunt virorum capita, ad quos agricultura spectat, unde vectigal petitur, 21. milliones 976. mill. & 965. in hoc numero non sunt feminae, pueri usque ad annum 20. Magistratus, Litterati, Eunuchi, milites, Bonzii, nec qui in navigiis degunt, quorum numerus incredibilis.

Recudi jubet libros veterum, & per Imperium dispergi.

4. GIN ÇUM regn. 41.

Anno 69. CHIN ÇUM moritur aet. 55. Anno 60. succedit GIN ÇUM decessoris filius sextus è secundâ Reginâ. Imperatrix pro tredecenni administrat regnum, nec illud ante mortem, quae undecim post annos secuta est, dimittere voluit.

Anno 2. Lun. 5. praenuntiata Eclipsis Solis non apparuit: *hinc adulatoria gratulatio principi*: *id quia aliàs factum notans*, *hinc meritò suspectae Eclipses quaedam.Anno 5 Lun. 12. anno 11. Lun. 2. anno 14. Lun. 11. totalis*, *anno 18. Lun. 9. anno 28. Lun. 2. intercal. anno 39. Lun. 6. anno 43. Lun. 5. anno 46. Lun. 3. anno 49. Lun. 8. anno 51. Lun. 12. anno 52. Lun. 6. anno 56. Lun. 3. Eclipses Solis.*

[70] CYCLUS LXIII. Annus post Chr.1024.

Princeps pius & re & nomine, pacis & populi quàm belli amantior, unde animi additi Barbaris renovandi bella. Cum iis pacem indignam suâ majestate init. E palatio ejicit idola omnia. Vetat sibi offerri munera peregrina, & rari pretii, & bene ominata. Colao *Liu* aegrotanti, cui praescriptus erat pulvis è barbae pilis, suam abradi jussam submittit.

Cùm inter dapes ferculum esset ex ostreolis 28. quarum singulae constiterant mille nummis cupreis, re cognitâ, *absit*, inquit, *ut complexu duorum paxillorum in os gulosum ingeram 8. & 20. nummorum millia.*

Anno Imperii 26. cùm post magnam sterilitatem pluisset tandem, principique gratularentur proceres: *Omni*, inquit, *illo tempore quo aquarum penuriâ laboratum est*, *ego quotidie succensis ritè odoribus coelum deprecabar*: *noctè cùm audirem tonitru*, *surrexi de strato*, *cingulumque sumens et pileum*, *sub dio constiti*, *et simul atque pluit*, *procidi in genua*, *et salutans reverenter coelum*, *gratias eidem egi*, *ac sic demum ausus fui ad cubile meum reverti*: *nunc rem unam imprimis expeto*, *ut mihi fidenter significetis*, *quâ in re forté peccem*: *etenim vereor ne inane geram nomen*, *et pluris quàm par est faciam apparatum exteriorem. O quam praeclarum est*, *et quanti refert vespere et manè afferre animum usquequaque purum*, *quoties coelum clam quoque et privatim deprecamur*!

Laudes suas commaculavit pius Princeps repudio uxoris; causa fuit desiderium prolis masculae. Multi hoc damnant, alii probant, adductis exemplis: sed enim Colaus *Tao fu*, idemque è stirpe *Confucii*, petenda docet exempla à legitimis virtutum magistris *Yao & Xun*. Laudatur *Fu pie* Colaus, quòd operâ & consilio suo vitam servasset plusquam 500. hominum millibus fame contabescentibus.

Hien çum septimus Barbarorum *Leao tum* Rex per legatos repetit ditionis Pekinensis urbes decem, quas 18. familiae conditor vi & armis recuperaverat: mittitur *Fu pie* legatus; tandem Imperator pacis studiosior, quotannis spondet 200. aureorum millia, & 300 mill. sericorum voluminum, loco urbium, idque, quod probrosissimum fuit, cum littera *na*, quod pensionem tributariam denotat.

5. YM ÇUM regn. 4.

Anno 40. moritur GIN ÇUM aet. 54. Anno 41. succedit YM ÇUM è fratre decessoris decimotertio natus loco. Principem culti Imperatrice moderante Imperii habenas dissidentem prudenter reconciliat *Han ki* Colaus.

Floret Colaus *Su ma quam* inter Historiographos celeberrimus, qui ex bis mille voluminibus corpus confecit: orditur autem annales à HOAM TI Sinensis Monarchiae conditore.

6. XIN ÇUM regn. 18.

Anno 44. YM ÇUM moritur aet. 36. Anno 45. succedit XIN ÇUM filius, Princeps majoris animi quàm [71] prudentiae. Favet litteris impensè: *Mencium* secundum Sinarum Philosophum posthumo Ducis titulo condecorat.

Floruere sub hoc & sequenti auctores novae Philosophiae, & veterum librorum interpretes *Cheu*, *Chim*, *Cham*, *Xao*, & c. variis honorum titulis tam in vita quàm à morte ornati. Cùm tempore sterilitatis moestus Princeps se in conclave reciperet, jejunio & solitudini vacans, placando coelo. *Vam ngan xe* Atheopoliticus, *quid*, inquit, ô Rex affligeris? Non est quod coelum extimescas, *calamitates casu, non consilio accidunt.* Cui *Fu pie* Colaus: *Si Princeps coelum non extimescit et reveretur, ecquid tandem erit quod non perpetret?* Idem *Fu pie* auctor est principi, ut ne immodicâ severitate & curâ exquirat quid ab suis peccetur. *Majora* inquiens *mala hinc nata existere. Coeli potiùs sit instar contemplantis omnia tam recta quàm prava; maximè cùm haec ipsa serius ociùs prodant sese, suumque referant vel praemium, vel poenam.*

Anno 1. Lun. 5. anno 5. Lun. 3. anno 10. Lun. 6. anno 15. Lun. 1. anno 19. Lun. 6. anno 22. Lun. 4. anno 29. Lun. 11. anno 31. Lun. 4. anno 35. Lun. 8. anno 38. Lun. 6. anno 43. Lun. 9. anno 46. Lun. 7. anno 50. Lun. 4. & anno 59. Lun. 4. Eclipses Solis.

CYCLUS LXIV. Annus post Chr. 1084.

Vam ngan xe uti vir erat è supremâ litteratorum classe & versipellis ingenii, auctor fuit decem vectigalium instituendorum, quae res animos populi multùm exacerbavit. Succedit sterilitas, revocantur edicta & onera, & ecce profusis imbribus coelum remunerat clementiam Principis.

7. CHE ÇUM regn. 15.

Anno Cycli 2. moritur XIN ÇUM aet. 38. Anno 3. succedit CHE ÇUM sextus filius. Hujus tutrix avia Imperatrix. A Colao libellus offertur 10. puncta 20. litteris commendans 1. Coelum time. 2. Populum ama. 3. Teipsum perfice. 4. Litteris vaca. 5. Sapientes evehe. 6. Monentes audi. 7. Vectigalia contrahe. 8. Supplicia mitiga. 9. Prodigalitatem fuge. 10. Dissolutionem cave.

Repudiat uxorem legitimam, exemplo se tuens antecessorum: ad haec Colaus, *satius*, inquit, *foret ô Princeps, imitari virtutes majorum quàm peccata:* Excandescens Imperator monentem magistratu privat.

8. HOEI ÇUM regn. 25.

Anno 17. moritur CHE ÇUM aet. 25. Anno 18. succedit HOEI ÇUM filius XIN

ÇUM natu undecimus. Artium liberalium disciplinis probè instructus, at luxui jocisque intentus, aviae committit regimen. Eunuchis impensè favet, quos regulorum ornat dignitate, solis è regio sanguine principibus dari solitâ. Superstitioni item & sectae *Tao* addictissimus.

Anno Imperii 16.quendam ejus sectae celebrem Coenibitam *Cham y* nomine, qui floruerat sub quintâ *Han* familiâ, titulo *Xam ti* seu supremi Numinis donat, [72] sectaeque illius se Pontificem supremum nominari vult. Tot consecuta deinde mala,& Imperii ruinam attribuunt scriptores sacrilegii hujus atrocitati,quo vera coeli Majestas usque adeò contempta fuit & abjetca.

Societatem init cum *Niu che* sive Tartaro Orientali contra Barbaros *Leao*,quos aliquot praeliis debellat, extincto regno *Leao*, quod per annos 209. sub novem Principibus steterat.Ejus reliquiae ad Occidentem profugae regnum fundant,quod post annos 100. ab Occidentali Tartaro prorsùs delebitur. Tartarus Orientalis affectat Imperium.*Kin* nomen dominationi suae tribuit:capit *Pe kim*,*Xen si*,& c. Imperator invitatus adit Tartarum,cum eo de limitibus transacturus.Imperator re infectâ redit.Pergit iterum infelix rogatu suorum,sed à Tartaro perfidè detentus, cogitur,insignibus regiis depositis,extra regnum & murum Sinensem migrare.

9.KIN ÇUM regn.1.

Anno 42. HOEI ÇUM in Tartariae deserto *Xa mo* captivus moritur aet. 54.Anno 43.succedit KIN ÇUM filius natu major,à moriente patre nominatus.Sex ministros proditionis reos jussu patris è medio tollit.Tartarus *Ho nan* provinciae aulam invadit, Imperatorem & Reginas in Tartariam abducit, relictâ Imperatrice *Mem*,quòd repudiatam se diceret.Multi è praecipuis proceribus voluntaria morte probrum barbarae captivitatis antevertunt. Imperator autem captivus moritur 30. post annis,aet.61.

10.CAO ÇUM regn.36.

Anno 44.succedit interim CAO ÇUM filius nonus HOEI ÇUM ex repudiata *Mem uxore.Aulam transfert in Austrum in Nan kim*, unde dein compulsus migrare in urbem *Ham cheu* prov.*Che kiam*.Hinc Australis *Sum* familia deinceps dicta.

Princeps fuit amans pacis & litterarum.Primis annis aliquot victorias retulit de Tartaris & latronibus, strenuissimo ductore *Cum ye*, qui in Septentrione in 13.praeliis victor evaserat.Sed idem neglectis sapientibus, improbos & perversos in consilium admittit.Adeò deditus Bonziorum sectae, ut Imperii administrationem filio à se adoptato committat, quò vacaret impensiùs commentationibus superstitiosis.

Hi çum Rex Tartatorum ut litteratos Imperii basim & florem sibi devinciat, *Confucii* Gymnasium & aedes ipsemet adit, honores posthumos ei persoluturus; cùmque essent qui dicerent non esse cur hominem vulgarem regiis honoribus prosequeretur, respondit: *Tametsi Confucius non eâ conditione fuerit, ut hos honores mereatur, attamen ejus doctrina digna est, quam ritu Regio veneremur.*

Anno 4. Lun. 7. anno 8. Lun. 5. anno 11. Lun. 3. anno 14. Lun. 11. Eclipsis et Cometes ab Occid. anno 18. Lun. 4. anno 24. Lun. 11. anno 28. Lun. 9. anno. 30. Lun. 3. anno 34. Stella instar Lunae in Austrum tendens. anno 35. Lun. 5. [73] *anno 40. Lun. 8. anno 46. Lun. 9. anno 52. Lun. 1. anno 54. Lun. 2. & anno 60. Lun. 12. Eclipses Solis.*

CYCLUS LXV.Annus post Chr.1144.

Pacem cum Tartaro init, non dubitans Majestas Sinica ei suscribere cum nomine *Chin*, id est subditi, & *Cum*, seu tributarii, dummodò sibi parentum 8.ante annis vitâ functorum corpora, Imperio ipso chariora pignora, restituerentur; quo facto publica laetitia & amnistia indicta. Mirè extollunt hanc filii erga parentes pietatem scriptores.

Anno Imperii 35. rupta pace Tartarorum Rex cum 600. millibus Meridiem petit.Capitur urbs *Yam cheu*.Stricto acinace mortem suis Rex minatur, ni victo meto fluvium *Kiam* trajiciant.Oritur in exercitu seditio,in quâ Rex ipse occiditur. Re itaque infectâ reditur in Septentrionem.

11.HIAO ÇUM regn.27.

Anno Cycli 19. CAO ÇUM resignat Imperium filio adoptito: 25. post annis moritur absque liberis, aet.84. Anno 20.succedit HIAO ÇUM, qui erat fundatoris hujus familiae post sextam stirpem nepos. Princeps à pietate commendatus: pacificè utcumque regit, quia Rex Tartarus *Xi çum* item pius, sapiens, & indolis erat pacificae.

Floruit sub hoc *Chu hi* veterum librorum interpres celeberrimus.Obiit autem septuagenario major, anno 6. imperantis *Kiim çum*. Variis perfunctus muneribus sub quatuor Imperatoribus, post mortem honoratus titulo *Ven cum*, id est, litterarum principis, & cum caeteris *Confucii* discipulus consecutus titulos posthumos: quorum nomina in tabellis in Gymnasio *Confucii* exponuntur, qui mos hodieque viget: nam ubi constat de viri virtute, sapientiâ & in gesto magistratu integritate, solent eos Imperatores in album & ordinem referre condiscupulorum *Confucii*, ut in partem veniant honorum, qui statis temporibus à Praefectis urbium exhibentur.

12.QUAM ÇUM regn.5.

Anno 46. HIAO ÇUM moritur aet. 68. Anno 47. succedit QUAM ÇUM decessoris filius natu tertius.

Anno 51.QUAM ÇUM coram procerum suorum coetu correptus apoplexiâ in terram corruit, nec sibi restitui potuit.Moritur postmodum aet.54.

13.NYM ÇUM regn.30.

Anno 52.NYM ÇUM natu tertius decessoris filius, tametsi multùm reluctans evehitur ad solium. Princeps re & nomine pacatae indolis, pius, modestus: à suis se regi, ne dicam decipi, patitur. Edicto vetat, ne quis pro arbitrio suo annales edat.

Anno Imperii 8. incendium Palatii quatuor dies tenuit. Post 36. item annos in urbe regiâ *Ham cheu* incendium, quo 530. millia domorum absumpta.

Anno 2. Lun. 6. Cometes anno 5. Lun. 4. anno 12. Lun. 5. anno 15. Lun. 3. anno 21. Lun. 6. anno 30. Lun. 5. anno 33. Lun. 3. anno 40. Lun. 11. anno 43. Lun. 5. Planetae [74] simul visae sub unâ constellatione. anno 45. Lun. 8. anno 52. Lun. 3. anno 57. Lun. 6 et anno 60. Lun. 4. Eclipses Solis.

CYCLUS LXVI. Annus post Chr. 1204.

Tartari *Kin* seu Orientales rupto iterum foedere invadunt Sinam.

Tartari Occidentales, qui sub quintae *Han* familiae sexto Imperatore *Vu ti* multis cladibus ad internecionem deleti, per 1300. circiter annos nil dignum memoratu contra Sinam egerant, tandem anno *Nym çum* Imp. 12. coeperunt Imperii sui jacere fundamenta. Induunt nomen familiae *Yuen*, quod principium sonat. Ab anno primo nascentis Imperii usque ad decimum-quartum occisae ferunt 1847. myriades ab hoc familiae Tartaricae conditore tyranno. Quintus ab hoc Princeps post annos 32. toti Chinae dominabitur.

Tartarus Occidentalis à Sinis invitatus bellum auspicatur contra Orientales. Orientalis pacem petit cum Sinis, hi respuunt, quo cognito: *hodie*, inquit, *Occidentales mihi meum Imperium, cras tuum tibi auferent.*

Tartarus Occidentalis memoratur extinxisse regnum Mahometanorum *Metena* dictum, inde ab Into (putà Indorum) & *Samaul han* (putà Samarcandiae) regna processisse usque ad *Tie muen* (id est ferream portam) arcem sic dictam, inde occasione monstri cujusdam inusitati territus, monitusque à tot caedibus quibus coelum non gaudet, abstinere, ab occasu ad ortum tendens vim totam armorum ad Sinense convertit Imperium.

14.LI ÇUM regn.40.

Anno 21.NYM ÇUM absque liberis moritur aet.57.Anno 22.succedit LI ÇUM fundatoris post decimam stirpem nepos. Princeps addictus sectae *Tao*, & litteris plusquàm ratio temporis & belli postulabat.Titulum Ducatus & dignitates confert familiae *Confucii*, quae & hodie perseverat ab onere tributi immunis.

Variis immissis exercitibus tam Sina, quàm Tartarus Occidentalis contra Orientales, tandem victor evadit. Aula *Ho nan* diripitur. Dein Metropolis prov. *Xan tum*, ubi tam pertinax fuit obsessorum constantia, ut carnibus jam humanis vescerentur. Postremus Orientalium Rex *Ngay ti* desperatis tandem rebus laqueo vitam finit: atque ita extinctum regnum *Kin* seu Orientalium Tartarorum, quod novem Principes habuerat per annos 117. verùm post annos 419. ex horum reliquiis seu posteris rursus emerget familia vigesima secunda, totius Chinae futura domina.

Quo tempore penes Imperatores Sinenses in Austro per 40. annos fuit Imperium, Boreale Imperium fuit penes Tartarorum Occidentalium Principes omninò quinque, quorum postremus *Ho pie lie* multis clarus victoriis imperare coepit anno Cycli hujus 56. & post [75] annos novemdecim fundabit familiam proximam *Yuen* dictam.

Idem Princeps ut erat in rebus litterisque Sinicis versatissimus, ut Sinensium sibi animos magis conciliet, parentat & ipsi litterarum Principi *Confucio* ritu regio.

Anno 7. Lun. 6. anno 15. Lun. 7. anno 18. Lun. 5. anno 20. Lun. 9, anno 25. Lun. 6. anno 34. Lun. 12. anno 39. Lun. 9. anno 42. Lun. 7. anno 46. Lun. 4. anno 49. Lun. 2 & anno 57. Lun. 3. Eclipses Solis.

CYCLUS LXVII.Annus post Chr.1264.

15.TU ÇUM regn.10.

Anno 1.LI ÇUM absque liberis moritur aetat.62. Anno 2.succedit TU ÇUM decessoris è fratre nepos. Veneri & Baccho immodicè deditus, regi se sinit à perfidissimo Colao *Hia su tao*. Oblati multi contra eum libelli supplices, sed incassum: quare multorum defectio ad victorem Tartarum consecuta.

Tartarus occupatis priùs provinciis Occidenti finitimis *Yun nun*, *Xen si*, *Su chuen* (in cujus Metropoli *Chim tu* occisa feruntur quater decies centena civium millia), tandem in *Hu quam* Australem provinciam tendit. Imperator omnium ignarus, è tribus Imperii partibus vix unam obtinet.

Nobilis viri Marci Pauli, Sereniss. Venetorum Reipublicae civis inclyti, in Chinam circa haec tempora introïtus.

16.CUM ÇUM regn.2.

Anno 11.TU ÇUM moritur aet.25.tribus filiolis relictis ad fortunae ludibrium. Anno 12. succedit CUM ÇUM secundus filius. Pro puero prudens Imperatrix gubernat: pacem petit duris conditionibus, at verò *Pe yen* Ductor supremus Tartarici exercitus, nullas admittit: *Vestra*, inquit, *familia ob infantiam Principis prioris familiae, potita fuit Imperio; nunc aequum videtur, ut ob infantiam Principum eodem privetur.*

Tartarus cum 700.armatorum millibus petit Meridiem, & pleraque facit suae potestatis.

Celebratus Ducis *Pe yen* prudentia, quâ regebat ducenta armatorum millia, non aliter quàm si unum regeret militem: alterum, quòd tot victoris inclytus numquam auditus sit commemorare res suas ac merita.

17. TUON ÇUM regn. 2.

Anno 13. à *Pe yen* captus Imperator obiit in deserto *Xa mo*, aet. 10. Anno 14. succedit TUON ÇUM frater major natu. Hic mari cum classe 130. millium hostem fugiens primùm ad *Fo kien*, & inde ad prov. *Quam tum* oram maritimam dilabitur.

18. TI PIM regn. 2.

Anno 15. TUON ÇUM ex morbo moritur aet. 11. Anno 16. succedit TI PIM frater natu minimus, & ultimae familiae scintillula. A Tartarorum classe ingenti clade classis Sinica profligatur. Colaus *Lo sieu su* re desperatâ complexus octennem Principem, se pariter cum illo in mare praecipitat: re cognitâ Imperatrix [76] cum turbâ plurimâ ruit in praeceps. Peracta fuit haec catastropha Lunâ 2. hujus anni prope insulam *Tai xan*, quae paret oppido *Sin hoei* prov. *Quam tum*, *Quam cheu* dictae. Dux alter Sinarum *Xi kie* evaserat medios per hostes cum parte classis ad insulam *Pim cham xan* dictam. Hîc vi ventorum à littore spirantium in altum mare provectus, vi turbinum & procellarum obrutus est. Periisse dicuntur hac die supra centum millia mortalium partim ferro, partim fluctibus: & hîc finem habuit funestissimum familia *Sum*.

Stererat Monarchia Sinica sub. 19. familiis Imperatoriis per annos 4222. quando primâ vice tota parere coepit exteris, jugumque subiit Tartari Occidentalis, si jugum dici potest, quando Sinas & sinceritate & fide & amore beneficientiaque ita sibi conciliavit, ut hodie etiam *Xim chao*, id est, dominatio sancta, vulgò nuncupetur.

XX. Familia.

1. XI ÇU regn. 15.

Anno Cycli 17. init Imperium XI ÇU Tartarus occiduus, filius *Tai çu* natu quartus, fundator familiae 20. *Yuen* dictae, quae sub novem Imperatoribus annos

89. numeravit.

Aula primùm *Tai yuen fu* Metropolis prov. *Xan si*, ac deinde *Pe kim*. Hic postquam bellum gesserat 20. annis, tandem Sinae toti imperat. Princeps pius, prudens, magnanimus, perspicax, Mecaenas litterarum. Expeditio suscipitur in Japoniam nullo successu; nam ex 100. millibus qui partim mari, partim in insulis perierunt; vix tres quatuorve redierunt. Aquaeductum aperit per stadia Sinica 3050. seu leucas Belgicas 245. circiter: per hunc supra novem mille navigia, singula 500. oryzae modiis onusta, pro sola aula quotannis ex Austro viâ mediterraneâ devehuntur, quae priùs maritimâ devehebantur.

2. CHIM ÇUM regn. 13.

Anno 31. moritur XI ÇU aet. 80. Anno 32. succedit CHIM ÇUM nepos, clemens & amans populi: vectigalia & supplicia moderatur: fraudi fuit invaletudo propè assidua, quo factum, ut nequiverit pro voto res Imperii administrare.

3. VU ÇUM regn. 4.

Anno 44. CHIM ÇUM moritur aet. 42. Anno 45. succedit VU ÇUM ex fratre nepos, pius & munificus, bene meritos variis dynastiis donat. *Confucium* regiis titulis donat. Vetat aurum, argentum, oryzam & sericum extra Imperium deportari.

4. GIN ÇUM regn. 9.

Anno 48. VU ÇUM moritur aet. 31. Anno 49. succedit GIN ÇUM frater uterinus: pius & re & nomine, moderatus, & caelestis, ut aiunt, indolis, gravis, acuti ingenii, moneri gaudens, litterarum studiosus. Regulis interdicit venationes à quinta Lunâ ad decimam, ne colonis damno sint. Magna hoc imperante pax. Identidem pluviam à coelo efflagitat. Fuit cùm diu cessante pluviâ coelum suspiciens: *Ah! Ego*, inquit, *ego reus sum tantae calamitatis*, & sequenti more [77] mox die effusi imbres secuti.

Cognito quinque fratres reos mortis, ingemiscens: *Uni saltem*, inquit, *detur vita, ut sit qui parentes alat et soletur.*

5. YM ÇUM regn. 3.

Anno 57. GIN ÇUM moritur aet. 36. Anno 58. succedit YM ÇUM decessoris filius natu major, patri per omnia similis, pro cujus vitâ saepe cum lachrymis suam coelo devoverat pius Princeps.

Anno 60. YM ÇUM in ingressu tentorii, cum fido Colao suo occisus aet. 30 à gravium scelerum sibi consciis perfidis. Hos sequens Imperator uno post mense meritis suppliciis plectit, stirpe etiam funditus deletâ.

Haec una familia prae reliquis prodigiosa dici potest, quod hac imperante, tot terraemotus, ruinae montium, inundationes, siccitates, incendia, &c. extiterint, quorum pleraque hîc praeterimus.

Anno 2. Lun. 1. anno 7. Lun. 3. anno 12. Lun. 7. totalis, anno 13. macula magna instar observatur in Sole, Lun. 6, stella visa in mare delabi, quam millenae consecutae cum fragore. anno 19. Lun. 7. anno 24. Lun. 10. anno 27. Lun. 8. anno 30. Cometa anno 31. Lun. 6. anno 35. Lun. 12. Comet. per 76 dies, anno 37. Lun. 2. anno 40. Lun. 5. intercalari. anno 55. Lun. 2. et anno 58. Eclipses Solis.

CYCLUS LXVIII. Annus post Chr. 1324.

6. TAI TIM regn. 5.

Anno 1. succedit TAI TIM filius Reguli *Hien Çum*, liberalis, pacis amans. Admitti vetat Bonzios è regno *Tibet* (*Lama* dictos) ne populo oneri sint.

Anno 5. TAI TIM moritur aet. 36. Comitia celebrantur, eligitur filius natu minor, hic verò recusat, eò quod fratri natu majori deberetur, evocatur hic itaque è Tartaria, & salutatur Imperator.

7. MIM ÇUM regn. 1.

Anno 6. succedit MIM ÇUM decessoris filius natu major, qui in convivio, sexto post mense repentè moritur, non defuit veneni suspicio.

8.VEN ÇUM regn.3.

Anno 7. succedit VEN ÇUM frater minor. Peccat unâ re, quod Antistitem Bonziorum *Lama* regiè excipiat, & in aulam introducat, qui adeò cum immotus, nullâque vicissim honoris significatione, procerum salutationes curvatis poplitibus exhibitos vino ritè ministrato acceptaret, fuit qui hominis fastum non ferens, *Tu*, inquit, *bone vir, discipulus es Foe, & Magister Bonziorum; ego verò, si nescis, discipulus sum* Confucii, *idemque magister litterarum Imperii: quo circa supersedeamus obsecro, mutuo venerationis ritu.* Haec fatus, vinum illi stans obtulit: subrisit Antistes, cyathumque surgens exhausit.

9.XUN TI regn.35.

Anno 9. VEN ÇUM moritur aet.29. succedit *Nym çum*, sed quia post bimestre moritur, in serie Regum non ponitur.

Anno 10. succedit XUN TI septimi Imperatoris filius natu major, & frater *Nym çum* item natu major, tredecennis evocatus ex Australi prov. *Quam si* ad aulam.

[78] Princeps indolis bonae, sed inertis, dein ludis, jocis & veneri deditus, res Imperii neglegit, Colao *Pe yeu hama* pro lubitu administrante omnia. Invitat è Tartaria *Lamas* suos & magos; hi chorum instituunt 16. puellarum saltraticium, dictum tripudium daemonum coelestium.

Anno hujus 23. homo Sina, cui *Chu* nomen, è servo Bonziorum, Dux latronum, occupat varia loca, dein & provincias Australes; tandem caedit exercitum Imperatoris, brevi ipse futurus Imperator.

Anno XUN TI 36. qui fuit primus sequentis fundatoris, Dux belli *Chu* trajecto croceo fluvio, urbes & loca nullo ferè negotio occupat, caedit exercitum Imperatoris, qui clàm fugâ sibi consulit.

XXI. Familia.

1. TAI ÇU, aliàs ex regnatus sui cognomento dictus *Hum vu*, id est magnus belliger. regn. 31.

Anno 45. XUN TI fugiens in Septentrionem, ibi biennio pòst moritur. Perit familia *Yuen* Tartari Occidentalis. Anno 46. succedit TAI ÇU, aliàs *Chu*. Fundat 21. familiam *Tai min*, quae per annos 276. numeravit 16. Imperatores. Aulam in *Nan kim* Metropoli constituit.

Anno 47. die uno aula capitur *Pe kim*. Hujus ditionis Regulum creat filium natu quartum.

Patrem, avum, atavum, tritavum titulis posthumis honorat.

Regulos terris & reditibus contentos, rei publicae negotiis occupati vetat, Eunuchis item dignitatem civilem aut bellicam conferri. Vetat mulieres Bonzaicam vitam amplecti, quin & viros ante 40. aetatis annum. Leges priscas & modernas in unum corpus 300. voluminum redigi jubet, quod opus centum viginti pòst annis tandem perficietur & lucem videbit. Menses 27. in luctu parentum usitatos, in totidem dies commutari permittit. Quadraginta regnorum legationibus honoratur, inter munera fuit leo in China primum visus. Venerunt item legati ex Corea, Japonia, Insulâ formosâ, & Australibus insulis, item è regno *Sien lo* seu *Siam* cum litteris inscriptis auro in folium extenuato.

Uxoris suae *Ma xi* etsi deformis, prudentiae ac pietati debere se Imperium fatebatur. Nam cùm naturâ praeceps ac ferocior esset, illa ut mariti vitio blandè mederetur, affirmabat iis Imperia à coelo deferri, qui voluntati votoque coelesti (quod est amoris & clementiae) obtemperarent. Ad Imperatricis dignitatem evecta, numquam gemmas adhibuit, veste etiam saepius lotâ utens. Morti proxima, cùm ei pharmacum offerret Imperator, sumere recusavit, ne si nihil proficeret, ut erat probabile, medici vitam fortè in discrimen vocaret. Obiit anno novae dominationis decimo quinto. Quantus fuerit mariti luctus, hinc patet, quòd aliam deinceps creare Imperatricem recusarit.

Anno 4. Lun. 9. anno 8. Lun. 8. anno 11. Lun. 4. anno [79] *15. Lun. 8. anno 19. Lun. 8. anno 22. Lun. 9. anno 27. Lun. 11. anno 29. Lun. 4. anno 33. Lun. 3. duo item Soles visi. anno 35. Lun. 6. anno 38. Lun. 4. anno 41. Lun. 8. Eclipses Solis, et anno 45. Cometes per trimestre.*

CYCLUS LXIX. Annus post Chr. 1384.

Gymnasium Regium amplis auget privilegiis; examini, quo Doctorum laurea in aulâ confertur, ipse assistit.

Confucio gentis magistro honores jubet deferri non regios, quos quidam imperatores soliti erant deferre, sed eos dumtaxat, qui *Sien su*, hoc est magistris vitâ functis conferri soliti, uti viventibus conferebantur. Vetat etiam eo ritu honorare *Confucium* quo reliqui spiritus aut idola coluntur, *cùm enim*, inquit, *litterati, qui diem obierunt, à reliquis spiritibus diversi sint, par est quotannis eorum memoriam diversâ quoque honoris significatione rituque renovare, eoque dumtaxat, qui pristinae cujusque conditioni, et quam gessit olim, dignitati competat.* Vetat insuper statuas *confucii*, aut ejusdem discipulorum conflari & erigi. Inter egregia principis documenta, celebriora sunt ista: *In regendo populo turbulento cave sis praeceps; in eo, qui jam pacatus sit, regendo, cave sis tetricus, minutus, molestus.* Item, *uti coelum et terra procreant res omnes ad communem usum victumque hominis, ita sapiens Rex curas suas et contentiones eò dirigit potissimum, ut diligat suos, foveat ac sustentet; et quamvis ipse contrahat vectigalia, sumptusque publicos ac privatos moderetur, semper tamen angitur ac timet, ut subditis necessaria suppetant; quâ quidem cura et metu multò magis tunc cruciatur, quando graviora subinde vectigalia imperari necesse est.*

Cùm fortè dies plurimos cessassent pluviae, Imperator stramineos indutus calceos, ac vestem lugubrem, ad montem contendit, ibidem triduum totum perseverans, opem coeli clementiamque implorat: exacto triduo largi imbres deciderunt.

Lustrans ipse ditiones Imperii comite filio natu maximo, mediis in agris currum jubet consistere,& conversus ad filium: *ideo*, inquit, *te mecum adduxi, ut tuis ipse usurpes oculis pauperum colonorum labores ac sudores, ut discas misereri illos, ac moderari vectigalia.*

Cursum felicitatis interrupit mors insperata filii haeredis, quem contra morem per triennium luxit,& in ejus locum nepotulum haeredem declarat.

Inciderat in latrones cùm uxore & patre quidam *Sui* dictus: parantibus senem interficere, filius vitam pro paternâ obtulit; eisdem verò vim nuptae parantibus inferre, *at*, inquit illa, *nefas hoc marito superstite.* In ignem igitur paratum praecipitant juvenem, quod conspicata mulier, in eundem se praecipitat, ibique maritum complexa abit in cineres. Huic fidei & pietati illustre monumentum erigi curat Imperator, [80] qui & castigat insanam alterius pietatem, qui ut aegrotanti matri valetudinem ab idolo exoraret, proprium ei filiolum sacrificaverat.

2. KIEN VEN TI seu *Kien ven*, id est, stabiliens rem litterariam. regn. 4.

Anno Cycli 15. *Hum vu* moritur aet. 71. Anno 16. succedit KIEN VEN TI conditoris nepos tredecennis, piae indolis Princeps, populique amans, cui remittit tertiam partem vectigalium.

Hujus patrui Reguli aegrè ferunt antepositum tot sanguinis Regii ad Imperium maturis principibus adolescentulum. Auxerunt invidiam Colaorum patefacta contra se consilia. His aliisque rebus caeteros inter exacerbatus Regulus

Pe kim natu quartus Conditoris filius, arma parat, & periniquae (ut aiebat) gubernationis hostem se declarat. Magni contra ipsum exercitus mittuntur, uno 8. horarum conflictu trecenta bellatorum millia feruntur cecidisse. Offertur pacis conditio, respuit ille, nisi priùs tradantur ministri Regii. Tandem Regiam petit Nankinensem. Proditor *Li kim lum* portas aperit: ingens strages mortalium. Succenditur domus regia. Ambustum cadaver adolescentis Imperatoris, uti creditum, in conspectum victoris producitur, illachrymatur ipse, & Imperatorio ritu humari jubet: saevitum crudeliter in ministros Regios, è quibus uno die variis affecti suppliciis suprà octingenti, aliis interim fatum sponte praeoccupantibus, aliis raso capite mentitis Bonziis fugâque elapsis.

3. CHIM ÇU, aliàs *Yum lo*, id est, aeterna laetitia. regn. 23.

Hoc peractum anno Cycli 20. Imperii quarto quo KIEN VEN extinctus aet. 17. Anno Cycli 21. succedit CHIM ÇU seu *Yum lo*, filius Conditoris natu quartus, Princeps initio crudelis, & magnanimus & prudens: fratribus suis, aliisque bene meritis restituit honores pristinos ac census.

Cùm certum ob crimen interfici juberet *Li kim lum*, hic autem diceret haud imperaturum fuisse ipsum si venienti portas urbis regiae non aperuisset, *imo vero, inquit alter, fortunae meae fuit venisse me: nam si venisset alius quicumque pari instructus robore armorum, non secus illi, ac mihi, portas aperuisses, proditor.*

Anno Imperii 5. adolescentes 1800. quod ante annum aet. 40. contra legem à patre latam sectae Bonziorum nomen dedissent, excedere coenobio jubet.

Anno Imperii 7. transfert aulam *Nan kim* Australem in Borealem *Pe kim*, relicto haerede filio in aula *Nan kim* cum simillimis magistratibus qui in *Pe kim*. Multis legationibus honoratus, quas inter erant ex utraque Tartaria, ex Malacâ, è mari Australi & occiduo, item Mahometanorum cum Rhynocerote. Libros Alchimicos de usu Ambrosiae immortalis cremari jubet. Cùm offerrentur lapides pretiosi effossi in prov. *Xan si*, occludi jussit fodinas, dicens non fatigandum populum vano labore, cùm lapides isti [81] nec sterili tempore comedi, nec brumali fovere corpus queant. Quinque aera campana 120. mille librarum singula fundi jubet.

Anno Imperii 13. Cycli 32. Aulae Doctribus 42. *Han lin* dictis, committit veterum librorum classicorum ampliorem explanationem, monens, ut duorum praecipue interpretum *Chim çu*, & *Chu çu* (qui sub exitum familiae *Sum* floruerant) commentis insisterent. Ab iisdem quoque nova quaedam fabricata Philosophia, de quâ consule prooemialem declarationem ad Scientiam Sinicam.

4. GIN ÇUM aliàs *Hum hi*, id est dilatata concordia. Regn. aliqos mens.

Anno Cycli 41. YUM LO moritur aet. 63. Anno 42. succedit GIN ÇUM decessoris filius, clemens & benignus. Audiens in prov. *Xan tum* laborari fame, protinus eò destinat Colaum *Yam su kie*. Dicente autem Colao, quòd concilia duo Regia consultanda de hoc essent, & quid facto opus censerent, renuntiandum: *Facessant*, inquit, *morae istae ac deliberationes: populo namque laboranti fame, tanta cum celeritate opitulandum est, quantâ concurritur ad commune extinguendum incendium, vel repentinam aquarum illuvionem reprimendam.* Aliis dicentibus rationem habendam esse diversitatis locorum, & hominum magis minusve egentium: *Habeatur*, inquit, *verumtamen sic, ut à minutis abstineamus, et dum opitulandum est tantae calamitati, non vereamur peccare quodammodo largitate.*

Admodum studiosus cùm esset rei Astrologicae, & nocte quapiam observasset mutationem nescio quam in stellis, accitis ad se Colais, *Actum est*, inquit, *de meâ vitâ: meministis autem me passum fuisse multa ab invidis per annos* 20. *quando degebam in Palatio Orientali, sed fides vestra concordiaque me contutata est*, etc.

Haec fatus, duobus spectatissimae fidei viris sigillum donat. Insculptae sigillo litterar *Chum chin*, id est, *minister fidelis et integer*: ii cum lachrymis excipiunt pignus honoris extremum, quo deinceps sigillo epistolas suas obsignant.

Languere incipit Imperator, accersunt haeredem filium ex aulâ meridionali, moestus advolat, serò tamen, jam extincto patre aet.48.anno, & Cycli 42. qui annus praeter morem successori tribuitur.

5.SIUIN ÇUM aliàs *Siuen te*, id est, manifesta virtus. Regn.10.

Anno 42. (*post Christum* 1426.) succedit SIUIN ÇUM filius GIN ÇUM, Princeps clemens. Gaudet clàm & incognitus prodire. Edicto vetat promoveri litteratos ad gradum Licentiati ante annum aet.25.

Patruum rebellem & in praelio captum perpetuo carceri in aulâ mancipat. Tartaroum irruentes copias ipse ductor exercitus feliciter delet. Cochinchinae Praetori Regis titulum impertit, sed tertio post anno Rex à rebellibus è familiâ *Li* occiditur. Mittunt hi legatos, qui veniam deprecentur. Imperator audito Senatu, ne gravis populo esset, & quòd nullius prope [82] emolumenti res videretur, à mittendis logè adeo copiis abstinuit, legatos etiam cum titulo dignitatis remittens. Sub hoc arsit Palatium per dies aliquot. Ex incendio tanta vis aeris, auri & argenti flammis liquata, ut ex hac massa innumera vasa confexta sint, quae magno hodie in pretio habentur, qualia olim ex aere Gorinthiaco.

6. YM ÇUM, aliàs *Chim tum*, id est, recta administratio. Regnat primo annis 14.

Anno Cycli 52. SIUEN ÇUM moritur aet.38. Anno 53. (1436) succedit YM ÇUM filius natu major & novennis, sub tutelâ Imperatricis & Eunuchi praecipui. Novem portas urbis Regiae restaurat.

Anno Imperii 3. edicto prohibet in fanis idolorum exhiberi honores *Confucio*. Tartari continuis excursionibus latrocinia exercent.

Anno 5. Planetae simul visi sub una constellatione, anno 15. Lunâ 9. Stella versus ortum cum sonitu desiit.

CYCLUS LXX. Annus post Chr. 1444.

Anno Cycli 6. Imperii 14. ipse Imperator in Tartaros ultra murum ducit exercitum quingentorum millium. Annonae defectu multi pereunt; dilabuntur plurimi, tandem mense 8. utrimque pugnatur, caeditur Sinensis exercitus, victor Tartarus victum Imperatorem captivumque in interiorem Tartariam abducit. Hinc maxima in aulâ consternatio. Substituitur in solio filiolus biennis, cui tutor assignatus natu minor frater captivi; qui tamen Imperatoris non vices, sed titulum suscipit & auctoritatem; mittitur interim ab Imperatrice ingens vis auri, argenti, serici ad redimendum Imperatorem; acceptat Tartarus, at plura reposcens, quin specie reducendi Imperatoris eum ad confinia Sinarum adducit, iterumque contemptis muneribus tamquam tanto principe indignis, intra fines reducit.

7. KIM TI, aliàs *Kim tai*, id est gloriae magnitudo. Regn. ann. 7.

Anno Cycli 7. Succedit KIM TI frater captivi. Mittuntur, qui reducem excipiunt Imperatorem, sed Tartarus altioris ordinis & dignitatis primates postulat ad tanti principis comitatum. Tandem reducitur multò stipatus milite usque ad Imperii limites prope montem *Tam kia lin*. Unde Imperator in aulam scribit se renunciare Imperio, & quietem meditari, adeoque ne se venientem cum pompâ excipiant; tandem ut eluderet, fugeretque adventantium apparatum, per aliam urbis Regiae portam ingressus est, ubi sibi mutuò occurrunt fratres, & post fraternos amplexus & lachrymas deductus tandem à fratre & aulâ totâ ad Palatium Australe, uti expetiverat.

Prosequitur interim frater Imperii regimen, imò jam meditabatur filiolum suum Imperii haeredem declarare, quod cùm in diem filii natalem reservaret, ad

Colaum die quodam, *Natalis*, inquit, *filii mei heredis incidit in diem secundaem lunae septimae.* Colaus post reverentiam de more exhibitam, *Imo vero pace tua*, [83] *ô Rex*, inquit, *natalis haeredis* (denotabat filium fratris natu majoris) *incidit in primam diem lunae undecimae.* Conticuit ad hoc Imperator, & de filiolo haerede mentem deposuit, & verò altero post anno vivere desiit puerulus.

8. YM ÇUM novo cognomento dictus *Tien xun*, id est, coelum prosperum & propitium. denuo reg. an. 8.

Anno Cycli 13. Imperii 7. in morbum lethalem incidit Imperator. Eo nondum mortuo reducitur ex palatio Australi ad avitum solium frater natu major, qui mox anno Imperii 1. qui fuit Cycli 14. (1457.) lunâ 1. amnistiam publicam per Imperium incidit. Moritur 2. Lunâ KIM TI, regnante jam YM ÇUM. Per libellum supplicem postulatur, ut nomen fratris & memoria, quasi ambitus rei, aboleatur: renuit Imperator, qui tamen fratrem sepeliri noluit ritu Imperatorio, sed eo dumtaxat, qui est fratris natu minoris & sanguinis regii.

9. HIEN ÇUM, aliàs *Chim hoa*, id est, perfecta conversio. Reg. an. 23.

Anno Cycli 21. YM ÇUM moritur aet 31. Anno Cycli 22. (1465.) succedit HIEN ÇUM decessoris filius primogenitus, è reginarum secunda, quia sterilis erat Imperatrix.

Princeps Bonziis impense addictus, rerum cupidus peregrinarum.

Anno Cycli 23. caedit exercitum praedonum in prov. *Hu quam*.

Anno Cycli 24. obiit Regina mater.

Anno 28. occasione Cometes lunâ 11. conspicui. Monita excipit Imperator.

Anno 29. Tartarorum Cunei in Sinam excurrunt, & praedis onusti remeant.

Anno 36. Tartarorum exercitus ad internecionem caesus à Sinensi exercitu.

Anno 37. Coreae Rex commodiorem, sublatis ambagibus, & compendiosiorem viam proponit pro legationibus in aulam clientelae causâ mittendis, non annuit Imperator. Tartari rursus erumpunt, & vastant ditiones *Leao tum*.

Anno 38. ex regno *Samaul han*, (putà Samarcandiae) legatio cùm duobus leonibus. Alia legatio à Regulo *Fuen cheu* postulante librorum de obedientiâ & recto regimine monumenta.

Anno 41. in aula terraemotus.

Anno 42. Lun. 1. congeries stellarum cum sonitu & fragore dissolvitur.

10. HIAO ÇUM, aliàs *Hum chi*, id est, amplum regimen. Reg. an. 18.

Anno 44. HIEN ÇUM moritur aet. 41. Anno 45. (1488.) succedit HIAO ÇUM decessoris primogenitus. Princeps, Bonziorum superstitionibus & supplicationibus impensè favens, assentatoribus gaudens, alchimiae perquam studiosus.

Anno Imperii 5. haeredem solemniter declarat.

Anno Cycli 52. Rex Cochinchinae per legatos copias petit auxiliares contra rebelles: recusat mittere Imperator. In prov. *Xen si* Bonziorum Coryphaeus [84] rebellium Dux & ductor in praelio victus capitur, & in aula capite plectitur. In ditionibus occidentalibus tanta fames, ut se mutuò vorarent filii & parentes. In provinciis Australibus ad Orientem grassatur pestis ingens, & in Sinis isolita.

Anno 53. Sol solito obscurior. Sonitus item in aëre auditus. Terraemotus adeo terribilis, ut hiatu terrae quingenta hominum millia absorpta ferantur.

Anno 54. *In* omnibus provinciis terraemotus.

Anno 55. ursus aulam ingreditur: hinc auguria funesta, palatii interioris conflagratio secuta.

CYCLUS LXXI.Annus post Chr.1504.

Anno Cycli 1.*Moritur* Imperatrix.Tartari in Sinam irruentes praedas ingentes reportant.

11.VU ÇUM, aliàs, *Chim te*, id est perfecta virtus.Reg.An.16.

Anno 2.HIAO ÇUM moritur.Anno 3.(1506.) succedit VU ÇUM decessoris filius, quo anno Cometa apparuit, stella item cum tonitru in pluviam resolvitur. Terraemotus, ventorum turbines insoliti. Hac occasione à *Tao* Colao monetur Imperator, ut seriò se regimini applicet, refraenet immoderatos iracundiae impetus, nimiam venandi & equitandi pruriginem, à jocis & ludicris abstineat, exterminet ex aulâ adulatores, & dissolutis moribus juvenculos; accersat sapientes, & publici boni sectatores, & c.ita demum revocari posse irati coeli piam erga se voluntatem.

Anno Cycli 6. Tartari rursus ditiones Sinensium depopulantur. Anno 7. Regulus è regio sanguine rebellat, in praelio capitur, & in aulâ occiditur. Anno 8. latronum Cunei emergunt in ipso territorio *Pe kim*, & provinciis *Xan tum* & *Ho nan*, partim fame, partim exactionibus miseros ad arma stimulantibus, *Lieu ce* diciti, quòd rapidorum torrentium in morem per terras & provincias grassantes quaquaversum diffluerent. Missi contra eos varii exercitus, à quibus repressi quidem & sopiti, sed non penitus extincti, identidem scilicet cùm occasio & opportunitas favebat, repullulantibus.

Anno Cycli 11. Imperator clam & mentito habitu prodiens à tigride vulneratus, & ad mensem coactus decumbere.

Anno 15. debellaturus Tartaros ipse Imperator in Septentrionem pergere meditatur, sed clam scilicet & tacito nomine, sub titulo scilicet Archistrategi; dissuadet totus Senatus, rem novam & periculis obnoxiam esse; sub mentito enim habitu & nomine rebellioni ansam praeberi; persistit mordicus in proposito Imperator, quin & excandescensin Colaum acinacem stringit. Hic collum intrepidus praebet, reprimit furorem Imperator, & mutat propositum.

Anno Cycli 16. meditabatur Imperator proficisci in provincias Australes *Nan kim*, *Che kiam*, & c. resistit Senatus, oblatis libellis supplicibus, per hoc scilicet [85] addi animos, & viam Tartaris pandi in provincias Boreales, reputantibus scilicet fugâ sibi consulere voluisse Imperatorem. Hinc verò, ut erat propositi tenax, in furorem actus, Senatores jubet ante Palatii valvas flexis genibus sub dio ad totos quinque dies persistere, alios verò in monendo plus aequo severiores carceri mancipat. Successit ingens & insolita pruina & mundatio aquarum ad 4. cubitorum altitudinem, quibus auguriis commotus Imperator, in domum suam quemque remittit, & de excursione in Austrum cogitationem deponit.

11. XI ÇUM, aliàs *Kia cim*, id est, eximia tranquillitas. Reg.45.[①]

Anno Cycli 18. Imperii 16. VU ÇUM coram primoribus Imperatrici commendat tutelam filii haeredis. Male administrati regni se reum agens, moritur aet. 31.

Anno Cycli 19. (1522.) succedit XI ÇUM decessoris natu secundus, tredecennis.

Initio specimen dedit boni Principis, pius & prudens. Libellos supplices identidem per se examinat. Immodicè amans Poësios. Tempore sterilitatis moneri postulat siquid à se peccetur, ex aerario interim & annonâ Regiâ subditis providens. Magnum murum reparari jubet. Impense deditus Bonziorum somniis, & supplicationibus, nec non Ambrosiae immortalitatis, & Alchimicae artis studiosior, cui conquirendae per singulas provincias Legatos destinat. Quin anno Imperii sui

---

① 原文如此，但在译文中按前面的顺序依次排序，进行了改正。

18. meditabatur Imperio ad tempus se abdicare, commissâ rerum curâ haeredi filio, nisi primates obstitissent; qui iteratis libellis binas sectas *Foe* & *Lao kiun* penitus eliminandas, sed in cassum contendebant. Renovat Conditoris Legem circa titulum *Confucii*, quem non alium esse vult quàm *Sien su*, hoc est *Magistri vitâ functi*. Vetat insuper ejusdem statuas conflari, solâ tabellâ memorativâ permissâ. Vir inops duas filias vendere & prostituere cogitabat, quo cognito ambae in flumen se praecipitarunt: iis mausoleum Imperator erigi jubet, cui titulus, *par Virginum*.

Anno Cycli 47. Imperii 29. Tartari cum exercitu 60. millium, aulae approximant, sed ab exercitu Sinensi caesi fugatique, captis 200. & amplius armorum ductoribus. Anno sequenti Tartarus legationem mittit; quâ facti sui veniam postulat, rogans liceat sibi quotannis ad equos vendendos excurrere. Annuit Imperator, sed quia experientiâ docti quod ansa seditionibus & rixis inter Praefectos & Mercatores daretur, & quod sub eo praetextu praedas agerent, interdictum deinde fuit equorum commercium.

Anno Cycli 49. Imperii 31. (qui fuit aerae Christianae 1552.) secundâ Decembris obdormivit in Domino Orientis Apostolus S. Franciscus Xaverius in Sinarum insulâ San cheu, *subjectâ provinciae* Quam tum, *aetatis suae anno 55.*

[86] Anno 50. maritimi praedones Duce *Hoam che* cum classe 100. navigiorum littora Sinensia infestant.

Anno 52. Japones, qui priùs ut clientelares ventitare cùm muneribus soliti, jam ut praedones & aperti hostes ad quatuor mille numero ad oram provinciae *Che kiam* exscendunt: caeduntur ad internecionem 1800. reliquis fugâ dilapsis, & dum naves repetunt, mari haustis. Anno sequenti ad decem mille iterum exscendunt, sed à *Cao lim* militum 900. dumtaxat ductore quatuor praeliis caesi, mox à superveniente milite undequaque cincti prorsus extincti sunt. Post septem rursus annos novae Japonum copiae oram maritimam provinciae *Fo kien* invadunt:

imparatos ex improviso Dux belli *Cie* adortus ad internecionem delet. In Septentrione Dux belli *Lieu han* extra murum cum exercitu contra Tartaros pugnaturus progreditur; his autem ad interiora & sylvas suas dilapsis, non aliud operae pretium tulit praeter 28.Tartarica capita & 170.camelos.

CYCLUS LXXII.Annus post Chr.1564.

Anno Cycli 3.Imperatoris 45.& postremo offertur libellus supplex quo severè monetur, sibi & Imperio attendat, sic ut initiis extrema respondeant. A viginti & ampliùs retrò annis statuta & leges majorum pessum ire, & nisi succurrat, Imperium in interitum vergere: rarò filium haeredem Imperii ad colloquium paternum admitti: incorruptae fidei clientes abjici, aut durius haberi, & ob diffidentiam & suspiciones levi de causa indigne mulctari: Deliciis hortorum & otio cum puellarum gregibus indulgere plùs aequo, neglectâ quodammodo Imperatrice legitimâ conjuge: homines belli ignaros, & auri magis quàm honoris cupidos, exercitibus praefici; aerarium exhauriri in Palatiis & hortis extruendis, & Bonziorum naeniis & supplicationibus, necnon Pharmacis fictae immortalitatis, quae ab ipso coelo delapsa mentiuntur: quasi verò ab ipsis temporibus *Yao* & *Xun* ab eâ moriendi lege quispiam immunis sit repertus, & c. Excanduit ad haec Imperator, libellumque in terram adjicit, quem rursum arripiens ac relegens suspirat, poenitudinis ostendens indicia, sed serae: nam 10.Lunâ morbo correptus, sumptoque immortalitatis toxico mortalem se sensit extinctus anno aet.58.

12.MO ÇUM, aliàs *Lum kim*, id est, augusta gloria.Regn.6.

Anno Cycli 4.(1567.) succedit MO ÇUM decessoris filius. A patre in vincula detrusos solvi jubet; alios morte mulctatos ad solatium afflictae familiae, posthumis titulis donat. Caeterùm Princeps moneri impatiens, & monentes ad inferiorem dignitatis gradum plerumque abjiciens, multa à patre recte instituta pro arbitrio suo immutat.

Legitimam conjugem, quòd sterilis & morbida esset, in aliud Palatium migrare jubet; improbantibus rem [87] proceribus, respondet, nihil ad ipsos & regni statum res inter conjuges pertinere, conjugem, cum convaluerit, à se revocandam.

Cùm juxta leges nemo in patriâ provinciâ fungatur magistratu civili, obtinuit per libellum supplicem *Cao* Colaus, ut minoris notae praefectis (uti sunt ii qui praesunt litteratis, aut exactoribus vectigalium) in natali solo magistratu fungi liceat.

Anno Cycli 9. Imp. 6. in morbum incidit. Imperatricis & Colai *Cham kiu chim* tutelae committit haeredem decennem, & sequenti mox die moritur aet. 36.

13. XIN ÇUM, aliàs *Van lie*, id est, decem mille annorum ephemeridas. Reg. 48.

Anno Cycli 10. (1573.) succedit XIN ÇUM decessoris filius, Princeps supra aetatem prudens. Tantâ tutorem & magistrum suum *Cham kiu chim* in veneratione habet, ut quoties docendi gratiâ adveniret, si aestas erat, praemitteret qui flabello regio sudantem refrigeraret; si hiems, tapetes duplicatos juberet insterni: quin & aegrotantem invisit, & medicam potionem manu regiâ porrexit; filio quoque ejus, cui primum nomen secundi ordinis in examine ad doctoratum obtigerat, in gratiam magistri sui primi ordinis nomen secundum concessit.

Fuit aequitatis & justitiae amans, & ut erat perspicacis & prompti ingenii, ita & litteratum librorumque studiosus. Statuit ut licentiati ex 15. provinciis, regiis sumptibus in aulam ad examen deducantur. Interest ipse Doctorum examini. Libellos supplices, quos primo intuitu penetrabat, quotidie ab horâ quartâ matutinâ examinare & decidere solebat, rarius tamen se videndum praebebat. Ordinavit ut singulorum per Imperium Praefectorum nomina, gradus, patria, per 4. anni tempora typis evulgarentur, qui mos hodieque viget.

Anno Cycli 11. Tartari in *Leao tum* irruentes Duce *Chin* ad internecionem caeduntur. Imperator in gratiam matris, quae idolis erat addictissima, amnistiam indicere statuerat: impedivit Colaus, allegans eam impunitatis spem ad omnia scelera viam pandere, coelum ipsum utique poenas à sceleratis exigere, quin & in Bonziorum inferno sua flagitiis decreta esse supplicia.

Anno Cycli 16. Imperator postquam de more solenni ritu pileo virili donatus esset, uxorem ducit, quam mox creat Imperatricem.

Sistendis & aliò derivandis ingentium aquarum eluvionibus 800. millia operariorum adhibet.

Anno Cycli 18. (1581.) primus è Societate Jesu P. Michael Rogerius Sinam ingreditur.

Anno 19. nascitur è Gynecaei servâ filius primogentius, futurus unius mensis Imperator, quòd è legitima prolem non susceperit. Cometa apparet. In provincia *Xan si* tanta sterilitas, ut innumeri mortales [88] fame interierint. Excavatae scrobes seu fossae ingentes variis in locis circiter sexaginta, *Van gin kem* dictae, id est, *myriadis mortalium fossoe*, quòd singulae caperent cadaverum myriadem. Fuit mulier quae conspicata maritum fame enectum in fossam projici, in eandem iniliit, sed jussu Praefecti inde extracta, mortuo marito non sustinens superesse, triduo post expiravit.

Eodem anno Tartari excurrentes à, Duce *Li chin* supra decem mille caesi. Moritur hoc anno *Cham kiu chim* Colaus & Magister Imperatoris, qui eundem titulo posthumo *Ven chum*, hoc est, *viri litteris et fide praestantis*, honoravit, jussitque corpus in patrium sepulchrum provinciae *Hu quam* cum pompâ deduci: verùm biennio pòst graviter ab aemulis accusatus, ipse cum posteris, titulis & dignitatibus exutus, fortunis etiam omnibus fisco Regio addictis. Hujus filius voluntario suspendio poenas praevênit.

Anno Cycli 20. (1583.) Tartari viâ factâ per concreta gelu flumina magno numero in Sinâ grassantur, & tandem penè ad internecionem deleti.

Eodem anno ingressus Sinam P. Matthaeus Riccius S. J. fundator futurus ingentium Missionum.

Anno 22. ingens rursus sterilitas. Ipse Imperator moestus & lugens pedes egreditur ad exorandam à coelo calamitatem. Vectigalium quoque mediam partem remittit. Alio item tempore sterilitatis, *Nan kin* septem milliones condonat. Mittit per omnes provincias visitatores qui examinent Praefectos & rerum statum populique aerumnas.

Anno Cycli 29. Cometae ad ortum conspicui occasione libellus supplex offertur à Senatore *Fum ngen*, quo ostendit cometem scopae instar esse, quâ portenditur everrendos ex Imperio ministros adulatores & muneribus corruptos, quos inter, tres praecipuè notabantur: pro monitis carcerem in praemium retulit & mortis sententiam; at pietas filii pro patre vitam offerentis, Principem movit, ut mors cum exilio permutaretur.

Anno Cycli 30. visus Cometa. Anno 31. in *Ho nan* provinciâ tanta fames, ut carnibus humanis vescerentur. Fami subvenit ex aerario Regio pius Imperator. Japones Coream invadunt, ferro & flammâ vastant omnia, multasque urbes suae potestatis faciunt: fugit Rex, & mittit legatos in Sinam pro copiis auxiliaribus. Mittuntur mox copiae: fit pugna, & utrimque caedes ingens; tandem deleti penitus Japones: qui deinde legationem mittunt an Imperatorem, & veniam deprecati titulum sibi tribui rogant. Sequenti anno titulus eis conceditur *Ge puen vam*, hoc est *Iaponiae Regis*; sed vetuit in posterm legationem ab eo in Sinam institui.

[89] Anno 33. jubet Imperator, nequidquam repugnantibus ministris, aperiri auri & argenti fodinas in *Ho nan*, *Xen si*, & *Xan si*. Post sexennium easdem occludi

jubet.

Anno Cycli 34. Imp. 25. (1597.) primitiae BB. Martyrum Iaponum, qui pro fide in Cruce transfixi. Anno Cycli 38. Imp. 28. (1600.) Lunâ 12. quae respondet Ianuario anni 1601. P. Matthaeus Riccius primùm aulam ingreditur, die antem 24. ejusdem Lunae Imperatori offert munera, inter que Imago Salvatoris ac Deiparae V.

Niu che, seu Tartari Orientales jam formidabiles, è septem Dynastiis seu hordis, quibus constabant, post varia iner se bella, tandem ab uno capite in regnum evadunt. *Tan yu*, seu Tartari Occidentales, deliniti muneribus Regiis, à bello inferendo cessant.

Imperator liberum sibi ratus è binis, quos habebat, filiis, alterutrum successorem eligere, eò quòd neuter (quippe ex illegitimo thoro geniti erant) ad Imperium jus haberet, statuit haeredem declarare secundò genitum ex reginarum unâ, quam deperibat. Obstitit Senatus, allegans id per leges haudquaquam licere. Perstat tamen in proposito Imperator, perstat & Senatus, è quo alii castigati, alii ab officio depositi, alii rejectis dignitatis insignibus aulâ excessere. Cessit tandem legibus Princeps, & è serva Gynecaei primogenitum haeredem declarat.

Anno Cycli 41. Tanta in aula inundatio, ut muri urbis corruerint.

Anno 44. Lunâ 2. die 1. Eclipsis solis. Anno 45. in Austro magna inundatio, & in *Xen si* sterilitas.

Anno Cycli 47. Imp. 38. (1610.) Lunâ 4. moritur Matthaeus Riccius, cum fama senctitatis, anno aet. 58. Missionis 27. Huic Imperator magnum praedium in sepulturam assignavit.

Anno Cycli 48. tanta inundatio in urbe regia, ut nec equis, nec curribus utendis locus esset.

Anno Cycli 52. Imp. 43. (1615.) prima et saevissima in Christi legem persecutio in Nan Kim *mota à* Xin kio *è praecipuis Praefectis uno. Praecones Legis alii verberibus cesi et in caveis ligneis Macaum avecti, alii huc illuc dispersi, à Præfectis Christianis clàm servati. Post 6. circiter annos respirare et florere coepit res Christiana, persecutore dignitatibus suis privato et ingloriè mortuo.*

Anno Cycli 53. Imp. 44. Tartari multis lacessiti injuriis, vi jam unitâ fortiores, non jam praedas agere, sed urbes etiam suae potestatis facere tentant. Movebat illos inter alia, quòd mercatores sui in *Leao tum* barbarè à Praefectis Sinensibus tractarentur, & facultatibus suis per nefas privarentur, ad haec Regis sui per summam perfidiam capti & obtruncati jactura. Quare hujus filius cum valido exercitu urbem *Cai yuen* in *Leao tum* invadit ac capit. Facti sui causam [90] Imperatori conscribit, solam videlicet ministrorum suorum insolentiam. Paratus urbem restituere, & arma deponere, si modò acceptae injuriae fieret satis. Epistolam improvide Imperator summis Praefectis committit, qui nec responso Regem Tartarum dignati sunt. Quo contemptu in furias actus, vovet 200. millia capitum Sinensium parenti suo se litaturum: mox cum 50. armatorum millibus *Leao yam* Metropolim capit, totamque ferè ditionem, unde progressus in provinciam Pekinensem, omnia fermè sui juris facit. Ipsam quoque urbem Regiam aggressurus, nisi supervenientes undique ingentes copiae eum ad *Leao yam* Metropolim cum spoliis remeare coëgissent. Hic se Imperatorem Sinarum vocari voluit Tartarus *Tien mim* dictus, hoc est *coeli decretum* seu voluntas. Princeps planè barbarus & crudelis.

Anno 54. visae sunt myriades glirium & murium tranare magnum fluvium *Kiam* in provincia *Nan kim*, res hactenus hic nunquam visa.

Anno Cycli 55. Tartarus simulatâ legatione Pekinenses ditiones ingreditur; detectâ fraude, à Sinensium exercitu invaditur: utrinque caedes ingens. Fugam simulat Tartarus, sed mox Sinenses copias undique cingit caeditque cum ipso Duce ad internecionem. Sequenti moc anno sexcenta millia militum submittit

Imperator: Rex Coreanus 12. millia auxiliarium, ac prae Sinis longè fortissimorum militum sociat. Dubio diu marte pugnatum, tandem 50. Sinarum millia caesa. Victor Tartarus ad Regiae urbis moenia appropinquat, in qua 80. millia erant praesidiariorum. Tanta interim in urbe consternatio, ut Imperator in Australem aulam statueret migrare, nisi obstitisset Colaus, dictians hac fuga acriores animos Tartaris addendos, & gravissimas toto Imperio perturbationes orituras.

14. QUAM ÇUM, aliàs *Tai cham*, id est, magna tranquilitas. Regn. uno mense.

Anno Cycli 57. Imp. 48. (1620.) Lunâ 7. Imperator VAN LIE moritur aet. 58. succedit filius QUAM ÇUM, Princeps cùm adhuc puer esset, litterarum prae viris peritus, & supra aetatem prudens, sed uno post mense, primâ scilicet die nonae Lunae (errore & incuriâ, uti creditum est, Medici) declarato haerede extinctus est aet. 38.

15. HI ÇUM, id est aliàs *Tien ki*, coeli manifestatio. Regn. 7.

Anno Cycli 58. succedit HI ÇUM, aliàs *Tien ki*, filius decessoris primogenitus. Prineps naturâ timidus, & plusquàm par erat Eunuchis fidens, è quibus 12. millia numerantur. Ex toto Imperio nova advocat auxilia. Regi Coreano regia mittit munera, gratias agens de auxiliis sub avo missis, postulatque nova & majora. Inter caetera auxilia adfuit cum aliquot millibus mulier, seu Amazon Sinica, ex *Su chuen* provinciâ, loco filioli, quem in proprio regno reliquerat (quod Regnum motibus cinctum sui juris est.) Classis quoque maritima praeparatur. Hac item occasione suadent Imperatori Doctores Paulus & Michael, ut ex urbe[91] *Macao* tormenta bellica majora accersat. Sed antequam pervenissent, jam Tatari è tota ditione *Leao tum* ejecti, ipsa Metropolis recuperata, incolis scilicet crudelitatem Tartari Regis detestantibus, quem alia bella in Tartaria retinebant. Sed hic confecto mox bello, rursus in *Leao tum* irrupit, & Metropolim obsidet, è praesidiariis Sinis

30. millia desiderata, è Tartaris 20. millia; tandem proditione urbs capta, mxo edicto public jubentur more Tartarico capillos radere, siquidem salvi esse vellent, quod posteà per totam Sinam observatum fuit, tametsi milleni maluerint vitam & caput, quam capillos amittere. Mittitur cum novis copiis contra Tartarum fortissimus Dux *Mao ven lum* è prov.*Quam tum* oriundus; munit arcem *Xam hay* in insula *Cu* sitam, locum inaccessibilem, quo Tartaris aditus intercludebatur in Sinam.

Hoc eodem anoo, qui erat Imp. 2. (1622.) urbs Macao, quae ob praeclara merita gentis Lusitanae, et maria à Pyratis purgata, Regio favore iis pridem fuerat concessa, et uti olim totius Orientis et Iaponicarum Missionum, ita nunc Sinicarum nobilissimum est emporium, à Batavis terra marique obsessa, sed irrito conatu; nàm clade acceptâ navigia repetere compulsi sunt.

CYCLUS LXXIII.Annus post Chr.1624.

Anno Cycli 1. Imp. 4. fuesta toti Imperio motuum civilium collisio accidit, increbrescentibus per 4.provincias *Lieu ce* (de quibus supra) hoc est grassantium latronum ingentibus copiis.

Anno Cycli 2. Imp. 5. (1625.) prope Metropolim prov. Xen si monumentum lapideum, quo Lex sancta describitur, et 70. Euangelii praeconum Syriacis litteris insculpta nomina, tandem è terrâ ceu sepulchro mille et ampliùs annorum effossum in lucem prodiit, magno Neophytorum gaudio, et irrefragabili fidei, quam praedicabat Societas Iesu, testimonio.

Anno Cycli 4. Imp. 7. moritur Imperator TIEN KI aet. 32. Tyrannus item Tartarus *Tien mim* dictus moritur, cui successit *Tien çum* filius, patri per omnia dissimilis, mitis indolis, clemens, humanus.

16. HOAI ÇUM, aliàs *çum chim*, id est Augustum omen felicitatis. Regn. 17.

Anno Cycli 5. succedit HOAI ÇUM, seu *çum chim* frater decessoris, & filius QUAM ÇUM, natu quintus, litterarum amans, quas elegantissimè exarabat. Princeps optimae indolis, Bonziis apprimè deditus, etsi de Religione Christiana, quam ab avo audierat, semper bene senserit, eamque foverit: suppliciorum rigorem mitigat in resolvendo lentus. Fidos ministros non audit. Vestium splendorem moderatur, serici quoque textrinis inhibitis. Praefectorum cum Eunuchis communicationem interdicit. Milites Palatii ab Eunuchis introductos, viatico instructos, ad aedes partrias & amicos visendos mittit ad mensem, deinde iisdem reditum interdicit. Caeterùm castus passim habitus, quique [92] legitimum thorum inviolatè servaverit. Auctor hic fuerat fratri decessori, ut eunuchorum Principem (cui *Guei cum* nomen) longè potentissimum & crudelissimum è medio tolleret. Ab ejus enim arrogantia & protervia, & Aulae & Imperii ruinam imminere, *Guei cum* igitur sibi malè conscius, hoc imperante mox sumpto toxico gravius supplicium praevenit. Mortui cadaver à furente populo in frusta dissectum, ingens vis auri & unionum fisco addicta, multa fana eidem viventi ad memoriam ab adulatoribus per Imperium erecta, flammis abolita & solo aequata sunt.

Imperator, quòd acre bellum gerendum esset contra domesticos hostes, praedones scilicet, mittit cum novo exercitu *Yuen* Eunucheum, cum ampla potestate paciscendi cum Tartaro: *Yuen* verò vir subdolus & perfidus, auro clàm corruptus, iniquis conditionibus paciscitur. Imperator pacem rescindit, *Yuen* ut ad eam admittendam compellat, sublato primùm aemulo suo *Mao ven lum* Duce fidissimo per venenum in convivio, auctor fit Tartaro, ut per aliam viam invadat Pekinum. Fit expeditio pro voto usque ad aulam, quam & obsidet: advocatur Dux *Yuen* in auxilium: adest, & quidem per muros urbis nil sibi metuens introduci se sinit, moxque quaestione habita, proditionis convictus jugulatur; quo audito Tartarus solutâ obsidione in *Leao tum* spoliis onustus regreditur: varia post haec anceps belli utrimque fortuna per octennium circiter.

Anno Cycli 8. (1631.) primi ex S. Ordine Praedicatorum, ac deinde S. Francisci, Sinam intrant.

Anno Cycli 10. Imp. 6. (1632.) pie moritur Siu Doctror Paulus è supremo Praeside tribunalis rituum Colaus, et rei Christianae columen. Pro hac tuendâ Apologiam in persecutione obtulit, in quâ et dominia sua, et facultates et familiam seque ipsum in pignus obtulit, siquid non sanctum Lex Christiana continere probaretur. Pro hac autem promovenda firmandaque patres Terentium, Rho, Adamum, *etc. ad restaurandam Astronomiam et Kalendarium Imperatori felici cum successu proposuit. Reliquit autem hujus curae successorem* Li Petrum *itidem* Colaum. *Eunuchorum operâ è Gynecaeo praecipuae puellae, annuente Imperatrice, fidem et baptismum susceperunt.*

Anno Cycli 12. Imp. 8. moritur Rex Tartatrus *Tien çum*, cui succedit filius à colenda virtute *çum te* dictus, pater ejus qui proximam fundabit familiam. Princeps prudens, comis, quippe puer inter Sinas occultus vixerat, litteras, linguam, & mores Sinicos egregiè doctus. Unde Duces ac Praefectos Sinenses plurimos sua benignitate sibi conciliavit & attraxit, pertaesos scilicet tam pravi regiminis, quosque Imperatoris austeritas, ob infaustos armorum successus dirè saevientis abalienabat.

[93] Hoc & sequentibus annis nil nisi intestina bella, caedes, rapinae, à praedonum octo exercitibus, quae fuit potissima perdendi Imperii causa: nam à Tartarorum irruptionibus satis praemunitum jam videbatur. Octo perduellium capita pro summa rei inter se decertant, donec tandem ad duos perduellium Principes *Li & Cham* tota vis armorum devoluta est. Hi, ne alter ab altero consumatur, ab

invicem recedunt: *Cham* quidem ad Occidentales provincias *Su chuen* & *Hu quam*, (de quo infrà agetur) *Li* verò ad Boreales animum & exercitum applicant: & hic quidem è provincia *Xen si*, quam ex parte occupaverat, provinciae *Ho nan* Metropolim obsidione cingit, sed cum clade coactus eam solvere. Repetitur obsidiu quae sex menses tenuit cum tanta obsessorum constantia, ut caro humana venalis exponeretur: adest tandem Imperatoris exercitus suppetias laturus, cùmextremum nil tale suspicans & metuens, exitium attulerit: nam cum ruptis Crocei fluminis aggeribus latronum exercitum aquis delere moliretur, accidit ut tota urbs cum 300. incolarum millibus aquis hausta fuerit. Contigit miseranda haec strages nonâ Octob. Anni. 1642.

Li interim totâ provinciâ & deinde *Xen si* potitus, omnes quotquot erant Praefectos ubique interficit, Expraefectos mulctat pecuniis, populum verò benignè habet, onera etam & vectigalia remittens. Quo factum, ut multae copiae Imperatoriae ad se diffluerent, & ipse *Li* Dux latronum tantâ auctus potentiâ jam titulum Imperatoris sibi vindicaret. Mox *Xen si* provinciâ subactâ, Pekinensem ingreditur, & ad ipsam urbem Regiam securus contendit, quò jam diu ante millenos clam immiserat subdolus, qui se adventante turbas cierent, & minimè dubius de tradenda urbe, per summam scilicet proditorum perfidiam & Praefectorum inter se & cum Eunuchis discordias. Praesidiariorum 70. millia urbi tuendae praeerant, & tamen tertio ab adventu die portis ultro apertis urbem cum 300. millium exercitu intrat, & rectà ad palatium pergit ipsius Imperatoris. Hic jejuniis & Bonzaicis supplicationibus instituendis intentus, & omnium quae agebantur ignarus, tandem proditum se agnoscens, cum 600 armatis pòrtis egredi tentat & gloriosè occumbere, sed desperatis confiliis & rebus, desertus ab omnibus, in palatium regressus, in hortum secedit, ubi in vestis fimbriâ proprio sanguine scripsit ejusmodi verba: *Mei me prodiderunt, de me statue quod placuerit, modò populo meo ne noceas.* Deinde stricto acinace nubilem filiam, ne in latronum manus incideret, dum tentat perimere, illa ictum declinans, brachio mutila exanimis concidit. Ad extremum fasciâ collo involutâ se ipsum Imperator suspendit anno aet.36.Cum eon omen Imperiique tota [94] prosapia 80.ut fertur, millibus constans, paulatim extincta. Ad hujus exemplum supremus Colaus ibidem se suspendit, quod idem alibi & reginae & fidelio res Eunuchi praestiterunt. Regium cadaver diu quae situm, altero tandem die casu repertum, in conspectum Tyranni in solio sedentis adducitur, à quo multis injuriis barbarè habitum, binis ejusdem filiolis (nam primogenitus fugâ evaserat) capite truncatis, ac Praefectis omnibus crudelissimè mactatis. Urbe deinde totâ militum furori libidinique permissâ, mox ad debellandum fidelissimum Ducem *V san quei* sese accingit, qui cum suprema potestate exercitui Sinico contra Tartaros praeerat in *Leao tum*: obsidetur urbs & arx validissima 70. leucis ab urbe Regiâ distans. Ut verò ad deditionem filium impellat latro, patrem ipsum ante urbis muros constituit, comminatus acerbissimam necem, nisi urbem tradat. Filius *V san quei* è muro patrem aspiciens, flexis genibus ab eo veniam deprecatur, plus se Regi & patriae, quàm patri debere contestans, adeoque millies potiùs moriendum, quam latroni turpiter serviendum.

Laudavit filium pater, seseque carnificinae pro eadem patria constantet obtulit. At filius ulturus Imperatoris & patris mortem, ad Tarttarum Regem cum muneribus legationem mittit, invitans ad arma & muxilia contra Tyrannum pactis conditionibus: adest hic alacer cum 60. millibus. Obsidio solvitur, fusis praedonum copiis. *Li* Tyrannus in aulam regressus, nec ibi secures consistens direptis thesauris regiis, urbeque & aulâ flammis traditâ, cum exercitu fugit in *Xen si* provinciam, Tartaro equis pernicibus fugientem turbam ferro & armis persequente. Rex interim Tartarus *çum te* in Sinarum ingressu moritur, postquam filium natu minorem haeredem declaraverat, commissâ belli & Imperii curâ A *ma vam* patruo Regulo. Mox puer sexennis & supra aetatem prudens, urbem triumphans ingreditur, & communi totius populi congratulatione & plaus tanquam Assertor patriae excipitur, & in solio collocatus Imperator salutatur, omnibus uno ore acclamantibus, *vivat Imperator*, *vivat* (Van suii, Van suii) *de cem et decem millibus annorum*, & haec vox populi Imperium illi contulit. XUN CHI dicebatur Imperator, fuitque conditor novae familiae Imperialis Tartaro-Sinicae, *Tai cim* dictae, hoc est *magnae puritatis*. Hic annu Imperii sui primum velut bene sibi ominatum, statuit eum, qui fuit decimus septimus & funestissimus decessori *çum chim*. Fuitque Cycli 73. annus 21. post Christum verò 1644.

XXII. Familia.

1. XUN CHI, id est prosperum regimen. Regn. 17.

V san quei (à quo creditur in praelio occisus *Li* Tyrannus) jam serò agnoscens, ad canes arcendos à se leones incautè admissos, admittit à Tartaro Reguli dignitatem & titulum *Pim Si*, *seu pacificantis occasum*, [95] assignatâ pro sede ipsius Regiae Metropoli *Si ngan* provinciae *Xen si*, quam latro ferro & igne priùs vastaverat. Tartarus subactis feliciter provinciis Borealibus, ad Australes animum & arma convertit, anno sequenti proclamatus jam erat Imperator in *Nan kim* Metropoli, *Hum quam* nepos *Van lie* Imperatoris; at mox captus, & Pekinum abductus, cum primogenito *çum chim* (vero-ne an ficto, incertum) strangulatur. Itur exinde ad Metropolim prov. *Che kiam*, in qua *Lo vam* Regulus, Imperatoris titulum recusat, vidensque urbem Tartaro cinctam, ut suorum excidium praeverteret, è moenibus flexis genibus supplicabundus, *de me*, inquit, *quod vultis statuite*, *pro meis subditis ecce me victimam*: quo dicto ex urbe prodiens, se Tartaro tradit: quae pietas, si non Principem, at urbem certè servavit & cives. In provincia

Fo kien alter *Van lie* nepos, *Lum vu* dictus, Imperator proclamatus, sed à Tartaro provinciâ totâ pacificè occupatâ, mox occiditur. Erat tum Architalassus è *Fo kien* oriundus, *Chin chi lum* dictus, qui Macai Lusitanis primum servierat, & sacro fonte ablutus, Nicolai nomen erat sortitus. Hic ex parvis initiis, & magnis deinde commerciis cum Hispanis & Hollandis, factus ex Pyrata famoso, ingentium classium Ductor, Imperatori primùm *Lum uu*, deinde Tartaro, sed simulatè se subjecerat, à quo Regulus creatus, & ad solemne convivium invitatus, specie honoris majoris in aula adpiscendi delusus, ad eam honorificè deducitur. Interim filius *Que sim* cautior factus, in totius classis paternae Imperium succedit, nullis aut patris adhortationibus, aut Tartari promissis à fidei erga Regem & patriam proposito dimovendus.

Jam ad *Quàm tum*, & deinde *Quàm si* provincias debellandas Tartaricus descendit exercitus, obvias quasque urbes & loca facili negotio capit: verùm in provincia *Quam si* victoriarum cursus nonnihil stitit. Erat ibi Prorex *Kiu* Thomas, & militiae totius, quae ex variis provinciis eo confugerat, Dux supremus *Chin* Lucas, ambo Christiani. Pugnatum est acriter: tandem Tartari victi caesique. Mox victores Sinae Imperatorem eligunt *Yum lie*, dictum è stirpe *Van lie*, qui ex Metropoli provinciae *Quei cheu*, ubi Regulum agebat, deductus, regiam sedem in *Chao kin* urbe prov. *Quam tum* constituit. Huic à consiliis erat Eunuchus praecipuus *Pan* Achilleus, fidei christianae zelosissimus, cuius operâ & unà patris Andreae Coffler, ipsa Imperatoris mater, uxor & filius Imperii haeres sacro fonte abluti sunt. Et hic quidem, ut erat nomine, ita & re sperabatur futurus Sinarum Constantinus. Regina certè, annuente Imperatore, legatum misit Michaelem Boym ad praestandam S. Sedi obedientiam, uti Urbs & Orbis agnovit. Percrebrecente [96] igitur famâ tam victoriae de Tartaro reportatae, quàm novi Imperatoris, mox in prov. *Fo kien Vam* quidam Sacrificulus (olim Dux militiae) cum latronum undequaque emergentium cuneis, nec non *Que sim* Architalassus, Nicolai filius, captas urbes recuperant, hic maritimas, ille mediteraneas: in prov. *Kiam si*, *Kin* Prorex à Tartaro deficit, nec uno praelio de iisdem victor extitit.

In Septentrione duo belli Duces *Ho* & *Kiam* singuli exercitum conflant. Dux *Ho* plurimas urbes provinciae *Xen si* sui juris facit, ipsamque Metropolim obsidet, sed irrito successu: *Kiam* verò in provinciâ *Xen si* cum 140. equitum millibus & numerosiori peditatu Tartarorum exercitum duobus praeliis ita caedit & fugat, ut jam aperto marte congredi Tartarus non auderet: sed hic tamen partim astu & dolis, nec non auro & promissis, partim cunctando, partim proditione natâ ex mutuis inter Sinarum Duces discordiis, vi demum & armis tam in Austro quàm Septentrione, omnium ferè victor urbium & hostium, trium aut quatuor annorum spatio tandem evasit.

Ad Occidentem in prov. *Su chuen* grassabatur alter latronum Dux *Cham hien chum*, de quo suprà; Sinicus Nero, aut potiùs carne humanâ indutus daemon, etsi in speciem comis ac suavis erga milites, quibuscum, ut miles gregarius, ludebat & epulabatur. Hic postquam barbarè saeviisset in provinciis *Hu quam*, *Ho nan*, *Nan kim*, *Kiam si*, tandem furorem omnem in prov. *Su chuen* convertit. Primò è familia praeterita Regulum, aliosque occidit: non semel ob unum sontem levi de culpa, omnes ejusdem plateae, in quae is habitaverat, jubebat interfici, & ob unius militis crimen, totam legionem duorum millium, & ob unius Medici errorem in curando carnifice suo, mox centum Medicis vitam ademit. E sexcentis, quos habebat Praefectis, exacto sui muneris triennio, vix viginti supererant, caeteris vario mortis genere levi de causa mactatis. 5. millia Eunuchorum neci dedit, quòd inter eos fuisset, qui eum non Regis titulo, sed proprio *Cham hien chum* nomine compellasset. Ob unius sacrificuli (qui pridem auctor fuerat gravis persecutionis contra legem Christianam) 20. millia Bonziorum orco sacrificat. Laudat se coram

Patribus Ludovico Buglio & Gabriele de Magallanes (quos modò amat, modò neci quater destinat) tanquam rem praeclaram egisset, *Hi*, inquiens, *vobis vitam demere volebant, sed caeli Dominus me misit, ut de iis poenas exigerem.* Saepe collaudabat legem Christi, promittens, à se, ubi Imperio potiretur, magnificum Deo Templum extruendum. Ad litterarium examen & gradum studiosos undique edicto convocat. Adsunt 18. millia: hos omnes [97] in urbis gymnasio congregatos ad unum interfici jubet, quod, uti dicebat, suis sophismatis populum ad rebelliones sollicitarent. Anno (1646.) Imperatoris *Xun chi* tertio, profecturus in *Xen si* contra Tartaros, totius Metropolis *Chim tu* cives vinculis constrictos extra urbis moenia jubet consistere; ipse obequitans in medio populi, qui flexis genibus cum ejulatu & lacrymis vitam deprecabatur, stans tantisper quasi dubius quid ageret, mox, *occidite*, inquit, *occidite hos perduelles*. Quare omnes Tyranno inspectante sunt trucidati. Feruntur fuisse sexcenta capitum millia, è quibus innumeri parvuli, operâ Patrum baptismatis aquâ abluti, è carnificum manibus ad coelos evolarunt. Deinde militibus congregatis edicit, ut exemplo suo quisque uxores suas, velut expeditionis bellicae onera & impedimenta, è medio tollat; ipse ex 300 quas habebat, 20. dumtaxat ad trium Reginarum obsequium puellas sibi reservat. Totus exercitus Ducis imperium secutus, omnes, quotquot erant, mulieres interficit; mox incensis urbibus & Metropoli amplissimâ, *Xen si* provinciam ingreditur. Cùmque ei jam tertiò nuntiaretur, quinque exploratores Tartaros jam comparere, ipse è tentorio sine lorica & galea prodit extra castra rem exploraturus. Mox prima sagitta à Tartaro emissa cor Tyranni transfixit, unde in terram ex equo mortuus corruit: quo prostrato, & deinde caeso & dissipato exercitu, populi *Su chuen* residui Tartaros velut servatores suos laetè excipiunt. Debellatis jam fermè 11. Provinciis supererant quatuor Australes, quae *Yum lie* Imperatori parebant: mittuntur igitur ex aula tres. Reguli trium exercituum Ductores. Obsidetur Metropolis provinciae *Quam tum*.

Annum ferè tenuit obsidio cum magna utrimque strage, donec tandem 24. Novemb. 1650. Cycli anno 28. Imperatoris verò 7. Urbs capta furori militum & depraedationi ad decem dies concessa, ubi 100. ferè millia trucidata sunt. Inde ad Regiam sedem *Chao kin* movet exercitus; sed *Yum lie* Imperator suis diffisus viribus, in *Quam si* provinciam, & deinde in *Yun nan* fugere compulsus. Anno sequenti moritur *A ma vam* tutor & patruus Imperatoris, vir prudens, comis, & ab ipsis Sinis amatus, & cui praecipuè Imperium Tartarus debet. Hujus frater Regulus tutelam sibi vindicabat, sed cùm primates omnes *Xun chi* 14. annos agentem, & cum filia Regis Tartarorum *Tan yu* Occidentalium jam uxoratum, parem Imperio per se administrando esse contenderent, adeo ut suspensis ad Palatii fores Praefecturae suae insignibus, negarent se illa ab alio quàm à *Xun chi* recepturos, tandem Regulus acquievit. Caeterùm *Xun chi* praeclaris naturae dotibus instructus Princeps, ut sibi Sinas devinciret, aditus primùm ad se faciles praeter morem Regum Sinensium facit.

[98] Leges, litteras, & statuta politicae Sinicae, paucis mutatis, intacta voluit, ne quidem permittens, nisi ex singulari dispensatione, ut litteras & linguam Tartaricam addiscerent. Sex Concilia suprema, à quatuor mille annis instituta retinuit, sic tamen, ut tam Praefectis Tartaris, quàm Sinis totidem constarent singula; ea verò, in aula sola, uti & è sanguine regio Principum sedes, stabilivit, abolitis sex supremis conciliis, quae in aula Australi sub familia praeterita, & unà in Boreali floruerant. Palladem armatam cum togata egregiè consocians, Philosophis Sinicis, ut anteà, regendas urbes & provincias concessit. Quia verò sagacissimi ingenii & magni judicii Princeps probe intelligebat, ab sincero & incorrupto Litteratorum in examine ad gradus delectu pendere salutem & ruinam Imperii; cùm forte comperisset auro emptum censorum & examinatorum favorem, ex his sex & triginta inexorabiliter capite plecti jussit, candidati autem, quotquot

usi muneribus fuerant, jussi denuò in certamen descendere, victoribus veniam & gradum indulgens, victos vero cum tota eorum familia in Tartariam suam voluit relegari, quo supplicii genere hodieque plurimi toto Imperio criminum rei quotannis mulctantur ut Tartariae deserta repleant, gentemque multiplicent, filiis saltem & nepotibus Tartaricum genium paulatim suscepturis.

P. Joannem Adamum Schall, vulgò *Tam jo vam*, singulari prosequitur amore, quem proinde non alio, quàm *Ma fa*, quod Tartaris *seniorem patrem* significat, nomine compellat. Europeam Astronomiam introducit praefecturâ supremâ tribunalis Ma theseos ei commissâ, nequidquam frendentibus aemulis & praecipuè Mahometanis, qui omnes à 300. jam annorum possessione deturbati sunt. Raro privilegio eidem concedit, ut quovis tempore absque ullius tribunalis interventu immediatè libellos supplices offerret, quos ferè centum obtulit: quae res in magnum cessit Imperii & religionis emolumentum. Hinc Religio Christiana, quae hactenus quasi sub modio latuerat, jam super tecta ubique praedicabatur, templo novo cum regia auctoritate, & publica solemnitate erecto, anno jubilari 1650. altero deinde ad ortum templo, regio item favore exaedificato, templum & aedes Adami ipse Imperator adire dignatus est, & quidem intra biennii spatium circiter vigesies.

Anno Cycli 33. (1656.) prima legatio à magno Moscoviae Duce, quae quòd honores more & ritu Sinico exhibere renueret, optato successu caruit secus quàm altera legatio decennio pòst instituta Fuit & alia magnifica ab Hollandis legatio, spe etiam suâ & successu frustrata.

Anno Cycli 36. Imperatoris 15. (1659.) Architalassus [99] *Que sim*, Nicolai filius, qui hactenus ad littora maritima continius excursionibus cum magna strage praedas egerat, cùm anno praeterito 500. navigia in orae Nankinensis scopulos & syrtes allisa amisisset, tandem cum ter mille navigiis, variis oppidis toto itinere occupatis, *Nan kim* metropolim obsidet. Urbis & provinciae supremum Praetorem agebat *Lam*, adhuc adolescens & Sinensis. In Concilio bellico Tartarorum Ductor negat urbem defendi posse, quando à tanta civium multitudine nulla possit sperari securitas, quare omnes ante omnia trucidandos. Cohorruit ad barbari consilium Praetor, &, *si quidem*, inquit, *non aliter urbi & securitati sit consulendum*, *me ante omnes trucidate*. Repressit haec vox barbarum pectus, simulque civibus vitam servavit. Vix viginti ab obsidione dies effluxerant, quando incidit dies natalis Architalassi, quem à toto exercitu solitis ludis & symposiis ad triduum celebrari gestiebat. Obsessi interim, in noctis silentio nil tale opinantes, & somno vinoque semisepultos adeò cautè fortiterque aggrediuntur, ut tribus hostium millibus desideratis, soluta obsidione, repetere, navigia sint compulsi, relictis omnibus impedimentis in praedam victorum. *Que sim* cladem tantam, & recèns illatam patri fratribusque necem, quà posset, ulturus, non multò pòst cum bellica Tartarorum classe confligit: post acre certamen, tandem Tartarorum navigia partim in fundum dejecta, partim fugâ elapsa, partim capta cum quatuor circiter mille Tartaris, quos omnes, occisis eorum ductoribus, naribus & auribus truncatos, in continentem remisit. Cùm verò tam probrosa spectacula in aulae conspectu diutius intueri non sustinerent commilitones, regio jussu ad unum omnes contrucidati sunt, quippe qui aut vincere, aut pro patria gloriosè mori debuerant.

Anno Cycli 38. (1661.) *Que sim* Architalassus urbem & arcem munitissimam Insulae Formosae à Batavis munitam terrâ marique obsidet. Tandem post quatuor mensium obsidionem, fame obsessos premente, & desperatis, quae expectabantur auxiliis, cum tota insula pactis conditionibus, in postestatem Sinensium cessit; ibique suae dominationis sedem *Que sim* constituit, sed minimè diuturnam; quippe anno mox sequenti, cùm accepisset, foedus Batavos inter & Tartaros contra se initum, ad haec ab Hispano Milite in Philippinis detectâ conjuratione, multa Sinensium millia contrucidata, recens denique à filio admissum incestûs flagitium, in tantam actus est rabiem, ut digitos dentibus suis dilanians, furibundi instar expiraverit.

Sed & hoc anno 1661. extincta, quae residua erat familiae *Mim* praeteritae scintilla, *Yum lie* scilicet [100] Imperator, de quo suprà. Confugerat ipse in Regnum *Mien que* (vulgò *Pegu*) provinciae *Yun nan* contiguum, quando Tartarus cum novis copiis adest. Datis ad Regem minacibus litteris profugum reposcit: traditur absque morâ cum tota familia, & in Metropolim infelix *Yum lie* adductus, elisis laqueo faucibus strangulatur. Duae Reginae mater & conjux aliaeque Pekinum abductae, & cum honore in Palatio separato hodieque servantur, & uti constat, fidem olim Christo datam constanter servant.

Fatalis quoque hic annus fuit *Xun chi* Imperatori Tartaro-Sinico, qui meliùs coeperat quàm desiit. Causam mortis immaturae praebuit impotens amor mulierculae, quam miser deperibat. Ut autem eâ potiretur, maritum ad se vocatum, quasi de munere suo malè administrato increpitum, alapâ inflictâ à se repulit: hic domum reversus, post triduum moerore consumptus obiit. Quo cognito conjugem in aulam vocat, & Reginam à legitima secundam praeter morem creat. Filiolum ei parit nova nupta. Natalis regiâ solemnitate celebratur. Post trimestre moritur infans, & natum mox secuta mater. Quàm Regi luctuosa acciderit utriusque mors, vel inde patet, quòd prae furore ac dolore amens, arrepto gladio sibi necem intulisset, nisi Regina mater & Eunuchi impetum cohibuissent. Voluit tamen 30. hominum spontanea morte placari manes concubinae, ritu apud Sinas execrando, quem barbarum morem successor deinde sustulit. Indixit etiam non solùm aulae proceribus, sed totius Imperii praefectis per mensem, ipsique plebi per tridui spatium, luctum habitumque funebrem, tanquam pro Imperatrice, quo eam titulo à morte honoraverat. Modus verò in funebri apparatu suprà dignitatem fuit & decorum. Pellicis cadaver sacrophago rari pretii inclusum, & unionibus instratum, more Tartarico rogo imponitur, in quem magna vis auri & argenti, nec non serici, & regiae supellectilis injecta, & flammis absumpta, ducentis quoque aureorum millibus in milites & egenos distributis: defunctae cineres, ipse Rex muliebriter ejulans, in urna argentea suis manibus collocat, quorum amorem Regina moriens unicè commendaverat. Bonziorum autem greges ad duo millia cantibus suis & naeniis & insulsis superstitionibus miserum Regem adeò jam dementaverant, ut & Gynecaei Virgines & Eunuchos ad assumendum sacrificulorum habitum invitaret, atque ipse insuper jam in reprobum sensum declinans, raso capite, victu, & vestitu Bonziorum indutus, tribus etiam erectis in ipso Palatio delubris, ad Idola, quae antea vilipenderat, adoranda, nunc hoc nunc illud per urbem fanum adiret.

Non defuit hîc muneri suo Adamus per libellos supplices [101] ad pristinam frugem conatus miserum revocare; sed qui monentem plerumque erat secutus, moriturus jam non audit: admissus tamen aliquot ante obitum diebus, vetansque coram se genua flecteret, postquàm loquentem audiisset, propinari jubet hospiti potum *cha*: nec plura collocutus, domum dimisit. Auditus interim à suis incusare suam negligentiam, & ut daret seriae, etsi jam serae poenitudinis specimen, accepto penicillo, 12. puncta amnistiae per Imperium indicendae conscribit: demùm sentiens sibi jam abeundum, vocatis ad se quatuor magnatibus, fatetur culpâ suâ malè administratum Imperium: quòd patri & avo, nec non regulis & bene meritis minus sit patrocinatus; quòd matris consilia contempserit; quòd ex auri cupidine stipendiis proceres defraudarit; quòd rebus curiosis addictus multa inutiliter prodegerit, quòd populum non ut filios habuerit; quòd eunuchos admiserit ac foverit; quòd denique Reginam nuper defunctam inordinatè amaverit, in eaque deflenda tam sibi quàm subditis molestus fuerit. Postremò filiolum octennem quatrum virûm tutelae commendans, visurus jam patres suos vestem petiit, quam cùm induisset, continuò valefaciens collectis cruribus ac brachiis, *ecce*, inquit, *abeo*, ac mox ex variolis decessit sub medium noctis, aetatis anno 24.

Manè insequenti Bonzii omnes è Palatio ejecti. Sub meridiem loculo cadaver includitur, centum post dies (quod iis fit qui ex variolis obierunt) rogo imponendum. Postridie octennis haeres in solio collocatur, & ab omnibus ritè salutatur Imperator. *Consulat lector librum cui titulus, De initio et progressu Missionis Sinensis, et alium de historiâ novâ Tartaro-Sinicâ P. Fran. de Rougemont, qui de totâ Xun chi imperantis serie conscripserunt.*

2. Cam hi, id est firma tranquillitas. Regnat hodie.

Anno Cycli 39. (1662.) succedit *Cam hi* filius natu minor octennis, quem, relicto primogenito, pater elegerat more inter Tartaros usitato, ubi sola patris voluntas tamquam à coelo delapsa inviolabiliter servatur.

Initio sub tutoribus quatrumviris res publica moderatè pacificèque administratur. Eunuchorum princeps tamquam tot malorum fax & incentor capite plectitur. 4. millia Eunuchorum è palatio proscripta, mille reliquis ad infima & vilissima ministeria reservatis. Edictum promulgatur, quo sub poena capitali jubentur incolae totius orae maritimae per sex provincias, mutare solum, & per trium ferè leucarum spatium ad interiora continentis commigrare, pagis, arcibus & oppidis maritimis solo aequatis, omnique prorsus maris commercio interdicto; quo factum est ut plurima hominum millia, quae piscatu vitam aegre [102] trahebant, aerumnis & fame interierint, templa etiam non pauca Christianorum cum idolorum delubris abolita sint: quin & civitas Macaensis eandem ruinam erat subitura, jussis Lusitanis mutare sedes, nisi Adamus in primis periclitanti urbi succurrisset: hinc maritimi hostis otentia adeò tandem debilitata est, ut post 20. circiter annos *Formosa* Insula ultrò ventura sit in potestatem Tartarorum.

Anno Cycli 41. *Cam hi* Imp. 3. (1664.) gravissima & universalis persecutio mota contra praecones Legis Christianae, *de qua consule Relationes PP. Gabiani,*

Rougemont et Grelon. Promulgatur edictum Regis contra Religionem tanquam rebellionis & pravae doctrinae magistram, cujus caput Joan Adamus & tres socii acti rei 9. catenis onusti, è carcere ad varia trahuntur tribunalia. Citati in aulam omnes Europaei sacerdotes. Libri christiani, numismata, &c. velut rebellionis tesserae, flammis tradi jubentur: Ecclesias tamen & sacras imagines violari, & Christianos divexari prohibetur.

Anno 1665. 16. Aprilis, in generali omnium Ordinum consessu damnatur Adamus primò ad laqueum, deinde ad crudelissimi supplicii genus, quo per minutissimas dissectiones corpus spirantis mutilatur. Sententia à coetu Regulorum & Quatuorvirûm confirmanda defertur, cùm derepente urbs tota contremiscit, & iteratis motibus concutitur. Indicitur publica amnistia, solvuntur è carceribus rei, uno Adamo excepto, qui post mensem, cùm pridie natalis Regis palatium conflagrasset, à vinculis liber dimittitur: relegantur (quatuor exceptis) qui in aulam venerant Sacerdotes Europaei (tres è D. Dominici, unicus è Seraphica familia, & 21. è Societate) in prov. *Quam tum* metropolim. 15 Aug. piè & pacificè P. Adamus moritur, declarandus deinde innocens, & magno praedio in sepulturam, nec non pristinis titulis & elogio donandus ab Imperatore.

Anno Cycli 43. (1666.) moritur *Sony* Quatrumvi rûm natu major. *Cam hi* solenni ritu adit Imperii regimen, quod magnâ cum laude prudentiae & aequitatis hodieque moderatur. Justitiae certè mox suae, aut potiùs divinae specimen initiò dedit in Quatrumvirûm altero *Su ca ma* nominato. Hic ut erat consilio & authoritate prae caeteris eminens, ita & hostis Christiani nominis eò acerbior, quò dissimulatior. De 20. defectibus accusatus in vincula abripitur, bonisque fisco addictis damnatur ad mortem acerbissimam: Rex sententiae subscribit, mitigatâ aegri hominis poenâ, & in laquei supplicium commutatâ. Palàm ergò pridie Nonas Septembris septem filii & nepotes capite plexi, filius natu tertius minutatim concisus, patri denique fauces nervo elisae.

Anno Cycli 45. Legatio Lusitanica singulari [103] favore ab Imperatore excipitur, quae res urbi Macaensi firmandae profuit.

Anno Cycli 46. (1669.) jussu Imperatoris examinantur ac deteguntur errores novi Kalendarii Sinici à Ferdinando Verbiest, qui à *Xun chi* decessore è prov. *Xensi* in aulam fuerat evocatus. Ediderat illud *Yam quam sien*, qui loco Adami Mathematicae praesidebat, & blasphemo & pestifero suo libro aulae proceres, Bonzios, Mahometanos contra Christi legem & Europae Astronomiam concitarat; sed haec cum Kalendario è tenebris in lucem pristinam revocata. Quin & Religio Christiana in comitiis Imperii generalibus post 7. dierum examen declaratur, *Nihil pravi, aut quod seditionem redoleat, continere*: revocantur ab exilio ad pristinas Ecclesias Sacerdotes Europaei diplomate regio, quamvis eodem novae Ecclesiae vententur extrui, & indigenae Christi legem amplecti. *Yam quam sien* praefecturâ exuitur, & ad plebeiorum sortem, ac dein ad mortem damnatur: sed ab hac absolutus, & in patriam remissus, paucis post mensibus in itinere pestilenti ulcere à Deo percussus interiit. Noster verò Ferdinandus Ephemeridum praefectura donatur, plurimis deinde titulis ac favoribus hodieque auctus ab Imperatore, quem etiam ad 5. menses magistrum habuit in Mathesi. *Consule librum, cui titulus*: Innocentia Victrix; *et alterum P. Ferdinandi, cui titulus*: Astronomia Europaea ex umbrâ in lucem revocata.

Anno Cycli 50. (1673.) novus turbo ac procella Imperium concutit *V san quei* (de quo suprà) potentissimus regulus in Prov. *Yun nan*, qui Tartaros malè providus in Sinam introduxerat, in aulam vocatus ire renuit, nisi cum 80. millium comitatu. Mox dimissis legatis Tartaricum jugum excutit. Sinicum constat Kalendarium quod ad vicinos & clientelares Reges mittit. Hoc Rex Tunkinensis aliique admittere renuunt, mittuntque ad Imperatorem. *V san quei* interim tres

Provincias *Yun nan*, *Su chuen*, *Qui cheu*, suae potestatis facit, & insuper mediam ferè partem prov. *Hu quam*: major hujus filius in aulâ capite plectitur. Detegitur conjuratio, trucidantur rei omnes. Bienniò pòst rebellant Reguli *Fo kien* & *Quam tum*, patre utriusque pridem defuncto habitumque & pileum Sinicum induunt. Accessit his Insulae Formosae aliarumque Dynasta maritimus. Actum erat de Tartaro, si quidem junctis animis & armis pro patria libertate decertassent: sed Dynasta cùm à Regulo *Fo kien* velut inferior tractaretur, mox arma in ipsum convertit. Multa utrimque commissa praelia, cladem utplurimùm referente Regulo. Ex aulâ interim cum exercitibus mittuntur Reguli Tartari; in *Hu quam* ipse patruus Imperatoris, alius in *Che kiam* & *Fo kien*, alius in *Quam tum* & [104] *Quam si*. Regulus *Fo kien* tot cladibus fractus, suisque diffisus, raso rursus capite se Tartaro dedit, à quo benignè habitus, legioni tantisper praeficitur. Regulus verò *Quam tum*, quòd item ab *V san quei* inferiore, quàm par erat, titulo donatus esset, rupto foedere, totam rursus ad Tartarum reduxit provinciam. Eodem anno (qui erat 1675.) 12. Julii Imperator adit templum & aedes nostras, ubi penicillo regio binos cubitales exarat characteres *Kim tien*, hoc est, venerare coelum, seu coeli dominum, eosque sigillo regio munitos nostris consignat. Hujus exemplaria trium Ordinum Religiosorum templis & aedibus per Imperium praefixa vim hîc obtinent tacitae approbationis legis Christianae.

Anno Cycli 56. Imp. 18. (1679.) *V san quei* senio confectus moritur, acclamatur Imperator hujus filiolus *Hum hoa* dictus. Eodem anno, 2. Septembris, sub 10. horam matutinam, regiam urbem & loca vicina tam horribilis terrae motus concussit, ut innumera palatia, deorum fana, turres & urbis moenia corruerint, & sub ruinis sepulti supra 400. & in proximo aulae oppido *Tum cheu* dicto supra triginta hominum millia sub aedium ruinis oppressa. Quia verò ad trimestre ferè terraemotus tametsi languidior, per intervalla repetebatur, ipse Imperator, principes

& proceres palatiis suis relictis sub tentoriis habitabant, & subdio vitam trahebat misera plebs, quam pius Imperator solatus est, ex aerario depromens, quo & pauperes sub ruinis oppressi, suo sarcophago conderentur, & aedes collapsae restaurarentur.

Ejusdem anni mense postremo, qui jam erat 4. Januarii (1680.) Imperatoris palatium, orto repentè incendio, paucis horis absumptum est. Damnum excessit duos milliones 850000. aureorum. Quarto ab incendio die Imperator ad saltum suburbanum venationis gratiâ, quam amabat impensè, profectus est. Liceat hîc obiter in laudem imperantis Principis afferre pietatis ejus & justitiae specimen, quod inter venandum, aliquando praebuit. Fuit, cùm eminus conspicaretur monumentum magnificum, quod esse audiens postremi è familiâ praeteritâ Imperatoris *çum chim*, quem *Xun chi* pater honorificè sepeliendum curaverat, eò properè divertit, flexisque ante tumulum genibus illachrymans, exclamavit, *O*, inquit, *çum chim Imperator, tu nosti, quod mortis tuae adeò miserandae nos causam non dederimus, tui te subditi perduelles ad hanc te impulerunt*. Tum accensis de more suffitibus, vultuque in terram prostrato, eidem ritè parentavit. Aliàs cùm inter venandum procul à turbâ incidisset incognitus in senem amarè deflentem unicum filium à Praefecto Tartaro vi abreptum, princeps rei motus indignitate, senem jubet equo suo à tergo insidere, & ad aedes raptoris [105] properare. Duarum leucarum erat iter. Mox hominem criminis convictum jubet coram proceribus, qui undequaque advenerant, capite plecti, & senem ipsum in ejus praefecturam succedere, addens simili poenâ mulctandum, si in officio suo similiter deliquisset.

Anno Cycli 57. (1680.) Regulus prov. *Quam tum*, tametsi jam subditus, Tartaro tamen suspectus erat, eò quòd turbulenti genii vir ex commercio maritimo, contra Regis praescriptum, cum Hispanis & Batavis potentissimus evaderet, ad haec in ruinam Macaensis urbis intentus esset, & magnâ in exercitu 40. millium authoritate polleret. Quare cùm jussus esset ab Imperatore in provinciae *Quam si* perduelles arma movere, cùm fortè ab exercitu hinc inde distracto in urbem quampiam se contulisset, in provinciam *Quam tum* & palatium suum astu quopiam reductus est, ubi elapsis aliquot mensibus, à duobus magnatibus, qui 17. dierum spatio ex aulâ eò convolarant, die 9. Octobris multò manè, oblato, honoris causâ, laqueo, jussus est sibi fauces constringere, quo tempore 112. factionis socii (quos inter tres ejusdem fratres) capite plexi, dignus alioqui meliori sorte princeps, quippe qui de Deo & lege nostra optimè sentiebat, & ejus praeconibus, suprà quàm dici potest, semper impensè faverat. Quòd autem immensis ejus opibus fisco addicendis inhiaret Tartarus, placuit Reguli patris necdum sepulti, sarcophagum recludere, ut explorarent, an habitu pileoque Sinico cadaver indutum foret, quod cùm comperissent Tartarico more vestitum bona omnia, ad reliquos fratres, quos inter gener erat Imperatoris, aliosque affines transierunt.

Hoc item anno exeunte RR. PP. è sacrâ D. Augustini familiâ ex Philippinis Macaum appulsi, Sinam ingrediuntur.

Anno sequenti Regulus *Fokien* (de quo suprà) ob tyrannidem praecipuè in plurimos Praefectos sibi suspectos, dum rebellaret, exercitam, in aulâ coram omni populo in partes dissectus est, & canibus objectae carnes: fratres tametsi insontes capite plexi. *Yun nan* provinciae metropolis à Tartaro occupatur. *Hum hoa* Imperator spontaneo laqueo Tartaricum supplicium antevertit. *V san quei* patris pridem defuncti ossa è tumulo eruta, & in curiam transportata, partim ad terrorem cum infamiae notâ variis locis affixa, partim in pulverem contusa, aëri & ventis in ludibrium dispersa sunt.

Hic quoque annus 1681. centesimus est propagatae à Soc. Jesu in Sinâ Religionis Christianae.

Anno Cycli 59. (1682.) extinctis jam tribus Regulis, & provinciis 15. feliciter debellatis, necnon pace per Imperium stabilitâ, Imperator natale solum & majorum suorum sepulchra statuit [106] invisere. Iter iniit in Tartariam Orientalem die 23. Martii cum principe haerede declaroto, tribus Reginis, & praecipuis Palatinis, & tribunalium Magistratibus & 70. circiter millium hominum comitatu, in quo comitem & sibi ubique assistentem habere voluit Ferdinandum Verbiest, *qui quòd isthic semina quaedam Religionis Christianae comperisset, Tartaricam Grammaticam composuit, quae nunc è regiâ Bibliothecâ in lucem prodit, & Deo aspirante, usui erit venturis in Tartariam Evangelii praeconibus.*

Anno Cycli 60. & ultimo, imperantis verò *Cam hi* 22. (1683.) Imperator longè majori cum apparatu, & 70. millium equitum comitatu in Tartariam occidentalem inter instituit, tum ne otio & deliciis Sinicis diffluens valetudini minùs consuleret, tum ut se & militiam duris assuesceret, & ut doceret eâ normâ & ordine adversus hostes armatam procedere, quo ad tygrides inter venandum, & feras debellandas praeludi jubebat, tum denique ut magnificentiam suam & majestatem ostentans, sacrum quemdam terrorem barbarorum Dynastis incuteret, quos proinde benignitate regiâ & clementiâ, nec non muneribus & dignitatum titulis adeò sibi conciliavit, ut provincias omninò 40. clientelares & sibi ultrò tributarias suaviter fortiterque reddiderit.

Consule de utroque itinere binas Epistolas Ferdinandi, qui secundi itineris comitem habuit Philippum Grimaldi.

Hic finit Tabula nostra Chronologica Sinicae Monarchiae per 60. annorum periodos, seu Cyclos 73. continuatae, qui annos explent 4380. quibus si addideris annos 255. duorum gentis Sinicae conditorum *Fo hi* & *Xin num*, summatim existent anni 4635.

Errata, quae hîc occurrent condonabit, uti spero, benevolus Lector. Emendabit ea constans & irrefragabilis ordo Cyclorum, ad quos calculi omnes, sicubi aberraverint, revocandi sunt, prout in Praefatione indicatum est.

AD MAJOREM DEI GLORIAM.

IMPERII SINARUM et RERUM IN EO NOTABILIUM SYNOPSIS

IMPERIUM SINARUM DIVIDITUR IN XV. amplissimas Provincias, quarum singulae ob magnitudinem, opulentiam, fertilitatem, magna regna verius appellari possunt, quam Pronvinciae: his addi debet *Leaotum* regio uni Provinciae non multò inferior. Haec regio cum aliis 6. Provinciis *Eoo*, & Australi Oceano adjacent; sex Mediterraneae sunt; reliquae tres ad Occidentem à reliqua Asia montium ferè jugis separantur.

Imperii amplitudinem, Urbiumque, & Populorum multitudinem, & rerum abundantiam, velut in nucleo iliadem, hic subjicio, prout in Atlante Sinico ex Sinensium libris exposuit P. Martinus Martinius, ac deinde P. Gabriel de Magalhanes, in descriptione Sinicae Monarchiae è manuscripto Lusitanico Gallicè traducta.

Urbes Metropolitanae (quas inter una est primaria) quae Imperatori cum Civitatibus & Oppidis sibi subjectis vectigal pendunt, numerantur CLV. quae rectius totidem Provinciae vocari possunt, quippe singulae sub se continent non paucas civitates, Oppida, Villas, Municipia, & c.

	Provinciae.	Metropoles.	Civitates.	Familiae.	Viri.
I.	Pe kim.	8	135	418989	3452254
II.	Xan si.	5	92	589659	5084015
III.	Xen si.	8	107	831051	3934176
IV.	Xan tum.	6	92	770555	6759685
V.	Ho nan.	8	100	589296	5106270
VI.	Su chuen.	8	124	464129	2204570
VII.	Hu quam.	15	108	531686	4833590

续表

	Provinciae.	Metropoles.	Civitates.	Familiae.	Viri.
VIII.	Kiam si.	13	67	1363629	6549800
IX.	Nan kim. nunc Kiam nan.	14	110	1969816	9967429
X.	Chekiam.	11	63	1242135	4525470
XI.	Fokien.	8	48	509200	1802677
XII.	Quamtum.	10	73	483360	1978022
XIII.	Quamsi.	11	99	186719	1054760
XIV.	Yun nan.	22	84	132958	1433100
XV.	Queicheu.	8	10	45305	231365
	Summ.	155	1312	10128789	58916783

P. de Magalhanes, qui 30. annis in aula moratus, ibidem obiit anno 1677. posthumo elogio ab Imperatore donatus, sic scribit:

In toto Imperio loca partim civica partim militaria muris cincta sunt 4402. loca civica recensentur 2045. nimirum Urbes Metropolitanae primi ordinis *Fu* dictae 175. Civitates secundi ordinis *Cheu* dictae 274. Civitates tertii ordinis *Hien* dictae 1388. Hospitia Regia cum excubiis *Ye* dictae 205. & inferioris ordinis *Cham chin* dicta 103.

Ratio verò ob quam P. De Magalhanes majorem Urbium, ac Civitatum numerum ponit, quam P. Martinius, haec est; quod ille annumeret quasdam particularium Principum, qui Imperatori Sinarum non parent & à quo titulum dumtaxat accipiunt, sitas tamen inter montes, in quatuor ipsius Imperii Provinciis, *Suchuen*, *Queicheu*, *Yunnan*, *Quamsi*; annumeret etiam Urbes, & Oppida regionis *Leaotum*, quae Sinae in particularibus tantum Catalogis solent recensere: P. verò Martinius eas solum scripsit, ex quorum districtu Imperatori vectigal penditur.

Hospitia Regia absque muris pro Praefectis, Cursoribus, aliisque ex aulâ regio sumptu iter facientibus *Ye*, vel *Chin*, vel *Yechin* dicta, sunt, 1145.

Familiae in toto Imperio recensentur, 11502872.

Virorum numerus pertingit ad capita 59788364.

Non ingrediuntur hunc numerum, mulieres, parvuli ante annum aetatis 20. necnon è Regio nati sanguine, Ministri Regii, nec Praefecti & Expraefecti, neque milites, Baccalaurei, Licentiati, Doctores, Bonzii utriusque sectae, mendici, iique qui in navibus innumeris habitant.

Inter loca militaria Arces primi nominis, & ordinis, *Quan* dictae, sunt 627. Arces secundi ordinis, *Guei* dictae 567. Arces tertii ordinis, *So* dictae 311. Arces quarti ordinis, *Chin* dictae 300. Arces quinti ordinis, *Pao* dictae 150. Arces sexti ordinis, *Pu* dictae 100. Arces septimi ordinis, *Chai* dictae 300.

Numerantur itaque loca militaria 2357. praeter Turres, & Castella ter mille, *Tai* dicta, intra, & extra famosum illum murum sita (quorum nomina in mappis Sinensibus recensentur.)

Murus Sinarum Imperium ab utrâque Tartariâ separans, & complectens *Leaotum* cum tribus Provinciss *Pekim*, *Xansi*, *Xensi*, ab ortu in occasum ad 400. circiter leucas Lusitanas; juxta Martinium verò, ad trecenta milliaria Germanica (quorum 15. uni gradui respondent) rectà protenditur. Si verò muri flexus, & montium circuitus considerentur, complectitur leucas ferè 500. hujus altitudo 30. latitudo 12. & alibi 15. cubitorum est.

In toto Sinarum Imperio Flumina navigabilia, & Lacus magis celebres, 1472.

Pontes celebriores, 331.

Montes prae aliis plurimis memorabiliores, 2099.

Turres, & Arcus triumphales, aliave id genus magnifica Aedificia, Regibus, virique illustribus erecta, 1159.

Bibliothecae celebres, & Libris instructissimae, 272.

Gymnasia Sapientiae, seu Academiae Magistro Imperii *Confucio* erectae totidem numerantur, quotquot Urbes sunt, & Civitates.

Baccalaureorum numerus (nam Studiosorum innumerabilis videtur) assurgit circiter ad capita 90000.

Avita Templa, seu potius illustres aulae majoribus suis aut bene. meritis erectae ad perpetuam Familiae memoriam, 709.

Mausolea architecturâ suâ apud posteros commendata, 688.

Virtute, & Factis Heroicis illustres viri, libris, & metris celebrati, 3636.

Illustriores virtutibus Foeminae, quaeque ob constantiam, in tuendâ virgintate, aut fide maritali passim depraedicantur, 208.

Praeter 32. Regulorum Palatia, sunt sua singulis ubique Praefectis assignata, pro cuiusque gradu, & dignitate Palatia. 32167.

Templa vero Deo dedicata, praeter Sacella, sunt circiter 240.

Christianorum numerus anno 1681. erat circiter 260000.

Idolorum Templa prae reliquis magis frequentata ob magnificentiam, aut conficta Idolorum miracula, 480.

In his aliisque Templis minoribus, & Deorum fanis, quorum numerus videtur incredibilis habitant Bonzii diplomate Regio donati 350000.

Multò plures recensentur absque diplomate, qui mendicatò vivunt.

In sola Regia Pekinensi sunt Bonzii Caelibes, 10668.

Bonzii uxorati, & diplomate Regio instructi, 5022.

Omnium utriusque sectae Bonziorum, seu Sacrificulorum numerus passim creditur propé accedere ad 1000000.

De numero Mahometanorum, qui 700. ab hinc annis Sinam ingressi, sunt qui credunt millionem excedere.

De numero Pauperum Senum, & invalidorum, quibus olim sua assignabantur domicilia, & quae ab omni aevo in singulis Urbibus, & Civitatibus, annonâ Regiâ aluntur, nildum licuit certi cognoscere.

Anni à *Fo hi* primo gentis Conditore usque ad annum hujus saeculi 1683. inclusivè, computantur 4635.

Anni computati per 73. cyclos, quorum singuli annis 60. constant, sunt 4380.

Familiae Imperiales longioris durationis decem brevioris duodecim.

Imperatores ab hoamti usque ad modernum camhi imperantis per Monarchiae Sinicae annos 4380. continuati, 235.

His si addas duos gentis conditores, Reginas duas contra leges Regni intrusas, & Imperatores 14. qui (vel quod intrusi, vel quod annum regiminis non habuerint) à Scriptoribus excluduntur, erunt 253.

Praefecti Togati, seu qui Magistratu civili per triennium extra patriam Provinciam de more funguntur, & novem ordinibus suisque volucrum insignibus aliisque indiciis distinguuntur, conficiunt numerum, 13647.

Singulorum nomina, patria, gradus Litterarius, uti & Praefectorum militarium, singulari libro (qui ex mobilibus litteris more Europaeo componitur) singulis trimestribus ex aulâ per totum Imperium circumferuntur: similiter quotannis Kalendarium, nec non futurae eclypses Solis & Lunae, & quaecumque à sex supremis aliisque Conciliis proposita, ab Imperatore decernuntur, & si quae in Provinciis portenta & publicae calamitates contingant, authenticè comprobata, ex solâ aulâ, ad omnia Imperii loca per cursores determinatis temporibus disperguntur.

Praefecti militares, qui sex ordinibus suisque belluarum insignibus & vexillis discoloribus inter se distinguuntur, numero sunt 18520.

Liber Sinensis *Kieu Pien tu* dictus, id est, *Novem Confinium Mappa*, à Praeside supremi Tribunalis armorum, à 170. jam annis editus, & oblatus Imperatori cum 132. Mappis Cosmographicis majoribus, refert Sinensis Imperii intra & extra murum confinia contra Tartaros defendi, (excipiuntur thurmae auxiliares) à praesidiariis militibus 902054.

Equi praefatis militibus destinati, numerantur, 389167.

Stipendia Regia illorum militum praeter triticum, aut milium & pabulum equorum tantùm annuè, ascendunt ad aureos 2517357.

Non hîc agitur de numero Praesidiariorum militum, qui Provinciarum confinia, loca Maritima, Civitates; & Arces tuentur, quorum militum majora sunt stipendia, quàm eorum, qui ad murum vigilant: nam quotaniis pro 50. militum millibus, aureorum millionem cum dimidio, hoc est sex milliones florenorum Belgicorum assignari vount.

Tempore pacis, qui Praefectis noctu diuque assistunt milites, recensentur 767920.

Equi eisdem militibus destinati affirmantur esse 564900.

P. Alvarus semedo ad muri custodiam assignat milites dumtaxat 682882.

Ad urbium verò & arcium praesidia (exceptis maritimis) milites 594000.

Ea, ex quibus Imperatori quotannis penditur vectigal (exceptis iis, quae ex teloniis proveniunt) sunt juxta P. Martinium.

Orizae, tritici, milii sacci, 120. librarum singuli, 40155490.

Serici laborati librae, 20. unciarum singulae, ex undecim Provinciis, 191530.

Serici non laborati librae 409896.

Gossypii, & cannabis laborati, & non laborati librae 295308.

Salis massae, 124. librarum singulae è septem Provinciis, 1994261.

Fasces straminis pro equis Regiis, è septem Provinciis, 34418625.

Magalhanes ex memorato libro *U pien tu*, sic scribit:

Quotannis in aerarium Imperatoris inferuntur è puro argento aurei 27900000.

Reditus item pro Imperatrice assignati sunt aurei, 2823962.

Non hoc loco recensentur reditus pecuniarii, & proventus ex teloniis, domibus, nemoribus, hortis Regiis, bonis Fisco addictis: &c. Martinius scribit reditus Regios universim esse aureorum 150000000.

Orizae pro tributo pendende sacci, qui ex austro per celebrem aquae ductum à 9. mille & amplius navigiis (quorum singula 500. saccis onusta) in solam aulam devehuntur, excedunt numerum 4500000.

Orizae tritici, milii, sacci 43328834	Salis panes 50. libr. sing. 1315937.
Minii purissimi librae 258.	Sandaracae librae 94737.
Serici densioris panni 1655432.	Serici rarioris panni 466270.
Serici crudi librae 272093.	Gossypini panni, 396480.
Gossypii infecti librae 464217.	E cannabe telae, 560280.
Fabarum sacci, 210470.	Straminis fasces, 22598583.

Hic numerus postremus sub belligero Tartaro duplo saepè major est, quam sub Sinarum pacificâ dominatione. Omitto hîc vix credibilem in aulâ copiam quadrupedum altilium, &c. dicere sufficiat singulis diebus aulae Praefectis singulis, tam civicis quam militaribus (qui ad 5. circiter millia numerantur) necnon Regii Sanguinis Principibus, pro cuiusque gradu, & dignitate praeter stipendium argenti, assignari ac distribui determinatam mensuram carnium, piscium, leguminum, & coaguli è fabis confecti, & per singulos menses salis, orizae, ligni, carbonum & pabuli equini, idque adeò accuratè, ordinatèque, ut videatur Imperator Patris instar Familias distribuentis in dies portionem suam filios inter & Domesticos suos. Non referuntur hîc, quae domus ipsa Regia amplissima quotidiè consumit. Eadem constanter servantur cum omnibus qui in aulam vocantur, & quotquot ex aulâ Magistratûs sui sigillo aut alio negotio instructi, Regiâ auctoritate proficiscuntur, quorum singulis & singulorum comitatui, de commeatu & victu, aut, si malint, de argento aequivalente, de Hospitiis, & equis, aut, si per flumina iter instituunt, de navigiis Regiis, & apparatu, quin & musicorum instrumentorum concentu ad oblectamentum, toto itinere (quod 5.& 6. mensium saepe est) providetur, donec ad locum officio suo destinatum pervenerint.

Hîc autem praeter Palatium & supellectilem, praesto sunt ubique, qui stipendiis Regiis merent curiales, seu Officiales majores & minores, Milites, Excubitores, Tabelliones; caeterique ad pompam (quae in Regia urbe non est) & comitatûs splendorem, quoties prodit in publicum: cuiusmodi sunt praecones & tympanistae, & qui dignitatem Praefecti aureis trabalibus litteris exaratam, nec non titulos, aliaque insignia praeferunt: vexilli feri item, & Apparitores cum suppliciorum instrumentis, alii qui sericas umbellas majores hastis suffixas erigunt, qui Officii Sigillum Regium arcâ aureâ inclusum, velut rem sacram, humeris gestant, qui auratis flabellis majoribus solem aut imbres arceant; denique cum altero umbellifero, sellae auratae bajusi simili pileo togâque, eâque rubeâ, induti 4, 6, aut 8. plureive, pro cuiusque ordine & dignitate, quaeque sellam & agmen claudit famulorum aut equitum turba: Eorum namque, qui Provinciarum sunt Praetores, Proreges, Quaestores, Judices, Praesides, necnon urbium Praefecti Primarii, & armorum Duces, apparatus triplo major est, & splendidor; & his insuper assignati sunt sui tubicines, ac tibicines, qui ante Palatii valuas in editiori utrimque aediculâ certis temporibus concentum musicum edant, quin etiam ante atrii sores tria tormenta bellica, aut falcunculi collocati, qui exonerantur, quoties

Praefectus pro Tribunali sedens publicam dat, aut terminat audientiam, quoties Palatio egreditur, & ingreditur, quoties magnum excipit hospitem & abeuntem deducit, aut cursorem cum litteris ad aulam expedit, & Imperatorem: die item solenni natalis sui, & primis Kalendis cuiusque Lunae, quando Praefecti reliqui, necnon jam emeriti, & litterarii ordinis Doctores & Licentiati, ante Thronum & nomen Imperatoris aureis inscriptum litteris, praeeunte magistro rituum, in genua provoluti & capite novies in terram inclinato venerabundi, tanquam praesenti Principi (ut in aulâ fit) apprecantut annorum myriades.

Quanta igitur per singulos dies toto Imperio vis pulveris nitrici absumatur, quanta item quotannis annona pro eâ curialium multitudine impendatur, ei judicandum relinquitur, qui consideraverit, in Sinâ numerari Urbes & Oppida, tam Civica, quam militaria 4402. Praefectos verò omnium ordinum 32167.

P.PHILIPPUS COUPLET socitatis *JESU*.1687.

PARADIGMA XV PROVINCIARUM et CLV URBIUM CAPITALIUM SINENSIS IMPERII CUM TEMPLIS

Provincia PEKIM *continet Urbes Metropolitanas* 8. *Civitates* 135. *familias* 418989. *collegium et* 2 *Templa Regio favore erecta. extra aulam templa* 4. *et missiones.*

Prov. XANSI *continet Urbes* 5. *Civit* 92. *famil* 689659. *Templa* 5. *Residentias* 3. *oratoria et missiones* 29.

Prov. XENSI *continet Urbes* 8. *Civit* 107. *famil* 831051. *Templa* 6. *Residentias* 2. *Oratoria et missiones* 27.

Prov. XANTUM *continet Urbes* 6. *Civit* 92. *famil* 770555. *Templa* 2. *Residentiam* 1. *Oratoria et missiones* 11.

Prov. HONAN *continet Urbes* 8. *Civit* 100. *famil* 589296. *Templum et Residentiam.*

Prov. SUCHUEN *continet Urbes* 8. *Civit* 124. *familias* 464129. *Templa* 3. *Residentias olim* 2.

Prov. HUQUAM *continet Urbes* 15. *Civit* 108. *familias* 531686. *Templa* 4. *Resid* 1. *missiones* 8.

Prov. NANKIM *continet Urbes* 14. *Civit* 110. *familias* 1959816. *collegium*, *Resid* 5. *intra Urbes et civit. Templa* 18 *in pagis Templa* 103. *Miss* 65.

Prov. CHEKIAM *continet Urbes* 11. *Civitates* 63 *familias* 1242135. *collegium*, *tyrocinium Templa* 5. *olim item alia Templa* 2. *et Resid.*

Prov. KIAMSI *continet Urb.* 13. *civit* 67 *famil* 1363629. *Templa* 7. *Residentias* 3. *missiones* 15.

Prov. FOKIEN *continet Urbes* 8. *Civitates* 48. *familias* 509200. *Templa* 24. *Resid* 5. *et Missiones.*

Prov. QUAMTUM *continet Urbes* 10. *Civitates* 73. *familias* 483360. *Templa* 7. *Residentias olim* 3. *et Missiones.*

*Prov.*QUAMSI *continet Urb.11.civit 99.familias 186719.Templum olim et Residentia.*

*Prov.*YUNNAN *continet Urbes 22.civitates 84.familias 132958.*

*Prov.*QUEYCHEU *continet Urbes 8.civit 10.famil 45305.*

XV Provinciae Summatim continent Urbes Metropolitanas 155. Civitates 1312. Praeter oppida militaria 2357. Familias 10128789. Virorum capita 58916783. Templa a Societate Jesu primo saeculo erecta circiter 200. Residentias publico sigillo munitas 24. praeter tria inchoata Collegia, oratioria, Missiones.

AD MAIOREM DEI GLORIAM.

P.Philippus Couplet S.J.Sinensis Missionis Procurator.

Parisiis apud Joannem Nolin viâ Jacobeâ sub Signo Platea Victoriarium. Cum Privilegio Regis.

后　记

　　十多年前,我在中山大学哲学系开始教授拉丁语课程。在完成初阶拉丁语的教学之后,我带领一些研究生在学习进阶拉丁语的同时也进行一些翻译工作,当时选择的文本就是《中国哲学家孔夫子》(*Confucius Sinarum Philosophus*)的《前言》部分。不过,早期的翻译并不成熟,后来我又组织了我的博士生重新翻译了《中国哲学家孔夫子》的《前言》部分,我在仔细校对之后加上了大量注释。2010 年之后,哲学系古典班的学生在学完《韦洛克拉丁语教程》之后,加入了《中国哲学家孔夫子》的现代汉语翻译工作,陆陆续续翻译了《大学》与《论语》的拉丁文。这时,北京外国语大学的张西平教授及其博士生罗莹也加入了这项工作,并翻译了《中庸》的拉丁文。《中国哲学家孔夫子》的《前言》及《大学》《论语》《中庸》的译稿完成之后,翻译计划就中断了。直到 2016 年,张西平教授与我联系,敦促我们完成《中国哲学家孔夫子》中年表部分的翻译,以便将整本《中国哲学家孔夫子》出版。在这期间,我本人英译的《中国哲学家孔夫子》的《前言》和《论语》两部分也相继出版:*Confucius Sinarum Philosophus*, *The First Translation of the Confucian Classics* (Rome, 2010); *The Jesuit Reading of Confucius: the first complete translation of the Lunyu published in the West* (Boston, 2015)。

　　《中国哲学家孔夫子》拉丁文原著为异型小 8 开本,总页数达 550 余页,可谓一部超大部头的著作。我们的中文译本分为四卷本,在每一卷前面我们都加上了目录,尤其第一卷、第四卷的目录比较详细。各卷的划分以及参与的译者分工情况如下:

　　第一卷实际上是殷铎泽和柏应理为全书撰写的说明,主要向欧洲的读者说明该书的目的,介绍中国的儒、释、道,并说明为何翻译《大学》《中庸》《论语》这三本书,于是我们将该卷书名取为《前言》。这一卷由汪聂才负责。他还翻译了该卷的致最信奉基督的国王——伟大的路易十四的书信、导言、第一部分、第二部分的第一到第五章及第十到第十二章,齐飞智翻译了第二部分第六到第八章和结语,郝晓霞翻译了第二部分第九章和中国"哲学之父"孔子生平。汪聂才统一校对全文,由我审校并补充上大量的学术性注释。

第二卷在内容上包括《中国哲学家孔夫子》书中《中国学问·第一部》(《大学》全文)和《中国学问·第二部》(《中庸》全文)两部分译文。这一卷由罗莹负责。《大学》译文参与的译者有林逸云、连杰、周轩宇、宋超、吴嘉豪、于若冰,《中庸》译文由罗莹翻译并作注。全文由罗莹校对,由我审校。

第三卷内容为《论语》的拉丁文译文,汪聂才翻译第一至第四章,林逸云翻译第五章、第六章,齐飞智翻译第七章到第十四章,吴嘉豪翻译第十五章到第十八章,于若冰翻译第十九章、第二十章。齐飞智统一校对、整理译文,由我审校并补注。

第四卷为柏应理编纂的中国历史年表,他主要想凸显中国君主制历史悠久,标题为"Tabula Chronologica Monarchiae Sinicae",直译为"中国君主制历史年表",我们按中文的习惯译为"中华帝国年表"。这一卷由汪聂才负责。吴嘉豪翻译并注释年表前言、中国最初的创建者和清朝部分,齐飞智翻译并注释年表公元元年以前的部分及三代世系图,归伶昌翻译并注释公元元年以后的年表序言部分,林逸云翻译并注释蜀汉至隋朝部分,赖丹丹翻译并注释唐朝部分,汪聂才翻译并注释汉朝和后梁至明朝部分,罗莹翻译并注释中华帝国及其大事记和中华帝国耶稣会士的教堂及住所汇总部分。最后由汪聂才统一校对、整理译文,由我来审校并补注。

我们的翻译工作断断续续,又经过多次修订、审校,历经十余年,如今终于完成,当年参与的译者有的已经在国内高校工作多年,有的也从海内外的高校获得博士学位。本书能得以出版是多方努力的成果，非常感谢张西平教授团队的参与与支持，感谢参与的译者们在攻读博士学位的同时继续完成这项艰辛的翻译工作。同时，特别感谢大象出版社的徐渭琪、贠晓娜、陈灼、董罂华几位编辑细致、认真的编辑工作。

  本书的翻译过程漫长，又是多人共同努力而成，我们知道其中存在很多错漏，恳请方家、读者批评指正。另外，我们附上原书的拉丁文，以便专业的读者能够阅读17世纪的拉丁文版的《中国哲学家孔夫子》，充分认识它对欧洲学术界的贡献与影响，不因我们力有不逮而低估本书的历史价值。

梅谦立

2020 年 8 月 30 日

N